中国近现代财政学名作新编丛书

刘守刚 刘志广 主编

中国财政问题

贯通古今中外，从古埃及述至日本明治维新，批判性反思中国财政现代化在近代的转型困境

罗介夫 著

于广 整理

上海远东出版社

图书在版编目（CIP）数据

中国财政问题 / 罗介夫著；于广整理. —上海：上海远东出版社，2024
（中国近现代财政学名作新编丛书）
ISBN 978 - 7 - 5476 - 1983 - 4

Ⅰ.①中… Ⅱ.①罗… ②于… Ⅲ.①财政政策-研究-中国 Ⅳ.①F812.0

中国国家版本馆 CIP 数据核字(2024)第 026773 号

责任编辑 陈占宏
封面设计 刘　斌

中国财政问题

罗介夫　著　　于　广　整理

出　　版　上海遠東出版社
　　　　　（201101　上海市闵行区号景路 159 弄 C 座）
发　　行　上海人民出版社发行中心
印　　刷　上海中华印刷有限公司
开　　本　635×965　　1/16
印　　张　27
插　　页　1
字　　数　364,000
版　　次　2024 年 3 月第 1 版
印　　次　2024 年 3 月第 1 次印刷
ISBN 978 - 7 - 5476 - 1983 - 4 / F・726
定　　价　118.00 元

目　　录

第一编　总　　论

第二编　财政机关

第三编　岁　出　入

第四编　各种租税

第五编　内外公债

第六编　结　论

主编的话

为什么要新编这套近现代财政学名作？那个年代的财政学者的思考与努力，为什么在今天仍然值得我们重视？应该以什么样的原则来新编这套丛书？这是我们在新编这套丛书之前需要回答的问题，也希望借此使读者更好地理解我们新编这套丛书的初衷。

一

"财政是国家治理的基础和重要支柱"，财政学要完成这一使命，就要基于国家治理视角推进基础理论的创新。但基础理论创新从来不是"无中生有"或"前无古人"的事业，它必然有自己的发展历史与成长脉络。

对中国来说，推进国家治理体系和治理能力现代化所需要的财政学基础理论创新，主要针对的就是"二战"以后所形成的主流财政学的缺陷。这种财政学的核心概念和知识体系主要建立在新古典经济学这种选择范式经济学的基础之上，它以孤立个人主义作为方法论，以均衡分析和最优化分析为手段，将财政问题变成了一种工程技术问题，完全忽略了制度与历史等问题。可问题是，政府的财政行动兼具政治、经济、社会、法律与行政管理等多重属性，是在特定国际国内环境下人与人之间互动的产物，其中还始终伴随着各种价值判断和评估，这远非价值中立下的均衡分析和最优化分析所能适用的。此外，古今中外的历史都显示出，财政对国家和社会的演化产生了重要的决定作用，一国的财政史往往是其国家历史最为重要的组成部分，因此，财政社会学/财政政治学的研究都主张通过财政来探究国家的性质、前途和命运①。

在推进财政学基础理论创新时，我们要认识到，在财政学的研究传统或财政学思想史中，除今天主流财政学这种选择范式外，还存在基于欧陆传统的交换范式②，它将财政学看作是一个跨学科的研究领域，甚至是一个独立的学科。虽然当前我国财政学界对这一传统并不熟悉，但这一传统却是财政学最早传入中国时的主要传统，是从晚清至新中国成立前一直流行的传统。因此，从某种意义上说，我们今天推进国家治理视角下的财政学基础理论创新，就是要延续或回归这个在中国曾经存在并中断多年的传统，这也使中国学者的努力可以成为国际学术界自 20 世纪末以来重建财政学理论体系努力的一部分③。由于中国具有利用财政工具进行国家治理的悠久实践和思想传统，并且当前推进国家治理体系和治理能力现代化的努力所提供的鲜明的问题意识，将使中国学者有可能为财政学基础理论创新作出独特而重要的贡献。

二

虽然中国有丰富且源远流长的古典财政思想，但对近代中国来

---

① 财政社会学/财政政治学的上述主张可参见葛德雪：《财政问题的社会学研究路径》，载《财政理论史上的经典文献》，刘守刚译，上海财经大学出版社 2015 年版；熊彼特：《税收国家的危机》，刘志广、刘守刚译，载《税收哲人》附录，上海财经大学出版社 2018 年版。

② 关于财政学不同研究范式的辨析可参见马珺：《财政学研究的不同范式及其方法论基础》，载《财贸经济》2015 年第 7 期。

③ 其中典型的代表就是美国财政学者理查德·瓦格纳，他根据财政社会学和意大利财政学传统而创新财政基础理论，代表作为《财政社会学与财政理论》（中文版即将由上海财经大学出版社出版）。

说，财政学的发展却主要是"西学东移"① 的结果。自鸦片战争后，中国的古典财政思想从总体上并不适应现代要求，需要加以改造或发展。魏源（1794—1857）的财政思想，被称为"标志着我国传统的财政思想之历史变革的转折点"②。后来冯桂芬（1809—1874）等晚清学者继续呼吁"采西学"，但现代财政知识的传播在此时仍步履艰难。有些学者，因去国外考察后而由传统教条的卫道士变成现代财政知识的积极传播者，如王韬（1828—1897）；而有些人即使出使国外多次，也仍坚决反对西法，如刘锡鸿（？—1891）。就总体而言，到19世纪末期，中国引入和运用的是西方财政学知识，除马建忠（1845—1900）和严复（1854—1921）等少数人外，很少有人深入到财政理论的层面。对近现代财政理论的了解和理解的不足，也成为洋务运动派和维新运动派的重要局限。

在西方工业文明的冲击下，"近代中国人向西方学习的内容经历了一个由器物层次、制度层次到观念层次不断提升的曲折的历史过程"③。对财政理论的传播与研究正是这一过程的产物，近代留学生为此作出了卓越的贡献。其中，留日学生胡子清（1868—1946）于1905年在东京出版的《财政学》一书，被认为是中国学者出版的最早财政学著作④。不少留学生在留学期间系统学习了财政学，还有一些留学生的博士论文就是直接研究财政学或财政问题的，很多在国

---

① 与之对应的另一个概念是"西学东渐"，主要是指明末清初并且延续到清朝中叶，伴随着耶稣会士来华传教而展开的西方科技传入中国的历史事件，后来逐渐蜕变为"西学东源"，这使中国失去了通过吸纳西方近代科技来实现科技转型的机遇；而"西学东移"，主要是指晚清到民国随着中国睁眼看世界所带来的科技和近现代社会科学的引入。具体参见刘大椿等：《西学东渐》，中国人民大学出版社2018年版。

② 参见胡寄窗和谈敏：《中国财政思想史》，中国财经出版传媒集团、中国财政经济出版社2016年版，第573页。

③ 邹进文：《近代中国经济学的发展：以留学生博士论文为中心的考察》，中国人民大学出版社2016年版，第32页。

④ 参见许康和高开颜：《百年前中国最早的〈财政学〉及其引进者——湖南法政学堂主持人胡子清》，载《财政理论与实践》2005年第6期。

外出版，取得了较高的国际学术地位①，一些留学生甚至直接师从当时国际著名的财政学家②。这些留学生回国后成为传播和研究财政理论的主体力量，虽然他们有的进入学界，有的进入政界，有的则辗转于学界和政界之间，但他们在繁忙的教学或政务之余，仍积极从事国外财政学著作的翻译，或者撰写了大量财政学教材与专著。从数据上看，自晚清以来，财政学方面的专著和译著占据了经济类出版物的主体地位，根据《民国时期总书目（1911—1949）：经济》，财政类出版物有2181种，其中，财政类著作出版物为1090种③。胡寄窗对1901年至1949年间自撰和翻译的经济著作刊行总数进行的多角度统计分析表明，按照学科分类，财政学排在第一位，位于经济学原理和货币学之前④。

近代留学生对财政学的学习、研究以及国内财政类著作的出版繁荣，直接反映了财政在从传统国家治理迈向现代国家治理的过程中所具有的重要作用，很多当时的财政学著作直接回应了现代国家建设面临的重大问题，其中很多是基础性问题，具有超越时代的价

---

① 在《近代中国经济学的发展：以留学生博士论文为中心的考察》一书的第四章，邹进文专门考察了近代留学生与财政学研究，其列出的留学生及其博士论文有：马寅初的《纽约市的财政》、朱进的《中国关税问题》、李权时的《中国中央和地方财政：中央、省、地方政府财政关系研究》、陈岱孙的《马萨诸塞州地方政府开支和人口密度的关系》、寿景伟的《中国的民主政治和财政：财政制度与思想发展研究》、尹文敬的《中国税制》、朱炳南的《经济剩余与税收》、陈友松的《中国教育财政之改进——关于其重建中主要问题的事实分析》、田炯锦的《英美地方财政的国家监督研究》、刘炳业的《德国、意大利、奥地利、捷克斯洛伐克和波兰的资本税（1919—1923）》和周舜莘的《资本税》；其中，马寅初的《纽约市的财政》在1915年的《美国政治与社会学学会年刊》中得到美国宾夕法尼亚大学帕特森的积极评论，朱进的《中国关税问题》被列为纽约哥伦比亚大学丛书，寿景伟的《中国的民主政治和财政：财政制度与思想发展研究》的英文版在1970年获得再版，等等，具体参见邹进文：《近代中国经济学的发展：以留学生博士论文为中心的考察》，中国人民大学出版社2016年版。

② 如马寅初、朱进和寿景伟都师从著名财政学家塞利格曼教授。

③ 参见北京图书馆：《民国时期总书目（1911—1949）：经济》，书目文献出版社1993年版。

④ 参见胡寄窗：《中国近代经济思想史大纲》，中国社会科学出版社1984年版。

值，他们对当时财政制度利弊的研究及对财政改革的思考，仍然值得今天的我们思考和借鉴。特别值得提及的是，那个古今中西交汇的年代也是财政学在我国的早期发展阶段，那批学者往往既有深厚的中国古典传统基础，又大胆吸收了来自西方特别是欧陆财政学的理论，从这些财政学著（译）作中，我们不仅可以看到学界先辈们接受、消化国外财政学思想的努力，还可以看到他们融通古今中外财政思想以构建中国特色财政学的努力。

三

虽然通过其他人的系统研究①，我们可以了解这一时期财政学著（译）作的一些基本情况，但每个人在做研究时，对思想与材料的取舍会有不同，原版原论始终是学术研究不可或缺的文献。这些年来国内也陆续再版了那个时期的部分财政学著作，但要么是单本（套）②，覆盖面非常有限；要么被纳入其他丛书当中③，学科特色难以凸显。同时，由于原本繁体竖排不大符合现代读者的阅读习惯，且很多著作出版时间已久、印数又非常有限，绝大部分图书馆所藏

---

①　如邹进文：《民国财政思想史研究》，武汉大学出版社 2008 年版；邹进文：《近代中国经济学的发展：以留学生博士论文为中心的考察》，中国人民大学出版社 2016 年版；胡寄窗和谈敏：《中国财政思想史》，中国财经出版传媒集团、中国财政经济出版社 2016 年版；等等。另外，中国期刊网上还可以下载关于相关著作与学者思想的专业研究论文。

②　如三联书店 2014 年再版的孙怀仁的《中国财政之病态及其批判》；中央财经大学整理、中央编译出版社 2015 年出版的《崔敬伯财政文丛》（三卷）；上海社会科学院出版社 2016 年再版的达尔顿《财政学原理》的中译本；河南人民出版社 2018 年再版的霍衣仙的《中国经济制度变迁史》（主要涉及历代田赋、税制和币制）；等等。

③　主要是指商务印书馆近年来出版的《中华现代学术名著丛书》，目前已经出版了财政学著作 7 本，分别为马寅初的《财政学与财政——理论与现实》（2005）、罗玉东的《中国厘金史》（2010）、何廉和李锐的《财政学》（2011）、万国鼎的《中国田制史》（2011）、陈启修的《财政学总论》（2015）、陈友松的《中国教育财政之改进》（2017）和陈兆鲲的 The System of Taxation in China in the Tsing Dynasty，1644—1911（《清代中国的税收制度》，2017）。

书目非常有限，且被纳入古籍或近代文献范围，借阅也存在诸多不便。因此，综合各方面的情况，我们认为仍有必要挑选这一时期的部分优秀著（译）作，以丛书的形式集中进行出版。

在选择书目时，我们主要考虑下面几个因素：一是对于近年来已经新编出版的著（译）作，本丛书不再将其纳入出版计划，这样本丛书与已再版的书目可以形成互补关系；二是主题涉及尽可能广泛，以反映该时期财政学研究的整体面貌，涉及对财政学基础理论的探讨、对当时国家面临的主要财政问题及通过财政改革推进国家治理体系建设的探讨，以及对国内外财政史的理论性探讨；三是著作出版期限为1900—1949年，特别是辛亥革命前后、北伐战争前后及抗日战争前后这几个时间点的著作；四是将译著也纳入新编丛书，该时期译著的原版主要来自日本、德国、英国和美国，它们既反映了当时国际上财政学研究的现状，也构成中国财政学思想变迁的重要组成部分。

在丛书整理出版时，除了将繁体变简体、竖排变横排外，我们尽可能保持书的原貌，以此为基础进行必要的校订，主要涉及专有名词、个别文字和标点符号的调整（详情请参见每本书的整理凡例）。另外，为方便读者更好地理解所选书目的学术贡献及其与同时代同主题著作的内在联系，整理者为每本著（译）作写出了导读，并对文中提及的部分史实与原理加以注释。

相对于这一时期数以千计的财政学出版物来说，本丛书所选择和能选择的书目是极为有限的，还有很多优秀的著（译）作未能被纳入进来。但我们并不将之视为遗憾，因为新编出版本丛书的主要目的就是要让大家关注并重视这一时期的财政学著（译）作，进而推动财政学的基础理论创新。如果能初步实现这一目的，我们也就心满意足了。

感谢上海远东出版社将本丛书列入出版社"十四五"期间重点出版计划，不惜成本支持学术事业。感谢上海财经大学公共经济与管理学院及弘信资本的高建明先生慷慨地为本丛书的出版提供资助。

感谢上海远东出版社曹建社长对本丛书的大力支持，他不仅亲自参与了丛书出版的策划，更是经常亲自过问并安排相关工作的进度与细节。感谢上海远东出版社诸位编辑悉心细致的工作，他们的精益求精为丛书增色不少。最后，我们要特别感谢丛书中各本书的整理者，他们在繁重的教学与科研之余，不计名利地加入到这一工作中来，用他们的辛勤付出共同支撑了本丛书的出版。

上海财经大学公共经济与管理学院　刘守刚
中共上海市委党校（上海行政学院）经济学教研部　刘志广

整理凡例

为了读者阅读与使用的方便，本书在整理时除了将字体从繁体改为简体、将排版从竖排且从右到左改为横排且从左到右外，尽量保持原貌。在以下几个方面，整理者也做了一些改变：

1. 将因为排版变动原因而变化的表示方位的词加以改变；另外，对过去在用法上跟今天不同的专有词汇，也加以普遍的调整，见表1。

表 1　文字用法调整表

原用词	现用词	改用说明
如左	如下	排版变化
计画	计划	写法变化
名辞	名词	写法变化
省分/月分	省份/月份	写法变化
部份	部分	写法变化
豫定	预定	写法变化
豫算	预算	写法变化
澈底	彻底	写法变化
发见	发现	写法变化
封锁	封闭	词义变化
佛郎	法郎	写法变化
开消	开销	写法变化

（续表）

原用词	现用词	改用说明
滩派	摊派	写法变化
沈沦	沉沦	写法变化
明瞭	明了	写法变化
藉	借	写法变化
土着	土著	写法变化
诺威	挪威	写法变化
丁抹	丹麦	写法变化
和兰	荷兰	写法变化
罗马尼	罗马尼亚	写法变化
陶磁/磁器	陶瓷/瓷器	写法变化
土耳基	土耳其	写法变化
消售	销售	写法变化
仲介	中介	写法变化
乞靠里	巧克力	写法变化
元来	原来	写法变化
热中	热衷	写法变化
股分	股份	写法变化
万万	亿	写法变化
慕沙里尼	墨索里尼	写法变化
浑阳	沈阳	写法变化
唱	倡	写法变化
坎拿大	加拿大	写法变化
食粮	粮食	写法变化
付与	赋予	写法变化
斯密亚丹氏	亚当·斯密	写法变化
龙大	庞大	写法变化
射幸心	侥幸心	写法变化
菲律滨	菲律宾	写法变化

2. 标点符号尽量使用原版，个别地方根据今天的阅读习惯进行了调整，如多个并列词汇中加"、"；列举原因中语意明显者加"，"；略述中首句后加"。"；引号前的"，""。"改为"："等。

3. 有必要改动的其他文字和数字，如公历纪年的写法，都改为文字表述，如将"一千九百年"写作"一九〇〇年"；属于原来排版错误的文字，则直接调整而不再加以说明，如将"微收"改为"征收"，"一万八千万"等改为"一亿八千万"，等等。

4. 对于原版中字体模糊不清或有漏缺者，以"□"代替，如"□议""□决"，等等。

导　读

于　广

　　在罗介夫身上，能清晰地看到 20 世纪初，中国知识分子渴求国家摆脱积贫积弱的焦虑和心切。《中国财政问题》这本书，很难界定它的学科性。它包含财政学理论，却不完全从一个理性人的角度去讨论；它针砭时弊，像是一本时事评论，却旁征博引，从古埃及述至日本明治维新；当然，它更不像是一本历史学著作，不以讨论史实或历史规律为目的。可读下来后，却有一种触动，似乎切真切实地听到，在那个愚昧与希望交织的年代，知识分子为民族存亡的呐喊。今日看来，这本书的意义，一是理论内容，二是史料功用，三是精神价值。

一

　　这本书受李斯特的影响很大，这与罗介夫接受教育的经历有关。1880 年，罗介夫出生于湖南省浏阳县，幼读私塾，后官费派赴日本京都大学攻读政治经济学。明治维新后的日本，受李斯特政治经济学影响颇大。日本大藏省官员若山则一（Wakayama Norikazu）在1870 年就出版了宣传李斯特政治经济学的《保护税说》，在书中提出日本必须实行贸易关税保护政策，他认为自由贸易在日本不仅难行，而且倘若行之，则其国必衰。保护主义论得到"维新政治家"大久保利通的支持，另一位政治家犬养毅也翻译和发表了多篇著论，宣扬保护论，"保护文明劣等国之产业，防御文明优等国之物产滥入。

故保护税者，实为制造未兴、商业未振之国所必行之政也"。① 日本的崛起，是李斯特政治经济学和保护主义在东方国家的成功实践，让很多国人看到后进国家迎头赶上西方工业国家的希望。

罗介夫在日本读书期间，中国留学生翻译了大量有关李斯特的作品。1901 年，留日学生在《译书汇编》上以《理财学》为名连载介绍李斯特学说，认为李斯特"力倡保护贸易之说者，以德国当时之情形，与我国相仿佛也"。② 梁启超在日本创办的《新民丛报》中，也有多期文章在介绍李斯特学说，比如重远的《外国贸易论》，称"李斯德氏国民经济之论……国民经济者，近世国家主义日益发达，知经济上之厉害，亦不可不以国民为标准"。③ 留日期间的罗介夫，恨着日本，让中国陷入"东亚病夫"的泥潭，正如他在书中所讲，"列强以为中国尚有难侮的实力，自清日战后，以无名弱小的日本，而牛大的中国，与之连战连败，竟至屈辱为城下之盟，于是惊愕世界的视听，目中国为东方老大病夫"。④ 然而，他却又羡慕着日本，将李斯特、德国和日本视为中国财政改革的出路，渴望用财政上的先进改变中国的积贫积弱，"财政上的根本整理，庶有一线曙光，而国家前途，亦将未可限量"。⑤

罗介夫投身于政界和教育界的时间远大于学术界，他对财政的发声，是以一位政治家的身份，其次才是一名学者。这与他早年接触的革命理念，以及认识的革命志士有很大关系。湖南籍留日学生在近代中国占据着重要的地位，黄兴、宋教仁、杨笃生、陈天华、章士钊等都是早期坚定的革命者。罗介夫在日本留学期间，也秘密加入了同盟会。回到湖南以后，与很多湘籍革命者一样，罗介夫投

① 严清华：《中日现代化经济发展思想比较研究》，武汉：湖北人民出版社，1996 年，第 219 页。

② 李士德（李斯特）：《理财学》、《理财学》（续），《译书汇编》1901 年第 2 期—第 8 期。

③ 重远：《外国贸易论》，《新民丛报》1906 年第 4 卷第 21 期，第 49 页。

④ 罗介夫：《中国财政问题》，上海：太平洋书店，1933 年，第 26 页。

⑤ 罗介夫：《中国财政问题》，第 14 页。

身于教育界，开办新式学堂，秘密传播革命思想。禹之谟、黎尚雯、宁调元、廖钧焘等早期湖南革命党人与罗介夫甚是要好，其中，同是留日学生的禹之谟对他的影响颇大。1906 年，禹之谟领导湘乡学界发起反对盐捐浮收运动，也因此被湖南巡抚庞鸿书逮捕，罗介夫虽奔走相救，也挽回不了禹之谟被杀害的结局。① 此事对罗介夫的触动很大，罗介夫受禹之谟嘱托，继续办学，为掩人耳目，将禹之谟的惟一学堂改名为广益英算专科学校，暗中从事革命事业。②

　　在此过程中，罗介夫与国民党人焦达峰、陈作新熟识，参与辛亥革命时期的长沙新军起义，从此步入政界。罗介夫颇得谭延闿的赏识，其所在的广益中学在长沙北门外熙宁街的永久校舍就是谭延闿主政湖南时所拨。③ 后来，罗介夫追随谭延闿参加"二次革命"和护国运动，投奔孙中山的国民革命军，任职第三革命军政治部主任。北伐成功后，罗介夫任职国民党湖南省党部指导委员会委员，与谭延闿的亲信彭国钧与张炯联系紧密，彭、张二人控制着湖南国民党党部，是牵制湖南军阀何键的重要一股势力，罗介夫也因此不可避免地参与到地方派系斗争中。④ 实际上，这背后又有 CC 系的身影。也正是在陈果夫的暗中支持下，彭国钧和罗介夫先后成为监察院监察委员，成为国民党中央制约何键的一枚棋子。

　　不过，罗介夫虽深陷湖南的派系斗争当中，但其斗争不以个人升迁为目的，他的弹劾对象既有何键一派，也有与他毫无瓜葛的其他地方官员。比如 1931 年罗介夫弹劾河南特税处长李慕青提倡贩运、吸食鸦片；⑤ 1936 年，罗介夫弹劾卫生署长刘瑞恒对部分收入隐匿不报、

---

　　① 　湖南省地方志编纂委员会编：《湖南省志》第 30 卷·人物志（上），长沙：湖南出版社，1992 年，第 599 页。

　　② 　刘磊：《罗介夫与广益中学》，《档案时空》2007 年第 11 期。

　　③ 　李铁明主编：《湖南自治运动史料选编》，长沙：湖南师范大学出版社，2012 年，第 264 页。

　　④ 　李定国：《萧学泰案（宁案）始末》，中国人民政治协商会议湖南省委员会文史资料研究委员会编：《湖南文史资料选辑》第 7 辑，内部发行，1964 年，第 169 页。

　　⑤ 　《弹劾案：河南特税处长李慕青公然提倡贩运吸食鸦片案》，《监察院公报》1931 年第 2 期，第 97 页。

舞弊营私，结果直接导致刘瑞恒辞卸了卫生部署职务，赴港从事医药器材的筹备运济工作。[1] 当然，罗介夫的弹劾矛头主要还是何键，所指控事项以横征暴敛、搜刮民财、贪污受贿和盗卖砂矿等财政经济事务为主。尽管罗介夫的主要精力在政界，但他似乎又不太懂得官场的圆滑世故，知识分子的执拗在他身上体现得淋漓尽致。何键主政湖南时，花重金欲收买他，他不为所动；后来何键军权被剥，从湖南下野，调往内政部后，罗介夫仍联络"倒何派"方克刚、宾步程等人，成立湖南各界清算委员会，要置何键于死地。这样的执拗，也最终引来杀身之祸。1938年，何键秘派内政部警察总队中队长刘明善回湘侦查罗介夫的行动，刘明善指使一名欲攀附何键的基层官员孙毅（别号阳升）将罗介夫杀害。[2] 罗介夫被害后，国民政府以高规格的礼仪公葬，湖南地方也为之立起纪念碑，湖南省主席张治中亲自下令要严查凶手。不过，这场明眼人都清楚的刺杀，最后不了了之。何、刘、孙三人都未受到惩罚，罗介夫终究成了政治斗争的牺牲品。

二

在罗介夫的眼中，中国是千疮百孔的，与当时的欧、美、日相比，财政上的问题从上到下百弊丛生。在本书中，罗介夫从四个方面展开了论述，分别是"财政机关""岁出入""各项租税""内外公债"，这也是全书的基本框架。

"财政机关"一编，讨论较多的是财权问题。他认为，我国历来的政治组织系采用地方分权主义，财政紊乱的根本原因就在于"所有上下财政机关，没有统属连锁的关系，复没有统一权力的运用，

---

[1] 《监委罗介夫等弹劾刘瑞恒》，《申报》1936年7月22日，第3版。

[2] 吴健人：《罗介夫被刺真相》，中国人民政治协商会议湖南省委员会文史资料研究委员会编：《湖南文史资料选辑》第14辑，长沙：湖南人民出版社，1982年，第182—184页。

且没有责任明白的划分规定"。① 他对南京国民政府感到尤为失望，"号称革命政府，而关于重要问题的财政组织，仅为名目上的更改，而实际内容，毫未变动"。② 事实上，尽管南京国民政府名义上有了中央财政部，也不过只是管理中央政府所在地的财政而已。为解决问题，罗介夫分析了当时欧美各国的财权分配体制，比如英国，"英国财政总裁，通常以首相兼摄，地位极高，权力甚大，其财政最高监督的职权，实行自易，故英国财政基础，异常稳固"；又如法国，在世战之后（第一次世界大战），"各党派协力，主张根本的救济策，惟在财政独裁，扩大财政长官的权力，所有租税增加，税率变更，不交议会议决，仅依于财政长官自由决定施行，于是财政整理，才发生效力"。③ 因此，罗介夫主张财权集中，"整理财政应首先注重财政监督机关的完备，宜提高财政部的行政权力，使能够负财政上的最高责任"。在集权的同时，他认为还应实行独立的财政监督制度，让行政监督、立法监督和司法监督三者并行不悖。其中，行政监督的机关为财政部，其职权在整理财政行政，及核实收支。执行立法监督的机关为议会，其职权在制定财政法规、议决预算。执行司法监督的机关为审计院，其职权是依据法令及预算来审定收支。罗介夫认为，唯有如此，"则财政整理，庶有一线曙光"。④

"岁出入"一编，主要讨论中央与地方的收支平衡，以及财政划分问题。罗介夫认为，国民政府成立后，关、盐、统税的增收改善了过去中央政府羸弱的财政力量，但政府当局，仍抱武力统一主义，导致中央直属军队增加甚多，每月经常军费、政费和党费迅速膨胀，最后仍是入不敷出。各省财政，也是紊乱不堪，虽有划分国家与地方税收，但地方截留税款、私自设局征税的现象仍是"层见迭出，中央无法禁止"。之所以如此，罗介夫认为在于预算制度的缺失，

---

① 罗介夫：《中国财政问题》，第 38 页。
② 罗介夫：《中国财政问题》，第 41 页。
③ 罗介夫：《中国财政问题》，第 44 页。
④ 罗介夫：《中国财政问题》，第 66 页。

"今我国政府的财政方针，惟在于寅支卯粮，借款度日，破坏预算制度，莫此为甚"。① 因此，在罗介夫看来，预算、决算和金库制度，是财政整理、改变收支不平衡状况的根本政策。

"各种租税"一编，罗介夫依次介绍了当时主要税收的状况及制度沿革，包括田赋、盐税、关税、厘金、烟酒税、印花税、所得税、交易所税、矿税、牙税、当税、茶税、牲畜税及屠宰税、房屋税及宅地税、锡箔税等等。在罗介夫看来，我国课税种类虽少，但科目繁多，如同一田赋，有所谓地丁、租课、漕粮、屯饷、耗羡、米折、串费、带征等；同一盐税，有所谓灶课、票课、加价、盐捐等；同一茶税，有所谓茶捐、茶厘、引价、纸价等。名目复杂，使一般纳税的人民，不容易查悉了解，而征收官吏，可上下其手、舞弊营私。另外，地方还设立种种陋规，如纸费、食费、车费、脚费等等，征收官吏可任意诛求。当征收的时候，多以铜元、银元、银两三种货币并用，这三种货币，没有一定的比价，其换算率，都是征收官吏居极有利益的地位。总之，当时税制乱杂纠纷，实在有违反"便宜人民"的原则。因此，罗介夫认为，政府应直接管理各项税收，借以联络人民与国家密切的关系，以使公民养成一般国民的国家观念，使纳税人民得以谅解，并以注意养成国民公德心，为将来实施所得税等直接税做预备条件。

"内外公债"一编，罗介夫主要分析了中国政府发行内债和外债的过程及其利弊。罗介夫认为，自民国以来，各军阀为争夺地盘，连年内战不息，十余年间发行内债达到二十余亿元之多。然而，这笔债款丝毫未投于生产事业，并专用以破坏社会经济，致使国家与地方的财源，都陷于缺乏不可救药的境界。外债虽有所谓政治借款与经济借款两种，而罗介夫认为国民政府的经济借款不过徒有其名义，其实大半流用于军政费，因此当时仅交通部无力偿还的外债，就达到十余亿元，与美国、日本等当初外债的用途完全不同，而其结果当然是完全相反。在罗介夫看来，中国的内外债募集，不是吸

① 　罗介夫：《中国财政问题》，第130页。

收社会游金，纯粹是蚕食事业的资本，变一国的生产资金为不生产的浪费，使得一般金融日益枯竭，企业资本日益减少，工商业日益衰败，而人民因而贫乏，无以生活者日益加多。因此，罗介夫主张不发行或者少发行一切不生产的公债，"除非常事变的天灾地变或对外战争外，应绝对抱定非募债主义，债额无论多寡，期限无论长短，总以不再发行为原则"。①

三

罗介夫不认可经济自由主义，他讲到"近代个人自由主义，达于极点，其消费的方向、手段与内容等，都没有何等规律。一般民众的智识低下，容易为恶劣社会所引诱，于不知不觉之间，耽溺于奢华，以至酿成全体社会的浪费"。② 尤其是对于后进国家，只有国家有效地干预，才能"变社会上浪费的资金，而投于有效生产的事业，这是为国家直接的生产经费"。③ 罗介夫尤为主张财政集权，只有将全国财政权整个收回，统筹兼顾，才能够发生效力。为此，他希望能尽力地削弱地方政府在政治上的权力，扩大财政部在政治上的权力，只有这样才能够完全收回中央政府的财政管理权及监督权。他强调财政监督的重要性，"仅树立政府的治权，而无人民的政权，来负监督的责任，而政府必至于渐趋腐化，财政尤然"。④ 罗介夫极力反对将大量的财政用于军事，他在书中所提出的"大紧缩政策"，事实上就是削减军政费，"中央与地方政权，概为军阀所把持，不顾一切财源，妄行扩张军队，致使军费一部分，有超过全体收入至1倍以上者……我国不谈整理财政，使岁计得以均衡则已，否则非先从事于大紧缩政策，削减军政费，实无第二办法"。⑤ 他呼吁国民政

---

① 　罗介夫：《中国财政问题》，第 443 页。
② 　罗介夫：《中国财政问题》，第 12 页。
③ 　罗介夫：《中国财政问题》，第 12 页。
④ 　罗介夫：《中国财政问题》，第 460 页。
⑤ 　罗介夫：《中国财政问题》，第 466 页。

府裁兵，统一军令军政，整理军队。

罗介夫主张政府应保护国内幼稚工业，以振兴社会经济、开辟财源。他痛惜国中所有幼稚工业无法用海关政策保护，徒受先进国的货物打击，无以自存。为此，他主张国家实行保护贸易的政策，切实提倡国货，呼吁各地立即废除苛捐杂税，实行保护贸易制度，订立奖励出口及推销办法，保护国内幼稚工业的发展。他在文末讲到，"中国为资本落后之国家，自以发展生产、开浚富源为亟"。① 在他的书中，依稀能看到李斯特政治经济学的影响，尽管书中有些观点和立场，在今日看来未免有些极端，但罗介夫的观点，代表了那个时代一部分知识分子的救国理念，我们既可将其作为一种学术观点，也能将其视为史料供今日研究之用。

事实上，罗介夫将自己的学术理念，丝毫不差地投身于政界，在任职监察院监察委员之际，不留任何情面地控诉湖南军阀何键的种种横征暴敛和不法行为，也不可避免地深陷湖南地方派系斗争，最终因此而丧命。罗介夫取本书名为《中国财政问题》，其中所讲的问题，很多时至今日也没有妥善处理，比如他讲到"我国国地收支，仅将省地方划分，而县与乡镇市，都未划分清楚"。② 县级财政长期处于困境的状况，今日同样棘手。总之，任何一个时代，都需要罗介夫这样知行合一的政治家和知识分子。

罗介夫的这本书出版于 1933 年，在书中，议题是当时中国所面临的财政问题，很明确且很具体。每一个问题，罗介夫都旁征博引，以欧、美、日为参照，提出自己的理论和改革方案，这样的成书模式并不多见。不过，当我们了解完罗介夫的一生，看到一位不成熟的政治家和一个坚定的知识分子结为一体时，也就能感受到此书背后的拳拳之心。

---

① 罗介夫：《中国财政问题》，第 550 页。
② 罗介夫：《中国财政问题》，第 125 页。

自　序

　　财政为国家的血液、政治的基础，不惟凡百政务，非财莫举，就是一般国民的经济生活，都与财政有密切连带的关系。故国家的盛衰、人民的苦乐，恒视乎财政的能够整理与否。过去埃及之财政枯竭，因而亡国；法国之财政紊乱，遂以惹起革命。稽考我国各代陈迹，财政宽裕则兴，财政穷乏则亡，历史告诉我们，也是昭昭不爽。当其国初创业，政简费轻，虽屡次蠲免田赋，以宽恤民力，而中央财政，常有莫大的余剩，称为全盛时代。降至末叶，子孙不肖，罔恤民艰，滥增官吏，妄兴土木，或则穷兵黩武，遂使军政各费，因而膨胀。到了入不敷出的时候，中央政府，惟有命令地方增加贡赋之一法。但是中央因为财政困难的缘故，政治既已废弛，威信日以坠落，其与各地方的关系，就不能够密切保持，初而隔离，继而抗争，终而至于革命。加以横征暴敛，民怨沸腾，到处揭竿以起，助其成功。这是汤武以来的所谓吊民伐罪，更朝换帝，考其历史，其轨一也。今就近事言之，前清于康熙、雍正、乾隆年间，虽废除明代各种附加苛税，而其国库盈余，每年有八百万两以上，故天下歌舞太平。即在嘉庆、道光以及光绪初年，中间虽变乱叠出，国用浩繁，然对于一切债务，都能设法偿清，以故其时尚能保持国运于不替。迨至日清战役以后，复有义和团的事变，外债总额，乃达于一亿二千二百万镑，每年应偿还的本利，合计有三千二百六十余万镑，加以乱事定后，厉行新政，经费益臻于膨胀，财政遂陷于穷乏，岁入虽加至二亿九千七百万两，而岁出更多至三亿三千三百万两，竟超过三千六百余万两之巨额，这种财政情形，遂以造成满清的灭亡。民国革命，不能彻底，让位于袁世凯，官僚政治，仍旧未除，更加上一种军阀政治，自中央以及各省，都是军阀掌握，不顾财源，无限制的扩张军备，收入不足，初则专赖外债，外债既绝，次复专赖内债，内债又穷，终乃搾取民财，竭泽而渔，致令一般财政，不惟紊乱而已，更使财源枯竭，不可救药。全国两大收入，如关税、盐税，因作为外债的担保，都在外人监督管理之下，至丧失国家财政权的独立。自国民政府北伐成功，奠都南京，差幸全国统一，财政整理，颇有希望，不意又以内变相寻，战争不息，财政更为膨胀，当攻击阎冯的时候，中央经费，月支至三千万元，支出超过，每月至二千万元之巨，实空前所未见。弥补方法，亦惟有取给于内债募集，迄今不过五年间，募集总额，竟达十亿六百万元，金融机关，无力应付，非强迫摊派，则低价发售，故社会生产资本，吸收殆尽，以致工商停滞，失业增加，而整个社会的经济，为之破产，今即令无内忧外患，只此财政一端，已足召灭亡而有余，谁□为之，孰令致之，瞻念前途，能无心悸。前年四中全会，□决刷新政治一案，表明中央施政中心，在积极方面，除军事善后外，惟集中于财政整理工作，诚为扼要之图，然亦仅有议决而止，不见实行。去冬宁粤合作，沪上开会议和，以整理财政为最重要议案之一，案中规定中央设财政委员会，为全国财政最高机关，负整理全国财政之责。这种财政委员会，与前次不同，其中最大之特色有二。在组织方面，除政府人员外，有金融界代表，工商业领袖，以及经济学者与富于经验之专家等，集合各种人才，将政府收支真相，和盘托出，付之众论，使国家财政，得以实行公开，打破从前秘密财政的传统政策。在职责方面，对于提供军费，只以关于国防及剿匪两项为限，否则有拒绝增加之权。如能照此实行，吾国财政的革新，诚有希望。但是从前所有法规，多是等于具文，如立法院、监察院，在法律上所赋与的监督财政之权，又何曾发生效力。以后如欲这样的财政委员会，能够行使职权，必须附带两种条件。第一须将现在武力支配政治的局面，完全推翻。第二须有真正的民意机关，实行监督职务。如两者不能实现，则财政委员会的权限，无论如何扩大，不过徒使财政上多添一个机关而已，于财政事实上，又有什么益处。今年二中全会，议决施政方针，要点有五，都是注意财政问题：（一）实行财政公开。（二）实行减政。（三）成立财政委员会，并使得自由行使职权。（四）现役军人，不得兼任政务长官之规定，应于最短期间，次第实行。（五）筹设各级民意机关，以导入于宪政时期。因现役军人，兼任政务长官，则财政委员会，就难自由行使其职权。无民意机关，监督政府财政，则所谓财政公开，徒有其名，不能实行。故各项实有连锁因果的关系，二中全会确定这种施政大方针，诚有见乎此也。查欧美各文明国家，在昔以财政不良，常为革命的导火线，故革命成功以后，其刷新政治，首先在财政上根本改革，抛弃武力，尊重民意，使负担纳税义务的人民，获得财政统制权，制定会计预算各种法规，上下共守，成为法治的国家，乃能够长治久安，永保其和平统一。我国从前所谓汤武革命，不过是朝廷的更迭，而非政治的改造，不过为统治者的代谢，而非法制的革新，以天下为私，人存政举，人亡政息，故每数十年或数百年，必至变动相寻，一治一乱，为历史上不易的常经。吾党革命，若仍蹈袭汤武，不脱英雄思想，一切政治作用，徒使依赖于人，而不依赖于法，所有财政上的措施，一般民众，都无过问的机会与权利，纯为政府的财政，或一姓一人的财政，吾恐所谓革命，真无意义，且恐所谓革命，亦终无已时也。

罗介夫

民国二十一年十月十日

第一编

总　论

第一章
各国管理财政的原则之变迁与中国的管理情形

考察从前欧美各国，在财政紊乱的时候，其管理原则，大概有三。

第一为分散主义。国家所有款项收支，都是分散于各部局与各地方，没有统一的组织与隶属的关系，各部局不惟自有收入，且可自由支出，各地方征解款项，中间须经过几次经手人员的侵蚀浮报，才能达到，人民所缴纳的租税虽多，而中央实际上收入，不及十分之一，余都归于中饱，所谓财政最高机关，徒有监督的名义，而无审核的实权，故财政官吏的贪污行为，所在皆是，无从查究。

第二为聚敛主义。其时政府当局，把财政与经济，国家与人民，概分而为二，不知国民繁荣程度的消长，与国家收入分量的增减，有连带的关系。财政人员，惟努力于国库收入的加多，而漠视国民经济的利益，且以国民经济供财政上的牺牲，剥削民财，无所不至，侵害税本，概不计及。其结果，社会经济因之破灭。公共财政，亦随之同归于尽，如罗马埃及，均以此而亡其国。

第三为秘密主义。政府所有收入若干，支出若干，用途为何，从无公报发表，一般民众，只有纳税的义务，而无过问的权利。其款项收支，事前既无审核，事后又无检查，故财政官吏，自然流于不负责任的地位，而敢于舞弊营私。

各国当此时代，苛征杂税，布满全国，财政紊乱，达于极点，于是民怨沸腾，革命纷起。英国革命，树立议会政治，政府征收租税，与发行公债，要经议会承诺，政府预算案，要经议会审核通过，才能够公布实行。法国革命，废除特权阶级的免税制度，确立租税平等原则，解放工商业一切束缚，实现自由营业主义。英法革命成功以后，风靡全欧，群起效法，莫不锐意改革财政，变更从前的管理原则。到了现在，改革上的进步，一日千里，今其管理财政原则，完全与从前相反。

第一为统一集中主义。全国财政概归中央财政最高机关管理，所有收支款项，都由国库负责，无论何部局，不得自由收入，也不能自由支出。就是地方独立的财政机关，一切收支，统须中央政府规定，有严重的监督与制限，不许任意变更。至于特别会计制度，有妨碍统一的组织，都是务求设法减少。于是财政系统不至紊乱，财政责任，极为分明，因而财政监督机关，可得完全实行其职务，这是其整理财政的首先办法。

第二为民益尊重主义。要增加经费，先要培养财源，才能够永久维持下去，故财政不徒计算国库收入的增加，须以尊重人民利益为其最大目的，除宪法上予以保障外，并注意收支的利用及影响。在欧洲大战前，各国财政，尚不免为资本家所利用，如收入偏于消费税，加重下层阶级的负担，支出注重企业保护费，使物价腾贵，有损害国民全体的利益。现在都从事改革，收入惟在矫正国民财产分配上的不平等，使租税社会化。支出惟图增多文化费与产业助长费，实现经费生产说。其结果，国民经济日益发展，而财政基础，也同时日益巩固。

第三为公开主义。各国近来一方面社会上的舆论机关，渐臻完备，政府所有收支，概行登报发表，使为公开的讨论与批评。一方面人民参政的议会制度，日益发达，其重要责任，惟在监督财政，对于政府所提出的预算案与决算案，须经严密的审核检查，然后予以通过公布。故一般民众，莫不了解财政上的实在情形。因而提高政府的财政信用，并助长人民纳税义务的观念，故逃税弊害，自然为之减少，而政府税收，也自然为之增加。这是近代各文明国家，变更从前的管理原则，使政治修明，国家强盛，人民与政府，合为一体，不致再发生激烈的反抗运动，都由于此。

我国现在财政管理情形则如何。自秦以来，废封建而为郡县，各为统一国家，其实政治组织，依然未改。如租税征收权，中央政府委任各省，省政府委任各县。省以定额解送于中央，县以定额解送于省，所有剩余，则归自己消费，中央对于各省，省对于各县，除解送定额以外，究竟实际收入若干，支出若干，无法查悉，并无权过问。各地方征收人员，关于征收期限与货币换算率，可以自由决定，每每上下其手以饱私囊。就是现在的中央各部会，类多自由收入，自由支出，如司法部的诉讼费，教育部的学费，财政部的造币余利，实业部的矿区税与登录税，建设委员会的公营企业收入，都与国库毫无关系。而关务署，盐务署，与烟酒税处等，为中央特殊财务行政官厅，与赋税司独立，各省分设此项机关，各管其收支，与地方财政最高机关，也是毫无关系。人私其财，政于何有，支离破碎，不可名状，此为极端的分散主义。

我国历来是消极政治，以无为而化，刑期无刑，为政治上最高的美名，即号称财政，也无所谓政，与人民的实际生活，毫不相干，人民除纳租税以外，与政府没有一点关系。政府并不知什么是人民的利益，什么是尊重人民的利益，但因历史上以租税的轻重，卜政治的善恶，故当开创时候，为收揽人心起见，常常轻减赋役，如满清入关时，将明末所加苛税，概行免除，并谕后世永不加赋，其目的是想消灭汉族的反满运动，非有意尊重人民的利益。降及末年，入不敷出，遂起临时捐与附加税，责成各地方输解，人民有无这种负担力，并不过问。以收入而论，田赋厘金，为其大宗，田赋则假手于胥吏，厘金则操纵于签丁，对于纳税人民，勒索留难，无所不至。以支出而论，尽滥用于军政消费，没有丝毫投于生产事业，使人民沾染利益。民国以来，军阀掌政，其财政方针，变本加厉，只知扩张军额，以为抢夺地盘的工具。到了财政困乏，其惟一无二的手段，就在榨取民财，或则苛捐杂税，预征钱粮，为直接的榨取，或则乱发纸币，滥铸铜元，为间接的榨取，甚至公开赌博，贩卖鸦片，为变态的榨取，此为极端的聚敛主义。

自孔子民可使由不可使知的政治学说一出，历代帝王，奉为金科玉律。一切政治，讳莫如深，而于财政尤甚。租税以田赋为主，全国土地，皆天子私有，予取予求，莫敢予违。收支由政府任意支配，无法律的规定，也无公布的必要，沿袭既久，成为传统政策，朝廷虽更，内容不易。其在收入，省县惟以定额解送，余皆化为私有，上下相朦，视为固然。至于支出，前清时代，省对于中央，有所谓奏销，县对于省，有所谓销算，概系虚伪报告。末年虽有预算制度，不过搜集这种报告编成，纯为架空的数目字。民国以来预算，都是照此数目，意为增减，事前无详细的审核，事后无严密的检查，与各文明国的预算制度，完全不同。既没有预算，决算更无由说起。且这种预算制度，系采用纯预算主义，全部实在收入几何，费用多少，不能查悉。纳税者究归何人负担，无从测定。虽有会计法颁布，至今不见实施，虽设立审计部的监督机关，至今徒有其名。自国省议会解散以后，人民没有参政的机会，对于国家财政，不惟无权审核，且无法过问，此为极端的秘密主义。

我国财政历史，既是如此，革命以来，仅仅改换一个民国招牌，其管理财政的原则，古今一贯。承前清困乏之后，政府无以为计，除借债弥补外，别无方法。因而更引进列强的利权争夺，经济侵略，国家坐是积弱不振，尚不急图整理，实无以救危亡。考察现在财政上最大的弊害，就是省县各自为政，今设法整理，决不是枝枝节节所能奏效，必须通盘筹划，为整个的进行，故非先将全国财政完全统一，实行中央集权主义，无从着手。但吾所谓中央集权者，并非袁世凯时代的中央抢钱主义，所有大宗款项，都攞归中央收入，置地方死活于不顾，为一种强干弱枝的办法，不过是实行国家财政的管理权与监督权，使乱七八糟的现象，变为有系统的组织，渐入轨道。至于款项分配，须中央与地方视为一体，统筹兼顾，不使有所偏枯，这是着手整理的第一步办法。

近数十年来，军阀官僚，交相为政，徒事搜括，毫无建设，加以战争蹂躏，土匪烧杀，使商业衰颓，农工凋弊，达于极点。财政以经济为基础，社会经济，全部破产，税收自然短绌，民穷国亦穷，皮之不存，毛将安附。故今日财政，空言整理公债与改良税制，所谓头痛医头脚痛医脚的财政政策，实在毫无益处。非抱定尊重民益主义，切实保护税本，培养财源，不足以言根本上的整理。

政府非人民拥护，自然不得巩固，人民非信用政府，也自然不会拥护。而人民信用政府的关键，纯为财政问题，现在政府财政，无论中央与地方，都是严守秘密，使人怀疑，故与一般民众，不特毫无合作的可能，且立于仇敌的地位，人民视政府人员，几如盗贼一样，视缴纳租税，几如绑票赎金一样。所有动产，恐被敲诈，类多存储于外国银行，不敢从事于工商业。政府发行公债，非摊派押借，竟无人消受。人民对于政府的信用，堕落至此，又怎么能够使其拥护。故今日财政，非实行公开主义，不足以恢复信用，而巩固国基。但吾所谓公开主义者，不是所有收支数目，仅为形式上的公报发表而止，必使一般民众有参与财政的机会，对于财政增加，有承诺权，对于财政事实，有审核权，对于财政官吏，有弹劾权，才算是财政公开，才能够使一般民众信用。

第二章
各国财政膨胀的趋势与
中国经费的增加

近来世界各国，以文化进步，事业发展，国家职务，因而扩大，其财政都有膨胀的趋势。在西历一七八六年，有一法国人，计算全欧二十一个国家的岁出总额，不过二十五亿法郎，到了一八八〇年，竟达于一百五十亿法郎的巨额，仅仅九十五年间，约有六倍的增加。入于二十世纪，其膨胀的趋势，更为可惊，在一九〇〇年，总计英美法日意俄德奥八个国家的岁出额，不过二百七亿法郎，到了欧洲大战后，一九二〇年，竟达于一千八百五十亿法郎的巨额，仅仅二十年间，乃有九倍的增加。是各国财政，渐次膨胀，已成为世界普遍的趋势，我国财政，固不能逃出这种公例。但是各国财政，虽日见膨胀，而社会经济，同时亦日形发达，国运且同时日增强盛。乃我国自历代以来，每因财政膨胀一次。而国家遂倾覆一次。远者不必征考，在于明初，全国岁入，不过四百余万两，国家极为安泰，降及末朝，以边疆扰乱，军费增加，由万历四十一年起，田赋增征五次，岁入多至一千六百七十万两，且无以救国库穷乏的惨状，而明因以亡。满清入关，鉴于历代兴亡的陈迹，系租税增征的多寡，遂将明末所加苛捐杂税，概行罢免，当时中央支出，仅五百万两已足，乾隆以后，社会繁盛，岁入渐加，全国有三千万两，而中央支出，不过二千一百余万两，国库常有八百万两以上的盈余。迄至光绪年间，内忧外患，相逼而来，经费浩大，穷于支付，自光绪二十二年起，以至宣统末年，田赋附加四次，并增设各种新税，全国岁入，多至三亿万两，尚不足以充国用，而清帝因此退位。民国以来，军阀官僚，把持政务，军政各费，无限扩张，全国竟达七亿余元。收入不足，滥发公债，举国中所有财源，除地租外，抵押殆尽，而无确实担保者，尚有八亿余元。内外债的本利停付，积至十亿余元，国家信用，因而堕落，内外借款，遂告断绝。乃各攘夺地盘而图生存，以至内争不息，破坏国家统一的机能，外患凭凌，惹起国际共管的局势，亡国灭种，将基于此。是我国财政膨胀的事实，与欧美各国相似，而其结果，完全相反，这是什么道理呢？今将其财政膨胀的原因，相与比较一说。查各国财政膨胀的主要原因，大概不外下列几种。

一、政务范围的扩张。从前国家职分，仅为消极政治，如保护权利及维持安宁而止，到了十九世纪后半期，加以开发文化增进福利等的积极政治，国家职分扩大，经费随而加多，如文化、教育、交通、行政产业助长社会改良等的经费，国库上年年都有巨额的负担。

二、公营事业的推广。近来资本主义，日益发达，而资本家对于自然剩余的垄断与独占，日益厉害，遂惹起经济上的不平均，激成阶级间的斗争。社会协调，因之破坏，致使劳动问题，无法解决，自苏俄革命，起初实行极端的社会主义，废除私有制度，一切产业，收为国营，终至生产力锐减，归于失败。各国知之，于是只在私有制度之下，对于各种事业，基于公益原则，为制限的公有公营，以抑制资本主义，而矫正贫富悬隔的弊害。故各国最近公营事业，日益增加，英美在昔，惟邮政电信及造币等，属于官业，余都委于私人自由。近来感于战时国家管理的实验，与劳动罢工的影响，思想上来多大的变化。俄德从前以国有铁道为始，官业施设最多，革命后，依于特别主义，公营范围，更为扩张。意法日等国的专卖官业费用，近来都有意外的膨胀。

三、预算编制的变化。从前预算，多采用纯计算，所有收支，先将用费扣除，而为纯收入纯支出的预算，处理虽极简单方便，但是议会与其他监督机关，于岁计适当与否，及收入方法得宜与否，无从调查，遂无从据以改良。其弊害滋大，现在都改为总计式的预算制度。又从前多行复预算主义，因各部不能统一，国内有多数独立的特别预算存在，这种制度，不惟国费总额，难以查悉，而各部间不公平及不经济的弊害，常常发生。现在都渐次废除，网罗全国一切收支，而编成单一的预算。两者虽非财政上真实的膨胀，而形式上的经费，必然增大。

四、人口及富力的增进。各国人口增殖程度，虽有多少不同，而文明诸国，平均的增加率，大致每年约百分之一有零。如和平永续，产业发达，更为增进。富力内容，合土地、铁道、家屋、机械、商品及各种产物等的时价计算，据各国精确的调查，都有长足的进步。人口与富力增加，社会欲望与事业自然发展，同时政务上的种类及程度自然扩大，而公共经费，随而加多。

五、物价及货币价值的变迁。各国文明进步，物价都有腾贵的趋势，自一九〇〇年，到一九一〇年，英法物价腾贵，为百分之四与百分之六，而德奥日美等国，乃至百分之十二与二十。欧洲大战后，各国通货额骤然增加，价值低落异常，一般物价，更为腾贵。而公共财政，以低下的通货，对于高腾的物价，其经费膨胀，固不待言。

六、国防军备的扩大。从前军备，仅以镇压内乱为目的，不过陆军经费变化而止。后来国内统一坚实，而国富增进，横溢海外，一以防备平和的威胁，一以保护贸易的安全，而海陆两方面的武装，遂都有激大的发展。

七、公债费的增加。各国创设公营事业，并临时战费，其财源多是求于公债发行，最近两项经费扩张甚巨，故公债额为之激增，年年须支付本利，而公债费也遂为之激增。日人小林丑氏总计英法美日俄德意奥等国的公债费，在一九〇〇年约十九亿三千四百万元，一九一〇年尚不过二十二亿九千三百万元，到了一九二〇年，乃跃至二百三十八亿一千四百万元的巨额。故各国现在公债费，都是对于岁出总额，约占百分之三十以上。这是各国经费膨胀一般的原因，此外尚有特别原因，如对外战争，与领土获得，均于经费上有强度的增加，但不过多系临时经费耳。

国家经费支出，与人民的富之生产、分配、消费等，都有密切的关系，故最高原则，不可陷于滥费与浪费，必施设于生产有效，以助长国民经济的发展。近代个人自由主义，达于极点，其消费的方向、手段与内容等，都没有何等规律。一般民众的智识低下，容易为恶劣社会所引诱，于不知不觉之间，耽溺于奢华，以至酿成全体社会的浪费，国家为矫正这种浪费起见，扩张公营事业以尽启发指导的责任，而有共同消费增加的必要。故国家消费极度增加，而人民消费极度制限，变社会上浪费的资金，而投于有效生产的事业，这是为国家直接的生产经费，注重教育费，使文化向上发展，物质数量，虽不见增加，而以科学进步，足使物质利用的程度，为之提高，因而丰富其生活的内容。而社会政策的施设，虽非以生产为目的，而使国民财产分配，得以平均发展，社会经济秩序，得以永久维持，因而减去阶级纷争的消耗，这是为国家间接的生产经费。和平秩序，为社会生产的第一条件，故警察费与国防军备费，能够保障国内安宁，与海外贸易安全，也都是为国家间接的生产经费。至于预算制度改良，不过形式上的数目字增加，与人民生活没有关系。而物价腾贵，人口加多以及领土获得，虽使国家财政膨胀，但因工商业发展，而负担的国民，及其负担力，与之一样增进。就是公债费，除对外战争外，都是以投于公营事业为限。是各国经费增加，而国民所得，与社会富力，能够同时增加，不致超过，并不使人民另外加重负担，故其国家势力，日增强盛，职是故耳。

我国经费膨胀，其原因则如何。考查历代开创时候，所谓善良政府，不过轻减徭赋，与民休息为消极的道德政治，从无积极的施设。降及末年，不肖君主，骄奢淫逸，左右臣僚，贪污横暴，而大兴土木，以华美宫殿，为其临时极大的消费，扩大行政范围，以安置无数官员，为其经常极大的消费。收入不足，妄加税捐，不管人民的负担力如何，也不管是否侵害财源。人民不堪苛扰，因而反抗，兵乱以起，政府既穷于军费，不得已更为苛征，人民因亦更为反抗，而社稷于以灭亡，这是历代经费膨胀的原因与其结果。

民国以来，岁出上最大的增加，惟军备费与公债费两项，但军备徒资于无意义的内争，扰乱社会秩序，毫无裨于国防，公债纯为政治借款，充作军政各费，未能举丝毫经济利益。预算制度，仍是采用纯计式，十余年来，战争不息，人口因而减少，领土范围，并未扩张。一般物价腾贵，非基于工商业发达，而一般国民收入，不能与物价同时增长。至于产业行政费与文化教育费的比例，仅为百分之一二，中央年费约六亿元，而实业部的经费，不过四百余万元，教育部的经费，不过一千二百八十余万元。从前所发公债，大都属于临时军费，现在偿债费即公债费，亦为间接军费，故军事费，实占总数百分之九十以上。这种不生产的经费膨胀，其弊害有六、一为加重人民的负担，二为妨害公共事业的进行，三为阻碍民间企业的发展，四为减少社会生产的经费，五为增长市面金融的恐慌，六为浪费资本徒使物价腾贵。由此观察，是中国财政膨胀，而国民所得，不特不能同时增高，反日益减少，社会经济，不特不能同时发展，反日益枯竭。国家强盛，纯在富力充足，今财政浪费，致使国中丰富资源，不能开发。故国家由贫而弱，其在国际的地位，自不免日益低下。今欲设法挽回，首在整理财政，而整理财政的办法，须将军政各费，大为裁减，以增加产业费、教育费与社会改良费等，使不生产的浪费，变为直接间接的生产消费，则财政上的根本整理，庶有一线曙光，而国家前途，亦将未可限量。

第三章
各国租税政策的进步与
中国租税的现状

　　从前欧美各国，在家长国家与封建国家的时代，国家观念，极为薄弱，公私财产，常混合为一，不能区别。所赖以充足政府的费用者，初为私经济的收入，次为特权的收入，再次为人民任意献纳的收入，这种种收入，都无租税的意义，更都无租税政策的可言。到了十七世纪以后，租税制度，渐次设立，在形式上伴于国家组织的发达，一方财政上的需用增加，他方统治的方法变化，租税制度，自然同时更改。在实质上，伴于社会经济的发展，一方国民的富力增大，他方国民的贫富悬殊，遂使租税事实上，自然随着进步。故各国租税政策，基于两种原因，循序渐进，自有一定阶段，今大概分为三大时期，一为欧洲未革命以前的君主专制时代，二为英法革命以后，资本主义发达时代，三为欧洲大战前后，社会思潮变迁时代。

　　在君主专制时代，租税为武断的赋课，初是向征服地的外人，及无特权的内地民众，强制征收，沿袭既久，成为惯例。其后加以极端的国家主义，君主权力，更为伸张，对于人民的财产，有无限绝大的诛求权。以公需说与主权作用说，为其租税理论的基础，谓财政系公共的需要，租税出于至高无上的主权，人民无承诺协赞的理由，也无监督审核的权利。当时经济制度，以土地为基础，故直接税，如地租与家屋税为租税中心。间接税，除关税外，唯有饮料税与食料税两种。租税负担，非以给付能力为标准，而在政治上占优胜阶级的僧侣贵族等，都享有免税的特典，使租税牺牲，不能平等，惟加重下层社会阶级的负担。租税征收方法，多非中央政府直接经理，有所谓配赋制度，各地方分担款项，由中央派定，归其自由征收后，依其派定额解送。有所谓承包制度，预定收额若干，先由商人或官吏交款包办。这两种制度，对于租税实际上缴纳多少，概不过问，故政府实收额，与人民负担额，常相隔甚巨，竟至成为一与十之比例。对外贸易，则采重商主义，奖励现金输入，实行极端的保护政策，使物价腾贵，予一般消费者的损害甚大。政府对于一切收入，徒计较国税的增加，而忽略国民经济全体的利益。这是纯为财政政策的租税。一般国民，无力负担，日益贫乏，怨望以起。故这种租税，常为革命的导火线。

到了十九世纪，因英国产业革命，而都会市民阶级的势力，勃然兴起，与贵族僧侣对抗，要求财政参与权。其后复有法国大革命，自由平等的思想，风靡全欧，以打破特权阶级的免税制度为第一口号。于是租税政策的变更，遂为当时的中心论调。

法国革命成功以后，基于平等的学说，确立租税平等普遍的原则。基于三权分立的学说，成立人民选举的议会，有租税承诺权。基于自由放任主义的学说，使政府的职务，仅以保护人民自由与权利而止。国家行政范围，既为缩小，而租税征收权，也受极端的限制，不能任意扩大，以交换说、保险说、报偿说为其租税理论的根据。人民的所有权，为神圣不可侵犯，在宪法上规定，私权的基础愈加巩固，都市工商业日益发达，而人民的所有财产，多由不动产而移于动产方面，由是以地租为租税中心的时代，乃进而为多种租税并立的时代。关税与内地消费税，为其收入大宗，故间接税反居租税中重要的地位。为保护国内幼稚工业起见，而行关税保护政策，对于外来货物与本国工业品有竞争者，加以重税。为奖励国内货物输出超过起见，而有补助金及返税制，对于输出货物，不特免税，反有运输损失的补助，对于原料输入，虽已课税，如仍将这种原料制造物品输出者，则归还其税金。这是为产业政策的租税。当时政府因为专求产业发展，注重工商业的利益，遂使社会经济组织的重心，惟在从事于工商业的市民阶级，而市民阶级的经济势力，既日益膨胀，遂得以推倒贵族僧侣。而在政治上也占优胜，有财产资格者，才获得选举权，故能够参与国家的财政权者，不过为资本家与企业者而止。政府财政方针。努力于资源的尊重与涵养，亦不过是涵养资本家与企业者的财源而止。故一方面工商业为伟大的发展，从进资本主义的旺盛，而资本家与企业者的财富，来急速的增加。但另一方面社会上多数的劳动者，永远不能脱离苦役无产的悲境。于是富者益富，以至于财产浪费，贫者益贫，以至于不得一饱，贫富悬隔日甚，贫者日益加多，富者日益减少，遂惹起社会问题。所谓社会主义运动，与社会革命运动，乃日益扩大，而社会组织与国家组织，都有绝大的摇动，几不免于破坏人民共同幸福的根底。于是各国政府，思有以消灭这种危险，惟有施行社会政策的租税，才能够达到目的，实行社会政策的租税，始于英德，次及于欧美各国，以均等牺牲说，与能力给付说，为其租税理论的张本。加以欧洲大战后，苏俄试行共产主义，废除租税制度，采用一种征发法，归于失败，各国政府更知解决社会问题，惟有在现今法律制度与经济制度之下，整理国民财产的分配。其租税政策，遂颠倒战前的地位，减少间接税，加重直接税，以所得税与租税的中心系统，次及于财产税、相续税、与资本利子税等，非仅以所得与财产为租税客体，并加以资产征发的意义，各种直接税，都推行累进税法，超过所得与不劳利得等，更为非常累进。由注重物税而移于注重人税。物税惟在于奢侈品，务使租税负担，都归于有产阶级的身上，提高小所得的免税点，以保障小民生活的安定。这种社会政策的租税，才能够使现在国家与社会，日进于巩固的地位。

　　我国现在的租税状况，却怎么样？我国系以农业立国，自秦汉以来，政府收入，都是以田赋为主，次为关税盐税及杂税四者，清末，始兴临时的厘金制度，即今所谓货物税。工商业不发达，至今仍不外土地经济，直接税惟有田赋，与家屋税，以及最近的营业税等，其余各国盛行的所得税，遗产税，资本利子税等，都未能推行。租税收入，以关税盐税及货物税为大宗，占总数百分之八十以上，是间接税为租税的中心系统。因各种租税多系间接税，故累进税法，不能推行，现在都为比例税制。而小所得的免税制，也不能实施，违反租税能力说的原则。各地方解款，由中央派定额数，归其自由征收，是为配赋税制。从前货物税，与现在营业税，各省多由商人承包，是为包办税制，辗转承包，政府实收与人民负担，竟至成为一与五之比例。政府对于各征收机关，订有征收考成条例，与比较条例，税收增加，则奖励之，短少则惩戒之，并不问其增加于人民有无妨害，短少于人民有无利益，所谓只图国库额的多大，不管人民的死活。这是纯为财政政策的租税。无所谓产业政策的租税，更无所谓社会政策的租税。

关税权从前完全操于外人之手，保护政策，无从实施，现在虽已宣布自主，但货物税率，多与各国为有年限的协定，不能自由随时增加，故保护政策的关税，尚无法完全推行。近来对于新式机器的货物如面粉业等，设立有减税制度，但亦不过与外来货物同一税率，非有保护幼稚工业的意义。且现在中国机器工业甚少，而手工货物居多，这种保护政策，只能够保护少数工业品，而内地的大多数货物，实无法沾染。政府补助金及返税制，从未施行。而经济落后的中国，又怎么能够与各先进国家抗衡，故一般产业，都归于失败。生存必要品如盐米等，不惟不免税，且日益加重，各省有加至数倍或数十倍者，实为反社会政策的租税。这种租税政策，徒使国民的负担力减少，失业者增加，故国中逋逃租税的现象，所在皆是，而各地方的盗匪充斥，皆由于此。今宜对于各种租税制度，根本改革。

现在经济状况，为普遍的穷乏，企业不发达，尚未经过资本主义的阶段，国中人民，只有大贫小贫的区别，而无贫富悬隔的弊害，大资产家，不过为极少数的军阀官僚与买办阶级。租税政策，应以产业政策与社会政策两种同时进行，一方面实施产业政策的租税，竭力提倡国内工商业，尽量发展，使一般新式产业，不至再受外来货物的打击，输出日益增加。又一方面推行社会政策的租税，增设各种直接税，如所得税、相续税、财产税、土地增价税、资本利子税、不劳利得税等，斟酌缓急情形，先后设立，并均用累进税法，使社会经济，平均发展，以矫正国民所得的不平均，减少将来的阶级斗争，使总理民生主义的革命政策，得以次第推行，各地方的土匪，得以根本消灭，而社会问题，不至再行发生，是不仅财政整理而已。

第四章
中国财政穷乏的原因及其结果

　　中国地大物博，于人类生活所必需的天然资财，极为丰富，反落伍于挽近世界的进运，受外力种种压迫，国际地位，次第低落，这是甚么道理。考其真相，则政府财政穷乏，使各种经济建设，无法进行，实为极大有力的原因，满清在嘉庆以前，收支尚属相抵，且常有赢余，故号称强盛。自道光年间，有鸦片战争，与英订立南京条约，遂遗财政上以重大的祸根。其后加以清日战争，及义和团事变，而财政上更受痛烈的打击，于是国用乃陷于困难。民国承前清困难之后，如能贯彻革命主义，上下觉悟，一致努力于善后策略，刷新政治，改革财政，则过去的束缚与打击，不特早已免除，且国势将烝烝日上，与列强齐伍。不料革命不彻底，竟养成军阀政治，十余年间，徒为私欲的斗争，不惟毫无建设，且专从事于破坏工作。虽有各种法令制度，与文明国家一样，而实际上都等于具文。国用不足，妄兴内外债，借款途绝，乃相率而榨取民财，致使财政不仅如前清困难而止，更为紊乱破灭，不可收拾。是酿成今日财政状况，非一朝一夕之故，其所由来者久矣。欲明白财政事实，非把财政原因研究，不能暸然，兹将前清与民国财政，共分为六大时期以说明之。

　　前清自康熙雍正以至乾隆嘉庆年间为第一期，所谓财政富裕时期。当时政府鉴于中国过去事实，因课税的轻重，以定君主的仁暴，而卜国运的兴亡，税重则为暴君，暴君必亡其国，历代以来，昭昭不爽，故为收揽民心起见，惟在轻减赋税，一切租税，不惟仍旧不敢增征，而明末所加苛捐，概行免除。其财政政策有三：

一、严禁聚敛，以宽恤民力，奖励垦植，以富庶民生，为其涵养财源的施设。

二、严行杜绝官吏中饱，使所有税收，能够涓滴归公，为其整理财务行政的办法。

三、废除冗员，并节约行政费，与皇室费，为其紧缩国用的急务。

故当其时，竟造成财政强固的基础，收入日益增加，在消极方面，虽田赋免征四次，在积极方面，虽加有救济灾民、兴筑河堤与扩张军备的经费，而国库盈余，每年竟达八百万两以上。

自嘉庆末年，经道光咸丰以至同治年间，为第二期，所谓财政缺乏时期。嘉庆末年，有红苗教匪等的变乱，因而军费膨胀，其后加以鸦片与英法联军两次战争，赔偿金至四千万两，而国用遂渐告缺乏。这个时候，有四种事件，影响以后财政甚巨。第一从前为闭关自守时代，对外贸易，极为简单，且受严格的制限，输出入货物，尚能相抵。到了道光初年，鸦片输入，渐次盛大，现银海外流出，每年竟超过三千万两的巨额，不惟对外贸易，顿失均衡，而社会经济，以及风俗道德，都受莫大的影响。因之地方解款停顿，各项租税滞纳，并时有逃税情形，皆为前代所未闻。第二从前中国国威，伸张于外，国际地位甚高，列强常有畏避的趋势，不意道光二十年，鸦片战争，竟遭惨败，遂使外力侵略，如巨涛汹浪，澎湃而来，道光二十二年英国强制中国订立南京条约，夺取香港，为对中国贸易的根据地，并开放广东厦门福州宁波上海为通商五港，得以控制中国南部经济的咽喉。道光二十三年，在中英通商章程内，规定海关税率，无论输出入货物，皆为五分，是为海关丧失自主，于经济上财政上留下莫大的祸根。在经济上，因海关税率，既受条约束缚，而国中所有幼稚工业，遂不能够用海关政策保护，使其长成，徒受先进国的货物打击，无以自存，对外贸易，永远不能振兴。在财政上，近来各国支出膨胀，多恃海关增征，以为填补。今我国既受条约限制，不能自由加增，遂使财政当局，对于收入不足，除借款支持外，别无方法。第三现今为国际黄金时代，债权国多为强国，债务国多为弱国，如埃及等国，竟以债务灭亡，中国若无巨大的外债，列强决无由压迫至此，不意鸦片战争结果，赔偿金有二千万两，英法联军侵入结果，赔偿金又二千万两，加以洪杨革命，军费激增，政府无以为计，惟恃借债，遂开以后政府仰给外债生活的端绪。外债日益加多，而列强对于中国的利权侵略日益厉害，我国积弱不振的根本原因，就是在此。第四现代为国际经济战争剧烈时代，惟以团结国内经济力，才能抵抗外力侵略。德国联邦初起，即组织全国经济同盟，废除国内各种关税，故其经济力日益强大，得与英法先进国抗衡。美国独立后，也是如此。我国当时因有洪杨革命，政府经费，膨胀极大，为救一时困乏计。创办厘金制度，对于内地货物流通，设立关卡，抽收厘金。当初税率甚轻，不过百分之一，各地关卡，亦极稀少。其后政府日益穷乏，变本加厉，处处设关，节节设卡，税率各地方有加无已，甚至有数倍或数十倍者。加以征税官吏，留难勒索的弊害，层见叠出。因之商业衰颓，土货昂贵，致使洋货充斥于全国市场，而制国民经济的死命。

自道光末年经光绪以至宣统退位为第三期，所谓财政困难时期。洪杨革命平定以后，各种收入，如海关税、盐税、厘金以及鸦片税等，年年自然增加，财政上尚有剩余，得以偿还外债，截至清日战争前，残存外债，仅有德债二十四万镑。清日战败的结果，除增加多额军费外，其赔偿金并辽东归还报酬金，合计二亿三千万两，这种巨额经费，国内无以设法，不得不仰给外债，故自光绪二十年至二十四年，所借外债金额，共达五千四百四十五万五千镑，每年应偿还的本利金，有二千五百余万两，当时岁入不过八千八百余万两，而岁出乃在一亿两以上，是为中国财政上最初最大的打击。光绪二十六年，复有义和团的事变，列国赔偿金，共六千七百五十万镑，外债总额，遂达一亿二千二百万镑，每年应偿还的本利金，合计有三千二百六十万两，加以银价下落，金货计算，偿还损失甚大。当时海关收入，年约二千二百余万两，概充外债偿还，尚嫌不足，于是举岁入一半，如盐税、厘金、常关税等的大部分，都作为外债偿还的资金，是为中国财政上第二次最大的打击。岁入不足额，更为增大，竟达三千六百万两，遂建筑财政紊乱的基础。这个时候，有两种可以注意的事件，鸦片战争，虽表示中国的积弱，然因在东京地方兵士善战的结果，列强以为中国尚有难侮的实力。自清日战后，以无名弱小的日本，而牛大的中国，与之连战连败，竟至屈辱为城下之盟，于是惊愕世界的视听，目中国为东方老大病夫，西力东渐，遂转向于武断政策，而诱启列强猛烈的利权争夺。租借的创设，势力范围的划定，都在此时发生。然另一方面有义和团的事变，为中国农民激烈的排外运动，同时复有士大夫的利权回收热，奔走呼号，普及全国，都是利权争夺的一种反响。于是列强知中国人心，尚未尽死，有不可侮的潜势力，乃又抛弃炮舰主义，而转为经济侵略。依于银行政策与铁道政策两种，以征服中国，并由竞争的态度，而变为妥协的形式，组织外国银行团，包办中国借款，而合以谋我矣。

自民国元年至五年，袁世凯死后，为第四期，所谓财政紊乱时期。清末财政，虽极困难，然除铁道借款外，还没有所谓政治借款，政府对于财政，尚努力于收支适合，外债偿还，未曾延期，故国家信用，尚能维持。民国革命，发生于地方，各省纷起独立，一切解款，都为停止，中央政府，既无收入，而军政费更为膨胀，要偿还的内外债复甚巨，政府仓皇无计。南北和议告成后，于民国二年四月，遂成立二千五百万镑的善后大借款，合以瑞记第一第二借款、华比借款等七百余万镑，与元年六厘内国公债二亿元，都为应急借款，概行开销于军政各费，归于云消冰散，于国计民生，毫无益处。袁世凯起初尚想把财政弄好，实行中央集权的政策，元年末，划分国税与地方税，设立国税厅，中央财政，由中央政府直接征收，欲以杜绝地方借口抑留，而扩大中央政府的财政权力。但因各地方为革命政府，势力强大，不能完全达到目的。二次革命镇定后，至民国三年，复活前清解款制度，与新设专款制度，同时并行。由二年至四年，袁世凯的威望渐增，各省军民长官，对于中央命令，不敢违抗，解款也不敢截留，财政统一，渐有希望，岁计不足，亦属轻微。其后因帝制梦想，为收揽人心计，一切财政设施，渐入乱脉，借款滥用，遂陷于不可收拾的紊乱。以后中央政府，乃以借款生活为常态，其内外债除国民政府的不计外，积有二十六亿以上，外力压迫，至丧失国家财政权的独立，都是在这个时候。

自袁世凯死后，于民国六年起，至十二年止，为第五期，所谓财政紊乱普遍时期。袁死之后，中央威信，更为堕落，各地方都成为群雄割据的状态。当此时期，正欧战发生，中国因有参战的缘故，庚子赔款偿还，得以五个年间延期，德奥债务五千万元，得以停止支付，加以盐税关税，自然增加，金价下落，对外贸易，输出超过，财政上、经济上，都呈一极活泼的现象。而来意外的帮助，实为中国整理财政绝好的机会。乃军阀政府，毫无天良，不顾国计民生，仍无限制的扩张军备，国用不足，以借款维持命脉，举所有能为担保的东西，尽量抵押，以弥缝于一时。民国七年末，各国协议，不再应中国的政治借款，乃以短期公债国库证券等，乱兴内债。其国中大小军阀，各以其势力把持财政权，互相争夺，甚至一旅团，也在其驻地获取税收以自给。各地军费，日益增加，而内务、实业、教育等政费，多为流用，概行拖欠。各地方省有财产，莫不尽量抵押，或发卖，借以充军政经常费，中央解款与专款，都为截留，而铁道收入，据为私有，这种财政紊乱情形，蔓延全国。

自民国十二年，以迄于今，为第六期所谓财政破灭时期。到了民国十二年，中央财产与地方财产，抵卖殆尽，不特外债途绝，而短期内债，利息无论如何提高，也没有应募者。于是政府无以为计，其惟一的生活，专在搾取民财，其方法有六。一为增加税率，预征田粮，尤其是盐斤加价，最为普遍，盐为日用必需品，无论何人，食量相等，增收方法，又极便利，故各省有加无已，甚至有加至八九重者。二为铸造补助货币，以收余利，品质愈出愈劣，价格愈造愈低，民间拒绝收受，则强制使用，而铜元余利较大，故各省更竞相铸造，下层阶级生活，都是尚以铜钱为本位，生计上受其剥削，更为厉害。三为乱发纸币，北平政府，穷极无聊，惟向中交两行强受公债，并为无限制的借款，两行无力应付，只有增发纸币，以致准备金空虚，价格低落，至四成以下。各省则有张宗昌的山东银行，张敬尧的湖南银行，其纸币应军需多少，尽量发行，使其价格低落，不值一文。他如发行军用票、国库券，并强制公债，都与纸币乱发，同一结果，受其害者，惟在使用票币的人民。四为发行彩票，借一慈善，或公共事业的名义，设立彩票局，令商人包办，或商人开设彩票局，而政府抽收税金，如卢永祥之在浙江，齐燮元之在江苏，行之最久。五为公卖鸦片，是军阀的特别收入，不在正项开支，公卖余利最大，除养给个人军队外，概饱私囊，遗毒人民，此为最烈。现在中央财政部的禁烟收入，就是这种税收，但恐中外舆论非难，而隐其名曰特货，不敢彰明较著公卖，而美其名曰特税清理处，变强盗为窃贼，人民受害，也是一样。六为公开赌博，令商人先行交款包办，创设于广东福建，其后蔓延各省，只要有款可筹，即牺牲法律风教，都所不惜。是我国军阀，不问南北，无分新旧，其财政政策，如出一辙。这种财政情形，影响所及，其祸害不可胜数。今试略述于下。

第一为货币混乱。货币的职务，在于测定货物的价格。因此本位货币，他自身应该有完全的实价，其实价必定与货币的表面价格相等。就是定位货币即辅助货币（我国至今银铜互用，其中并无一定比率，所以铜对于银在理论上并不能说是辅助货币），他的实价，虽然低些，然而数量是极有限。二者都不能拿来做赚钱的手段，于其中贪取余利。然而我国的军阀，却要以此为筹款不二法门，铜元余利大，铸造更多，计算全国银元本位货币，有四五种，银辅币有十余种，铜辅币有三十余种，品质良恶不齐，价格各有差异，随需要供给，涨落无定，实非货币，而为货物。钱商借以渔利，价格时有高低，扰乱金融市场，并使人民日常生计，不能安定。纸币为通货代表，发行权，尤应统一。我国纸币，芜杂更甚，各地方银行，莫不有纸币发行权，故全国纸币，不下百余种。就是一个银行的分行，因开设地点不同，也不能彼此流通，使用价格，时有上下，如各处的申钞汉钞等，每日市价不同，加以政府人员与奸商操纵，纸币遂为市场投机的最大商品，因以造成金融市场时常发生恐慌，并影响政府财政，更加混乱。

第二为金融枯竭。财政与金融，本有息息相通的关系，如政府财政浪费，于市面游金多吸收一分，则生产资本，遂缺乏一分，而社会事业，也遂缩小一分，故财政常有压迫金融的趋势。文明各国，财政与金融，不混合为一，必分开明白，就是国家的中央银行，多合商股组织，使与财政机关，立于独立的地位。政府借款利息，必较市场稍低，以免金融受财政上的影响。而我国财政困难，多侵入金融范围，中央以中交两行为其外库，各地方以省银行为其外库，予取予求，莫敢或违，没有一定的限制，外债途绝，则强制其借款，公债无人应募，则强制其承受，银行在其势力之下，无法拒绝，不得已，初以放款资金应命，放款既竭，继以准备金缴纳，准备金空虚，终以增发纸币搪塞，及纸币价格低落，政府再以低价纸币，兑换现金，借以维持生命。且借款与公债利息，比较市场利率为高，并低价发售。故社会游金，吸收殆尽，而其所吸收现金，又不是仍散布金融市面，非饱私囊以存于外国银行，则向外商，购买军火，付之一炬，社会金融，日益枯竭，自不待言。

第三为交通破坏。各国交通机关收入列于特别会计，专作为交通事业的维持费与扩张费。而我国交通部的特别会计，徒有其名，各铁道收入，多流用于军政费，军阀于其势力下的铁道，视为私有物，霸占车辆，借口运输军实，其实载送商品，以图私利。从而营业收入，为之激减，在奉直战争的时候，有一美国顾问，计算其时间，共十六个月，北方诸铁道，受战事影响的损失，共达七亿九千万元，竟超过全国的铁道建设费，真堪惊骇，其余可以类推。各地方战事勃发，省有公共汽车，概为军事征发，不能运输商品，电报电话，均为军人占有使用，商业通信，压落在后。商人轮船，多被扣留，运输军队，且一经征用，常据为私有，就是战事停止，也不发还，或进贿若干才得原物领归。这种破坏交通的行为，公私财产的损失，实不可胜计。

第四为商业停顿。商人在运输货物的时候，则受厘金各关卡的留难勒索，及其到达之后，又有入市捐落地税种种名目。税捐以外，复向其强迫借贷，由商会在各行店摊派，如政府一有变动，这种借款，等于输捐。我国商人，类多资本不足系向银行与钱庄通融，而市面资金，为政府吸收殆尽，因之银根紧急，拆息腾贵，经商利润，除还本利外，已属有限。是商人在平时，受军阀政府二重三重的剥削，已不堪痛苦，一旦战事发生，交通机关，为军人霸占，公私轮船，被军队征发，如这个时候，货物尚在运输中，每每有没收的危险，如遇在战线地点，又每每有焚烧抢劫的危险，就是无这种危险，而受战时商业冷淡的亏折，亦复不资。其间接损失，全部计算，比较政府直接损失，当在十倍以上，商人裹足，无怪其然。

第五为工业衰败。连年内争，各种工业，因受战事影响，多不能维持，如湖南面粉工厂，为军队占据，损失甚大，因以停办。军阀政治，惟注意军需生产，其余工厂，不惟不设法保护，反任意摧残，故各省官营事业，除军需工业外，几为全灭的状态，如湖北自民国以来，惟汉阳兵工厂，得以扩张，余如造纸厂、织布厂、织呢厂、纺纱厂等，都因经费无著，不能开工。国内资本缺乏，银行与钱庄，因畏政府威力，与贪图高利，多承受公债，以致各工厂贷借，无力应付，乃转求外国银行，故上海华人纱厂，多与外人借款，以机器作抵押，到期不能偿还，势不得不与外人合办，或全部归其接受，故从前中国人纱厂十之四五，为日英人攘夺，汉口扬子江公司，以及汉冶萍铁厂，其遭失败的原因，都是借有外债的缘故。到处税捐剥削，工业品运输愈远，则税金愈多，此处有一厘卡，彼处有一捐局，货物遇卡抽厘，遇局收捐，如广东牙粉，在本地只售大洋一角，运往他省，则须售大洋二角三角不等，成本愈重，价格愈贵，而销路愈减。而外国牙粉，惟缴关税与子口半税，运往各处，可以畅销无阻，故广东牙粉市场，都为其所夺去，余可类推。

第六为农业荒芜。我国田赋，除正供外，有杂税及附加税两种，等于手数料性质，官吏可以任意征收，时代愈久，名目愈多，弊害也愈大。各地军阀，以饷项无着，连年战争，工商业衰微，厘金等项收入，因而减少，人民所有动产，又多存于外国银行，无从征发，惟一无二的增收，只有田赋附加，故一次二次，增加无已。如自治经费，如学捐、警捐、团防费捐，都是取给于田赋附加，各省比较正供，最少有三四倍，甚至有七八倍者。地主所收租谷，只够完粮纳税，不得不谋增加，佃户以人工各项昂贵，除缴租谷外，反要亏本，故近来各处荒土，不惟无开垦报告，而原有田业，都渐次归于荒芜。农民在乡，不能生活，多出外当兵，各处军阀，兵额愈增加，而农业生产的人民愈减少。农民一次当兵之后，遂养成其强盗生活的惯性，不欲再从事于农业工作，一遇解散，无路可走，惟投奔于土匪。乡间农业，非受军队蹂躏，则为土匪焚烧。加以工商业停顿，原料需要减少，厘金到处苛征，农产物无由发展，二者更促农业荒芜的扩大。

第七为教育颓废。中央政费及各省政费，类多流用于军费，而教育费更告缺乏，中央各部，都有另外发财的机会，惟教育部号称最穷，职员的薪俸，往往不能发给，国立省立各学校经费，发给三四成者为最多，私立学校的补助费，更无从支出，所有公私教员俸给，多有拖欠半年不能发清，甚至有一二年者。如有战争的省份，各学校受直接动乱的影响，有全部基金，移作兵饷，房舍为军队占据。故除外国教会所经营的学校，与其他有特殊的情形外，都陷于倒闭的状态。于是教育经费，为全国的大问题，各地方为这个问题，不能解决，常骚扰不绝，如教员索薪运动，教育经费独立运动，学生要求开学运动，几无一省无一年不发生，万恶军阀，视若无睹，归于失败，而苦恼于生活缺乏的教员，与坐食无事的学生，遂走于极端的破坏主义，其遗毒社会，实非浅鲜。

第八为利权外溢。国中金融界，因受财政上的压迫，都是资本缺乏，不能与外国银行抗衡，所有大商埠，如上海、汉口、天津、广东等处的金融权，完全为外行所操纵，如英国汇丰银行，每遇中国政府与商人有大宗付款时，则抬高先令价格，故受其盘剥，损失极大。中国土货，以政府层层苛征，价格腾贵，需要减少，无论在开港场与内地，都是滞消，洋货到处充斥，故所有各市场的贸易权，都为外商所垄断。国中一有战事发生。内地轮船，为政府所征发，运输军队，就是平时，也有军人强占骚扰，不给船钱，各公司轮船，非挂洋旗，几不能安全行驶，故内河航路权，完全为英日轮船公司所独占。长此以往，各种权利，将丧失殆尽，国家将沉沦于万劫不复的境遇，无以自存。

第九为民心恶化。全国因军阀无厌的诛求，各种产业，日益衰微，失业者增加，中小资产家，都降为无产阶级，国中几有半数以上，陷于无以生活的贫乏状态，于是一般民心，遂多恶化起来，咒骂家庭，咒骂社会的恶声，日益蔓延，固有道德，渐灭殆尽，工人农民，无以为计，多走入流泯地痞的生活。商人阶级，无以为计，多从事于投机赌博的行为。知识阶级，无以为计，则多以依附军阀挑拨政潮为能事。这种无业游民，布满全国，各地军阀，乃与纠合，互争权势，是为我国和平统一的大祸根。

第十为匪共增加。中国历来土匪最多，如东三省的马贼，江苏的盐枭，河南的红枪会，长江流域的哥老会，都不从事于生产事业，专以掠夺为生，几成为一个社会阶级。民国以来，军阀内争不息，更为搜括，使一般人民，流离失所，无以生活，不得已，而投奔于土匪。加以近年共党混入利用，并以烧杀政策，破坏社会经济，而增加无产阶级的数量。于是匪共势力，突飞猛进，在民国十五年以前，如湘鄂赣三省，土匪甚少，共党更无所闻，今则遍地皆是，如此扩大下去，吾恐不数年，全国将无一片干净土。

中国财政穷乏的结果，既是如此，社会经济，破坏无余，人民十室九空，所在皆是，其死于战争，死于灾荒，死于匪共烧杀者，尚居少数，而死于穷乏无以生活者，实不可胜计。而财政穷乏的原因，总括起来，大概有二，一为帝国主义者的经济侵略，二为军阀政治的剥削。今欲整理财政，根本上惟在打倒帝国主义与军阀政治，但必须军阀政治先行消灭，使全国经费，大部分用于经济建设，国内实力，渐次充足，而后帝国主义者的打倒，始有可能。

第二编

财政机关

第一章

概　　论

在近世行政法上，所谓财务行政者，系管理国家收支，及国有财产的行政事务，所谓财务官厅者，系司掌财务行政，兼行使财政权的国家机关，政治以财政为枢纽所有财政机关，事务极为繁杂，地位非常重要，欲完成其职责，必须具备三种要素。第一所有财政机关，必有统一的组织，与阶级连锁的关系，才能够实行积极监督的职务，使中央集权的制度，得以实现。第二须有支配政治的权力，足以控制政务长官，才能够将全部经费，审定核减，不至发生妄自膨胀的弊害。第三须财政当局的责任，异常分明，所有款项收支，与审核检查，均责有攸归，不容稍有推诿，才能够使财政秩序井然，不至于纷乱。欧洲各文明国家的财政整理，都是如此。

我国历来政治组织，系采用地方分权主义，自元朝侵入，版图庞大，难以施行划一的政治，更为增大地方官的权力，明清因之，莫之能废，遂驯致极端的地方分权制度，所谓中央政府能够实行其政治权力，不过于政府所在地的地方而止，号称统一国家，有名无实。其设官分职的意义，非以负责做事，实以互相箝制，使不至私养权势，故中央官厅与地方官厅，立于对等的地位，都是直隶于国家元首，其间无何等统属关系，而图实现极端的独裁政治。民国以来，各省武人，专政跋扈，对于中央政府，更为藐视，几成为独立的状态。一切政治组织，名义上，虽略为修改，而在实际上，仍是蹈袭明清制度。其财政组织，及财政权的作用，就是根源于这种政治组织而来，所有上下财政机关，没有统属连锁的关系，复没有统一权力的运用，且没有责任明白的划分规定，实为财政紊乱的根本原因。

在前清时代，中央财政最高机关，为度支部，地方财政最高机关，为布政使司，而布政使的统属关系，非直隶于度支部，乃统属于督抚，督抚与度支部，互相对立，没有何等统属关系，故度支部对于布政使的财政监督权，仅为官制上的空文，而无指挥的实力。各地方的财政权，更为分裂，所有财政机关，非独委任布政使管理，如盐务关税等，为特设财政官厅，多系督抚兼任，或直接隶属督抚，而布政使对于这种官厅，也没有指挥监督的实权，与度支部对于布政使一样。中央各官厅，需要经费，并不须征求度支部同意，可以直接上奏皇帝，经其裁可后，可以直接由于该官厅命令各地方送银，而度支部无权过问。关于岁出入额及科目等，都在大清会典上固定，不能伴于经费膨胀，而增加收入，中央政府如应于时势，有新兴政务，要筹经费时，只就于某事件拟定办法，经皇帝裁可，命令各省分摊，名为派定，而被分摊的省份，鉴于地方财政状况，承诺每年应纳银两若干，名为认筹，若地方对于中央所派定的款项数目，而不肯认筹时，度支部也无可如何。其派定并不指定财源，增税或新征，都是任各地方自行斟酌。而其已认筹的款项，非可按时送来，须经数回的督促，始行纳解，名为延拖。中央财政权的薄弱，可以想见。县知事负专司化育人民的责任，并非财政机关，非地方财政长官可以直接免任的官吏，乃居财务行政极重要的位置，握租税征收的全权。其所征收的款项，惟照定额输解，大部分残额，都归其自由使用。而征收期限及银钱的换算率，可以任意决定，故其财政权限，极为广大。不肖官吏，往往利用这种权力，巧立名目，实行苛敛。就是缴纳上级官厅的定额，每借灾变为口实，以图减少。至于管内行政费，则吝不支出，如道路的修筑，教育的振兴，土木警察的施设，毫不顾及。且其实际征收权，假手于钱粮书吏，这种书吏，并非正式官吏，系一种附随于上下官厅的寄生物，不负职务上的责任，既无责任，故敢于作恶，擅行苛征，为其常事。是不惟国家财政权的倒置，而且为政治腐败的根源。各省经费，以各省自办为原则，如有经济贫乏的省份，收支不能相抵时，中央没有何等补助，惟令财源丰富的地方接济，名为协饷。国家收支与地方收支，不为区别，所有分配地方的款项，皆不外国家经费。全国款项，既为混合收支，复无确定权限，则所谓预算制度，责任支出，都无从说起，财政纷乱的祸根，实胚胎于此。

民国以来的财政机关，在官制上，中央有财政部，总辖全国财政事务，各省设财政厅，使直隶于中央财政部，管理省内一切财务行政。自表面上观察，财政部为全国财政最高机关，财政厅为一省财政最高机关，其职权似无所不及。但实际上，地方最高级长官为省长，系依于大总统委任，有全省财政的监督权，而省长非直隶于财政部，无服从财政部命令的职责，省长之上，又有拥兵的督军，掌握地方统治的实权，与前清总督一样，省内一切财政，由其势力左右，而督军与财政部，更无何等统属关系。故财政部又怎么能够行使中央财政权。就是在中央的财政，也不能统一行使，中央各部，都是自由收入，自由支出，与财政部没有关系。关于关税，有税务处，关于盐税，有盐务署，关于烟酒税，有烟酒事务所，为中央特设财政机关，专管特殊财务行政，名义上虽规定为财政部的直属官厅，受财政总长的监督，其实关税属于税务司全权，盐税为稽核总所管理，而财政部不得直接干涉，各省分设此项机关，而财政厅更无权过问。是名为财政最高机关，而关于管辖内的全部财政，究竟收入几何，支出几何，不能审查知悉。

国民政府成立以来，制度更新，基于五权宪法，组织五院制，国民政府为中央行政最高机关，其下设立五院，而财政部不过为行政院内的一部局，更无权力支配全国财政。地方政府，改为委员制，地方行政最高机关，为省政府，财政厅长为省政府内委员之一，受省政府的指挥监督，掌理全省财政事务，废除从前直辖于财政部的制度。故从政府组织系统上观察，财政部对于各地方财政机关，实不能据何种手续以施行监督，则所谓中央财政部，就是在名义上，也不过管理中央政府所在地的财政而止。于是又制定国民政府财政部监督地方财政条例。财政部有审核各地方财政机关的预算，及新设税目，增加支出，与募集公债的权限。但各省财政厅，与中央财政部，既无阶级统属的关系，其所谓审核的权限，实等于具文。号称革命政府，而关于重要问题的财政组织，仅为名目上的更改，而实际内容，毫未变动，则其所谓革命者，宁非异事。负财政上责任的，既是一人，而握财政上实权的又是一人，则所谓财政责任问题，究归谁人负担，名实既不相符，无异无人负担，这种责任问题，在各国为政府全般进退的大问题，而在我国不过仅为一政治上的名词而已，致使财政弄到今日乱七八糟的现象，无怪其然。国民政府于民国十七年公布县组织法，一县设立县政府，置县长一人，由省政府任命，综理县政，其下设公安、财务、建设、教育四局，各局长由省政府主管各厅任命，而县内所有征收、管理、输解的财务行政，归财政局长负责，不经县长之手，使县长专从事于化育职务。如这种制度实行，则县知事从前所谓肥缺瘠缺的名义，当然可以取消，以征收机关与经费机关，分而为二，不使混合，而从前利用定额解送上司并努力其余以肥私囊的弊害，也当然可以废除，是为澄清吏治整理下级地方财政的初步办法。但是财政局长的任用权，虽归于省政府财政厅长，而尚立于县长监督之下，非完全独立的机关，必不能够完全实行其职权，故不是根本整理的制度。今须将财政组织，全般改造，使一切财政机关，为极有系统与责任分明的组织，并使中央与地方的财政最高机关，居政治优越的地位，足以控制政务长官，而行使其职权，然后财政根本上的整理，才有希望。

第二章
中央财政最高机关

　　我国中央财政最高机关，在前清时代，尚民财不分，所有民财两政，统归户部管辖，末年改为度支部，专司款项的出纳，民国元年，始改为财政部，为有政治的意义。财政部长，为全国财政最高级长官，负有确定财政方针保持预算均衡的职务。如财政部长权力薄弱，对于各部预定经费，不能够削除变更，则支出自然流于膨胀。支出与收入，一失均衡，则财政必至于混乱，一切计划，无由施行。政治以财政为中心，财政如已混乱，则全般政治，必随之而腐败。故现在财政整理的国家，其财政最高级长官，在各部中常居优越的地位，名义上有财政最高监督权，而实际上附与特殊的力量，不特对于各财政机关，能够直接指挥，关于全国预算编制，有削减变更并监督施行的全权。

　　英国财政总裁，通常以首相兼摄，地位极高，权力甚大，其财政最高监督的职权，实行自易，故英国财政基础，异常稳固。欧洲大战后，各国财政，都到了危险的状况，当时英国出款更大，而财政基础，反未至于动摇。日德意各国，其地方财政最高级长官，都是立于中央财政部长监督之下，受其直接指挥，而执行事务。全国预算编制审核权，都归财政部长完全负责，故其财政系统，不至紊乱。欧战后，德国规定新会计法，财政部长的权力，更为非常扩大，除最高监督权外，对于现有官厅组织，财政部长为求预算上收支相符起见，得要求缩小范围，对于已付阁议或提交国会的法律案，依巩固财政基础的理由，得要求撤回，故使已破产的财政，能够恢复。从前法国，在法律上，财政最高级长官，不认有优越权，关于支出预算，各部回送时，无修正变更的权限，其能够保持预算均衡，惟恃财政长官个人的才具道德，足以制服同僚，否则财政容易紊乱，内阁也容易崩坏，故其财政长官背后，必组织独立的财政委员会，才有救济的办法。欧洲大战后，法国财政，因输入超过，通货暴落，几陷于破灭的状态，财政长官权力微弱，时常动摇，无法整理。乃举国觉悟，各党派协力，主张根本的救济策，惟在财政独裁，扩大财政长官的权力，所有租税增加，税率变更，不交议会议决，仅依于财政长官自由决定施行，于是财政整理，才发生效力。比利时与奥大利，其救济财政的危机，也是与法国一样，实行财政的独裁政治。

我国现在财政部，据其组织法，直隶于国民政府，为全国财政最高机关，管理全国财务行政，对于各地方最高级行政长官，凡关于财政部所管的事务执行，有监督指示的责任，如于其命令处分，有认为违背法令，或逾越权限者，有呈请国民政府予以变更或撤废的权限。从条文上观察，中央财政部长的职权，似亦广大，与从前北平政府财政部直隶于大总统，管辖全国的财政事务，其职权范围，大致相同。但财政部长，与各地方最高级行政长官，立于对等的地位。如在前清握地方财政上的实权为督抚，直隶于皇帝，民国以来，在北平政府握地方财政上的实权，为省长与督军，直隶于大总统，现在国民政府握地方财政上的实权，为省政府与主席，都是不受财政部长的直接指挥，故所谓财政最高权，实等于零。财政部长在政治上，既无优越势力，对于全国预算，不能有削除变更的权限，对于全国决算，也不能有审核查究的实力，遂发生各处经费妄自膨胀的弊害，尤其是军费特别扩张，财政混乱，全由于此。前清末年，有根本的改革计划，第一着手办法，发布清理财政章程，基于该章程，一面讲求中央集权的政策，以统一全国的财政组织，一面扩大度支部的权限，编成预算决算，以企图收支适合。然因末年政治力量微弱。积年宿弊，遂不能一朝扫除。

民国以来，中央财政部长的权力，更为薄弱，所有专款解款，都被地方政府截留，各地方财政，几为完全独立的状态。

国民政府在广东时代，确定救济办法，以财政部长只负筹款的责任，另外设立预算委员会，为支配军政各费的决议机关。奠都南京以后，于十六年十月，设立财政监理委员会，为中央财政最高机关。十七年，实行五权政治，而财政部不过为行政院内之一部，财政部长的地位与职权，尤为缩小，更无力足以支配全国财政。十七年九月，复将财政监理委员会，改为预算委员会，直隶于国民政府，掌理全国预算审定及实施事宜，由国民政府任命委员十三名组织之，内互选常务委员三名，以一名为主席，关于全国预算，与特别会计预算，都须经其审核查定，如有认为不当时，有取消修改的权限。十八年二月，仿法国成例，又改为财政委员会，以中央政治会议会员三名，合财政总次长共五名组织之，并扩充权限，不特有议决预算权，即关于重要财政政策，有指导全国财政机关执行的职责，中央财政委员会，既握财政上的最高实权，而财政部长，不过为该委员会委员之一，仅得参与其实权而止，是比较从前财政部的权力，益为削减。且既为委员会组织，而财政监督的责任，更不分明。中央财政部的实力减少一分，即各部与各地方的财政独立性，更发达一分，而全国财政的紊乱，更增加一分。名为救济，其实是助长之。十九年，又撤销财政委员会，以议决预算权，移归中央政治会议，而表示特别郑重。但各会员，类皆任重事繁，不能顾及繁琐的预算事务，而实际上编制预算及实施预算，仍为财政部，乃又无权实行，故各年度预算，终不能编成，多由于此。且政治会议，为全国政治最高指导机关，并非财政专管机关，不能负执行财政监督的重大责任，自不待言。又对于预算案，仅为议决原则大纲，而审定细目，归于立法院的权限，立法院在法律上所谓有议决预算权，仅能审定细目，未免名实不符。各国议决预算权，为一民意最高机关，监督责任，自为分明。今分而为二，则所谓财政监督机关性质不明，责任不分，自难收实行职权的效果。二十年遵照四中全会刷新政治决议案，又成立主计处，为编审全国预算的最高机关，直隶于国民政府，与从前预算委员会及财政委员会不同的地方，为与财政部完全独立的机关，财政部长，没有参与行使职权的机会。不知财政部长，为全国财政上的最高责任者，负这种重大的责任，就是在编制预算，能够分别各部分事项的轻重缓急，修改删除，使收入适应于支出，以维持预算的均衡，并以表示行政的方针。又财政部有财政最高监督权，而实行这种监督权，也就是在编制预算，对于各部分要求经费的内容，适当与否，事情虚实与否，能够审核查定，使经费不至于滥用。以达到财务行政的目的。且预算制度，与实际政治，有密切的关系，预算施行者，必须为预算准备者，因精通财政的状况，才能够使事情适当。今另设主计处，专为编审全国预算的最高机关，使这种负有财政上的责任者、监督者、与经验者，概行抹杀，是财政上的执行机关，与财政上的事实，将背道而驰，欲推行尽利，实不可得。

有人说编审预算，须有最高权力，今吾国现在财政部为隶属行政院之一部，非与五院并立，财政部长，不能为国民政府当然委员，其地位甚低，其职权太小，实不足以支配预算，特设立主计处，专为编审预算机关，在名义上，由国民政府直接负责，而实际事务，使主计处执行，则经费支配，无人反抗，而后能使预算易于编成，并可使财政部专心其他财务行政，如改良税制、整理公债、统一货币金库等的事项，责任专一，则事功易成，此为一举两得之计，系五权制度下的当然办法。不知财政部既为全国财政最高机关，权力薄弱，自应在本身上扩张权力着想，如客卿甘末尔氏在财政部设计委员会，关于财政组织，拟就草案，设立主计总监部，为执行财政最高机关，其长官由国府会议选任，并对国府会议负责，同时为当然兼任财政部长，则财政部长的权力，自然提高。今行政院长，类似责任内阁总理，如仿照英国办法，财政部长，以行政院长兼任，则财政部长的权力，自足以支配政治，今不此之务，必须另立机关，才能够执行编审预算的职权，则从前设立预算委员会，与财政委员会，用意何尝不是如此，成绩究竟安在，画蛇添足，又有什么益处呢。

今年基于上海和平会议，又设立全国财政委员会，其重大的意义，固在实行财政公开，而对于全国财政，负有积极监督与消极监督的职权，实为中央财政最高机关。但其中审核预算，及公债发行，与稽核报销等，与立法院监察院的权限，不免冲突。至于整理财政云者，范围至为广大，所有改良税制，紧缩经费，与整理公债，以及国有财产国营事业等，莫不包括在内。则以后财政部的职权，更大为缩小，其惟一无二的任务，仅为接受各处解送的款项，与分配各部会的经费而止，实等于国库出纳课，只有所谓财，无所谓政，与前清度支部名实相符。法德两国，救济财政上的办法，惟有扩大财政部长的权限，才能达到目的，今我国事实，与之相反，以此希望财政整理，无异缘木求鱼，安有成功的可能，徒为添设机关，虚糜巨款而已。

第三章
地方财政最高机关

地方财政最高机关，关于地方财务行政，负有二重的责任，一方面为中央政府的代理者，应服属于中央政府的指挥监督，对于地方财政增收，不许有独立作用的权力，然后不至滥用其权力，以侵害中央的财政范围，并酿成地方人民过大的负担。又一方面系地方公共团体的财政最高级机关，为有人格具备的生活体，应如国家公共团体一样，在其管辖范围内，为一中心的财政机关，以总辖地方财政，而实行其管理权，对于所属财政机关，都能够直接指挥。就是对于在地方的中央税收机关，恐其征收官吏，舞弊营私，中央政府不易察觉，也负有监督的责任。然后地方财政系统，不至紊乱，全部收入，方能涓滴归公。但是行政监督，与行政阶级，相为表里，有阶级的连锁，才能够有监督的实权。

日本各地方的最高级长官，都是立于中央各省大臣之下，故其大藏大臣，对于各地方的财务行政，能够有指挥监督的实力，中级财政机关，对于下级财政机关，也是一样。法国为中央集权的国家，所有地方最高级财政长官，概归中央政府统属，而中央财政部，能够实行其国家监督权，固不待言。就是地方自治发达如英国，联邦制度如德国，中央政府对于各地方的财政机关，都有强大的监督，与严密的制限，故各地方的财务行政，秩序井然，不至有破坏国家统一的财政权。

我国地方财政机关，四分五裂，没有统属的关系，与统一的组织，比较中央财政更甚。在元明时代，布政使负有地方最高财务行政上的职权，关于全省的租税征收，与钱谷出纳，都归其主持，与掌刑名的按察使，及掌军政的提督，相为鼎立，都是直接隶属于中央政府，故布政使为地方最高级财政长官，布政使司为地方财务行政的独立机关，能够服从中央政府命令，而行使其地方财政权。迄至清朝，各省设立常驻督抚，为地方最高级长官，兼有文武两种权限，而布政使在官制上，虽仍是掌理全省财务行政事宜，而事实上统属的关系，完全变更，非直隶于中央政府，而立于督抚监督之下，行使职务，如钱粮上纳，及奏销报告，均用督抚名义，于是一省财政上的实权，完全落于督抚手里，而布政使遂不能够服从中央命令，行使职权，一切财务行政，惟听督抚指挥，其重要的职务，仅在管内所缴来的赋税，以一部分解送中央，其余纳于藩库，以充省内行政经费而止。自是以后，中央政府的国家财政权，不能统一行使，而各地方的财务行政，乃变为独立的状态，地方财政紊乱的原因，遂基于此。

民国以来，更为变本加厉，司掌地方财务行政，为财政厅，在官制上，直隶于中央财政部，为地方最高财政机关，财政厅长，负有管理全省财政，并监督所属征收官吏的职权。而实际上，财政厅长，奉大总统的命令，在省长监督之下，行使职务，省长之上，更有握兵权的督军，关于文武百般政务，都附与广大的权力，能够左右全省势力，而对于地方财务行政，更可任意支配，结果，财政厅长，不过为名义上的财政长官而止。其余地方各财政机关，自清朝以来，如盐税关税，另置专司主持，收入直接解送中央，而布政使全然不能过问，革命后，关税归于税务司保管，盐税归于稽核分所经理，系特设财政机关。加以民国六年，烟酒税为烟酒事务局征收，印花税为印花税分处征收，都是独立的财政机关。县知事握租税征收的全权，而其主管事务，属于民政范围，财政厅长不能直接指挥。故地方财政，没有统辖全省的中心机关，对于财务行政，为有统系的组织。则地方财政权，既是四分五裂，不能统一，而财政情形，自然乱七八糟，不可收拾。

国民政府成立以来，省政府组织，改为委员制，废除财政厅长直辖于中央财政部，而为省政府委员之一，受省政府的指挥监督，掌理全省财政事务。财政厅既不隶属于财政部，则财政部更无所据以施行监督地方财政的职权，于是民国十七年，全国财政会议，议决有财政部监督地方财政条例。其后五院制成立，于民国十八年一月，由中央政治会议修正，改为国民政府监督地方财政暂行法，其中：

> 第二条　省及特别市的地方财政，在每会计年度施行前，依于法定程序，编成预算，呈送国民政府，由国民政府交付财政部，使其审查，财政部附审查的意见，再呈请国民政府交立法院议决之后，由国民政府令其施行。
>
> 第四条　省及特别市，如有税目新设，税率增高，或公债募集等，均须报告国民政府，由国民政府交付财政部，使附审查的意见，再由财政部呈请于国民政府交立法院议决之后，由国民政府令其施行。

而中央财政部长，与地方财政厅长，完全无统属的关系，对于地方一切财政，无直接指挥的权能，仅有间接审查的权限，是比较从前的权力，更为削减，则所谓监督条例，更为具文，可想而知。现在省政府的主席，多为有实力的军人，其财政厅长，多为主席所保荐，在名义上，立于省政府监督之下，管理全省财政，为地方财政最高级长官，其实际，不过为省主席的属僚而已。

类似省政府的职权者，为特别市政府，直辖于国民政府，不入省县范围，其组织法，系民国十七年三月公布，首都与人口有百万以上及有其他特殊情形的都市，依于国民政府特许，得为特别市。这种制度，系国民政府新规定，除首都南京外，如上海、汉口、天津、北平、广州、青岛、哈尔滨，都有特别市的资格。特别市设置市政府，市长由国民政府任命，与省政府委员制不同。而市政府内的财政局，掌理全市财政事项，要经市政会议议决施行。如新设税捐，与募集市债，要经国民政府认可。而财政部对于特别市的财政监督，关于财政部主管事件，如特别市的命令或处分，有认为违背法令或逾越权限时，有呈请国民政府得停止撤废或变更的权限。而特别市政府的财政局，既是统属于市长，受其直接指挥，而市长又是直隶于国民政府，与省政府委员一样，则财政部的监督权，也是不能实行，仅有条文而止。国民政府近年来对于财政讲求中央集权，不遗余力，而制度与事实，适与相反，终无效力可言。

民国十六年十一月二十一日，公布国民政府财政部特派员暂行章程。特派员的职务，掌理所管区域内中央一切税收，及支解事项，并有指导中央各税收机关稽核帐目计划整理的权限，对于中央一部分的财政，略为统一，比较从前似为进步。但不能为全省财政中心的机关，为有系统的组织，且对于各税收机关及税捐整理，仅有指导与计划的责任，其权力大为弱小，难以举整理一省财政的实绩，非扩大其权力，统一全部组织，则地方财政整理，终无希望。

第四章
财政监督机关

　　财政整理，必须以财政监督制度的严密，与能够实行，为最要条件。财政监督，在现代各国，大概有三。一为行政监督，二为立法监督，三为司法监督。执行行政监督的机关为财政部，其职权在整理财政行政及核实收支。执行立法监督的机关为议会，其职权在制定财政法规，议决预算。执行司法监督的机关为审计院，其职权，在依据法令及预算，而审定收支，与其结果。三者并行不悖，相辅而行，才能够同时各尽职责，而收整理财政的效果。苟有一机关，失其活动的能力，则全般将受限制，不能推行，而财政整理计划，必至于徒托空言，无裨事实。如政府编制预算，与议会议决预算案，都为事前监督的重大责任，必以审计院有精密的审计报告书为其根据参考，才能够有确实的预算，既有确实的预算，一切单据，明白详尽，事后监督，易为了解，才能够有完全的决算。这是三种监督上互相辅助的作用，法治精神，完全在此。且现在各立宪国家，必须设立三重监督制度者，尚有极重要的意义，因政府须一般国民信用与拥护，才能够稳固，而欲国民信用与拥护，则以财政公开为第一条件。如政府不将一切财政真象，表示于国民，使其谅解，则政府取信于国民之根本已失，于是一般国民，对于政府的态度，始而怀疑，继而非难，终而群起攻击，结果，政府必至动摇，为其所倾覆。在各国从前专制时代，容易惹起革命，都是政府财政暧昧，无以取信于人民，为其最大的原因。我国财政紊乱的祸根，就是在这种三重监督制度，不能实行。其所以不能实行的缘故有二：一在制度上，二在事实上。

其在制度上，现在各文明国家财务行政，都有统系的组织，故可实行其监督的职务，因有监督的权力，才能够尽监督的责任。我国中央财政部，对于省财政厅，省财政厅对于县知事，都没有直接统属的关系，故所谓监督条例，成为具文。现在各文明国家，所有财政收支，取集中主义，都归中央财政部单独经理，内容数目，异常明了，故易为监督。我国中央各部，自由收入，自由支出，财政部不能查悉真相。地方财政，多取包办制度，省以定额解送于中央，县以定额解送于省，余归自己使用，实在收支情形，无法得其详尽。又现在各文明国家，对于租税的经征机关，与收款机关，两不相混，征收官吏，仅有通知人民纳税的权，而无直接收纳税款的权，人民所有应纳税款，大都缴于代理国库的银行。至对于使用款项，命令支出机关，与现金支付机关，也分而为二，命令支出官吏，仅发给一种支票，而现金支付，概归代理国库的银行管理，权限分明，容易查悉。我国经征机关，与收款机关，命令支出，与现金支付，都是合而为一，故弊窦百出，无从究诘。

其在事实上，现在各国政府政治问题的解决，惟在预算，每于年度开始前，即将一切岁出岁入，编成预算案，提出国会，要求通过，国会根据政府这种预算案，并参考审计院的决算，加以切实审查，始行修正通过，预算通过后，政府须完全遵照施行，不能丝毫有所增减，并不许款项流用。如年度终了的决算数目，有溢出预算范围外者，政府须交国会追认，是为责任支出，国会予以追认过过，始得解除责任，是各国国会，对于财政监督，非常严密，因其最重要的职务，惟在于此。

民国革命以来，国会忽而解散，忽而召集，多数议员，每况愈下，专从事于政争猎官，几忘却其本来责任，民三、民四、民六、民七各年度预算，概未正式颁行，仅有五年度预算，经参议院代行立法院议决，及八年度预算，经新国会通过公布。其后国会停开，政府预算决算，都不见其发表。

国民政府成立以来，规定本党全国代表大会，为中央立法兼行政最高机关，反对立法监督分开对立的意义，主张以党治国，所谓党的独裁政治。现在有些醉心欧美议会政治的人，多不以这种独裁政治为然，非难攻击，不遗余力。不知欧洲大战后，各国因财政紊乱，军队腐化，内阁更迭频繁，政府权威失坠，法律成为具文，暴民蜂起，专从事于掠夺生活，所有财政整理议案，提出议会，一年两年，不能议决，于是一般国民，对于议会政治，起一种反动的思想，都希望树立强有力的巩固政府，使日常生活，得以安定，而有独裁政治的出现。独裁政治，创始于苏俄与意大利，继起者，为西班牙、希腊、波兰诸国，而法兰西、比利时、奥大利各国，也为财政的独裁政治。举欧洲大陆，几有独裁政治流行的倾向，于是混乱的局面，始得稳定下去。我国现在混乱情形，比较欧洲战后更甚，如行议会政治，徒启纷争，必无良好结果，须树立强有力的巩固政府，才足以救济国家社会的危机，未尝不是一种适宜的办法。但所谓党的独裁政治，是为机关的独裁，公开的独裁，负责任的独裁，有法律的独裁，人才集中主义的独裁，忠实为国为民的独裁。这种独裁，就是总理增加行政能率的意义，故各国行之而有效力。如专横黑暗结党营私的独裁，必流于帝制自为，不惟不能救济危机，反足以助长混乱，为极要注意的事件。现在国民党当局，不满人意，想都是在此。且于独裁时期中，政府施行财政方针，人民虽无决定的权能，万不可无参与监督的机会，因国家经费，都是取之国民，必使一般国民相信政府财政上的一切施设，毫无一点营私浪费，仍是直接间接用之于国民全体身上，然后才能够谅解，视国家的财政，无异于一己的财政，即当国家战争危急的时候，负担无论如何过重，也将无怨言。如欧洲大战时，英法德比诸国，发行巨额公债，增征非常租税，其人民负担额，比较从前加十余倍，不惟未闻其有反抗的举动，反为踊跃输将，这是其政府平日理财政策，足以取信于国民的结果。现在国民政府的财政，舆论非难，到处发现，一般国民，未能谅解，于此可以想见。

今年一中全会，基于上海和平会议议案，议决立法院监察院的委员额，民选一半，因立法院监察院，为事前事后监督财政的机关，今有民选委员参加，则立法监督的作用，可以表现出来。但是民选委员，仅有一半，如遇反对政府财政会议，有一半委员不出席，必至于流会，不能成功，则所谓监督作用，实等于零。故立法院监察院的委员，须全部民选，最少有三分之二，则监督财政，始有效力可言。民选委员，应对人民负责，才能与行政对立，认真监督。民国二年，因善后大借款成立，外人要求监督借款用途，政府不惜丧失权利，于审计院内附设外债室，以外人两名，用一顾问名义，任为稽核员，致使中国财政，竟启国际管理的端绪，这种重要的财政监督权，不予人民，而予外人，实为可耻。

审计为财政的司法监督，又为最后监督，国家所有款项出纳，非经过审查程序，即无从结束，而编制来年度预算，更无切实标准。故审计院，近来立宪各国，莫不重视，为其宪法上的独立机关，审计员，规定为终身职，以法律保障，不由政府随意任免，立于各党派之外，国会也无法进退，而为一绝对公正无私的职员，其位置的重要，可想而知。其审查财政上的职务，约有三项。一、各处开支，是否按照预算实行，有无超过预算的支出；二、一切计算，是否精确，有无切实标准；三、所有附送单据，是否正当，有无串通作弊情事，故必实地调查并考察物品价格，是否真实。既有这种详尽周密的审查，故能够尽司法监督的责任。

我国在前清时代，所有各处报销准驳权，操于户部，其准驳的标准，惟根据于旧案成例，既无单据以为证明的资料，复无预算以为按照的标准，故作伪舞弊，不可究诘。民国元年九月，始设立审计处，其后各省设立分处，为财政上司法监督的机关。但隶属于国务院，为政府命令所设立，非宪法上独立的机关，职权极为狭小，故不能尽监督的责任。至民国三年六月，始以教令公布审计院编制法，改处为院，是年十月，并公布审计法，废止从前的审计条例，十二月又公布审计法施行细则，于是关于司法监督的法规，才告完备。但当其时，立法监督机关的国会，既已停会，则所谓三重监督机关制度，已失去其一，没有经议会议决的预算，而审查各处一切开支，是否按照预算实行，有无超出预算的支出，以什么标准为根据。政府形式上，虽曾公布国家预算数次，多未实行，且这种预算，不过是搜集各处任意要求的经费书，非经国会切实审查，加以修正削除的确实预算。预算既不确实，则审查自不能详尽，加以政局时常变动，各行政机关，互相牵制，不能统一，到处浮滥支出，私行销结，其所有计算书据，都不肯完全送院，致使审计院，就是形式上的审查报告书，也无方法编成，又怎么能够尽其司法监督的责任。我国官吏所有书面的报告要求，都是官样文章，照例编制，非派员实地调查，不能得其真相。又巧于营私舞弊，往往与商家串通，另取回扣，故虽有单据附送，不足为凭，非调查所用物品价值，不能知其实在，而调查经费有限，不能增加。自袁世凯以来，全国成为军阀政治，一般官僚，依附军阀，从事于政治生活，尤其是财政机关，更为其所把持，任用私人，狐假虎威，敢于舞弊营私，就是有一二清廉之人任监督职务，亦有所畏惧，不敢过问，上下相朦，习以为常。且各军阀抢夺地盘，战争不息，政局不安定，上下人员，都存五日京兆之心，即查出有贪污行为，也是敷衍了事，故财务行政上，谁敢负监督的责任，又谁肯负监督的责任，这都是财政监督事实上的障碍。

　　国民政府成立以来，关于行政监督，以国内未完全统一，连年战争不息，财政高级长官，无法尽其职责，民意立法监督机关，也付之缺如，最重要的，惟有司法监督机关。在广东时，即制定审计各种法令，奠都南京后，于民国十七年，公布审计法，与审计院组织法。十八年，完成五院制度，将审计机关并入监察内院内，列为监察权之一种，在国民政府组织法第四十一条："监察院为国民政府最高监察机关，依于法律而行使弹劾审计的职权。"监察院组织法第二条："监察院关于审计事项，设立审计部掌理。"十八年十月，公布审计部组织法，关于审计部掌理事项，在监察院组织法第十三条所规定，与北平政府的旧审计法，大致相同。惟在第一条规定："凡支付命令发行，须先经审计部认可，"是为其最重要的变动，其条文如下：

第一条　凡主管财政机关的支付命令，须先经审计部核准，如支付命令与预算案或支出法案不符时，审计部应拒绝之。

第二条　审计部对于支付命令的是否核准，须从速决定之，除有不得已的事由外，自收受之日起，不得逾三日。

第三条　凡未经审计部核准的支付命令，国库不得付款，如有违背本条规定者，应自负其责任。

以上条文规定，系仿照英吉利与比利时的审计组织法，为兼行事前监督的职务。事前监督的目的，在防弊害于未然，使款项不至虚糜。以我国历来行政权的统一力薄弱，又民意立法监督机关，尚未成立，军费浮滥支出，漫无限制，致使财政紊乱，达于极点，这种严格的事前监督方法，实为有应于时势的必要。但事实上能否实行，又是一问题。审计法已颁布施行有年，而审计部对于核发支付命令，能够实施者，仅在中央各机关，未推行各省，就是中央机关，也不过一部分，不能全部实施，殊失政治上的公平。

考其原因，由于中央各部会，类多自有收入，自由支出，并不须向财政部请款，以受国库支配，各税收机关，都有坐支情事，不经过国库支付，此其一。

审计部对于支付命令核发与否，以按照预算标准为唯一的根据，现在各机关岁出预算，尚多未议决施行，实无从着手，此其二。

国库有时受军事机关胁迫，或行政长官命令，对于发放支付命令的款项，类多未经审计部签字者，此其三。

我国幅员辽阔，交通阻塞，各省国家经费，类多就地拨用，不俟财政部发给支付命令，而审计部遂无法审核，此其四。

现在惟军费妄自膨胀，无法限制，办理军需人员，都系各部队长官私人，类多于预算外开支，名为特别经费，其支付命令，归军事机关或其长官负责，并不经过审计部审核，此其五。

有此五种原因，事前监督的条例，几成为具文。以后欲使事前监督的方法，推行尽利，第一，须设法使国库有统一收支的特权，所有国家各机关收支，悉归中央银行，或其他指定金库负责，从前所有自由收支，及坐支借拨，不受财政部支配的情弊，概行废除。第二，须确定全国国家预算，限期施行。第三，须仿照英国办法，置国库于审计机关之下，使国库对于监察院审计部负责，然后审计部能够有权停止国库发给款项。第四，须各省设立审计分处，使事前监督的制度，能够推行全国以昭平衡。第五，须使军需独立，所有全国军费，均归军需署负责办理，在财政部监督之下，遵照预算行使职务。这是实行事前监督必要的前提。

但每次发款签字，有时发生困难，如因军事、外交、天灾、地变突发的事件，不暇受审计部认可，而要支出的时候甚多。在比利时意大利等国，未经审计院签字的款项，国务员仍可自行负责支出。我国现在审计法第三条："有违背本条时，应自负其责任的规定。"设此例外，则事前监督的效力，似甚薄弱，而因事实问题，不得不有如此变通的办法。然事后审查，对于违背者的处分，没有规定，尚不完全，以中国现在政治情形，这种规定，更为重要，是宜修正添加。

在第十三条："关于出纳官吏的责任解除与处分，有审计部审查各机关的收支计算书及证明单据，认为正当者，应发给核准状，解除出纳官吏的责任，认为不正当者，应通知各该主管长官，执行处分，或呈请国民政府处分之，但出纳官吏，得提出辩明书，请求审计部再议"，此与旧审计法第九条相同。然审计部的处分要求，如不实行时，没有何等规定，不予审计部执行督察的职责，则所谓处分要求，恐有终于具文的危险。

在附则第二十条："党部的决算计算，不适用审计法。"如各立宪国家的元首岁费一样。不知元首仅有两人，其支出简单，数目微小，而党部有中央、省、县、市、区等，其范围亘于全国，事实广泛，经费巨大，如全部置于审计法的羁绊外，不特为财政上的病源，有使党部将过于横暴，趋于腐化，致失一般民众的信仰。虽在审计法施行细则，有补救的条文，在第十八条："党务费的支出预算，财政部应送审计部备查。"第十九条："党务费的支付命令，亦须经审计部签字。"但关于处分要求，没有何等规定，则所谓备查签字，恐终不免官样文章。这两条，都有修正添加的必要。

现在刷新政治，以整理财政为急图，首先应注重财政监督机关的完备，宜提高财政部的行政权力，使能够负财政上的最高责任，并施行会计独立制度，以达到行政监督的目的。立法院与监察院民选之后，宜扩大其权限，使立法院有完全议决预算权，废除中央政治会议议决预算大纲的权限。增加审计部的实地调查经费，使能编成确实详尽的审计报告书，以为预算标准，并设法予以实行审计法的绝大效力，则财政整理，庶有一线曙光。

第三编

岁出入

第一章
概　　论

　　公共团体的岁出岁入，必须确实与不浮滥，且常有伸缩的余地，然后财政基础，才能够稳固。经常收支，与临时收支，必须划分清楚，经常费不以借债的临时手段填补，临时费不以经常的租税充当，然后财政秩序，才不至于紊乱。租税征收，必须以负担者的能力为标准，一切收入，都是吸收社会上的游金，不至侵蚀税本，而款项支出，必须为直接间接的生产经费，使社会经济尽量发展，国民所得日益加增，然后财政源泉，才能够丰富充足，而适应经费膨胀的要求。这是国家岁出入的几个根本原则。

　　我国岁出入现状，都是完全与之相反。前清预算，都无事实根据，因历来负直接征收的责任，为州县知事，所有收入，除规定该州县留支额以外，一切须解送于上司，称为起运。合计管下几十州县的起运额，是为一省的收入，除一省留支额以外，须悉解送于中央。合计省县留支定额，与解送定额，以为根据，再施行多少推定上的增减，是为前清时代全国的岁出入。这种笼统的岁出入，究竟某项税收若干，税收的来源，是否稳实可靠，某省某县用费几何，用途是否正当，都无由查悉其实在的情形。且各省县每借天灾地变为口实，以图派定解送额的减少，因而全国岁出入，极为摇动不定，实无基础可言。

　　清末，国家多难，经费增加，财政穷乏，达于极点，政府遂决行根本整理财政的计划。结果，惟创始编成宣统三年度预算。当时以关税、盐税、厘金、铁道等自然增收，岁入有巨大的增加，而岁出亦因外债加多与内政改革，为激烈的膨胀，不足额，在于中央，有二千五百余万两，在于各省，有三千九百余万两。虽经政府削减，而以追加预算等项计算，尚达七千八百万两，其后送由资政院审查决定，于岁出总额三亿七千六百三十五万五千余两内，核减七千七百九十万七千余两，于是对于岁入三亿一百九十一万二百余两，尚有三百四十六万一千余两的剩余。

考察宣统三年度预算，在岁入方面，有三分之二以上为间接税，在岁出方面，过半数为海陆军费与外债费。民国以来，编制数回预算，都不过基于宣统三年度预算，而施行推定上的增减。其中比较编制上的体裁稍为整齐，惟民国五年度预算，该预算编成的方法，在于大体，是改变旧制，而仿照一般文明国的先例，以交通部所管航运、铁道、邮政、电信四政，列为特别会计，而在于一般会计的岁出入，又区分经常部及临时部，兹列表 3-1-1：

表 3-1-1　经常部与临时部岁出岁入表

经常岁入	426 383 086 元
临时岁入	45 741 609 元
总计	472 124 695 元
经常岁出	285 942 286 元
临时岁出	185 577 150 元
总计	471 519 436 元

经常与临时的岁出入，区分清楚，不使混淆，因为财政有秩序的根本要求。但是其临时岁出，有一亿八千五百余万元，而临时收入，不过四千五百余万元，须依于经常收入补充，而临时费的大部分，乃为公债、偿还费，因之收入源泉，不能稳固而使一会计年度内，常缺收支适合，有破坏财政基础的危险。现在各文明国家，在于岁入方面，都是直接税占百分之六十以上，国营事业，渐次扩张，官业收入，亦要占岁入大宗。在于岁出方面，对于国防费与公债费，

设法减少，而文治费，则逐渐增加，如英法德俄等国的文治费，都是占岁出百分之五十以上，故其国民经济日益发展，财政基础，日益巩固。今我国据北平政府时最后的八年度预算，岁入以关税、盐税、烟酒税、货物税为大宗，占全收入百分之八十以上，是以间接税为收入中枢。一切岁入，都是仰给于租税，而官业收入，除铁道、邮政、电信以外，几等于零。

从前本有一部分学者，以扩张公营事业，有蚕食私人经济的活动范围，与国家本质不相容，高唱反对之论。不知公共团体，依于国有企业收入，一方面可减少租税的负担，一方面可调整国民的财产分配，使其渐次平均，并以改善一般劳动者的地位。且公有财产，为国家信用的基础，扩张公营事业，就是扩张国家的威信。如我国国民经济尚属幼稚，资本极端缺乏，一般企业，萎靡不振，租税观念，亦不发达，扩张官业收入，极为相宜。先总理实业计划，注重国营事业的用意，就是在此。岁出在经常部，军费有一亿五千万元，占经常总岁出过半数。而在临时部，国债偿还费，有一亿三千七百万元，占临时总岁出额七成以上。而军费非为国防支出，徒事内争消费。国债不能举经济利益，纯为政治借款，就是所谓实业借款，也多流用于军政费。这种不生产的军事费与国债费，既占岁出大部分，势必对于增进一般国民福利的经费，自然减少，如农商部经费，虽加以临时费，不过四百余万元，仅占总额百分之一，教育部经费，虽加以临时费，尚不过一千二百八十余万元。各省教育经费，更为少额，全国计算，不到八十万元，是为我国产业不振兴，文化不发达的根本原因。

又查八年度预算，在于岁入，自总额六亿四千余万元中，除去内债二亿元，其总收入实为四亿四千余万元。而其中以田赋、关税、盐税、货物税、烟草税等五种，占最多额，为百分之七十五以上。在于岁出，军费合计经常、临时、特别三项，有二亿六千九百余万元，自岁出总计六亿四千七百余万元中，减去临时岁出内借款支出二亿一千四百余万元，军费占百分之六十二。依此结果，我国财政整理的目标，在于收入方面，惟在改良五种税收，在支出方面，惟在缩减军费。但是其后内争次第扩大，而军费更无限增加，至民国十七年，据中央军事当局报告，全国兵数有二百万人，全年军费，至少须三亿九千六百余万元，以国库所有收入，供养军队，其不足额尚达四千六百万元之巨。国民政府十七年以后，仅中央经常经费，每月不足额达二千余万元，惟以临时公债收入填补，五年间，募债总额，达十亿六百万元，因而公债费复增加甚巨，财政秩序，更为崩坏。全国正式预算，至今尚未成立。二十年冬，主计处始编成过去的二十年度国家总预算，岁出经临总概数，为八亿六千七百九十八万零四百九十五元，而岁入经临总概数只七亿一千三百三十三万五千零七十三元，计不敷一亿五千四百六十四万五千四百二十二元。经中央政治会议议决，于岁入内列内国公债收入一亿八千万元，以资弥补，于二十一年四月九日，经立法院一八一次会议通过。在收入方面，关税以收回自主，盐税以收回各省附加税捐，比较从前大为增加，并设立统税为国家新收入。但是所增加的收入，概系间接税，且必要品税收居多，徒为加重下层人民的负担。在支出方面，其中军费第二级概算时，原列七亿二千余万元，几等于收入全数，初经主计处核减为三亿一千万元，复经中央政治会议核减为二亿七千九百万元，仍占支出全数三分之一以上，而党费亦达六百万元，至于政费仅一千万元，教育文化费仅一千六百余万元，实业费仅五百余万元，交通费仅三百余万元，建设费仅一百余万元。且债务费以本年度偿还数目为最巨，列为三亿四千余万元，从前所发公债，大都投于临时军事之用，故亦为间接军费，这种不生产的经费，诚占总数百分之九十以上。而健全支出，则为数极微。在财政原则上，款项支出，应以扶植生产为依归。今我国徒事内争，军费浩大，不惟不能扶植生产，而且破坏生产，宜乎国民经济日益凋敝，民生日益穷蹙，而国家财政，也日益陷于枯竭的困境。这种注重间接税与膨胀军费的岁出入，不根本改造，则财政实无整理的希望。

第二章
中 央 岁 出 入

　　中央政府，能否巩固，其政治的力量，能否推行于全国，纯视其财政有无固定收入以为断。德美联邦的国家，其中央政府，能够永久保持其统一，岁出不至于动摇者，就是以有海关税、所得税、货物税等，为其直接的收入，与其岁出，足以相抵。从前各国在封建时代，各诸侯于其管内，自由征收租税，以一部分贡献于天子，而天子借以支持费用，并以保守中央王者的地位，就是在这种贡献的岁入。一旦天子威信失堕，诸侯因而跋扈，贡献断绝，中央一切财政，由此灭亡，而其王者的地位，也即随之而去。故当时国家不能永保统一，常是一治一乱，且乱多而治少。而我国在封建时代，都是一样。自秦以来，改封建制度而为郡县制度，在形式上，号称统一的国家，而其实质与封建制度，没有何等区别，惟在地方长官系中央政府派遣之一点，与封建世袭制，稍有不同。地方长官的权限，极为强大，国家财政权，为其所操纵。中央政府对于各种租税，因没有直接的征收权，所有岁出，都是依赖于各地方解款，才能够支持，是无异中央政府的命脉，由于地方政府解款决定，其政治力量薄弱，政府不能巩固，纯在于此。故我国自汉朝以及唐宋元明清各代，其国家就是表面上的统一，都是极少，为分裂争乱的时代居多，此系中央政府不能行使其国家财政权，没有固定的岁入，以维持其永久的岁出，为其最大的原因。

　　中央历来经常岁入，为主由于各地方解送定额而成，即所谓京饷，如中央有新兴事业，需要经费，惟向各省再行派定，各省对于中央派定额，如不肯认筹时，中央也无可如何。就是已认筹的款项，非督催数次，不会解来，中央政府的财政权，既如此薄弱，则其政治力量，自不能强大。

在前清开创时代，中央政府岁出，仅五百万两而足，乾隆年间，增至八百余万两，光绪初年，尚不过二千万两，而岁入税目，亦不过五六种。迄至光绪二十年以后，因清日战争，遂使外债负担极重，中央财政穷乏，乃与年俱进。于是政府改正关税，以图增收，并命各省分担政费，增加其贡纳额，各地方迫于中央政府追求，新立税目不少，遂有二十余种之多。到其末年，中央收入，达于七千万两内外，当时改革政治，预备立宪，施设经费，益为多大，这种岁入，仍不能应着大膨胀的岁出，于是再命令各省分担送银额，竟超过八千万两，但是常多缺乏，不能如数解来，而中央实收额，仍不过七千万两内外。政府无以为计，惟仰给于外债收入，因而外债激增，至宣统二年，仅本利偿还额，已有四千五百六十四万余两，于是中央政府依赖外债生活，从此开始，而利权外溢，也从此更甚。民国继承清末财政穷乏之后，更因各省独立，送银断绝，加以一时膨胀的军费，与革命善后的资金，遂要巨大的支出，政府穷于应付，惟兴外债以求维持其新统一的局面，结果，民国政府成立，不过两年间，政治借款，已达于四千五百八十余万镑的巨额，益使中央岁出增大。当时如关盐两大税款，虽归中央直接收入，然扣除外债本利偿还额，实无剩余。其后适因欧洲战争勃发，各国财政，自救不暇，于是惟赖外债以支持财政的中央政府，益感困难，岁入既不足以应岁出，又无外债可借以资弥补，不得已，一方面削减各部冗费，他方面改定各省送银定额，严厉催促，其解款办法，对于贫瘠省份，如新疆、甘肃、云南、贵州、广西、黑龙江等省，概行免除，其他各省定额，分为五等，合计有三千六百四十万元，加以处分国有财产，新设各种税目，如验契税、印花税及烟酒税等，也有多少收入，在于岁计上，务求收支适合。幸而入于民国四年，政局稍定，政府经费，略有定额，且各地方畏袁氏威势，对于中央解款，不敢截留，故经常费出入，尚能相抵，即岁出每月约六百万元，而岁入各省解款约三百万元，盐税剩余金二百万元，官业收入一百万元。至于临时费岁出，除外债费外，每月约二百余万元，而岁入验契税及官有地卖出等收入，共一百五十万元，尚有其他杂收入约五十万元，出入也足相偿。民国四年度，中央实在岁出入，据政府所发表数目如下表 3-2-1、表 3-2-2 所示：

表 3-2-1　岁入

中央专款烟酒税印花税等	1 870 余万元
各省解款	1 790 余万元
盐税余款	3 130 余万元
内债	3 120 余万元
外债	1 650 余万元
官产卖出收入	380 余万元
其他杂收入	1 080 余万元
共计	1 亿 3 060 余万元

表 3-2-2　岁出

清室经费	400 万元
内债本利	1 410 余万元
外债本利	1 520 余万元
海陆军费	4 810 余万元
军需局经费	490 余万元
统率办事处经费	860 余万元
公府经费	260 余万元
其他各部经费	4 870 余万元
共计	1 亿 3 900 余万元

　　自袁氏死后，中央政府威势，更为堕落，累年岁入缺陷，既无法填补，而内外债要偿还的金额，又在七千万元以上。加以地方解款，渐次减少，在民国四年度，为一千九百一万三千二百二十五元，五年度为一千八百九十万六千一百二十五元，六年度为九百八十七万八千六百十七元，七年度为六百四万二千七百三十元，八年度为五百五十五万三千四百八十七元，九年度为四百九十一万七千四百五十六元，十年度不过为三百四十四万一千四百四十七元，十年以后，全然断绝。于是中央政府的财政，纯为政府所在地的财政，岁入惟崇文门税收一项而止。

　　我国财政无组织，无系统，各省革命独立后，中央解款激减，实为当然的归结。于是中央政府，更陷于苦境，乃企图改革旧来依赖于地方解款的制度，务求增加中央直接收入，特设立中央专款制度，如烟酒税及印花税等，定为中央直接收入，又恐该税款如委于地方官代为课征，有被其截留的危险，因另行设立征收机关，由其直接管理解送，地方财政厅长，没有干与的权力。但是政治不能统一，中央政府力量微弱，新制施行，决不容易，所谓中央专款制度，到底无法举其实绩，仍被地方截留。中央政府所赖以偷安旦夕，而延长其生命者，惟恃外国银行团政治借款，或流用经济借款。

　　民国七年十二月，驻在北平各国公使，互相约戒，今后不再应中国政治借款。于是北平政府乃由于外债生活的传统政策，转为内债募集，或从内外银行为一时的借款，并发行特种国库券、烟酒特种券、印花特种券等，向各银行低价押借，以图苟安于一时。当时中央为主岁入，关盐两税外，仅烟酒税、印花税、京师税务及官有官产诸收入。据十二年度预算编成标准案，关税收入，虽超过六千万两，除去税关行政费及以该收入为担保的借款本利支付，其剩余额，不过三百十六万余两，而该剩余金，依于十年三月国务院令，定为拨入内债偿还基金，不能充当政费。盐税全国收入，虽有九千余万元，各省截留，在三千万元以上，更为扣除费用，中央实收额，仅五千万元内外，而以该收入为担保的借款本利支付，尚有一千余万元，其剩余额，不过三千余万元，在民国十一年，该剩余金作为盐余公债基金，并以充特种库券本息其他支付，尚虞不足。烟酒税实收入为一百四五十万元，印花税三十余万元，矿税二十万元上下。至于解款与官产，殆无收入可言。其比较确实者，为京师税务收入，十一年，实收二百三十四万七千八百六十二元，除去经费三十一万七百七十八元，纯收入为二百余万元。这是中央的岁入。

而在于岁出，每月军事费五百八十八万余元，行政费三百十二万余元，合计需九百万元，但在实际上，据民国十三年，财政整理会会长，向借款团代表说明，中央政费，每月北平治安维持费百万元，海陆军费百万元，各机关经费百万元，共计三百万元，足以支持。自是年始，所有中央解款及专款，与各直属机关收入，概被地方截留，就是每月三百万元，也无法可设，其力量之微弱，可想而知。名为中央政府，其实不过为北平所在地的政府而已。

国民政府自奠都南京以来，注意扩大中央直接收入，各种税款，增收不少，十七年二月，实行海关等级税制，每年增收，约在九千万元以上，十九年二月，对于进口税改用金单位征收，年可增收约八千余万元，此款因与金价昂贵，支付外债本利之损失，足以两相抵销。二十年一月，宣布关税自主，更行改订税率，年可增收一亿元内外。盐税收回各省附加税捐，并整理盐务机关，每年增收，约在六千万元。实行统税制，年可实收七千五百余万元。整理印花、烟酒等税，每年约增二百万元上下。是中央岁入，已来多大的增加。各省有特派员之组织，实行划分国地两税，并以统一中央一切税收，政治上的力量，自然比较强大。如国中再无分裂现象发生，则中央政府，想可以渐次巩固。不意政府当局，仍抱武力统一主义，中央直属军队增加甚多，每月经常军费，膨胀至二千五百万元。

五院制成立，行政组织，也为扩大，每月党政经费，增至五百五十万元。加以二十年一月，实行裁厘，中央直接收入损失，如复进口税、常关税及邮包税等，每年约一千九百万元。各省征收新税，不足补偿厘金损失，要求中央补助，自亦不少。因而中央岁出入，仍是不能相抵，每月不足额，约在两千万元。国民政府财政委员会，于二十年十一月十五日开会，实行紧缩政策，规定军费减为每月一千八百万元，党政费每月减为四百万元。但是岁入因受暴日侵凌的影响，大为减少，每月除支付内外债本息事，净收不过六七百万元，故岁出入仍是相差甚巨，每月不足额约一千六百余万元。孙科任行政院长时，组织中央特委会，为中央政治最高机关，对于财政议决案，每月军费，更缩至一千六百万元，党政费更缩至二百万元，每月尚需一千八百万元，不足额，仍在一千万元以上。因上海事变发生，银根紧急，政府公债，不能发行，财政当局，实无以为计。于是二十一年四月，国务会议，复议决军费减为一千万元，党政机关，照一中会议议决案，仅发给生活费，而四月份预算案，入不敷出，尚有一百七十五万余元，由财政部长宋子文在沪设法筹补。中央财政，既如此困难，宜趁此时，通力合作，为根本上的改革。支出巨额军费，对于外寇，仅获一不抵抗的结果，以全国收入，给养这种军队，实无意义，应该对于没有御侮能力的军队，尽量裁汰编遣。其余则发足饷需，使练成劲旅。今不为区别，饷项概以四五成发给，即使比较良好的军队，也将感于给养困难，渐次腐败。全国上下，骈枝机关林立，冗员栉比，岂仅尸位素餐，并以鱼肉乡里，为害之烈，不亚于军队，应该彻底归并淘汰，不惟可以节减经费，并可集中人才，增进其政治效能，使成为健全的政府。今只闻减政，不见裁员，所有各机关人员，概行发给生活费，贤否无分，劳逸不均，更使政治涣散，将成为无人做事无事可做的局面，以此而求共赴国难，实南辕北辙，吾恐更将有以助长寇氛。

第三章
各省岁出入

　　大凡政治上的公共团体无论其为下级机关，都有独立的生存，与各别的事业。在财政上，都应该有固定收入，才能够维持其生存与事业。况现今地方自治，日益发达，各种公益事件，日见增加，地方财政，应有固定的岁出入，更为重要。英国为地方分权主义的国家，地方自治，极为发达，各地方都有独立的财源，固不待言。就是日本为中央集权主义的国家，不特上级的郡县地方团体，有固定的收支，即下级的乡村地方团体，也是一样。故各地方事业，都能够平均发展。

　　我国历来财政征收权，虽为地方政府所操纵，但是地方政府所有征收的租税，及其他收入，都为国家的收入，即各省支付地方的经费，都不外国家经费，各地方既无固定收支，故一切政治都抱消极主义，毫无积极的施设。在前清时代，各省岁出入，都规定于大清会典，末年，各地方留支定额，共不过六千万两内外，其支出科目，大别为坐支、给领、协解及估拨四种，所谓坐支者，即州县因必要经费，而支付其所贮存的银两，所谓给领者，为充特定的事项，由于藩库发给办理，所谓协解者，系由于一省补助他省的经费，所谓估拨者，系对于特定事项，预先购入必要物件，然后从于需要而供给的费用。各地方以留支定额，为其岁入，以四种费用，为其岁出，是为前清时代各省的岁出入。这种岁出入，都是规定于大清会典，毫无活动的余地。且除支出外，如尚有剩余，可归其私有，故地方官吏，对于公益事件，如修筑道路、改浚河川，以及奖励教育、振兴实业等，概不举办。民国二年，始划分国地两税，地方政府，才有固定的收入，但范围极为缩小，毫无发展的余地，适袁氏死后，中央势力微弱，遂不见诸实行。民国十二年，修正划分标准，较为适合。民国十六年，国民政府公布划分暂行标准案，更为进步。但是各省自袁世凯以来，都是军阀掌政，军费激增，连年内争，农工商业凋弊，收入锐减，没有一省不是入不敷出甚巨，国地税虽划分，而中央解款与专款，概被截留，尚虞不足其岁出，入的紊乱，可想而知，兹为分别述之。

江苏　为我国最富裕的省份，在前清及民国初年，不惟出入相抵，且尚有剩余。自归北洋军阀统治以来，军政费日益膨胀，岁入遂告不足。在民国九年，省库不足额，尚不过四百三十余万元，十一年七月末，计算有一千余万元，十三年五月，组织财政委员会，实行清理，有一千三百六十九万余元。于是该会整理预算案，对于各项经费，大为削减，以谋收支适合。不幸是年发生江浙战争，及齐燮元的变动，不特整理预算案，归于水泡，而岁入不足额更甚，十四年一月，有二千八百六十六万元，三月更增至三千六十八万余元。加以是年秋，因对奉战争借债，合算每年利息，竟达四千万元之多，遂为该省财政致命的打击。十六年，入于国民党治下，数年整理，财政稍见统一，但亏欠额仍是甚巨。十九年度预算，经常临时岁出入，共为二千四百余万元，表面上，虽收支适合，而在实际上，则不敷甚巨，如将积欠旧额本利偿清，则不足额，尚有五百余万元。二十年度预算，以再征漕米折价税，与请中央指款补助，为其弥缝政策，均归财政部审核批驳。而不敷之数，尚无法救济也。

浙江　浙江与江苏，同为东南富庶省份，在民国二三年，岁入尚有剩余。自五年政变后，增加军队，添设行政机关，并扩张警察司法等临时费，岁入遂告缺乏，截留中央解款全部，尚虞不足。当时填补政策，惟向银行借款。民国八年末，岁入不足额，仅一百二十万元，十年度，增至三百二十万元，十一年度，更加至四百二十五万元，十三年度，因江浙战争勃发，财政更感困难，政府无以为计，只有屡行募债政策，旧债未还，复募新债，于是借款本利偿还额，遂为该省重要的支出。十四年夏，合计借款共一千九十余万元，加以各机关经费计算，岁入不足额有一千二百万元。该省总收入，共二千七百万元，其内国税有一千五百余万元，须全部解送中央，地方收入，仅一千二百余万元，以充本省支出，相差甚巨。十六年二月，国民政府又命每月协款五十万元，省政府因穷于处置，乃谋收入增加，于十七年四月，设立军事特捐，加课地丁及抵补金，并以偿还各种借款及整理税收为名，发行省公债六百万元，经是年六月，省政府会议通过。十八年，发行建设公债一千万元，十九年，发行振灾公债一百万元，二十年，发行清理积欠公债八百万元，除陆续偿还本利外，现在借款额，尚有二千四百八十七万三千元。十九年度，据该省当局报告，岁入不足额，竟达二千万元。查该省收入，以营业税、契税、田赋为大宗，现营业税、契税及一切杂税，既已概行抵充公债借款基金及押款，仅赖田赋一项。但上年年关，因发放军政各费，绍兴、杭县田赋，又抵借五十万元，各县再按月坐支政费，并划支司法、教育、驻军各费，其能解省者，为数实属有限。在十九年度下半年，张难先任主席时，厉行紧缩政策，裁并骈枝机关，核减不经济支出，并切实整理田赋，剔除中饱，凡各种建设事业，合于民营者，概归民营，腾出经费，发展其他必要事业。一切省款收支，集中省金库，各机关不得自收自用，及另设其他经理机关，于是岁出渐次减少，岁入渐次增加。鲁涤平继任，萧规曹随，未曾更改，故至二十年度预算，全年收入二千一百万元，支出二千五百万元，不敷仅四百万元。但实际上，收入中须除去债款基金及积欠约二百万元，又现据各县呈报，因受水灾影响，田赋收成减少，估计损失，亦在二百万元内外，是收支不敷，将在八百万元以上。

　　江西　该省自民国元年至六年，收支尚能适合，自七年起，军费大增加，因而收支相差甚巨，年额不足约六百余万元，至九年累计，约二千万元。当时整理政策，发行十年公债八百万元，自十年至十三年，中间复亏欠一千四百万元，合计从前未偿还额，共二千七百万元，再发行新公债一千万元，在十三年度，负债余额，尚有二千三百万元。当时该省岁入，合临时计算约一千三百万元，岁出，仅军费一门，有一千一百余万元，他如行政教育各费，约五百万元内外。在蔡成勋时，其填补政策，除借款与发行纸币外，并设立苛捐杂税五六种。十四年，方本仁继为督军，对于税捐全部，继续施行外，并新加盐税附捐等。十五年，邓如琢为督办，更增加税捐共有十七种之多，并皆课以重税，年额增收，计有三百余万元，在著著进行中，即为革命军所占领。是年十一月，革命军政府，召集财政委员会开会，议决重要事件，有四：一、各统税局，及各种杂税征收，依投标法，使商人包办。二、江西银行纸帮，使商会及金融团体，讲求适当方法，政府负维持市面责任。三、江西银行，不许再发行纸币。四、在江西银行公私存款，除学校及慈善团体外，暂行停止支付。其后虽开会数次讨论，因戎马仓皇，对于岁出入，没有根本的整理计划，一切苛捐杂税，概未铲除，因而民不聊生，为以后匪共猖獗的根子。十六年度预算，岁入不足额，约一百九十余万元，但是内有杂收入，约五百万元，占岁入半数，没有何等说明，想系鸦片收入。十七年以后，共党渐次蔓延，至十九年，该省八十一县，被其占领，划分为剿匪区域者，有三十一县，而各县田赋，因临时剿匪，费用浩大，解省甚少，省政府收入，仅有屠宰等税，每月不过一万余元。而政费开支，每月需三十万元，除中央每月补助十万元外，不敷甚巨。自十九年后，即未编造预算，一切收支，漫无准则。该省收入，向以田赋为大宗，年约九百余万元，即在歉收年成，实征数，历年来，都有七成左右，其他杂税，每年可收六七十万，故总合一切收入，至少可得七百万元。无如近年以来，计政失修，经征官吏，又多肆意侵蚀，遂使省税收入，不及四百万元，而各县县长，亏短交代之数，竟达三百余万元。政府当局，每遇经费支绌，辄赖借款，或发行短期库券，以为挹注，因基金不定，偿还失信，库券价格，降至四折左右。到了二十年度，在收入方面，已至山穷水尽，即悉举本年内全部赋税以充还债之用，尚虞不给。在支出方面，因无整个预算，故请款人，得凭借权势，任意取求，致使支出数目，更为扩大。而各机关自有收入者，类多坐支，不愿报解，纵属领款有着，亦巧立名目，借图核销。因而岁出入的紊乱，日益加甚，不图根本改革，该省财政，终无整理之望。

湖北　该省在民国十三年，据其当局报告，岁入约七百十余万元，因水旱各灾，及受时局影响，实收额，不过八成，约五百七十余万元。岁出，军费约八百四十九万元，行政费与教育费，约三百六十余万元，合计在一千二百十余万元以上，岁入不足额，达六百三十五万余元，政府除鸦片收入外，惟以借债弥补。且该省收入，多用铜元，而以银元支出，为官吏极有利益的换算。故岁入归其中饱，不在少数。十六年十二月，国民政府，迁移武汉，当时中央与地方的界限，划分不清楚，所有中央财政，都是仰给于一省，党军政各费浩大，财政更为困难，虽实行二五附税，及其他各种新税，尚无以应巨额的需要。于是步军阀后尘，设立中央银行，滥发纸币，并采用极乱暴的金融政策，发布现金集中条例，结果，使汉口银行与钱店，概行休业，物价飞腾，纸币暴落，政府财政，更陷于穷乏，无以为计，每月收入不足额，竟达于九百四十一万余元，仅赖发行纸币及国库券六千三百万元，借款七千三百万元，以为应急手段。国民政府在武汉期间，所有借款及库券钞票发行额，共一亿二千四百五十八万八千四百三十二元。宁汉合作后，十七年，全国财政会议，决定对于流通钞票，发行十七年长期金融公债四千五百万元，以为整理之用。十七年，桂系当局，军队增加，岁入不足额，达三千三百万元。十八九两年，军费由中央负担，省库相差尚微。二十年，自奉令实行裁厘后，省库来源，日益枯竭，每月损失，约八十万元。而营业税，因事属创举，未收实效，不能抵补，加以各县匪患蔓延，应征赋税，几等于零，故省库每月可靠收入，仅为中央协款三十万元，特税附加二十六万元，各项田赋税捐及牙当屠宰税等，

共约六万余元，营业税十万元，合计不过七十余万元。而每月省库
开支预算，因剿匪经费，及其他临时费，日益加增，并教育行政费，
约需二百二十万元，两抵不敷洋，每月约一百四十余万元。

河南　该省财政，久无余裕，在第二次奉直战争时候，吴佩孚
因军费浩大，施行巨额的征收，遂使该省财政，益陷于穷乏，李济
臣假后援军名义，更为苛敛。十四年，复有国直战争。所有军费，
索于民间，搜括几遍全省。是年九月，省议会要求审查十四年度预
算案，以各处预算，都未送来，仅有政府口头报告，只军费一门，
据督办署方面计算，经常费年额，最少限度，要五千四百万元，全
省国地两税，虽尽力征收，不过二千万元，以全额充军费，尚少三
分之二。十五年四月，虽有缩军计划，未见施行。当时政府，惟以
发行票币，预征田赋，滥铸铜元，公卖鸦片，并加征税捐等，为弥
补政策，其收入实数，从未宣布。十六年四月，奉军驱逐吴佩孚，
而入河南，复诛求无厌，不数月，国民军又击退奉军，代以冯玉祥，
军队更为增加，兵饷无着，惟乱发流通券，强制通用，市价低落，
至二成五，人民受损失甚大，而各种苛捐，仍旧征收，全省农工商
业，破坏大半，故政府收入，为之锐减。十七年，规定军政费月额，
军费一百四十万元，政费四十万元，共一百八十万元，都无法筹备，
因按县分派，尚有不足，预征二十年分丁漕半额，以资弥补。十八
九两年，复因中央攻击冯玉祥，战争不息，农工商业，更为摧残无
余，人民有十室十空之叹，全省收入，不到三分之一。十九年下期，
军费完全由中央负担，未裁厘以前，省库出入，尚可相抵，二十年，
则相差甚巨。该省每月政费，定额为七十万元，来源纯系仰给于田
赋征收，在冯玉祥时代，有预征至民国二十六年者，加以最近匪灾、
兵灾、水灾接连不断，以致田赋减收，每月解省额，不到三十万元。
前由中央在特税项下，按月拨三十万元补助，后因特税办理不善，
没有余款接济。近来再与中央交涉，允在国税项下，按月拨给十万
元，而每月不足额，尚约三十万元上下。

安徽　该省在民国十二年预算，收入年额，约九百余万元，而

实收额，不到七百万元，为我国中部最贫弱的省份。当时军费总额，约四百万元，占全收入六成以上。十三年，更为扩张，年额为五百二十八万元，合附属军事机关经费百万，共六百余万元，实占总岁入大部分，加以教育费一百五十万元，实业费四十万元，行政费二百五十万元，合计约一千万元。而岁入不足额，最少有三百万元，当时教育、行政各费之拖欠额，常在四个月以上。十四年，因孙传芳与奉军战争，军费益增。十五年，因援助江西损失，约三百万元，于是岁出入更为紊乱。十六年，在国民政府直接势力之下，更增加各种负担，岁入不足额，除预征田赋外，依于公债发行与鸦片公卖等方法，得以弥缝。十七年以后，军政费，有加无已，以致入不敷出，为数益巨，故十九年度预算，支出超过收入，竟达四百七十余万元，即收入总计一千一百三十七万二千元，支出总计一千六百一十六万九千五百六十二元。而二十年度预算案，系以十九年度实支数为新预算支配标准，在表面上，虽收支适合，而实际上，支出总数，为二千二百余万元，较十九年度预算，约增加五百余万元，综计收支不敷，约为一千余万元，其惟一的填补手段，系公卖鸦片收入。

山东 该省自民国初年，即有亏欠，其填补手段，全赖内外借款，与截留中央解款等，从元年起，至十二年止，收入年额，常在八九百万元内外，而支出常在九百万元以上至一千万元不等，故十二个年间的亏欠累计，有一千八百七十余万元。十三年秋，因第二次奉直战争，与江浙战争的勃发，当时督军郑士琦，虽宣言中立，避免直接战祸，但因有军备充实，与军事行动的必要，军费遂急激膨胀，其填补政策，除向各银行为短期借款外，并设立税捐，与预征田赋，尚不足以应浩大的支出，亏欠加算，乃突破二千万元以上。十四年初，张宗昌入省，更为猛烈的榨取，在金融上，设立山东省银行，发行不兑换纸币，并军用票一千八百万元，无利息金库券数百万元，强制公债二千万元。在财政上，强制各县分配借款三百七十九万元，田赋附加，比较正供，多至七八倍，房屋税捐，一次二次不已。并因鸦片公卖，强制各县栽培罂粟，有六百四十余万亩。当时实在岁入几何，岁出几何，都不明了。十七年五月，国民军占领山东，适有济南惨案发生，外交未了，政治不统一，更无财政可言。十八年，济南案件结束，日兵撤退，始克成立省政府，但复杂军队，布满全省，军费更增加，而收入减少至七百万元，支出超过一半以上。十九年，复因中央攻击阎冯，山东为战争中心点，两军进退数次，财政金融，破坏无余。收入更为减少。自韩复渠任该省主席以来，财政厅长王向荣，乃建议省政府，励行紧缩政策，非必需的经费，一律停止支付，而各机关正项开支，均能照常发放，故二十年度预算，收支各二千四百五十七万元，尚能相抵。而十二月省金库，尚有存款十余万元，值此全国各地财政竭蹶之时，而该省独充裕若此，殊为难能可贵。

河北　该省在民国八年度，国家收入，约一千万元，地方收入，约二百万元。合计一千二百万元，支出相等，岁出入尚能保持均衡，自九年曹锐为省长以来，财政状态，遂急激恶化，岁入不足，惟乱行借款，至十三年末，借款总额，达一千七百万元，因乱借结果，利息极高，故当时利息年额，在二百万元以上。加以九年的皖直战争，十一年的第一次奉直战争，十三年的第二次奉直战争，军费益增大，遂使财政上陷于破产的运命。其后继起军阀，如李景林、孙岳、褚玉璞，各时代的岁出入，更为紊乱。李景林用极端的增税政策，征税种类，至二十五种之多，褚玉璞更甚，岁入增加，至达四千万元，而军队扩张，岁出更为膨胀，收支仍是不敷，新添借款，约一千九百三十余万元，合计借款额，在三千万元以上。增税借款尚不足，乃发行一种军用票，市面流通额，有一千百余万元，因毫无准备金，兑换价格低落，使物价腾贵，威胁小民生活，紊乱市场金融，莫此为甚，因而政府财政，也受影响，岁入减少。十七年六月，国民革命军夺取京津，改直隶省为河北省，依委员制，成立省政府，虽倡言裁兵，但未实行，苛税也未完全铲除，仅将最重要的，如讨赤费捐、军事特捐、军事善后特捐等六种废止，合计年额二千三百万元。是年七月以后，每月收支不足额，在六十万元以上，除由各县借用二百万元弥补外，到十八年四月末，军政费拖欠额，有三百余万元。为整理起见，发行五百万元公债，于是年五月经省政府委员会通过，分配各州县销售。二十年一月，因奉令实行裁厘，岁入更为减少，支出不足额，每月约一百二十万元，填补方法，除营业税外，初拟征收特种消费税，经中央明令停止，嗣办理特种物品产销税，复因商民竭力反对，卒未能行。

　　山西　该省在民国初年以来，即抱保境安民主义，任何方面的动乱，概不加入，财政上虽无余裕，也未告不足。自十三年起，因受他省压迫，才着手扩张军队，是年末，军队即比较从前增加二倍，经费骤然膨胀，因而入不敷出甚巨。于是召集财政会议，议定经费筹出方策有三：一、现在军人减俸三成；二、新设家屋税，商号登记税；三、增征烟酒税，及各种厘金。实行这三种增收方法后。岁入不足，尚有二百万元。十五年夏，因与冯玉祥战争，军备益扩张。十六年，讲求财政应急手段，征收富户捐，及商号捐，各二百万元，地亩临时加捐六百万元，合计一千万元。十七年七月，天津大公报发表该省岁出入状况，收入总计为一千四百九十一万元，支出总计为二千八百五十八万四千元，不足额，有一千三百六十七万四千元。此外，尚须支出绥远步骑兵各师军费，年额二百八十万元，故岁入不足额，大共有一千七百余万元，军费约当岁入两倍，可谓暴乱已极。其后因十八年，加入讨奉，十九年，与中央军战争，军队更无限制扩张，军费几当岁入三倍以上。其后实行编遣，军额仍有十四五万人左右，而所增加之各税，因受裁厘影响，岁入仅一千六百万元，内有六百万元，系指定为该省公债基金，由保管委员会保管，故岁入只余一千万元，除政教各费外，所剩不过三百余万元，以充军饷，相差甚远。

　　湖南　该省自民国十三年，财政渐告穷乏，十五年更甚，因北伐成功，军费急激增加。在民国八年度预算，军费年额，尚不过三百五十六万元，至十五年，军队扩张至十一万人，军费月额须三百万元，所有收入全数，以之充当，尚虞不足。当时所采用填补政策，为预征田赋、整理湖田、盐票登记费、米禁开放等，田赋为寅支卯粮，其余都是临时收入，以充经常军费，其岁出入的紊乱，可想而知。十七年，鲁涤平任主席时，组织财政委员会，讨论整理财政办法，第一缩减军费，为月额一百三十万元，财政上犹不能收支适合，更议决军费八成发给，每月至多不得超过一百万元。是年度预算案，基于中央政府命令，划分国家税与地方税，以国家税支给军费等，以地方费充当本省政费。当时国家岁入，盐税九百万元，特税三百六十万元，二五税，烟酒税，印花税，共二百四十余万元，合计一千五百万元。国家岁出，军费减为月额一百万元，属于中央机关政费与党费，月额十余万元，年额总计，约一千三四百万元，收支扣除，尚有余裕，故不至动用地方款项。因之地方收入，更有剩余，提出一百万元，作为省银行资本金。并恢复第一纱厂等，社会经济，日见发达。不幸桂系发生变动，驱走鲁涤平，令何健继任，复无限制的扩张军队，岁出入又陷于紊乱，军费膨胀无着，遂将两年来当局苦心孤诣所搏节的省银行资本、教育基金与赈款，及省库预备金并第一纱厂赢余金等，概行挪付军费。十九年度预算，收入总额，为一千六百三十余万元，支出总额，为二千四百余万元。后因收支相差过巨，经省政府召开党政联席会议，切实审核结果，支出总额，减为二千零三十二万余元。但收入项下，有盐税地方附加五百九十八万余元，前本系省库收入，因财政部严令划归国库，减去此项数目，实在收入，总额仅为一千零三十余万元，收支不敷，有一千余万元，地方政费，益感窘迫，故是年积欠政费，达一百余万元。二十年一月，复奉令实行裁厘，每月更减少收入六十余万元，营业税因事属创举，又各处商务衰败，不能发展，每月收入，不过十余万元，于是政费完全无着，各机关伙食，也不能够维持。政府无以为计，一方面厉行紧缩政策，裁并机关，各费折减发给，并停止加设各县法院。他方面复活厘金制度，实行产销税，并争回盐税附加银三百七十余万元，要求中央特税五成解部项下，全部留作军费，按月补助银增加至五十万元。而二十年度预算，岁入经常为一千三百六十八万三千七百六十六元，临时为四十三万九千九百三十八元，合计为一千四百一十二万三千七百一十四元。岁出经常为一千零九十五万九千六百零七元，临时为六百一十六万四千一百万零七元，合计为一千七百一十二万三千七百一十四元，收支两抵，不敷银有三百万元，不敷之数，发行省公债三百万元，以为填补政策。

福建 该省财政紊乱，为我国南部第一省份，基因于财政权，完全不能统一，历来为海军根据地，所有土著军队，各占有一定地盘，施行自给自足政策，国地税不为区别，预算全然不能实行。在十四年前后，省财政厅的势力范围，仅有全省半数，约三十余县。据十二年财政厅的财政状况说明书，全省收入，年额七百七十五万元，实际收入，仅能得十分之六，即四百五十万元。省政府除中央专款全部截留外，并设立种种苛税，如赌捐、人头税，为我国历史上未曾有的恶税。十五年秋，入于国民革命军治下，设立临时财政整理处，后改为财务委员会，所有旧军阀苛捐杂税，不惟全部继续施行，并增加新税十余种，仍不能救济财政之穷乏。十六年度预算，国家收入全部，作为军费，尚有不足，地方收入，约九百万元，内有三百万元，即三分之一以上，为借入金，其岁出入的紊乱，自不待言。十七年春，国民政府，以整理该省财政为目的，在第五十次常会，通过财政部提出整理计划案，组织整理财政委员会，该会议决整理大纲十二条，以分配军费，取消苛税，及统一财政征收权，为主要问题。基于这种整理方针，陈财政厅长，先图统一征收机关，在从来海军管辖泉厦各地财政全部，自十七年八月一日起，统一于财政厅，在泉厦设立办事处。每月收入国地两税，由该处代理财政厅分发该地方各机关，及支付借款外，如有剩余，扫数解送财政厅，在形式上，财政权渐见统一，岁出入颇有头绪，其实与前无异。十九年，有卢兴邦变叛，省委捕去大半，省政府成为无政府状态，财政权更为分裂，所有收支实数，无从查悉，岁出入更为紊乱。其后政府改组，虽得调解下去，而财政仍是乱七八糟，没有方法可以整理。自二十年一月一日，奉令实行裁厘，每月损失，约在四十万元上下，而中央所允月拨补助费，不过二十五万元。于是政府经费，更为困窘，加以各处盗匪横行，民生凋弊不堪，财政受其影响，收入为之锐减，如田赋、屠宰杂捐及契税等收入，均一落千丈。契税从前每月收入，总在两三万元以上，当时废除比额，改包办制为委员制，综计六个月收入，仅二万元，与前比较，不到二十分之一。财政厅长何公敢虽勇于任事，也是束手无策。当时财政厅全部收入，约六七万元。加以中央协款二十五万元，两共岁入约三百八十余万元。而省会军政等费，年额最少需六百万元，故收支相抵，不敷银在二百万元以上，而各处变相厘金的苛征，仍是层见迭出，中央无法禁止。

广东　该省自民国二年以来，省内军队林立，各在其势力范围内，截留税款，并擅自设局征收，财政紊乱，达于极点，岁出入无从稽考。民国十二年度，总岁入不过一千零三十一万六千五百六十七元，十三年度，更为减少，仅七百九十八万六千九百五十二元。至民国十四年，国民政府召集财政委员会，讨论全省财政统一办法：

一、划分国地两税，属于国家税种类，归财政部直接管理征收，属于地方税种类，由省政府财政厅直接管理征收。

二、由军事委员会议决，严令各军长官，嗣后各种正税附税，不许截留，并禁止在其防地自行设局征税。

三、所有军费筹措，政府负完全责任，由财政部长宋子文与各军长官磋商，从前截留税捐，须尽缴纳政府。

是年末，全省财政，渐见统一。十五年度，岁入遂见跃进，除公债库券收入有三千零五十二万六千元外，其他收入激增，至六千万元以上，而当时岁出军费，达七千余万元，岁出入虽不足以相抵，而相差不甚远。其后中央政府移建南京，为进行革命事业，需费甚巨，该省仍是重要财源地，负担供给的责任。十六、七两年度，比较十五年岁入，更为增加，约七千万元内外。其后因中央命令攻击桂系，增加军队甚多，军费因而膨胀甚巨，岁入渐告不足。二十年一月一日，实行裁厘，财政上更为困乏，厘金为该省收入大宗，自然影响不小。在二十年度上半年，国税方面，每月预算收入，为三百五十八万四千元，但实际收入，平均仅能得二百六十万四千元。裁厘后，每月短少约八十万元，是每月收入只一百八十余万元，加以中央每月补助四十万元，共约二百二十万元。而军费支出，每月即需四百二十七万九千元，连中山大学经费及恤金等，共需四百五十余万元，收支相抵，每月不敷银，约二百三十余万元。至于省税方面，每月预算收入为二百三十万元，实际收入二百一十四万元，支出预算，每月三百零七万余元，收支相抵，不敷银有九十三万余元。两年以来军费增加，国库支绌，其由省库拨借者，在二十年一月，已达四千余万元，省库既竭，不特政治刷新无望，就是现状也无术可以维持，而苛税及赌饷，都无法废止。

广西 该省在前清宣统三年试验的预算案，岁入为四百五十三万五千两，岁出为五百八十四万五千两。民国革命以来，动乱无间，军费渐增，民国七年，突至一千万元。十四年度预算，岁出总额，为一千二百五十三万七千七百八十余元，而岁入不过四百九十七万九千五百余元，不足额，有七百五十五万余元，全部依鸦片收入填补。十六年，行政制度，照国民政府所规定组织法施行，于六月成立省政府，大部分军队，随中央北伐，军费规定，每月由广东补助五十万元，其后实际上未履行，岁入不足额，惟发行省银行纸币以为弥补政策。十七年度预算，岁入总额，为二千三百万元，岁出总额，为二千二百五十万元，除党费十万元，军费一千一百万元外，其余一千一百四十万元，系全部充当政费，故地方交通事业，大有进步，教育经费，亦甚扩张，其岁入增加的原因，多系鸦片收入增加。十八年以后，从前北伐军队，在湖北受中央军攻击，有一部分败退回省，因而军费激增，而岁出入的均衡，遂无法可以维持矣。

云南 该省自民国初年以来，即受动乱的余波，每年用兵不息，财政渐告困乏。在民国五年，该省国家预算，岁入为二百九十余万元，岁出为六百余万元，而省库收支未公布，究竟几何，不能明了。到了十三年度更甚，当时政府，召集财政会议，议决准据是年度金库实收额七百五十六万元，因规定支出月额，以六十万元为限度，但实际上的支出，至九十三万元，年额需一千一百十六万元，岁入不足额，有三百六十万元，以地方贫瘠，无法筹措，惟发行富滇银行纸币，以为填补政策。至十五年六月，其发行额，达于三千七百五十万元，纸币愈增加，物价愈腾贵，不特下层人民痛苦日深，而政府支出，因而加多，财政更为困难。于是设立增征整理金融借款的计划，即对于各种税捐都增征一倍，其所增加的税金，附随募集公债，预计一个年，可得一千一百万元，以两年收回纸币，从十五年八月一日起实施。其后滥发纸币，虽为收回而岁费不减，每年亏欠如故，终无以救济不平衡的岁出入，近年来，当局采保境安民主旨，不再侵略邻省，军队稍为减少，省内政治，渐次统一，收入亦颇增加，而岁入不足额，比较从前减少，以鸦片公卖收入，足以弥补。

贵州　该省在前清时代，为受他省协款极贫瘠的省份，国家与地方收入，总计年额，不过五六百万元。民国七年，岁出渐次增加，在十一年度，岁出入共七百六十余万元，为最高额。十三年度岁出为六百五十六万元，而岁入仅三百三十四万元，不足额，有三百二十一万余元之多。但地方收入，常有剩余，因国家军费过多，以地方剩余部分，全数流用，尚有不足，因地方贫瘠，不能增税，惟向各方面借款，以为弥缝政策。在民国十四年，借款现存额，为二百二十二万七千余元。以后军费益增加，岁入不足额更甚，借款亦更多。十七八两年，周西成主政时，以严厉手段，解散不良军队，并用兵工政策，以兵修路，交通事业，大为发达，军费日见减少，各地方盗匪，渐次肃清，各种税收，均有增加，岁入不足额，以鸦片收入，足以弥补。其后内争复起，军队又增加，岁出入的紊乱，比较从前更甚。

四川　该省自民初以来，即变乱不绝，至十三年更甚，不统一的复杂军队，起伏于各地方，莫不擅行苛敛。在民国十年与十一年，全省军队，不过三军九师十一混成旅，收入年额，二千六百六十余万元，支出军费二千三百五十万元，占总收入九成以上，行政费仅二百十余万元。其后经几次战争，军队激增，至十四年，全省军队，有三十一师、二十二混成旅，二十一独立旅，十四司令，两统领，兵数在三十万人以上，军费年额，要三千数百万元。是年依人民请愿，召集临时善后会议，关于财政问题，作成预算表，临时收入，以鸦片罚金与租税预征为主，共二千余万元，在表面数字上，虽勉强凑成收支适合，而实际上，到底无法施行。十六年，改换青天白日旗，号称奉行三民主义，但军队仍各自行增加不已。十七年三月，在京川籍党员，请愿于中央政府，谓现在兵力，约四十一万，军政费，年额在一亿元以上，各军割据，到处设立税捐局所，自重庆至遂宁，路途不过四百五十里，须纳税二十六次。食盐为人民生活必需品，加征无已，田赋预征，至三十五年，滥铸恶质铜元，种类极多。二十年一月，国民政府虽通令严厉裁厘，而现在变相厘金，到处皆是，全省收入，究竟实数几何，无从查悉，其岁出入的紊乱，实为全国第一。

陕西　近年以来，该省遍地旱灾，赤地千里，加以军队林立，骚扰不堪，各种税收，除省会数处外，几等于零。十九年以后，地方秩序，虽渐次恢复，而财政困难，不堪言状。二十年一月一日，奉令实行裁厘后，更告缺乏。全年计国地两税，及特项收入，并新办盐务督销，与特种消费两税，共为一千零十八万余元，全年政费支出，约六百余万元，军费计国防省防各师，年需银九百余万元，合计岁出为一千五百十二万元，收入不敷约五百万元。且现在实际收入，不过五六成，故岁入不足额，几在一千万元上下。二十年三月，财政厅拟就整理财政计划，经政务会议通过：一、实行划分国地两税，以清界限；二、审核全省预算，切实缩减，俾免浮滥；三、整顿各县财务行政，以除收支流弊；四、明定各县附捐种类，以期取民有制，轻重适均；五、详订收支程序，务求严密，以昭郑重；六、采用西式簿记，务求简当，而便稽考。该项整理计划，渐次实行，收入虽日见增加，但巨大的军费，不能缩减，而求岁出入适合，终无办法。

辽宁　该省在前清末年，财政即紊乱穷乏，民国以来更甚，从前官吏，讲求救济，都是不彻底的弥缝政策，且多以整理为标榜，徒肥私囊，故毫无效果。民国六年五月，王永江任财政厅长时，洞察个中情弊，纯由于收支官吏舞弊营私，遂枪毙不正官吏数人，以肃纲纪而新耳目。在于消极方面，抱极端的紧缩政策，尽量节减岁出，在于积极方面，奖励开垦，整理官营事业，以谋收入增加，因而地方财政，着着进步。并召集财政会议，发行五百万公债，以充财政整理资金，至九年末，除偿还借款外，尚有一千一百万元的剩余金。不意逐年财政顺调，即为奉直战争的造因，第一次奉直战争后，财政上尚有余裕，王永江战后财政政策，缩小军政各费，严守预算，并讲求诸税增收，一方与中央政府脱离关系，截留解款与专款。当时国地两项，合计岁入二千六百七十八万七千九百五十八元，岁出一千八百二十三万九千二百二十一元，两相抵消外，岁入剩余金，有八百五十四万八千七百三十七元，而临时收入，尚不在内。其后为再战准备，扩充兵工厂，设立航空处，并购置各种军器军需，虽要巨额的支出，而蓄积金尚有一千万元。至十三年秋，奉直再战，遂将这种蓄积，尽行消耗，战事终了后，王永江在善后会议，提出财政改革意见，以缩小军费、振兴实业、与民休养生息为根本政策，因张作霖及其主战派反对，王遂辞职而去。是王永江整理财政的结果，徒为增长张作霖的野心，再三弄兵，浪失莫大战费。当时岁出，兵工厂经费二千三百万元，经常军费一千八百万元，张作霖机密费一千万元，合计有五千一百万元，而岁入不过二千三百万元，加以连年苛敛，再无增税的余地，遂不得不求之于纸币之滥发。十六年春，奉票发行额，激增至七亿元，致使奉票价格，日益低落，人民损失甚巨。十七年夏，奉军撤退关外，军事行动，告一结束，张学良与翟省长协议结果，规定经费节减政策有三：一、缩小兵工厂办法，减少年额九百八十万元；二、各机关顾问咨议其他事务员，裁去三分之一，减少一百万元；三、实行裁兵，减少军费一千五百万元。合计年额，节约二千五百万元，用以充当奉票整理基金，计划五年内，恢复该票原状。其后因以大兵入关，兵虽未裁，而辽宁军费，实减少一半，兵工厂经费，也略为减少，计划尚未完全实行，而国难遂作。

吉林 该省在民国初年，财政状态，极为顺调，岁入超过，元年度有三百万元，二年度有一百万元，自民国三年，孟恩远为督军，遂急激扩张军备，累年军费增加，财政上，遂成为反比例，岁出超过，是年一百万元，六年三百万元，七年四百万元，八年六百万元。其后继起督军，如鲍贵卿，孙烈臣，都是一样，岁入不足额，惟以省立永衡官银号借款为填补政策，至十四年，其融通额，达于四千万元。十五年度预算，岁入总计，为一千四百四十四万九千四百一十九元，而厘金、杂税与田赋三种，占总岁入百分之九十，岁出总计为一千五百万元，军费一千一百八十万元，内务费一百四十万元，合占总收入百分之九十，其他财务、外交、司法、教育、农商各经费，共不过百分之十，军费过多，足为惊异。自张作相就任后，以荣厚为财政厅长，其财政方针，一方面树立增税计划，增加岁入，一方面努力削减军费，节约岁出，今据其报告，三四年来，该省租税及其他收入，逐年增加。十七年度，岁入有二千三百万元，岁出仅一千四百万元，该年度剩余金，达九百万元，最近省库现存金额，有二千万元，全部使用于吉海铁道敷设，及水道工程费，故社会经济，日见发达，而政府收入，遂年有增加，该省财政整理顺调，实为全国第一。

甘肃 该省地处边陲，交通梗塞，历来财政困难，在前清时代，系受他省协饷，革命后，协饷停止，始自谋维持，平日无事，省库收入，尚可敷衍现状。民国九年之大地震，为造成财政穷乏的远因，而军费无限制的增加，为造成财政穷乏的近因。统计现在军队数目，最少当有九万五千人，又纯为无系统无纪律及不集中的军队，各地驻军，莫不视其防地为自己势力范围，把持财政机关，任意诛求，无所不至，省库税源，无一不受其破坏，故最近省库愈空，人民愈穷，财政亦愈困。全省收入，合国家税地方税而言，年额计为一千三百一十三万八千八百零七元，而实际收入，则仅八百八十万二千二百四十八元。在支出方面，每年共计一千一百一十八万零三百七十元，军费一项，年达八百六十五万二千三百二十四元，即占全部支出百分之八十上下，若以实际收入而论，则全部收入，仅能当军费一项支出。至于其他各项支出，政费年八十九万二千七百二十四元，当全支出百分之八弱。党费年十八万零八千元，司法费年十一万零一百一十二元，均当全支出百分之一而不足，教育费年五十八万四千三百五十元，当全支出百分之五. 二，各县行政费，年四十九万三千五百元，当全支出百分之四. 四，财务行政费，年二十四万元，当全支出百分之二强，是党政费与军事费比较，不啻天渊之别。且近数月来，所有财政机关，因应付军费浩繁，莫不演成实拨虚收的状况，即所有收入机关，皆拨付军费，款项到手，军需即强迫提去，所谓收入若干，不过是一笔帐，故各党政机关的欠费，直无法可以清理，其日常生活都几不能维持，所谓比例上的支出，亦是徒有规定的而已。

查各省岁出入的紊乱，都是由于军费过大。在十四年度，据各省国家预算报告，计算平均军费，占总收入百分之七十二以上，其后各省变乱更扩大，军费更无限增加，如河南、四川、福建等省的军费，占经常岁入总额一倍乃至二倍以上，其弥补政策，除苛捐外，类多以借款，与公卖鸦片、发行纸币，以及其他临时收入充当，致使财源枯竭，金融恐慌，并以戕害民命，不仅岁出入紊乱已也。今欲整理各省岁出入，救济这种弊害，非裁减军费，实无第二办法。

第四章
中央收支与地方收支的划分

国家与地方，并非各别自有生命，如一个动物的头脑手足一样，有密切不可分离的关系，无论中央政务与地方政务，都为完成国民共同需要的手段，故两者必须混合调和，才能够决定国家政治的、文化的、经济的价值。但是两者活动的领域，自有一定分界，不可混淆，而施行这种政务所要的资金，必须判定其分量程度，严为区别。故中央财政与地方财政的关系，根本条件有二：第一，须通盘计算有一整个的规定；第二，须各有固定收入，以完成其独立的职务。如一个政治团体的经费，纯为一种副生的收入，财政上必常常发生动摇，并危及其独立的地位。尤其是中央政府，为政治最高权的发动者，必有极可靠的固定收入，然后国家基础，才能够稳固。从前美德两国，在起初建国的时候，中央力量，尚属微弱，有各邦分担金制度，如我国解款制度一样，现在都渐次归于消灭，故其中央政府力量，日益强大。而地方虽为独立的团体，对于中央有从属的关系，财政上须受国家限制，如英国地方政务范围的扩张，要经中央议会承认，欧洲大陆诸国的地方增征租税，要经中央政府核准，但是地方以固有收入支办经费尚不足时，有受国家补助金的必要。这是中央收支与地方收支应该划分的理由。

中央收入与地方收入，划分的根据有二：

一、以政务性质而决定。中央政务，系一般的，以国民全体利益为目的，故租税赋课，须基于负担力主义，就是纳税者的金额多少，从其负担力的大小而定，至于享受利益的有无，不要考虑。而地方政府所执行的职务，以局部的、个别的利益为目的，与特定人民。类多有直接利害关系，故其租税征收，须基于利益主义，就是以人民享受利益多少而定其报酬金额，不问其富力程度如何，只缴纳利益相当的代价。近代各国地方财政的特色，如使用料、特别赋金等收入，异常发达，至于租税收入，反居第二位。

　　二、以租税本身的性质而决定。有国内一般的基础，使分属于国家，有地方局限的基础，使分属于地方，必使各税调和，而得负担分配的公平。如关税及内地货物消费税，通于全国而无境界，行于一切阶级而无差别，应属于国家，且由国家施行统一的课税，技术上得举税收的实绩，若委任个个地方有课税权，将由于各地方而异其税率的结果，同一货物，而价格悬殊，致使国民的物质负担，发生不平等。次之为直接税，如所得税、相续税、财产税等，所谓人税，因近来经济发展，归于一人的财产及所得，类多分散于全国，地方政府，不容易捕捉，故人税的基础，为国内一般的，应属于国家。而地租、家屋税、营业税、所谓物税，与地方有密切固着的关系，其价格利益，都是受地方事情的影响居多，故物税的基础，为地方各别的，应属于地方。但是近来交通发达，工商业进步，都是促进经济上的统一，以扩大租税的基础，由于地方范围而及于国家范围，且以国家大规模的课税，在技术上易增进其能率，故最近各国租税，有集中于国家的倾向。

中央经费，与地方经费，划分的标准有二：

　　一、在其职务上的关系，如国防、司法行政，及邮政电信、干线铁道等的经营，非集中于国家，难保全国统一，而收公平无私的结果。如水道、电灯、地方道路、初中学校、警察制度、救贫事业等，都有地方特殊的性质，任地方政府经营，才能够适合其需要。

二、在于政治上的能力相宜与否，如大规模的经营事业，非有最高智识与集中资本，不能达到目的，应属于中央政府。如各种公益事业，非精通地方事情，难收其效果者，应委于地方政府。

此外有依于中央集权主义与地方分权主义而决定者，如英美为地方分权主义的国家，地方政务比较多，故地方费常凌驾于中央费，美国战前岁计，为中央费一地方费二的比例。欧洲大陆，为中央集权主义的国家，中央费多于地方费，法国战前岁计，为中央费四地方费一．五的比例。但是大战以后，各国都有中央集权主义的倾向，现在地方费多于中央费者，仅濠州一国。这是事实上划分中央收支与地方收支的理由。

我国在前清时代，中央收支，与地方收支，没有区别，地方政府所征收的租税，及其他收入，都为国家的收入，无论中央与地方的经费，概行依于这种收入支给，就是各省支给地方的经费，也不外国家经费。而中央没有固定收入，租税征收权，为地方政府所掌握，中央政府一切经费，都是仰给于各地方送金，所谓解款制度，故国家财政基础，异常薄弱，因而政治力量，自然狭小。民国革命以后，因欲图国家强盛，必须树立巩固的中央政府，对于财政上，确定固有收入，有直接的管理权、征收权。于是民国二年，厘订国家税与地方税法草案，实行中央集权制度，所有各种重要收入，概行划归中央，属于地方者，不过杂税、杂捐与附加税而已。地方收入，既大为缩小，地方自治，无从发达，且地方惟依赖于副生的收入，有危害地方政治团体独立的地位，这种划分法，未免矫枉过正。兹将其划分方法列下。

规定为国家税者：

（1）田赋，

（2）盐课，

（3）关税、常关，

（4）印花税，

（5）统捐，

（6）厘金，

（7）矿税，

（8）契税，

（9）牙税，

（10）当税，

（11）牙捐，

（12）当捐，

（13）烟税，

（14）酒税，

（15）茶税，

（16）糖税，

（17）渔业税，

（18）其他杂税杂捐。

将来应设的国家税：

（1）通行税，

（2）登录税，

（3）继承税，

（4）营业税，

（5）所得税，

（6）出产税，

（7）纸币发行税。

规定为地方税者：

(1) 田赋附加税，

(2) 商税，

(3) 牲畜税，

(4) 粮米捐，

(5) 土膏捐，

(6) 油捐及酱油捐，

(7) 船捐，

(8) 杂货捐，

(9) 店捐，

(10) 房捐，

(11) 戏捐，

(12) 车捐，

(13) 乐户捐，

(14) 茶馆捐，

(15) 饭馆捐，

(16) 肉捐，

(17) 鱼捐，

(18) 屠捐，

(19) 夫行捐，

(20) 其他杂税杂捐。

将来应设的地方税：

(1) 房屋税，

(2) 国家不课税的营业税，

(3) 国家不课税的消费税，

(4) 入市税，

（5）使用物税，

（6）使用人税，

（7）营业附加税，

（8）所得附加税。

田赋因各省地价，不是一律，在工业发达交通便利的省份，如江苏、浙江、广东等省，产物容易出口，农产物价格，较他处为贵，在边远闭塞的地方，如甘肃、新疆等省，物产不容易运出，价格自然低廉，这种各别的情形，若课以同一税率，不得为公平。契税是随田赋而来，营业税及当税、牙税等，须精通地方的事情，才能够办理得法。渔业税，仅在近河海的地方，不是全国通行，都不应划归中央。民国十二年，成立宪法，对于国家税与地方税，再行修改规定。比较二年草案标准，较为适合，其方法如下。

归于国家税者：

（1）关税，

（2）盐税，

（3）印花税，

（4）烟酒税，

（5）其他消费税，

（6）全国税率应行划一的租税。

属于地方税者：

（1）田赋，

（2）契税，

（3）其他省税。

民国十六年七月十九日，国民政府划分国家收入地方收入暂行标准案，更为进步详尽。

甲　国家收入

(1) 盐税，

(2) 关税，

(3) 常关税，

(4) 烟酒税，

(5) 卷烟特税，

(6) 煤油税，

(7) 厘金及邮局税，

(8) 矿税，

(9) 印花税，

(10) 国有营业收入，

(11) 禁烟罚款。

将来新收入

(1) 所得税，

(2) 遗产税，

(3) 交易所税，

(4) 公司及商标注册税，

(5) 出产税，

(6) 出厂税，

(7) 其他合于国家性质的收入。

乙　地方收入

(1) 田赋，

(2) 契税，

（3）牙税，

（4）当税，

（5）商税，

（6）船捐，

（7）房捐，

（8）屠宰捐，

（9）渔业捐，

（10）其他杂税杂捐。

将来新收入

（1）营业税，

（2）地税，

（3）普通商标注册税，

（4）使用人税，

（5）使用物税，

（6）其他合于地方性质的收入。

十七年，在中央财政会议，议决划分国家支出地方支出暂行标准案。

甲　中央支出

（1）中央党务费，此费专指中央执行委员会、监察委员会、政治会议等费。

（2）中央立法费，专指全国代表大会经费。

（3）中央监察费，专指中央监察院及分院经费。

（4）中央考试费，专指中央各项考试，及考试分院经费。

（5）中央政府及所属机关行政费，此项系专指中央行政职员的俸给，及公署费用，国民政府中央各部所辖各机关均属之。

（6）陆海军航空费，海陆航空，为国防所需，故凡隶属中央及各海陆航空费，统由国家经费支出。

（7）中央内务费，内务行政，现全属诸地方团体，中央仅居监督指导地位，然内政部直辖的内务费，仍由国家经费支出。

（8）外交费，外交以国家为主体，故无论为中央所在地的外交费，或外省的外交费，仍由国家经费支出。

（9）中央司法费，最高法院及各省大理分院，均由国家经费支出。

（10）中央教育费，此项仅限于教育部直辖的机关，国立专门以上学校经费。

（11）中央财务费，此系专指征收国家收入所需的经费而言。

（12）中央农工费，农工费全部，多属于地方团体，中央仅居监督指导地位，凡经营或规划增进农工利益的一切经费属之。

（13）中央侨务费，中央为保护海外侨民起见，应有一切设置所需要的经费。

（14）中央移民费，移民事业，其利益亘于全国，故其经营费，当由国家经费内支出。

（15）总理陵墓费，总理陵墓，为世界观瞻所系，全国信仰中心，其修筑等费，应由国家经费内支出。

（16）中央官业经营费，邮电路航、山林矿业，及各部直接经营的官业等之费，均从国家经费内支出。

（17）中央工程费，此项专指重大工程而言，如国道、河工经费等是，盖其工程的利害，亘及于全国，故经费由国家支出。

（18）中央年金额，此项专指对于先烈及有功之人恤赏各项经费而言。

（19）中央内外各债偿还费，内外债关系国家的信用，凡中央合法所借的内外债，皆须于国家费内支出偿还。

乙　地方支出

（1）地方党务费，此项系指各行省、特别市、县、城、乡各级党部所需经费而言。

（2）地方立法费及自治职员费，此项系指地方议会及各自治机关市长、乡董等的薪水而言。

（3）地方政府及所属机关费，此项系指地方行政职员的俸给，及公署费用，省政府各厅，及县政府等均属之。

（4）省防费，此项除直辖中央各军队外，其关于省防经费，由地方经费支出。

（5）公安及警察费，警察本为保持地方治安而设，关于公安及警察费，应由地方经费支出。

（6）地方司法费，此项除最高法院及大理分院外，其他各级司法费，应由地方经费内支出。

（7）地方教育费，此项除教育部直辖机关及国立学校外，其他各项教育费，应由地方经费内支出。

（8）地方财务费，此项专指征收各地方收入所需经费而言。

（9）地方农工费，凡农工商各业，由地方团体自办，或增进农工利益所需经费，均由地方经费内支出。

（10）公有事业，此项除中央官营事业外，凡地方公有事业，应由地方经费内支出。

（11）地方工程费，此项除国家所营工程外，凡地方团体经营的工程，如省道、县道以及疏浚河道等，均由地方经费内支出。

（12）地方卫生费，卫生行政，系保卫地方人民生命，其费自应由地方经费内支出。

（13）地方救恤费，救恤行政，系减轻地方人民困苦，其费亦应由地方经费内支出。

（14）地方债款偿还费，此项经费，以地方所借合法公债为限。

现在划分国地税，以从前归于国家的田赋、契税、牙税、渔业税等，皆改属地方，以后地方支出事项，应较向日为多。但是地方收入，多属固定性质，毫无伸缩的余地，不能适应需要而膨胀经费。近来各国以地方自治发达，设立有补助金制度，如英法德等国，最近对于地方教育、道路、卫生等项的补助金，皆渐次增加。又有所谓分配制度，如德国以所得税几分之几，分配于各邦，英国以相续税几分之几，分配于地方。我国中央政府，向无补助金制度，惟有各省协饷制，革命以来，这种制度，早已废除，地方经费膨胀，无法填补，惟有竭泽而渔。裁厘后，中央对于各省，始有按月补助费，以弥补厘金损失，但是其补助多少，系以各省势力大小要求决定，并非公平分配，且未指定财源，致使收入不能确实。故最近以中央经费支绌，各省补助费，有数月未发给者。以后应指定国税一部分，如现在烟酒税及将来遗产税、所得税等，由国家征收后，以几分之几，分配于各省，较为妥善。又各国以地方经费滥兴，有侵害一般资源，致令国家有收入减少的危险，故对于地方各种特别税与附加税，都有严密的制限。我国中央政府，历来对于地方财政，仅有监督的条文，不能实行，如地方田赋附加税，虽有规定，不得超过百分之三，然各省附加税，有超过百分之百，甚至有百分之二百者，盐税附加，也是一样，侵害税源，莫此为甚，中央政府，宜设法实行其监督权，不使国家收入，因而减少。又各国上级地方团体，与下级地方团体，都为划分，下级地方团体，英国以独立税为主，法国以附加税为主，两种制度并用，惟德国与日本，近来德国下级地方团体的独立税，渐次增加，日本府县税与市町村税，都有严密的划分规定，故下级地方财政，不至常发生动摇，有阻害公益事业的发展。我国国地收支，仅将省地方划分，而县与乡镇市，都未划分清楚，即近来稍有划分的省份，概无独立税，纯系一种田赋附加税，下级地方财政基础，既如此薄弱，则地方自治，自然不能发达，而民权也自然无由伸张，这是划分国地收支急须改良的要件。

第五章
会 计 制 度

第一节　预 算 制 度

　　预算为政府确立行政方针，兼以表示一岁的收支计划，无预算，则无政治可言，故预算制度之良否，于国家存立上，有重要的关系。近来随着国务繁重，财政膨胀，与国民智识发达，更为增进其重要的程度。如预算制度不得其宜，必发生经费妄自增加与滥用，因以妨碍国家的经济建设，并阻害社会实业的发展。在现代立宪国家，预算问题，实居政治上中心的地位，政府预算案成立与否，为解决其政治生命存亡的关键，其重要程度，可想而知。预算制度的最大原则，在图收支适合，短少则危财政的基础，剩余则来经费的滥用。因国家财政，与个人经济，完全不同，先须考核国家的需要，规定经费，然后对于这种经费，而谋一填补的手段，即所谓量出制入主义。有时适应于国家的活动进步，而有经费增加的必要，故须使收入不至固定，而常有伸缩的余地。

　　我国历代财政，都是与私人经济一样，其所谓预算，没有行政方针，也没有收支计划，抱一种量入制出主义，只希望国帑盈余，并非以收支均衡为目的。自前清以来，岁出入额及科目等，一切都规定于大清会典，不得变更，其经费固定，是欲禁止一般官吏滥用职权，以乱支国帑的意义。各部各省，都须照此支办经费，而这种规定，成立于康熙乾隆时，至嘉庆年间，才改订一次，都是应于百年前的事实。其后国情虽变化巨大，尚遵守成规，无法修改，如有新兴政务，致必要的经费膨胀，势不外向各地方另要求纳付一新定之额，从而收入与经费，各自独立，恰如特别会计一样。而各地方对此派定额，不能认筹时，中央也无可如何，遂使一般政治，都是抱一种消极主义，没有积极的行动，而国家活动范围，遂为其所阻害，成一死物，毫无进步可言。而预算制度，根本上不能确立，就是在此。末年，军国多故，经费膨胀，到底不能依照这种固定经费，名义上虽遵守成典，而实际上完全变更，于是形式上的预算，依然存在，直等于没有预算。不特中央，即各地方经费，也大为增加，就于原有款项支出，称为内销，仍遵照旧制奏报中央，至于新设用途，称为外销，多不编入奏册，为任意的收入支出。是前清政府所发表的数回预算，不过基于各地方形式上的报告书所编成，为罗列一般架空的数目字，并非真实预算。实无预算制度可言。

民国以来，仿照文明国先例，制定会计法，而实际上未见施行，仍依前清旧例办理，虽有民二、民三、民五、民八四次预算，而民二预算颁布时，年度已过去一半，各机关都是执行无关系的预算。是年宋案发生，而南方各省又突起革命，预算外的特别费用甚多，遂使预算全然化为有名无实。其后继续政变，各官制随时修改，各机关也随时有增减变动，而经费毫无确定的标准，益使编制预算者，不能着手。故民国三、四、六、七各年度预算，都不见正式颁布，惟五年度预算，系经参政院代行立法院议决，八年度预算，经新国会通过公布，但亦不过依照前清架空的数目字，略为推定增减，且仅实行一部分而止。八年以后，军阀互相斗争，渐深刻化，政权分裂，财政凌乱，不可言状，就是如从前形式上的预算，也不能够编成，遂使全国为无预算的财政时代。国民政府在广东的时候，即有预算委员会的组织，专为编制预算的机关，但亦只有条文宣布，而未见举其实绩。北伐完成，奠都南京，政府对于预算，视为非常重要，先后成立预算委员会与财政委员会，专为办理预算机关。其后国内连年战争，因事实上的障碍，全国预算，未能一次编成，两机关遂亦先后撤销。当时财政部鉴于编制预算，不能成功，以北方政府时代，将国家地方混合编制的方法，实有改革的必要。于是拟就所属财务机关编制十八年度预算办法一种，通令所属机关，先行试办，以为推行全国的基础。试办结果，成绩良好，乃拟成十九年度试办预算章程，呈请国民政府公布，推行全国，各种规定，非常详细。二十年，更革新制度，在国民政府内，设立主计处，内设一岁计局，专办全国的预算决算以郑重其事。是年十一月二日，由国民政府公布预算章程，及办理预算收支分类标准。因此全国预算，虽未能如期完全办就，而国家预算，业由主计处审核完竣，呈请中央政治会议核定，提交立法院，由立法院于二十一年四月九日议决通过，再呈请国民政府公布施行。这是国民政府成立以来，办理预算的第一次成功。

办理预算，有两种重要的手续，第一为编审机关，第二为议定机关。编审预算，在各国，大都是为财务行政最高机关，因预算制度，与实际财务行政，有密切连带的关系。预算准备者，必须为预算施行者，然后对于各处要求经费，核减与否，才能够适当事情。从前美国编审预算权概归议会负责，故与事实上类多隔离不切。今我国编审预算，另设立主计处专管其事，财政部不参与，即使能够编成，将来施行上，恐不免有窒碍发生。议定预算，在各国都是属于民意立法最高机关，因国家财政，须以国民经济为基础，取之于民者，仍须用之于民，所谓预算，非仅收支数字的排列，孰者应收，孰者应支，都与一般国民有息息相通的关系，故必国民本身参与决定，庶几财政不至与国民经济背道而驰。且议定预算，为财政监督机关的职务，须与政府对立，方能尽监督的责任。今我国编审预算，与议定预算，同为政府机关，安能够成立完全的预算。预算成立期限，宜为缩短，方能适合事情。预算议定机关，须权限划清，方能责任分明。今我国预算成立程序，国地概算，由主计处分别汇合编制，送由中央政治会议核定后，发还主计处，编成全国总预算，再呈请国民政府提交立法院议决，立法院议决后，呈请国民政府公布，然后预算始行成立。这样看来，实为两重的议定机关，其议定的权限，没有明白规定，权限不清，则责任不明。自第一级机关编就第一级概算起，到立法院议决呈请国民政府公布止，其间要经过五六层手续，因而编制时期分配上，就发生非常困难，成立期限，自不免延长。现在各文明国家，为便于调查岁计适当与否，及收入方法得宜与否，以为改良的资料，都废除纯计式的预算制度，而采用总计式的预算制度。我国各地方的征收机关，仍是先支出其所要的费用，再行报告其收入，故不能够采用总额预算主义。其结果，使一国财政上真实的费用几何，都归于暧昧不明。而租税及于私人经济的影响，与纳税者实际的负担，都无法判定。并使财政监督机关，难以实行其职权。这是预算制度根本上的缺点。

又预算制度，尚有两大原则，一为经常收支，与临时收支，须截然分开。二为款项限制綦严，不许流用。今我国政府的财政方针，惟在于寅支卯粮，借款度日，破坏预算制度，莫此为甚。前年四中全会，关于财政议决案，以厉行预算制度，为财政整理的根本政策。但是这种不确实的预算，与不完全的预算制度，即使厉行于财政整理上，有无效果，吾恐尚属疑问。

第二节　决算制度

决算为国家财政的结果，所有现行财政上的计划，与编制预算的标准，均须以决算为精确的参考。苟无完全的决算，则无确实的预算可言，所有财政计划，都难见诸实行。而预算又为决算的张本，二者相辅而行，有密切连带的关系。各国决算制度，政府以决算提出于议会，请求议决通过，为解除其在财政上的责任，是为第一种重大的意义。

决算为实在的数字表示，经审计院将全国收支证据，悉数调集审查，再以收支事实，与现行各种法令，详加核对，如尚遇有疑义，须行实地调查，以期确实，如是，才完成审计报告书。政府根据这种报告书，编成总决算，提出于议会，使政府财政上的真象，一般民众，得以全部了解，以完成其财政监督权，并为政府取信于国民的工具，是为第二种重大的意义。

我国既无如文明国家的预算制度，从而无新式确实的决算制度自不待言。在前清时代，州县知事，征收其管内租税，以一部分充当自己经费，又以一部分依于定例储存金库，其余残额解送于布政司，同时报告决算，称为销算。而布政司收集各州县官所送来的报告书，加以关于省政府收支，作成决算书，以督抚名义，上奏于皇帝，同时报告于度支部，度支部的报告，称为报销，皇帝的上奏，称为奏销。但是中央财政最高机关，与地方财政官吏，毫无统属密切的关系，并不通晓各地方的实在情形，对于各地方的报销，虽定有检阅的制度，为一种官样文章，照例而行，纵令其报销册有虚伪的事实，都不能够摘发一点，惟检核其报告书，合于定式与否，就算了事。结局，这种形式上的报告书，不至发生何等重大责任，实无决算的意义可言。光绪二十四年，设立财政清理处，其清理财政办法的奏议中，有谓"外省造报，非依此程式，必干部驳，故不能不捏造虚言，用符成格，以削足适履之谋，为掩耳盗铃之计，即使依限造销，而所报全非事实，何足为预算决算的凭藉。"可见我国历来所谓决算，都是以这种报告书为基础，纯为一种虚伪架空的数字，安能取信于国民。光绪末年，规定九年为立宪预备期间，宣统二年有试行决算的计划，卒未履行。

到了民国，所有会计法、审计法，以及其他有关系的各种法令，虽渐次完备，但是迄于今日二十有一年，而全国正式预算，尚不见成立，而决算更没有根据可以编制，故各种法规，徒为具文，北平政府的旧决算制度，与国民政府的新决算制度，在条文上，亦略有出入。旧制编成决算的顺序。中央各官署于年度经过后，三个月以内，编成岁入岁出的决算报告书，送附于其主管部。各省各特别区，并省区内各机关，于六个月以内，送附于各主管部。而各部于年度经过后，八个月以内，编成所管岁入决算报告书，主管岁出决算报告书，及特别会计决算报告书，送致于财政部。而财政部调查各种报告书，于年度经过后，十个月以内，连本部决算报告书，及国债计算书，共编成总决算书，连附属书类，提出于审计院。审计院检查右决算报告书之后，要就左记事项，编成审计报告书，报告于大总统。

　　一、总决算及各主管官署的决算报告书，金额与金库出纳的计算金额，符合与否。

　　二、岁入征收，岁出使用，官有物买卖让与及利用，与法令规定及预算符合与否。

　　三、有无预算超过及预算外支出。

经审计院检查报告于大总统的决算，最后手续，要提出于立法机关，要求承认，规定于会计法第二十四条，这条为极重要的问题，因其提出的目的，系要求解除政府在财政上的责任，并使民选的立法机关，对于政府财政，有完全监督其决算的权力。

现在国民政府的新制度，决算编成的职责，前为财政部，该部组织法，系会计司主管，今改归主计处负责办理。编成决算后，要经监察院检查，监察院检查后，就左记事项，编制审计报告书，报告于国民政府，此点与旧审计法相同。

　　一、总决算及主管机关决算报告书，金额与财政部金库出纳计算金额，符合与否。

　　二、岁入征收，岁出使用，公有物买卖让与及利用，与预算符合与否。

　　三、有无预算超过及预算外支出。

然关于总决算提出的时期，国民政府的决算审查，与立法院的决算承认等事项，都没有何等明文规定。这就是在审计法规上，今尚极不完备。而事实上，金库至今尚未统一，各部各省的款项，类多自有收入，自由支出，并不归金库经手。全国正式预算，至今尚未成立，就是民三民五成立形式上的预算，也未能施行，则审计机关，实无所根据，以为审查的标准。现在国民政府财政部送到监察院的决算，并非其全部经费，而军事特别等费，不在其内，则审计机关，所谓行使财政上的事后监督权，实等于零。民选的立法机关，在北平政府时代，虽有国会但是时而解散，时而召集，纯为军阀政府的利用机关，又怎么能够行使其财政上最后监督的权力。而国民政府的五院制度，立法院与监察院，为平等对立的机关，只有议决预算权，而无议决决算权，实非三权制度的立法最高机关。现在立法院与监察院的委员，若是民选之后，应以财政事后的监察权，完全归监察院负责，方为合法。

第三节　金库制度

在近世各文明国家，都是采用统一金库制度，而代理国家金库的机关，系国家中央银行，国家所有收入，概归中央银行直接经理。至于征税官吏，仅有将税额、日期、地点，通知纳税人民的权，而无直接收受款项的权。同时，国家一切经费，也概由于代理金库的银行负责办理。至于支出官吏，仅为命令支出，而非现金支付。这种制度实行，则财政上的权限极为分明，责任异常清楚，征收上与会计上的营私舞弊，自然可以减少。各国政治修明，全在于此。

我国金库制度，在前清时代，政府收入，都归各库保管，而支出依于大清会典所规定。当时中央收入，不限于金钱，尚有物品贡纳，故设置库藏不少，户部所属，有银库、缎疋库、颜料库三种，各省有藩库、道库、府库、州库、县库及按察司库等，共计九种之多，各设专任官吏，使司掌出纳的事项。其保管方法，也都规定于大清会典，务求保管者责任明白，关于检阅规程，极为严密，州县库的出纳检查为□府，府库的出纳检查为道员，直隶州库的出纳检查为分巡道，道库的出纳检查为布政使，都在于每年奏销时，行使其职权。而对于州县库，更为特别注意，令其不时可以稽查。中央则设立管理三库大臣，检阅隔年一次，由度支部奏请钦派各王大臣办理。是我国从来系采用所谓各官厅金库制度，各官厅互相独立，以任国库金的收支。这种制度，□惟有失统一，而流于烦杂，使难稽查。而各官厅自由收入，自由使用，最易陷于滥费的弊害。且保管的地方太多，其蒙危险的地方自亦甚多。兼之征收租税，与受取款项，同为一机关，命令支出，与现金支付，同为一官吏，混淆不清，容易舞弊。故法令虽严，而贪污行为，仍是层见□出，非中国官吏，都不如外人清廉，实这种制度，有以使然。光绪末年，庶政维新，思有以革除这种弊害，设立官银行，并制定金库制度。但当时金库与银行，虽有连络的关系，而无统一的组织，依于官厅不同，而司出纳的银行各异，例如度支部有大清银行，布政使有藩库官银号，盐运使有盐运官银号，使各管理其官金。金库既不统一，则全部收支计算，自不容易明了，而财政清理计划，遂不能够实现。宣统二年，锐意整理财政，设立财政清理处，首先计划，在企图全国国库统一的办法，无如分裂情形，沿袭大久，积弊难以一朝革除。加以中央政治力薄弱，统一命令，各地方都没有接授的诚意，故无实绩可言。

民国革命后，政府以金库统一，为财政整理的基础，元年十一月，颁布金库出纳暂行章程，二年公布金库条例，三年公布会计法，在会计法第三十五条，政府得指定银行，命其管理金库出纳事务。依于金库条例，金库掌理国库的现金保管，并出纳事务，分为总金库、分金库及支金库三种，总金库，设立于中央政府的所在地，统辖各地方分金库，分金库设立于各地方，管理所属支金库，分金库与支金库的所在地点，与所管出纳地域，都归财政总长酌定。而各种金库，由于财政总长委托中国银行使之管理，而中国银行，得酌量地方情况，委托其他银行代理，或设立办事处，便管理分金库与支金库的事务。但须受财政总长的认可。在金库条例第八条："国家所有岁出入款项，概归金库收纳支出，以企图全国金库的统一，并以革除征收上的弊害。"但该条例公布后，不久又颁布交通银行代理国库章程，谓"金库条例，未经国会议决以前，可暂时并委托交通银行代理金库现金出纳事务，至金库条例通过国会施行时为止。"后因国会成立期间极短，不见通过，而代理国库，遂中交两行并用，各地方官金，都是中交两行处理。当时中央政府，为一般官僚所把持，各为其私，既自破坏其统一的政策，因而各地方更不听命令，多有官钱局与省银行，司掌出纳事务。甚至有官署内，附设金库的事实。而关盐两税，因外债担保关系，完全独立，另自保管于外国银行。故金库不统一的情形，依然如故。各官厅仍是自己掌理征收事务，未归金库直接管理。而官吏俸给及办公费，革命后，虽各一律规定，仍是在其征收租税内取给，故征收税款，往往超过税率，而一切手续料等费，每每由征收员上下其手，因而舞弊营私的弊害，所在皆是。且内争日益扩大，各地方税款收纳于金库甚少，各军阀类多从征收机关直接夺取，出纳事务，更为紊乱，财政清理，更无希望。

国民政府，在广东时，于民国十三年，设立中央银行，是年八月，公布中央银行条例，得管理金库事务，其后北伐告成，于十六年十月，始着手改组，并在各地方设立支行。十七年十月，遂将本行移于上海，为党治下的国家银行，各地方渐次增设支行，及代理店，遂代从来的中交两行，而负代理国库的责任，十一月，为最后的改组，于是名实都为中央银行矣。在该条件第五条，赋予国库经济的特权。乃因全国政治尚未全部统一，连年战争不息，该条例多未见诸实行。而各地方出纳事务，仍多紊乱。以后我国政治，能否真正统一，财政能否切实清理，贪官污吏，能否永远铲除，只看统一的金库制度，能否完全实行。

第四节　特别会计

现在各国预算原则，都是采用会计统一主义，以一般会计为主要，而以特别会计为例外。所谓特别会计者，系因于特殊事业的需要，不得已，从一般会计分离，而为独立的经济。如特别会计太多，必使财政上的计划，有失总揽全般的便宜，难以综合计算，易流于放漫秘密的倾向。并使财政监督机关，不能够精确审查，而实行其监督的职务。故各国会计法规，规定特别会计，必因于特别事务，实难以准据一般会计，始行设置。其设置的意义，必以特殊事业的发展为目的。现在财政整理的国家，以英美德三国为最，英国前尚有海防基金、减债基金等特别会计，德国前尚有帝国废兵基金、保塞建设基金、铁道基金等特别会计，今皆已不存在，归并于一般会计。美国除邮政事业外，没有其他特别会计。惟法国今尚有印刷、勋章、官业造币局、海军废兵基金等八种，日本今尚有三十六种，都因国营事业发达的缘故。现在两国整理财政，也是设法渐次减少。

我国各部自有收入支出，任其个别的经理，省县除固定经费外，余皆各自为计，故全国收入，与经费不谋相合，一切都是独立的状态，恰如特别会计一样，实为财政紊乱的根本原因。但这是实价上的特别会计，而形式上的特别会计，创始于前清光绪三十三年，是年邮传部，奏请改船舶、铁道、电信、邮政各局的存款，都移管于交通银行，使该行综合散放于各处的在库金，而有全般的经理权，即所谓四政特别会计。至宣统二年，颁布国库统一章程，而铁道、电信、邮政的出纳金，依然规定保管于交通银行。当时虽无特别会计的名目，而事实上是为一种特别会计。其后三年二月，度支部奏定特别预算暂行章程，由参议厅法制科起草，有路政经费特别会计细则五十四条，其中最重要的一点，就是指定交通银行代理国库，使管理一切铁道收入。该草案，得路政司与铁路总局的签字，由邮传部送经内阁法律馆审查，交付于资政院议决。又邮传部于宣统三年六月，编纂四年度特别预算经常临时两费，合计为五千三百七十二万余两，经资政院通过，削减为一千七百二万余两，章程未及颁布，预算未及实行，而革命勃发。

民国二年，制定会计法草案，第二十五条："凡特别事项，不能依据本法者，得设立特别会计。"其理由书中："凡政府自行经营管理的事业皆属之，交通部四政，应设立特别会计。"当时交通总长朱启钤，于二年二月五日，提出于国务会议通过，八日在交通部内设特别会计总核处，以京汉铁道会办王景春为处长，先着手改良铁道簿记法，与编订会计法规。二年五月，由总核处编成二年度四政特别预算案，呈由交通部移送国务院提出于国会，经预算委员审查的结果，以当时国费困难，一般舆论，多不赞成交通特别会计，因分开邮政、电信、航路三项，仅限于铁道为特别会计，未经议决通过，而国会解散。及五年，国会恢复，政府提出五年度四政特别预算案于国会，业经审查完了，已编入众议院议事日程，又不幸国会解散，终于不成立。至八年，召集新国会，八年度四政特别预算案，始正式通过公布。更于十年一月七日，大总统以教令公布国有铁路会计条例。于是四政特别会计的地位，才告完成稳固。

但是北平政府时代，设立四政特别会计的用意，非以发展交通事业为目的，实为交通系把持路政运用公款的一种手段，故设立四政特别会计以后，交通事业，不惟不见发达，反日益衰败。加以当时邮政、电信、航路三项收入有限，最大收入，惟有铁道，都是军阀把持，视为私有物，夺取所有收入，充作军费，是所谓特别会计，完全为有名无实。十一年九月，交通总长高恩洪，以各方面侵权，财源断绝，提议于国务院，改正条例，取消特别会计，有余则归于财政部，不足由财政部补给，而财政部以当时交通部，既日有亏损，财政部又没有力量可以援助，遂竭力反对，未予通过，是四政特别会计的有名无实，于此可以想见。但是当财政紊乱的时候，四政归并于一般会计，则交通事业，更将腐败，宜设法维持其经济的独立，使其能够以发展交通事业为目的。至于款项收入，应一概保管于中央银行，使财政部对于国中全般的收入，得以了解，因所谓特别会计，系会计独立，并非存款独立也。

国民政府在财政会议终了之后，于十七年八月，由交通部召开全国交通会议，关于交通特别会计制度，议决多件。二十年三月，复召集全国交通会议，对于交通特别会计，也是非常注重。但各处铁道，类多荒废不堪，不特毫无收入存储，以为扩张交通事业之用，就是从前五亿元的借款利息，都是陷于不能支付的穷状，在这种情形之下，所谓理想的特别会计，到底无法实现。

第四编

各种租税

第一章

概　　论

近世社会经济，日益发达，单税制度，不能适用，故各国现多采用复税制度。但所谓复税制度者，并非乱杂无章，是对于人民常收、利得、支出三者的课税，结合起来，适宜分配，而为有系统的组织。租税原则有三，一为平等普遍主义，要租税负担者，不可偏倚于一阶级，必使一般人民，对于公共团体的经费，都有共同分赋的义务，藉以发达其国家观念。二为均等牺牲主义，使一切租税，都是以顺应人民给付的能力为标准，不至侵害其最低生活费，而税源遂得以永久维持。三为便宜人民主义，税务繁杂，必至阻碍社会经济发展，并以增加征收费用，损害国库利益，故税目务必设法减少，惟集中于少数财源，而课税手续要简单，性质要明了，使一般纳税者，不特不感痛苦，且洞悉谅解，乐于输将。现在欧美各国人民，租税观念，异常发达，从无反抗逃避的行为，就是在此。

我国租税制度，在民国十二年时，财政委员会所发表的税制整理计划书，关于现行及将来应制定的税目，区分其性质系统，有直接、间接、行为三种，兹见图 4-1-1 如下：

观察租税系统图，是我国税制，颇为整齐完备，但检查各种租税的实质，全属于支离破裂，都没有纯粹的性质。例如烟酒税，税目甚多，征收法各地方不同，有属于营业税者，有属于通过税者，有属于生产税者。如从前厘金本为货物税，乃有所谓坐厘，是属于营业税的范围，因而课税上重复的弊害不少。又如土地生产物，除

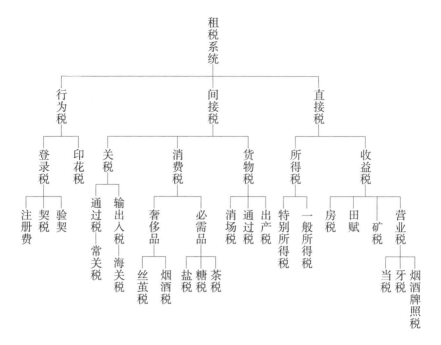

图 4-1-1　租税系统图

地租负担外，在于搬运的时候，而有流通税的课征，在于贩卖者，又依其货物种类，而有营业税的课征，这种纷歧办法，实不得为有系统的组织。近来各种产业，日益发达，金融机关，渐次完备，因而有资产的人民，多在商工阶级，今我国直接税，仍以田赋为中心，要占直接税总收入九成以上。至于各国最重要的直接税，如资本利子税、所得税、财产税及相续税等，完全未施行。次要的，如家屋税、营业税等，也未普及。是工商阶级负担反轻，而土地所有者，未免负担过重，实有违反公平普遍的原则。直接税，对于租税能力说，最为适用，故现代文明各国，都是注重直接税，而设法减少间接税，并有主张废止间接税者。欧洲大战以后，更为推行，一九二○年，国际联盟，调查各国直接税与间接税的比例，美国直接税，为百分之七十六，而间接税不过百分之二十四，英国直接税，为百分之六十七，而间接税不过百分之三十三，意大利直接税，为百分之六十四，而间接税不过百分之三十六，其余法德日本诸国，莫不是直接税超过半数以上。到了今日，直接税更加多，间接税更减少，且对于各种直接税，都用累进税法，因能够矫正社会贫富悬隔的弊害。我国现时租税体系中枢，依然为地租关税盐税及货物税四者，次之为烟酒税与印花税，是偏重于间接税，其收入约占总收入三分之二以上，而间接税中，又是偏重于消费税，以盐款为最大，占间接税收入在四成以上，约百分之四十五，而烟税及烟酒公卖税，仅为百分之三十，烟酒为最高奢侈品，无论何国消费税，都是居极重要的位置，而我国比较反轻，盐为日用生活必需品，各国都是异常减轻，甚至于无税，而我国反为置重。各国对于消费税与货物税，都是以从价率课征，依于货物品质，而设立多少的阶级，就是对于廉价的货物，课以轻税，高价的货物，课以重税，带有调和贫民阶级负担过重的累进法。今我国对于所有货物，概行课以从量税，则这种有调和性质的税法，全然不存在，廉价货物种类，比较高价货物种类为多，而从量率课税之后，其推定货物价格，依于贫者所消费的廉价种类，比较依于富者所消费的高价种类，又有使其易于腾贵的弊害。是我国消费税，吸收一般贫民的支出，要占大部分，结果，贫民阶级，负担过大，实有违反均等牺牲的原则。

我国课税种类虽少，而科目繁多，不可究诘，如同一田赋，有所谓地丁，租课、漕粮、屯饷、耗羡、米折、串费、带征等，同一盐税，有所谓灶课、票课、加价、盐捐等，同一茶税，有所谓茶捐、茶厘、引价、纸价等，名目复杂，使一般纳税的人民，不容易查悉了解，而征收官吏，遂可上下其手，而便其舞弊营私的行为。更设立种种陋规，如纸费、食费、车费、脚费等的手数料，征收官吏，可任意诛求。当征收的时候，多以铜元、银元、银两三种货币并用，这三种货币，没有一定的比价，其换算率，都是征收官吏居极有利益的地位，这种乱杂纠纷的税制，实有违反便宜人民的原则。

租税征收，是由于政治权的发动，政府应行直接经理，藉以联络人民与国家密切的关系，并以养成一般国民的国家观念。而租税收入，系为维持国民全体共同的需要，取予都宜立于实在的地位，使纳税人民，得以谅解。如租税包办制度，使国家行政权，为一种营业化，实与租税本质，根本上不相容，包办商人，易与官吏结托，串通舞弊，即为腐败政治的根源。且包办商人，既无官吏身份，惟利是图，因谋中间的利益起见，利用征收的特权，对于纳税者，动辄极其苛酷，致使政府实收，与人民负担，竟至成为一与五或一与十的比例，因而易招人民的怨恨，结果，必至发生不信仰政府，且有革命的危险。从前法俄两国，租税多采用包办制度，流弊日深，遂都为革命的导火线。现在世界上，惟埃及尚有这种制度。我国各省税制不一，如田赋、烟酒税，与各种杂税，以及最近营业税，各省类多商人承包，社会上以征收捐税而致富者，比比皆是。就是一般租税，有所谓比较制度，政府规定各种征收官吏考成条例，对于征收人员，如有增收，则加奖励，减少则被谴责，至于增收与减少的实际原因，概不过问，而征收人员为避免谴责或希望奖励起见，必至额外加征，并可借此以肥私囊，其弊害与包办制度无异。这种租税制度，实为我国财政上的祸根。现在文明各国，多以一般所得税为租税体系的中枢，该税不惟应于给付能力，最适用累进税法，因税源与课税标准同一，虽增加税率，不至如收益税有伤害税本的危险，能够顺应经费膨胀，得以无限增加，为近世最善良的租税。今我国直接税，仅以乏于顺应力的地租为中心，一遇经费膨胀，即感困难，历来财政当局，以设法推行一般所得税，莫不视为急务。但是该种租税施行时，须以纳税义务者的协力为必要，因关于事业的大小，收入的多少，与其他事实，系依据其所报告为基础，才能够决定其纳税额，非一般国民的公德心进步，租税观念发达，与税务行政机关，极为整备，以及各种法律制度，私人簿记，极为完全，决不容易举其实绩。今我国政治腐败，达于极点，因而一般国民的租税观念，异常薄弱，社会道德，异常堕落，视政治为害恶，莫不欲走而逃避，视缴纳租税，如强出赎金一样，实非愿意输将。加以财政组织，极不统一，税务行政机关，与夫诸般制度，私人帐目，都不完整，这种种条件，实无施行一般所得税的可能性。故民国三年，颁布所得税条例，并采用近世新式累进税率，十年，公布所得税征收规则，十七年，全国财政会议，又议决所得税详细计划案，财政当局，依照各国先例，视为一种重要的租税。但自施行以来，其所完纳者，不过政府官吏俸给一项，为劳动所得而止，其余重要的如资本所得，及事业所得，因无正确调查，与种种障碍，都没有实行抽收。甘末尔财政设计委员会，其税收政策意见书，对于一般所得税，主张不能即时采用，仍须为局部的，就是在此。这种重要的直接租税，须政府刷新政治，一方面完成国家各种组织，整理税务行政机关。他方面实行财政公开，使人民谅解，并以注意养成国民公德心使之日益发达，以为将来实施这种租税的预备条件。现在革新税制，惟在改善消费税制度，企图减轻贫民阶级负担，因以增进一般人民的购买力，是为今日着手的第一要务。

第二章

田　赋

我国田赋，即各国所谓地租，为一种农业收益税，无论那一国，当其在经济幼稚时代，地租都是占收入的大部分。其后政府经费，渐次膨胀，社会经济，日益发达，而地租因其税源与课税标准不同一，其收纳额一定，毫无伸缩的余地，不能应于财政上的缓急，而增加税率，又富有资产的人民，多在工商阶级，故地租遂失其重要的地位。

我国系以农业立国，从前有田地的多寡，定为贫富的标准，是田土课税，颇为公平的征收法，且收入确实，征收容易，故历朝都视为最大的财源。然因时代变移，墨守旧习，乃发生种种的弊害。

第一为田额与收入不确实，大半归官吏侵蚀中饱。田赋征收，以土地为标准，而山川河道的变动，与年俱进，所谓沧海桑田，面积时有伸缩，加以人口的增减，及事业的盛衰，都与土地价格有密切连带的关系，随而涨落不定。故各国地租法，都是规定年限修改，以图适应，如法国定为三十年修改一次，日本定为五年修改一次。我国土地制度，从来无精确的丈量，明朝以前，历代疆域相违，面积标准，也不同一，依于时代，差异甚著，如元朝的疆域，比于隋朝甚大，而其田数，反不及隋朝五分之四，可知当时统计，极不确实。至明太祖时，才编订为鱼鳞册，其后丧乱散逸，变动遂多，前清土地制度，系以明鱼鳞册为基础，在户部则例，虽规定地形有变动，州县官须亲自临检，详告上司，各省督抚，每五年须派员丈量一次，其实三百年间，全国未曾施行，一般官吏，多奉行故事，民隐于官，官隐于上司，规定虽完备，徒为具文。且尺度标准，各地不同，至光绪末年，农工商部，始以吉林省营造尺为标准，据大清会典所载，全国田额，约九亿一千一百九十余亩，历年既久，变迁甚多，加以咸同年间的屡次兵燹，地方底册，荡然无存，于是田赋征收，全缺标准，因而隐瞒飞洒，到处皆是，所谓有田无粮，有粮无田，百弊丛生，变为一种极不公平的赋税。清末，宣统元年，预备立宪，农工商部，征求全国产业统计，该部令各省劝业道，劝业道训令各县知事，使从事田额调查，至宣统三年，略为完成。

民国以来，农商部设立统计专科，继续进行，每年加以多少修改，始编纂田额统计表，据最近报告，全国耕地面积，计有十五亿七千八百三十四万七千九百二十五亩，比较大清会典所载，约有四成以上的增加，如能实行丈量，当不止此。故民国政府，莫不视为急务，三年十二月，发布丈量筹备命令，设立经界局，先由京兆区域着手，渐次推行各省。当时京兆、福建、奉天、江苏各省，都制定各种关系规则。准备实行。未几，第二次革命发生，经界局遂至闭锁，而整理土地的根本计划，归于失败，惟江苏宝山、昆山两县，实行清丈，成绩最佳。民国九年一月，政府企图经界局复活，卒以战乱，未至实现。

国民政府成立以来，对于土地问题，根据先总理建国大纲，与三民主义，尤为特别注意，十七年，全国财政会议，议决完成全国土地整理计划，在于实行清丈，厘订全国划一的地价地税，并制定全国土地整理委员会组织条例，树立逐渐进行的方针。现在中央内务部，设立土地司，各市政府设立土地局，都切实从事调查，以便将来实行丈量，是为整理田赋的根本计划。田额既不确实，田赋收入几何，尤无根据，人民负担，与政府收入，数目相差甚远，因前清时代的田赋，为一种包办制度，负征收责任的县知事，在其派定额中，扣除规定留支额外，其余连同收支报告，解送省库，各省对于中央，也是同样办理，而省县对于附加税及手数料等的法定率，得以随意增减，所谓定额与实际相差的数目，及以别种名义征收的款项，都归地方官吏中饱，故其所报告的田赋收入，为照例文章，纯非事实。民国三年，中央政府参酌前清户部则例所载征收事项，公布征收田赋考成条例，以地丁、糟粮、租课及随同征收的款项，都编入田赋考成中，以期各省田赋收入的统一，卒因中央政府权力薄弱，没有成绩可言。是田赋确实收入，无法查悉，今就其虚伪的报告，及所编成的预算，考求其大概数目，在宣统四年度，为七千八百九十五万三千八百六十二元，民国二年度，为八千二百四十万三千六百十二元，三年度，为七千九百二十二万七千八百零五元，四年度，除四川、奉天、热河、吉林、川边等省无报告外，尚有七千零玖拾八万六千三百六十二元，五年度，为九千七百五十五万余元，为收入最高额。有某外人以我国土地面积，及税率推算，田赋收入，当在四亿两以上，然不过是一种臆测，未可据以为实。但如实行清丈，切实赋课，将来收入，最少可得一亿五千万元。

第二为种类繁多，与税率复杂，使人民负担过重，且极不公平。田赋种类与税率，载在大清会典赋役全书，及户部则例等，虽极为详尽，而事实上，各省田赋科则，因地质的异同，与历史的习惯，千差万别，不惟各省间没有一致的办法，就是县与县，也有不同，赋税制度繁杂，当以田赋为最。现在大体分为三种。

（1）地丁，即地赋与丁赋合并。地赋系量田征收，为地租。丁赋系课以劳役，为人头税。后世使出物品，或金钱，称为免役钱。其实丁数，历来无精确的调查，加以年载既久，病故死亡不少，于是按丁抽税，颇为烦累，渐次并入田赋。康熙五十五年，始于广东省采用，所谓丁随地起法，称为地丁。雍正以后，遂为全国通则，至于今日，与人口毫无关系，不过尚有名目上的区别。

（2）漕粮，为养给中央官吏及兵丁，指定产米区域，代地丁纳付。这种制度，起于两汉，至唐宋最盛，年额四百石，乃至七百石不等，其后渐次改为金纳，清朝光绪年间，规定现送额，为一百万石，并指定为山东、河南、江苏、安徽、江西、浙江、湖北、湖南八省，后改为山东、安徽、江苏、浙江四省，末年，更减为江苏六十万石，浙江四十万石，其他全部以金钱代纳，至于民国，漕运已废除，今亦不过尚存其名目。

（3）杂赋，在正供规定以外的诸种附加税，系充作征收费耗银及杂费等，带有手数料的性质。我国古来惯例，这种名目，官吏可以任意征收，其种类，依于时代久远，渐次加多。清初为收揽人心起见，宣布永不加赋，至其末年，军政费膨胀，岁入不足，田赋既不能增加，惟以附加税及手数料等收入填补，名为不加赋，其实有加无已，而官吏书差等在额外私索更甚，于是有形的田赋，为十之三四，而无形的田赋，为十之六七，而杂赋一门，遂占田赋中极重要的位置，有所谓串费、票捐、规费、羡地、漕盈、余规、复忙银等，种种名目。民国三年，财政部令行各省所有附加税收，概归国库，并规定各省别于正额外附征经费，其率须在现行正赋总额百分之十以内，由于各省自由酌定。但以后军阀割据，各自为政，附加税率，有至三四倍或七八倍者，人民负担，与年俱进，遂多弃田从兵，荒废田业，而为今日国中骚乱的一个病根。

至于税率，尤为复杂，地租本为农业收益税，应按其纯收益以定税率。如日本等国，以地价为标准，以面积一亩为单位，而定税率高下，我国税率，由于产物种类，及收获多寡，分为上中下三则，更由三则，分为九门，称为三则九门法，有所谓上田中田下田的区别，税率差异，由此规定。然于实际，各省先有赋额若干，而后规定税率高低，故税率极不统一，有一省上田的税率，与他省下田的税率一样，就是同一下田，而其税率各异，例如山西的下田，每亩银一厘七丝，米一合五勺，江苏的下田，每亩银九厘，米一升四合二勺，直隶的下田，每亩银八厘一毛，米一升，山东的下田，每亩银三厘二毛，米二勺。全国田赋，合地丁及漕粮计算，其税率，每亩有高至一钱六分，低至四分五厘者，其间相违，有如是之甚。民国以来，废谷纳而改为银纳，更改银两而为银元，谷与银两换算率，都是归各省自由酌定，也不一律，多至一石在二两以上，少则一石为一两九钱者。甚至银两与银元的换算率，银元与铜元的换算率，因币制混乱，都没有一定的法定价格，征收官吏，可随意决定，类多占极有利益的地位，以肥私囊。合各种计算，各省税率，相差甚巨，加以沿袭既久，变本加厉，轻者愈轻，重者愈重，人民负担不平均，无过于此。

　　第三为征收方法的错乱诡秘，弊害百出。前清时代的征收方法，在大清会典上，虽有极精细的规程，但不过为一具文，全未实行。兹就正税言之，征收时期，规定分限法，一年分为夏秋两限，每年自二月起，开始征收，至四月纳付税额一半，五月以后停止，八月再行继续征收，至十一月，全部完纳，前期半纳，叫做上忙，后期全纳，叫做下忙，中间停止，叫做停忙，是为一般原则。但各省督抚得酌量地方事情，规定特别时期，如云南、贵州，限九月开始征收，年末纳付半额，至次年三月全纳。县知事负直接征收的责任，为经征官，其上司司道府州等官任督促征收的职务，为督征官，纳税者，不要他人经手，自赴县公署投纳，为亲输法。如零星税额，及去县署太远的地方，则以税款交与多额纳税者，托其代缴，为附带投纳。因征收官吏强留花户纳税票不给，如已完谓为未完，或多征谓为未征，康熙二十八年，乃用三联式票，即每票三联，一留县，一附簿，一给纳户，为印票法。县知事在表面上，负直接征收的责任，按册征解，而实际上其所管辖范围内，究竟纳税数若干，纳税人若干，类多茫然不知，因征收上的实权，为其县署内粮书及粮差等所掌握。原来粮书者，系任计算地租及作成纳税证书的职务，粮差者，系任纳税通知及督促纳税的职务，都非官吏，为县署内一种贱役，并系世袭买卖缺，一旦获得其地位，常以苛征人民为能事，故有所谓多征、预征、滥委协征、以完作缺、垫完民缺，及包揽等，种种的弊害。多征，即比法定税额多为征收，如私加火耗，及设立运费、票费、酒食费等名目，有不服从者，则加以抗粮不纳的罪名。预征，即因本年度经费不足，预先征收次年度地租，民国以来，有征至数年或数十年者。滥委协征，即滥委所属吏员，参与租税征收，以帮同鱼肉乡民。以完作缺，即纳税者，已经完纳，而征收吏虚称未纳，捏造民缺。垫完民缺，即对于纳户强代纳税，后日强要其加倍偿还，有官垫民缺，与差垫民缺两种。包揽，即纳税者怕吏员诛求，委托地方有势力者代纳，受托者，以取得佣金，及其他利益为条件，故彼等常与官吏结托，借此分肥。这种种弊害，病国殃民，莫此为甚。前清光绪三十四年，制定清理财政章程，各省设立清理财政局，企图税法划一，并命各省条陈田赋改良意见，四川省主张设立经征局，为征税专务机关，借以涤除县知事征收田赋的积弊，安徽省主张改现时田赋课税标准，而定为地价制度，均未施行。

　　革命后，民国九年四月，欲革除书吏征收的弊害，特公布征收官任用条例，通令各省遵照施行。但是现在各省所有粮书粮差，在名义上，虽不存在，或改为主计处，及经征处，而事实上，任用人员，与征收方法，仍多是依然沿袭旧制，数百年来的秕政，积重难返，遗毒至今。国民政府成立以来，更改县政府组织法，除三科外，另设立财政局，为专管全县征收事务机关。十七年，全国财政会议，议决整理土地案，以厉行测丈为着手办法，以厘定地价，按价收税，为完成整理田赋的计划。十九年中央四中会议，复有整理田赋议决案，注意改良征收方法，划一税率，归县财政局直接办理，借以涤除胥吏中饱的弊害。这种种议决案，亦因连年内战不息，多未实行。

　　十九年，云南省财政厅长，制定征收耕地税章程，提出省政府会议议决，将全省田赋制度，根本改革，兹述其概要如下：

　　一、照从前设立清丈局，实行清丈，先由昆明试办，次第推行，自二十年起，全省清丈完毕，分别征收。

　　二、取消从前丁税秋米租课以及一切杂税等名目，一律改为耕地税，规定为三等九则。

　　三、以当地最近普通买卖地价为标准，分别每地每亩价值若干，按价征收。

　　四、一律以银元计算，所有粮石银两等，辗转折纳，概行免除。

五、税率从轻，上上则耕地，每亩每年纳税银三角，以下递减，并化零为整，征率至仙厘为止，丝毫小数，概行蠲弃。

六、缴纳耕地税，均由纳税人自赴经征官署纳完，不许包揽，但为纳税人便利起见，得由经征官署委托地方团体或派员就近征收。

七、经征官署征收税款，务须简单敏捷。不得留难迟滞。

八、耕地税征收凭证，由财政厅制发，不收任何费用。

九、花户册内应列耕地所有人真实姓名，除公有耕地外，不得列载堂名，及其他字号。

十、厘定等则，应由清丈机关，将等则草案，先行公布，如有业主认为错误者，得于定限内，提出理由，请求复查更正。

这种改革制度，行之一年，成效大著，不特便利人民，而政府财政收入，也自然为之增加，是为整理现在田赋的最良方法。

第三章
盐　　税

盐税征收，各国不是一样，大概有三种形式。

一、如德法等国，为生产课税，惟于产盐地方课征，一税之后，则任人民自由贩卖。

二、如丹麦、挪威、西班牙、葡萄牙及美利坚等国，为关税征收，因其国内不生产食盐，仅在海关上课以输入税。

三、如奥国、匈牙利、希腊、土耳其、意大利、瑞士、印度、日本、波兰、塞尔维亚、罗马尼亚等国，为政府专卖。

盐之生产简单，适于集业，并不需巨费，故易行专卖制度，而专卖方法，也有三种。

一为生产政府独占，而贩卖则任人民自由。

二为仲买政府独占，而生产则任人民自由。

三为生产与仲买，都归政府独占。

盐为维持人体生理上重大的要素，系日用生活第一不可缺的必需品，故盐税的作用，甚于人头税，因人头税尚有老幼男女的区别，而盐税则普遍一律。且贫民一人食盐需要量，比于富者一人要大，因贫民食料，多系植物，而植物食料，在生理上，比较肉食，需盐要多，平均计算，食盐消费额，贫民一家，比于富者一家，几要多一半，则盐税课征，下层阶级负担，比较上层阶级负担，几要重一半。盐税过重，不特徒使贫民痛苦，而特殊工业及农业，都要受其压迫。所以现在各国，莫不提唱废止论，英与比利时、瑞典三国，今已无税。就是有税的国家，税率都是异常轻微。而其专卖制度的用意，莫不抛弃财政上收入的目的，纯为公益起见，务求廉价卫生，以便宜人民。

我国盐税，在表面上，系采用政府专卖制度，其实各地方办法纷歧，不是一律，大概约有六种。

> 一为官运官销。
> 二为民运民销。
> 三为官运商销。
> 四为官运民销。
> 五为商运商销。
> 六为商运民销。

这六种办法，结局归着于官运、商运及民运三种。官运官销，系政府从产盐地，自行购入，而直接贩卖于人民，是纯然政府专卖制度。从前惟四川省施行，民国革命后，陕西、安徽、云南、山西、福建等省，尚有一小部分存在，且多仅有官运局名义，而商销其实。民运民销，全为政府赋税制度，国内无论何人，只要缴纳一定税额，即可自由购入，自由贩卖。福建于前清雍正初年，曾一度试行，成效大著，未几复为富商运动，改归商运。现在惟山东、河南、云南及陕西、甘肃等省的穷乡僻壤处所施行。现时比较普遍通行的，以商运商销为最多，即购入运搬，共委任于特许商人，官不过从而监督，为一种间接课税方法，渐变为商专卖制度。其次为官运商销，系政府购入，而贮藏于官栈，由商人领取贩卖，即所谓制造归民，收买归官，运销归商，为一种就场专卖制度，从前刘晏之集商，宋元之引钞，都是这种方法。在先如山西太原一带，广东琼州岛，以及陕西甘肃，尚有一种特别办法，附加于消费地的田赋征收，就是预先算定该地方行销引数，及盐税若干，然后按人口比例，并入田赋征收，所谓归丁法，但据民国二年，盐税条例公布施行后，业已废止。

至于税率，各地方更为复杂，在前清时代，有比例于面积，名为灶课，有对于引票征收，名为正课，有盐斤增征，名为加价，有通过税，名为厘金，尚有种种附加税，名为杂课，科目繁多，不可胜计，细为分别，山东有五十四种，直隶有五十一种，其余各省，最少都有十余种。税率重者至五元、轻者有一元余，大抵两淮、两浙、云南，税率最重，一斤课银三分，四川、福建稍低，一斤课银一分至二分，其他多在二分以上。税率等级，合辽宁、长芦、山东、河南、两淮、两浙、两广、云南各区计算，已达二百九十九种，不特省与省差别，就是一县之中，也纷歧异常，政权分裂，因而税率与种类繁杂，是为我国历来盐政上最大的病根。

民国二年四月，因五国大借款成功，系以全国盐税为担保，于是盐政有迫于整理的必要。是年十二月，政府企图全国盐政统一，颁布盐税条例，三年复颁布制盐特许条例，并运盐执照等各种法规，七年，将盐税条例，及制盐特许条例，修改增订，更为完备严密。其改革的成绩，约有四事。

一为盐务行政权，得以集中。前清初设立盐务大臣，管理全国盐务，旋即裁撤，改由各省督抚兼司，其下设立各司使等官，经理盐政一切事宜，从此盐务实权，不集中于中央，而为地方政府所掌握，并视为地方税，省自为政，任意征收，课厘科则，纷杂无伦。其后中央拟设盐政院，未及施行。清末，宣统二年，略为变更，规定度支部尚书兼任督办盐政大臣，然名不副实，度支部对于各地方盐政，仍毫无过问权力。自民国二年，善后大借款成立后，北平设立盐务署，为管理全国盐务最高机关，并于署内设立稽核总所，各产销盐地方，设立稽核分所，总分所置总会办各一员，主管所有发给引票汇编各项收税等事项，并担负征收存储盐务收税的责任，关于盐务收税款项，非有总会办会同签字，无论何人，不能提用，虽盐税主权，不免旁落外人，而无形中，将全国税政实权，得以集中于中央，于是政权分裂的弊害，渐次减少。

二为税率与权量，得以划一。三年一月，颁布均税法案，所有杂色名目，一律废除，仿一条鞭办法，统名之曰盐税，将产盐与销盐的地方，划分两区，第一区，为东三省、长芦、河东、山东、淮北及陕西、甘肃等，定为每百斤征收二元，第二区，为淮南、两浙、两广、福建、四川、云南等，定为每百斤征收三元，当时并拟至四年一月一日，全国通征二元五角，其后七年三月二日，修改盐税条例，增加税率，除工业渔业用盐外，其他通行全国，规定每担征收三元，惟新疆、蒙古、青海、西藏有特别事情的地方，不在此限。并规定课税衡器，以司马秤十六两八钱为一斤，以百斤为一担，十六担等于英斤一吨，而从前以九七平十六两与二十两及二十四两为一斤者，概行废除。现在各省区，有因事实上与习惯上的障碍，未能一律遵行，然比较从前，渐呈统一的现象，不若前清时代的复杂纷乱。

三为耗斤弊害，得以废除。耗斤制度，为从前盐税最大的漏卮，万恶的渊薮，秤放人员，得以舞弊营私，贩运商人，因而沿途洒卖，都由于加耗斤无限制阶之厉。七年修正盐税条例，在第五条，规定于司马秤十六两外，得加耗八钱，但在课税计算时，得扣除包装物的重量，由是耗金的弊害，虽未能完全革除，当比较从前实减少多矣。

四为征收官吏的营私舞弊，得以渐次免除。从前盐务行政，与税收机关，合而为一，所有盐款收入，都归盐运司管理，运司为盐务行政的衙门，而兼管经征事项，因而征收官吏中饱的弊害，层见叠出，今另立稽核机关，以监督收支，且于缴收税款后，即存入银行保管，由是税收机关，实不容易舞弊。故自民国二年以后，中央盐税收入，虽因各地方政治混乱，军阀横行，仍是逐年有增无减。

在宣统四年度预算，盐税收入，尚不过七千一百三十余万元，民国七年度，即增加至八千万元，十三年度，则达于九千八百五十余万元，未始非稽核所认真整理的成效。平情论事，稽核所制度，不可厚非，今有人以客卿操纵盐政，侵害国家税收主权，谓现在外债偿还，既概由关税拨付，而稽核所与外人任用，均宜即时取消。不知稽核所制度，与客卿制度，系属两事，客卿制度，可以废除，而稽核所制度，实有保留的必要，今相提并论，未免错误。国民政府，奠都南京后，于十六年八月，取消稽核所，代以盐务监理局，经中央政治会议，第一百十六次通过施行，旋因税收顿减，不得已，仍恢复稽核所制度，但客卿制度亦复保留至今，一若客卿制度，与稽核所制度，有连带的关系，实为同一错误。

自善后借款成立后，一切盐税收支实权，胥为外人所支配，各省疆吏，虽多方要挟截留盐税，终格于条约关系，不敢任意全部截收。于是各地方军阀，因军费无着，乃以附加税及加价诸名，相继征收，有加无已，始作俑者为四川，该省在民国二年，即有附加税，名为船捐费，至十三年，统计该省附加税名目，有二十余种，征收机关，有三十余处，附加税税率，超过正税三倍，江西对于每百斤，课附加税七元，湖南亦六元有奇，都是超过正税二倍，其他各省，先后效尤，每遇军费不足，辄以盐斤加价或杂捐为挹注，课税日重，盐价日高，如两淮盐场价，每石四角，加以正课、厘金及运费利息等计算，到达湘岸时，最高限度，不过四五元，乃因种种附加杂税，售价恒高出十二元以外，粤盐二百四十斤，成本仅三角六分，运入湖南境内求售，除交产税五元外，经过各局卡，抽收税捐，成本已达七元一角六分，再加以运费及利润等开支，售价须在十元上下，税率之重，价值之高，实世界罕所见闻，一般平民，何以堪此。

民国十七年，全国财政会议，对于整理盐政，减轻税捐，与划一税率，都有议决案，但至今尚未见诸施行，因政权不能统一，地方各自为政，空言整理，实难达到目的。国民政府，有见于此，以从前时局多故，各省征收附税，巧立名目，重苦人民，因而盐政无法统一，弊害不可胜言，省与省之税，各各不同，甚至县与县之税，也不一致，在税率方面，则畸轻畸重，弊多收少，在行盐方面，则冲销浸灌，私盐遍地，在民食方面，则盐价昂腾，人民淡食，在盐场方面，则销滞产多，盐灶奇困，百弊丛生，国与民交困，今欲切实整理，决非枝枝节节所能奏效，尤非一省一区所能自了，必先将各省盐附税，由中央完全收回，总合各地方盐区，通盘筹划，调剂减轻，始能得其平衡，确收实效，因于十九年十二日，训令行政院，转行各省遵照，凡属原有盐斤附加税省会，均限于民国二十年三月一日，一律划归财政部统一核收，以便分别减免整理，至各省区附加原有专支，一时难于筹抵，亦应由国库拨款补助，以资救济，自经此次划归中央核收整理以后，各地方永不得另立任何名目，再征盐斤，且声明此举，并非与各省争利，亦非为划清国地税款，实为整理盐税起见，若非收回，不能着手整理，非整个收回，逐渐减轻，不能改良税制，减少负担。但是全国盐税，中央概行收回，迄今已有年余，所谓逐渐减轻的政策，仍是徒托空言，而根本上的整理，亦未见着手施行，诚不免令人怀疑。

我国盐政根本上最大的弊害，在于引界限制，与专商垄断。画地行盐，不许自由运销，谓之引界，就是指定某岸应销某场的盐，否则虽已纳国税，亦为私盐，所谓越界为私，照例处罚，甚至在一城内之盐，不能携出城外，在城外者，也是一样，倘有违背即照私盐论罪，如现在苏州，是其一例。独占销地，不许他人竞争，谓之专商，就是指定某岸的盐，应只由持有该处引票商人运销，此外无论何人，没有运销权，商专其利，世袭其业，始于场商，成于运商，积习相沿，几成为天经地义，不可动摇。这种引界与专商的弊害，略为言之，约有四端。

第一以行销地方而言，引商对于盐价，及买卖权，既得以垄断操纵，而人民对于生活必要的购买自由权，遂完全为其所剥夺，盐价无论如何腾贵，盐质无论如何恶劣，只得吞声购买，不能于别处购求适当的食盐，人民不堪痛苦，设有价廉质美的私盐，自必冒险犯罪，乐于购买。且盐商以需要多于供给，则价格自然腾贵，因而往往托故少运盐斤，致使各处发生盐荒，乃盐官相与勾结，代定高价，以售于民，盐商既少运盐斤，则收盐运盐的费用，自然减少，而因价高，反为获利更厚，惟国家与人民交受其困，故从前稽核总所会办英人丁恩氏，谓专商的利益，与国家及人民的利益，是立于绝对相反的地位，可谓经验有得的名论。

第二以产制地方而言。因此引地内的产盐，只能售与该引地内的盐商，不准与彼引地所产者，互相竞售，售盐既有极端限制，各盐商遂得勒抑灶户，使将场价减至最低限度，甚至不足成本，亦毫不顾及，产地盐价，虽由官规定，而官受商贿，类多袒商而抑民，灶户不得已，为顾全成本起见，往往搀和泥沙，而专商只贪价格低廉，不管盐质美恶，因其出卖时，人民仍是按照官定价格购买，不敢计较。故在人民方面，购食这种劣盐，不惟受金钱上的损失，且影响身体上的健康甚大。在灶户方面，既受专商勒抑，无以自存，设有贩私的盐枭，能出比较稍高价格，则明知犯法，不得不将盐斤售与，所谓挺而走险，一切有所不顾。且因其所售者，多系未搀和泥沙的良盐，私盐之质，既比较官盐为美，而价格又比较低廉，则人民自然食私而避官，是为私盐充斥最大的原因。

第三以国家政治而言。专卖事业，对于制造购买两方面，都带有压迫之可能性，只可属于国家，谓之政府独占法，因政府系立于公共团体的地位，应无偏无私，纯为人民谋利益的机关，故能够行使其专卖权，商人只在其个人私益上着想，孳孳为利，故商人专卖，与政治原则，实相违背，各国只有政府专卖法，其用意在此。况盐为人生必要品，与全体人民生活，关系极为密切，尤不宜操纵于惟利是图之商人。我国自收盐之权，为场商所专，对于收盐，则重斤短价，以压迫灶户，对于卖盐，则抬价居奇，以搾取人民，至于各场盐产，并未尽产尽收，又复不运一斤，不完一课，而介于灶户引商之间，坐享大利。自引盐之权，为引商所专，出于场坨，则偷漏有弊，捆包有弊，运于中途，则换驳有弊，改包有弊。行于口岸，则加耗有弊。售于散贩，则参和有弊。故商专引岸场产以来，盐政败坏，达于极点，迄今几无法收拾。

第四以政府官吏而言。一般盐务官吏，都视盐务为莫大利薮，既为利薮，即为弊窟，因而官商勾结，黑幕重重，不可究诘。在前清时代，凡各岸例规，谓之岸费。特别诛求，谓之黑费。每遇国家偶有急需，则又授意商总，勒派众商，摊捐巨款，谓之商捐。这种商捐，动辄数百万或数十万，美其名曰报效，实无异于受贿。中央政府本身，尚且攘利违法，贪得报效，而欲禁其下盐官，舞弊营私，又安可得。淮南纲岸规费，在乾嘉年间，匣费一项，楚岸七十万两，西岸四十万两，淮南如此，两浙芦东，可以类推。其后有加无已。不问费所由来，名为岁额。此外又有重支预借之数，率皆超于税额。内而中央户部，外而总督巡抚盐道，下而州县委员，对于这种岁额例规，莫不争相分润。至于产区，则自运司以及场官批验掣放各人员，凡商人告运、领引、下场、包捆、出场、告掣、秤放、起运等，都有所谓花费，也名为岁额例规。当时全国盐务官吏，几无一不与专商发生关系，即几无一不是袒护专商，故终清之世，盐政不能整理，日益败坏。民国以来，政府每一次倡言改革，商人则辇金运动，百端阻挠，卒至于虎头蛇尾，不能贯彻，而主国计者，且阳借改良之名，阴为敲商之计，并无实行决心。在这种盐政情形之下，而欲国家产生廉洁政府，宁有希望。

商专引岸，成立于明朝万历年间，所谓纲盐法，名为疏销积引，实为减斤加价，商人观望不前，乃许其占窝，创为窝本之说，遂致行盐引岸，成为商专，因而捆载大包，夹带私盐，并设法抬高价格，盐价高，而私盐更甚，上侵国课，下厉民众，为害岂可胜言，清初，踵明之弊，不知整理，更加甚焉。明时尚只行于两淮，清则推行各处。明时仍是政府卖引，故收引价，清则按引征税，名曰税课。起初办法，为招商认岸，领引办课，本系包商性质。凡堕运亏课者，照例革除，另行招商充补，取缔不可谓不严。无如官吏贪婪，私取陋规，法规虽设，视为具文，遇有商人误运欠课者，莫不为弥缝开脱，非曰官不敌私，则曰额浮于销，官商串通，纯以金钱为媒介，于是官督遂属虚名，商销乃成弊窟，相习既久，而所认之岸，为其所专，因专岸而始成为专商。当时对于场产问题，又因官收制度，废弛已久，万难恢复，亦踵明弊，准许商人收买，另立场商名目，由是主运盐者，谓之引商，主收盐者，谓之场商，收盐运盐，都归商人负责办理，政府但照引目，征收课税，法似简易。庸讵知盐业利权，为商专擅，商人惟利是图，弊窦百出，加以与官勾结，弊益滋大。故盐政为世诟病，不自今日始，倡言改革，也非一朝一夕。初为明末松江李雯氏，目睹引商专岸之害，主张改为征税政策，谓盐产于场，犹谷生于地，宜就场定额，一税之后，不问所之，则国与民两受其利，其大旨就是要废除纲盐，取消专商。在前清雍正年间，有天津道郑祖琛，条陈改革盐政，主张除废专商，谓盐法大弊，在于商专其利，世袭其业，弊始于场商，成于运商，官吏营私，与商勾串，弊乃益甚。到了民国二年以后，稽核总所会办英人丁恩氏，谓中国商人引权世代相传，实为整理盐务上的大障碍，商专利益，而国与民，莫不受其损失，应即设法取消，淮南四岸，弊害尤大，宜首先废除，试行自由贸易制，直接在场收税一次。如淮南四岸，办有成效，其余各处，自易着手。这种改革运动，卒因商人金钱势力，贿通官吏，百端阻挠，终不能见诸实行。就是有实行的地方，也不能够持久，仍归失败。如前清雍正年间，以福建盐务，积弊太深，裁去盐官盐商，只在产地收税一次，其法，无论何人，都可赴场纳税，单给捆盐，不用引目，听其自由贩卖，行之数年，税收增加，成效大著，卒为富商运动取消，仍改为商人专卖。道光年间，两淮盐务，坏到极点，简直不可收拾，当时谈盐政者，如邵阳魏源等，对于淮税弊端，考察最久，主张改行票法，由十二年两江总督陶澍奏请施行，因阻力太多，只能先改淮北。延到三十年，陆建瀛继任，仍依魏源计划，推及淮南。其法，因引商专岸，罔利营私，贿通官吏，驯至销盐不销引，引滞课亏，习为故常，票则纳一票之税，始运一票之盐，引商积欠弊害，自不能发生。引归商包，官吏借以需索，岸费层层，成本自重，势必夹带私盐，以资补助，官既得贿，明知故纵，不敢过问，票则不论何人，都可纳税领运，一切陋规，无由而起。自两淮改用票法之后，浮费大减，贪官污吏，没有方法，从事勒索，开办数月，成效即著。全运一纲之引，实收课银至五百余万两，就是往昔盛时，也不过如是。四岸盐价大跌，一包之钱，几可得二包之盐，东南数千里地方的民众，莫不腾欢称快。票法宗旨，在于革除根窝，废止专商，行之十余年，税收既增，盐价又贱，上有益于国库，下有利于民生，实为良法。不意其后两江总督李鸿章氏，于同治五年，贪得商人预厘及报效银两，名为票本，实同引窝，颁布环运章程，就现认商贩，接连后纲之盐，准许永远循环，不复再招新商，谓之循环转运法，商仍其旧，票不增加，以视从前根窝，又何以异，是对于所谓一年一运与无论何人可以领运的票法精神，不啻根本推翻。票法由此破坏，专商由此复活，其把持盐务，舞弊营私，比较从前引商，更有甚焉，故四岸盐价极贵，人民负担过重，比较其他省区，当在五六倍以上，丁恩氏谓四岸盐务弊害尤大，宜先设法改革，今陶陆苦心经营之票法，数世兴之而不足，一朝坏之而有余，可见改革弊政之不易也。

国民政府，自建都南京以来，对于盐务，日思整理，在十七年，全国财政会议，议决改革盐政各案，以就场征税自由贸易为原则，而第一步先从整理场产，划一税率着手。十八年六月，中央二中全会，议决整理办法，减轻盐税，剔除积弊，调节盐价等案，交由财政部，应于十八年内，制定此项计划，负责执行。是年七月二十三日，立法院在第三十六次会议，根据全国舆论及政府各案，议决咨行政院令财政部遵照二中全会决议，草拟盐法全案，迅送本院审议，经过一年，财政部尚未草拟，于是立法院以各处盐务积弊太深，异常腐败，盐法实早有全部改革之必要。乃于十九年五月二十四日，在第九十二次会议，议决请院长指定庄崧甫等十五委员，着手起草盐法，复经长期搜集材料，详细讨论，始成立草案，草案脱稿以后，又交由全体委员，加以精密审查，于二十年三月二十一日，在第一百三十六次会议，提出新盐法，议决通过。全案共计七章三十九条。通过之后，而食盐弊的少数盐官，与少数盐商，莫不四出运动，百端阻挠，政府因而踌躇审慎，久未公布，几至无形停顿。五月十一日，国民会议，在第三次大会，代表陆洪东、陈斯白提案，催促国府施行新盐法，又经全体通过，金以此项案件，关于国计民生甚大，为新政重要之案，应即实行，无庸经过审查手续，因此全体表决，不付审查。足见这种新盐法的改革，深合全国民众的心理。国民政府，当然以民意为主，以民生为重，排除盐官盐商的阻挠，毅然决然，于五月三十日，公布新盐法。开宗明义第一章其总则第一条的规定："盐就场征税，任人民自由买卖，无论何人，不得垄断。"其法，即由政府建筑仓垞，凡盐户所制之盐，均应一律存入仓垞，凡人民购盐，均先税后运，一税之后，任其所之，由此引岸专商的弊害，概行扫除。

有人谓我国一切租税，惟行通过制，与专卖制，最为适应国情，就现在盐法而论，如能制造与贩卖，概行独占，收入增加，固不待言，但我国土地如此广大，人口如此众多，各处产盐的方法，与产盐的成本，又大不相同，生产独占，恐不容易办到，宜采用仲买独占制，以渐次讲求改善的方策，较为适当。从前盐制之善，首推唐之刘晏法，成绩最佳，古今著为美谈，就是实行这种制度。其法，由官收买盐户所制之盐，尽产尽收，再行转卖于商人，听其运销，所谓制造归民，收买归国，运销归商，为一种就场专卖制，现在宜仿行此法云云。不知政府专卖，须有大宗款项，并须有种种的设备，都非一时容易做到。且现在官吏，因财政监督机关，不完备严密，因而腐败异常，如实行政府专卖，盐官易于上下其手，其收盐，将不以盐本高下为根据，而以所得贿赂多寡为标准，必使多数盐民生计，毫无保障，弊害更甚于场商专制，况就场征税制，与就场专卖制，相差无几，就场专卖，系盐归官收，平均税价，而后卖出之，而就场征税，系盐交官仓，征税而后卖出之，此外并无多大区别。将来就场征税办好以后，储盐仓垞，既由政府管理，如果要改为政府专卖，则亦容易实现。刻下就场征税制，实为改革盐政最妥善的办法。就场征税，首在场产管理得法，自民国二年稽核所成立以来，丁恩氏力加整理，现今各区，均系先税后盐，凡商人购盐，照章纳税，请领准单运照，赴坨呈验，由坨务员同秤放员，督视开码，俟筑包后，由秤放员监视秤掣，按包发放，所有场盐收放，皆有精密的簿册，场产管理法，比较从前，已大有进步，就场征税，业具雏形，容易实现。而事实上，稽核所近来对于各区引岸，逐渐开放，其有交通不便利的地方，为避免奸商垄断或人民淡食起见，由官设仓储盐，听商民自由贩卖，故引岸已开放者，计有长芦、淮北、川南、川北、两广、闽、晋各区，都是成效卓著。

现在各区行盐制度，大抵可别为六种。

一为票商制，湘、鄂、赣、皖四省之一百六十七县属之，约占全国百分之八。

二为自由商制，辽、鲁、豫、晋、陕、甘、新、苏、浙、湘、鄂、赣、皖、川、滇、黔、闽、粤、桂及察哈尔、热河、绥远、宁夏、青海、西康等省之九百七十一县属之，约占全国百分之五十。

三为专商制，冀、鲁、豫、苏、浙、皖、赣等省之三百六十七县属之，约占全国百分之一十八。

四为包商制，冀、晋、陕、苏、浙、赣、川、滇、闽、粤、桂等省之三百七十三县属之，约占全国百分之二十五。

五为官运民销制，吉、黑二省之九十二县属之，约占全国百分之四。

六为官专卖制，仅闽省之漳浦、东山二县属之，为极少数。

是全国自由贸易制，已有半数实行。全国产盐，分为十三区，现有引商者，仅四区，其余九区，皆为自由贸易。淮北自民国五年取消专商票权，改为自由贸易制，人民莫不称便，税收亦增加。东三省向为自由买卖，非特无专商，亦无包商，现今东北盐务办理之良善，税收之畅旺，以及盐民生计之宽舒，实远出关内各产区之上。是就场征税制之得失，极易明了，且为事势所必至，毫无可疑。

有人说，专商废止以后，无人负责运销，则通都大邑，固不患无经营之人，而僻远地方，商贩类多裹足，人民不免淡食。不知盐为生活必要品，销路稳定，利之所在，人争趋之，梯山航海，以有易无，自古皆然，不自今日始，况今日交通，比较从前，更为发达，如菽米布帛，历来为自由贸易，未闻边远地方，有断绝之虞，其事实可以证明，无庸过虑。

又有人说，引岸撤消，成本较高的盐场民生，必受自由竞争，归于天然淘汰，这种盐民，既无法生存，将挺而走险，后患堪虞，不知各区盐氏，受场商抑勒榨取，莫不生活困窘，终日勤劳所得，不足一饱，而利益概为场商所占，盐价虽由官定，而场官类多受贿，袒商而抑民，因之迫不获已，往往将盐售与私贩，一旦为其破获，卒致倾家荡产者，到处皆是，如以后能自由买卖，商人没有官的势力，为之代定低价，则盐民所产之盐，可以行销全国，价格必涨，无商人操纵其间，盐价高低之差，也自然减少，各区盐民，都是如解倒悬，不下于林肯之放黑奴，方将馨香祷祝之不暇。至有一小部分贵盐，因自由竞争而消灭，此亦系经济上自然的法则，非人力所能抵抗挽回，现在盐价稍为较高者，仅两浙及淮南的煎盐，然其产数甚微，盐民亦属有限，查两淮两浙的煎盐数，合计只八十万零八千三百二十六担，在全国总产额四千六百余万担中，不及五十分之一，全国制盐人氏，约共五十万人之谱，其恃煎盐为生活者，不过数千人，今欲维持此数千人民的生计，而牺牲其他数十万人民，供专商压迫榨取，不许其自由发卖，且牺牲全国四亿人民，供专商操纵诛求，不许其买食低廉之盐，世上宁有此颠倒的政制，政府非丧心病狂，想不至此。且民国三年，曾明令限五年废煎，国家已举三四百万亩的草地开放，准许灶户废煎为垦，以当时草地价格计，每亩值洋五元，则国家损失二千万的地价，以交换盐民的停煎，其代价不可谓不高，其救济失业，不可谓不周。而况此数千煎盐之人民，于制度改革后，为减低成本起见，亦可改煎为晒，则失业之虞，绝对不至发生也。

次要的弊害，为税则繁重，盐官太多，因而盐价昂贵，私盐充斥，徒使政府经费增加，税收减少。全国各省附加税率，类多自由增加，民国以来，军阀割据，更属有加无已，税率各各不同，每省各行盐区域，亦复互异。就是正式税率，因距盐场的远近，而有高下的差别，距盐场远者，税率反重，距盐场近者，税率反轻，实与经济原则背道而驰。往昔盐场未经整理，在盐场附近，如税率过重，则易走私，乃不谋整理盐场，而徒从税率上着想，舍本逐末，何济于事。因而远地如两湖、江西、安徽、河南、贵州等省，莫不食贵盐，盐价最高者，每百斤达二三十元，实属骇人听闻，而盐的成本，少者每百斤仅合二三角，多者亦不过三四元上下，差额既若是巨大，重利所在，人争趋之，无怪贩私者如此其多。课税日重，盐价日高，而私盐自日益加甚。从前私盐，大概分七种，有所谓场私、船私、漕私、邻私、枭私、功私、商私等名目。革命后，军阀横行，更有所谓军私。场私，系制盐业者，私自贩卖。船私，系商船所有者，私自装运。漕私，系运漕米的船舶，回时私运。邻私，系邻境商人，超过行盐区域密卖。枭私，系匪贼私贩。功私，系官吏将没收私盐自行发卖。商私，系盐商贿通官吏，或加引斤，或越引地贩卖。军私，系握兵符者，借口军米私运。私盐既甚，于是政府在销地，设立种种机关，如榷运局、缉私队等，以维护盐商。盐务机关太多，而所开支的征收经费，实在太大。查各国通例，内国消费税的征收费用，大概只占总收入百分之五以下。而现在我国各盐务机关的经费，竟占了总收入的百分之十六以上。这种浮滥开支，于实际上，更属毫无益处。如缉私营队，从前惟置重于消费地，革命以来，更于产盐地设置警察，谓之场警，民国三年十二月，施行私盐治罪法，处罚极重，又公布缉私条例，并缉私官吏奖励惩戒条例等，各种法规，不可谓不严密，而其效果，不过取缔几个极小规模的密输者，至于吞舟巨鱼，运销私盐，仍是毫无忌惮。而所谓缉私队，且有贩私、护私、放私等种种的弊害，非借缉私的地位，自行贩卖私盐，就是护送私盐出境，及放出私盐通过，与之勾结，朋分利益，是不惟不能阻止私盐，反使私盐增加。这种原因，纯在官盐价高，私盐价廉，大利所在，人民趋之，严刑峻法，实无所用。根本疗治，除剔除苛征减轻盐价以外，别无方法。

现在除私盐外，尚有引票定额的增加，因盐商纳一引票的税，如能得规定以上的配盐，则有利益，配额愈多，则利益愈大，故尽种种的手段，与官吏结托，朋分利益，以谋得配盐的增加，是表面上的引票定额，到底不能据以推算消费额的多少。在前清宣统三年，盐政处报告，全国官盐消费额，有二十六亿七千六百零四万三千八百斤，民国三年，盐务署发表，有二十九亿八千零三十二万三千七百斤，四年有二十七亿五千四百零三万六千九百斤。以后场产渐次整理，引岸逐渐开放，并建筑仓坨，废除耗斤等，行销额乃著大，九年至十一年，三个年间的平均计算，约有三十五亿二千万斤，比较四年度，有三成以上的增加。最近十八年度，财政部发表，有三十六亿四千三百六十七万四千八百斤，二十年度，更为增加，据稽核所报告，竟达四十一亿五千五百四十万斤，而与实际消费额，尚相差甚远。

考查各国盐的消费额，以人口为比例，一个年每人平均食盐量，法国十四斤，瑞士十斤，奥大利十六斤，俄国十一斤，意大利十一斤，荷兰十七斤，印度十二斤，西班牙十三斤，匈牙利十八斤，日本十六斤，朝鲜二十四斤，台湾十四斤，德国十三斤。我国菜食的人民，较诸欧洲肉食的人民，其消数盐，大约在十五斤上下。但近来盐价甚高，一般人民生活程度，极为困难，类多节省盐之消费，故每人平均计算，当不过十三斤。熊希龄为财政总长时，谓中国人口，有四亿二千万，每人一个年间的盐消费额，假定为十三斤，全国消费量，应达五十四亿六千万斤，一担征收二角税银，总收入当在一亿九百万元以上。张謇当农商部总长时，谓全国私盐，略与官盐相等，推算总消费额，当为五十亿斤，此虽是一种臆测，然亦非无根据。私盐既多，国家税收，自然短绌，是课税虽重，而税收不惟不比例增加，反因而减少，因税率愈高，而漏税愈大也。且一般贫民，因盐价大贵，无钱购食，类多节省消费，或谋代替，查最近河南、河北、山东、山西等省人民，莫不刮硝土以代盐，从前盐税轻，此项硝盐，因其味涩，有碍卫生，食者尚少，自芦盐增加附税后，四省人民，食这种硝盐者，当在百余县以上，因而长芦、山东、山西、盐税损失，有二百万担，约千余万元。与其增高盐税，使官盐少销，莫如减轻盐税，使人民多食官盐之为得耶。新盐法税率，规定凡食盐税，每一百公斤，一律征税国币五元，不得重税附加，折合司马秤，为三元一角七分五厘，较诸现行税率，于人民的负担，有减无增，而于国家的收入，则有增无减。而财政当局，怀疑新法实行，税收必减少，主张每公担征税八元至十元者，实为一大错误。查民国七年三月，修正盐税条例，每盐百斤课税三元，而课税衡量，系按司马秤计算，民国十七年冬，盐务署召集盐务讨论会议决，亦以每百斤征税三元为标准税率，不能再行过多，而新盐法税率，比较盐税条例，已增加一角七分五厘，即就每担三元而言，世界各国，无此重税，岂可再行增加。至于现今各省盐税，每百斤多至七八元，或十余元者，除正税外，都是附加税，这种附税，各省本因军事而附加，原属一时权宜，军事平定后，自应一律取消，示民以信，若竟将附税改为正税，是何异以横征暴敛的苛捐，作为制定税法的标准，夫岂政体所宜有。况税率轻重，应斟酌实在情形，及人民负担力而决定，今照我国盐务上过去历史，与最近事实推测，如能在产地，每百公斤，征税五元，私盐当可绝迹，若过此税率，私盐必大增加，是政府将徒有加税之名，而其结果，反减少收入。如在三年以后，全国场产，完全整理，盐尽归坨，不致漏私，则虽加重税，或者私盐不致骤增。若在今日，而欲高于五元的税率，就是根本上推翻就场征税的政策，万不可施行。查最近三年间，全国盐税，并一部分附加税在内，都不过一亿三千万元，若改为新制，每年至少可销三千万公担，税收即有一亿五千万元。现在全国盐务机关的行政费，每年为二千万元，新法实行，则销盐地的榷运局及缉私队等机关，可以全部裁撤，至少可节省一千万元，一方面税收增加，一方面经费节省，收入减少，必无是理也。

总之新盐法实施，其于国家财政，及人民福利，均将大有增进。但是这种盐政上的大改革，其准备进行，以至完成改革的责任，又断非平常机关所克担负，故新盐法最后第七章第三十七条，规定"本法公布后，应设盐政改革委员会，直隶于行政院，掌理基于本法之一切盐政计划，"今行政院已于本年四月，依照此条规定，成立盐政改革委员会，以后自当积极进行，完成改革。而沿袭既久，积弊大深，非可一蹴而几，必为分别缓急先后，次第推行。吾以为宜照丁恩氏的整理盐务计划，先从弊害最大，人民负担最重的扬子江四岸着手。次之为场产业经整理，坨仓业已建筑的，如长芦、两浙、闽、鲁、川南等区。然后再视政府财力情形，社会经济状态，以推行全国。完成期间，最久不出三年。惟是这种革命的盐法，非有革命的精神推行，不能成功。现在国民政府，为革命政府，断非前清时代的官僚政治、北平时代的军阀政治可比，吾甚望财政当局，必毅然决然，彻底改革，勿再为金钱势力所推翻，使国家与人民，均受其利益，则幸甚。

第四章
关　税

从前各国关税，普通基于货物移动的方向，分为输出税、输入税，及通过税三种。输入税，是对于外国品的输入时课税，输出税，是对于内国品的输出时课税，通过税，是对于外国品的通过国境时课税。但通过税，及输出税，在各文明国家，大概都已废止，惟有依于特别事情，或在劣等国家，如埃及、印度等，今尚存在。故今日各国所称为关税者，就是输入税的意味，所称为关税政策者，就是将这种输入税的种类税率，考虑选择，应如何轻重得宜，使国内的产业，得以振兴发达，国家的财政，得以巩固增进。是关税问题，不特为国库收入而已，实与国民经济的盛衰，国家的存亡强弱，有密切重要的关系。

我国从前输入税、输出税，及通过税三种，都是一样占财政上重要的地位，至二十年一月一日，国民政府，宣布实行关税自主，将含有通过税性质的，如复进口税、子口半税，及常关税等，概行与厘金同时撤废，现在惟有输入税与输出税两种。输入税，在近世各国所通行的关税制度原则上，大概有三种：

一为英美两国所行的单一关税制度，国定税则，只有一种，无论货物来自有最惠国条款的国家，或无最惠国条款的国家，概行一律待遇，没有分别。

二为二重关税制度，这种制度，分为两类，甲为法国、西班牙所行的最高最低税则制度，有两种国定税则。一为最高税则，税率甚高，对于无最惠国条款国家的货物施行。一为最低税则，税率较轻，对于有最惠国条款国家的货物施行。乙为日本、意大利所行的国定协定税则制度。国定税则，税率较高，由国会制定，适用于无最惠国条款国家所来的货物。协定税则，税率较低，非由国会制定，系与外国协定，适用于有最惠国条款国家所来的货物。

三为加拿大所行的三重关税制度，有三种国定税则。一为特惠税则，税率最低，施行于母国或殖民地的货物。一为中间税则，税率较高，施行于有最惠国条款国家的货物。一为普通税则，税率最高，施行于其他国家的货物。

以上三种关税制度，除日本、意大利所行的有一种协定税则外。其余都是由于其国内最高立法机关所制定，外人无干涉参加的余地。就是所谓协定税则，也都是基于平等互惠的精神，其两国惠与的程度，大约相等，如关于互惠货物的价值、数量以及种类税率，在比较上，没有大小多寡与高下悬殊的差别，且选择一种竞争品最少的货□，以图两国享受厚利，并得以杜绝他国利益均沾，这是为完全有关税自主权之国家，所立协定税则的根本原则。

而在其政策运用上，以课税目的为标准论，也有三种区别，即所谓财政政策的关税、保护政策的关税，与社会政策的关税。财政政策的关税，仅在国库收入上打算，而于商业政策上，没有何等意味，施行这种政策的国家，在昔欧美各国，惟有英国一国。因其产业发达最早，为世界经济上最先进的国家，无论什么国家的输入品，都不至与他竞争，受其压迫，故能够采用自由贸易主义。社会政策的关税，系对内性质，因关税为消费税之一种，国家应利用以谋人民租税负担的平衡，而调和社会贫富阶级的悬隔，富者收入多，付给力较大，应课重税，贫者收入少，付给力较小，应课轻税，故各国关税，对于奢侈品，有甚重的税率，对于普通品，有甚低的税率，因奢侈品，多为富人所购买，而普通品，则为一般人民所必用也。欧战以后，更为盛行，其修改税则，凡列为奢侈品的进口货，类多课以值百抽百，或值百抽二三百的税率，而于普通品，则未有增加税率，甚至于减免为无税。保护政策的关税，系保护国内幼稚产业，使不至受外来竞争品的压迫，为一种过渡的教育的关税。从前除英国外，如德、美、法、意、日本等国，当其产业未至发达时期，莫不采用这种政策，故能够使其产业，渐次长成，得与先进国家抗衡，不至受其摧残，致为今日强盛的国家。其后各国因资本主义，日益发达，国内生产品，日益过剩，遂借关税政策，为经济战争的大利器，即所谓关税战争。但是关税战争剧烈，乃使一般物价，日益腾贵，予消费者生活上以莫大的痛苦，于是世界舆论，渐次非难，而各国经济学者，在国际联盟中，主张关税休战时有提案。特至今不惟休战无望，据最近消息，自去年美国增加关税，各国起而效尤，关税障壁，更为厉害。故在今日国家，当这种关税战争最剧烈的时代，如关税不能自主，实行国定税率，以策进国民经济的发展，则其国家必至于衰弱危亡，固不待言。

我国自前清道光二十二年（西历一八四二年），因鸦片战争失败的结果，被英胁迫，订立南京条约，系一种片务的协定关税，所有输出入税，都定为从价五分。其后中英天津条约，关于子口税，亦协定为百分之二.五。至同治二年，中丹条约，沿岸移出入税，亦由条约规定为正税之半。其税率之低，实世界各国罕有比例，且系一律征收，并无所谓奢侈品与普通品的区别。自此以后，海关任何税率，非修订条约，没有自由变更税率的权能，就是修改税则的期限，也由条约限制，不能随便要求修改。我国关税，既受这种条约上的束缚，于是在财政收入上，毫无伸缩的余地，不能应年年经费膨胀的必要，而为适宜税率的增加，遂使财政日益陷于困难，没有方法可以救济。在国民经济上，不特不能以关税政策，保护内地的幼稚产业，且处处有保护洋货，压迫国货的倾向，如外人利用子口税，以避免各处厘金，如要求在华厂商，一律照纳出厂税，不得歧视，都是妨碍本国产业发展的重要条件，遂使外国货物，横溢国中市场，所有土货，莫不受其打击，以致国内农工商业，日益衰微，无法振兴。加以其后税吏舞弊营私，政府乱借外债，而海关管理权，也因之落于外人之手。以国中最大收入的款项，都是存放于外国银行，致使市面的金融权，为其所操纵，更予国内工商业以重大的致命伤。于是政府与人民，遂都陷于贫乏状态，无以自拔，国家衰弱的病根，全在于此。

一般国民，渐次觉悟，群起呼号，谋以救亡。自民国六年以来，关税自主运动，普遍全国，日益急烈，其进行次第，约分为四期。

一为巴黎会议。中国因参加欧洲战争的结果，民国七年十一月，在巴里开媾和会议时，我国以参战国的资格，得以列席，因提出关税自主权恢复、领事裁判权撤废、租借地归还、其他各种希望条件，对于关税自主权恢复，系依据一九○二年及一九○三年规定增税的条约，（即当时与英美日三国订立裁厘加税至值百抽一二．五的条约）争为完全自主，而当时英法等战胜国，以本问题，不在该会范围之内，未加讨论，仅承认为重要问题而止，于是我国这种死生存亡的要求，遂全然归于失败，其结果，仅适用于德奥等战败国家。

二为华盛顿会议。民国十年十一月，（西历一九二一年在华府会议），我国提出关税自主权恢复案，要求各国同意，该会参加国，共有九国，如日、英、美、法、意、比、和、葡等，经其讨论结果，成立条约十条，大概要旨有三。

甲为输入税率，于现实五分，可以即时改正。

乙为裁厘实施过渡办法，输入税率，普通品得增收附加税二分五厘。奢侈品得增收百分之五。

丙为以裁厘为条件，税率得增至一成二分五厘。

但其实行期与用途，以及各种附带条件，议定在上海即组织国税税则特别委员会，由该会研究讨论，再行决定，其后现实五分改定，本应早速实施，因关税会议关系各国，均须俟其政府批准，才能够召集，而当时中法间，又恰为金法郎问题，争持不决，迁延复迁延，至民国十四年（西历一九二五年），冬十月才得召集开会。

三为特别关税会议。该会于民国十四年十月二十六日，在北平召集开会，参加国，除华府会议九国外，加以丹、挪、西、瑞四国，共为十三国。我国提出关税自主的办法，其第二项称，中国政府允将裁废厘金与国定关税定率条例同时实行，但至迟不过民国十八年一月一日。关于国定关税定率条例尚未实行以前的附税增加问题，我国提案，要求普通输入品增加为五分，甲种奢侈品三成，乙种奢侈品二成，各国除后来即同年十一月十九日关税特别会议第二委员会开会，成立一承认中国关税自主案之决议，并允许中国国定关税定率条例于一九二九（即民十八年一月一日发生效力而外，对于过渡时期之附加税率及其他等，都为自己打算，利害各异，故主张不能一致。日本对于华府会议协定以上的增额，为最强硬的反对，英美对于奢侈品，比较普通品，增税太重，亦形不满，反复讨论，不能议决。我国不得已，遂参酌日英美三国代表意见，废除普通品与奢侈品的分类，改为甲乙以下七种差等税率，提出最高二成七分五厘最低二分五厘的最后案。但仍未能得各国承认。结局，再容纳各国要求，改为最高率二成二分五，最低率二分五厘，且于最低税率的品目，原案分为八种，卒依照日本主张，增加至三十种，而日本绵系布类，概行列于最低品目内，于是各国才能够意见一致。在该会议，除附税率问题外，尚讨论其他问题：

甲为关税增额用途。

乙为债务整理法。

丙为陆地关税问题。

丁为互惠协定。

戊为税金保管问题。

关于用途，依我国最初提案计划，年可增得一亿二千万元，分为充当厘金撤废基金、内外债整理，与各种建设经费，以及中央行政费补助等五项，后因税率减低，年收减为九千万元内外，因各国意见不一致，遂不得具体议决。关于债务整理，日本主张西原借款，无差别待遇，各国依其利害不同，多持异议。结局，仅决定大纲，其细则，则俟会议终了后，组织特别委员会，再行讨论决定。关于陆路关税率，多主张废止从来所有三分减一的特权，而采用均一平等原则，日本因与满州关系最深，竭力反对，未能议决。关于关税收入保管问题，从前以这种巨大金额全部，都保管于英国汇丰银行，致该行在中国金融上，占极大的利益，得以操纵一切，我国政府，主张回收，另设特别保管库，卒为英国反对，未能决定。正会议间，不幸我国又起内战，各国乃借口我国内乱，未有负责政府之前，不能继续会议，以致前次会议各国决定承认我国关税自主之事，又无形的搁起了。国民政府，于十五年十月十日，乃以革命外交的手段，首先在两广强行二分五厘内地税征收，当时虽有列国提出抗议，都置之不理，北伐时期，占领两湖、江西，于十六年一月一日，在汉口九江开始征收，二月一日，在长沙、岳州开始征收。而号称灵敏外交的英国，遂于是年十二月，做一顺水人情，对于此种征税，即时无条件承认，于是提议于各国，定为合法的基础。其后大连除外，全国得以施行。更于是年六月六日，在广东、广西，七月四日，在江苏、安徽、浙江、福建，对于输入奢侈品，开始征收五分之税，其后国内完全统一，也得推行全国。同十六年二月一日，北平政府亦实行进口增税，名二五附加税，系根据华府会议所议决承认者而设，与国民政府的暂时内地税，其性质及其依据全然不同。

四为国民政府的关税自主宣言与国定税率实施。国民政府，于民国十六年七月，宣言关税自主，裁厘加税，继而公布一种国定进口关税暂行条例，并其他各种关系条件。税率规定最高为六成二分五，拟定于是年九月一日，即在其势力范围内实施。当时各国首先反对为英日两国，而日本更为强硬，至宣称如中国政府强迫征收，则虽用兵力占领海关，交给使团共管，亦所不辞，其大阪工商业团体，因此事开一对华商权拥护大会，竟坚决主张用单一自卫的方策，以破坏我国实行关税自主。可知日本不欲我国关税自主权恢复，与夫实施国定税则，直较任何帝国主义国家为尤甚。当时国民政府，外以日本反对强硬，内以北伐尚未成功，国家基础，不甚强固，故亦隐忍暂为中止，未能实现。及民国十七年六月，国民革命军，已克复平津，国内业告统一，国民政府，因鉴于过去单独宣言关税自主之难以成功，乃改弦更张，谋于修订条约方面，以求关税自主的实现。因此与各国相继订立各种关税条约，如中美关税新约，系于十七年七月二十五日，财政部长宋子文，在北平与美国公使秘密成立，其约文中，美国即首先承认中国关税完全自主，于二十七日发表。由是各国争先恐后，要求中国改订新约，八月十七日，中德签订新通商条约，规定两国关税事项，待遇平等，英伊法在南京事件解决后，于是年十一、十二两月，改订关税及通商条约，此外如挪威、比利时、丹麦、荷兰、葡萄牙、瑞典、西班牙各国，先后改订各种关税条约，及友好通商条约，都是承认我国关税有自主权，于是国民政府的条约交涉，至此差告成功。关税自主，宜可即时实现，不意仍为日本作梗，一时不能遂行颁布国定税则。自是年十月中旬，与日本进行交涉后，屡次会议，迄无何等结果，因其深知我国要求关税自主迫切，故意留难，乘机要挟，如提出整理无担保的日债要求、先订立片面利益的的互惠协定、强欲避免济南惨案的责任，以及取缔排斥日货等事项，以为改订关税的交换条件，这都是我国民所不能容忍承认者，以致迁延日久，未得解决，后由财政部长宋子文氏与日本矢田交涉多次，也无成功之望。我国又不得已，乃放弃立即施行国定税率的主张，而以比较易行的七种差等税率为基础，而规定一种过渡税率，就是国民政府于十七年十二月七日所颁布的海关进口税则，而决定自十八年二月一日起实施者，此为我国第一次的国定进口税则。但是这种税则，尚不能称为完全的自主税率，因税率内容，仅系将旧时值百抽五的正税，及关税特别会议中英美日三国委员所改提的七级附加税税率，与卷烟煤油的二．五附税及特税等综合而成，在名义上，虽为国定自主税则，而实际上，仍无异于协定关税。当时我国不迳采用国定自主税则的缘故，则以日本要求与我订立互惠税约，尚未成立，故不能不有所待。直至十九年五月，外交部长王正廷氏，与日使重光葵，几经协商，才缔结中日互惠关税协定。至此国定税则委员会，乃根据国民政府所颁布国定关税条例所规定的原则，重行编定新税则，至十九年九月，此项税则草案，遂由财政部提呈国府，转交立法院审核修正，立法院于十一月底修正后，国民政府遂决议于十二月二十九日明令公布，并于三十一日通告各海关，自翌年一月一日起实施，这就是现行的进口税则。

回忆自前清道光二十二年，中央缔结江宁条约以来，受了八十余年协定的束缚，不知丧失国家多少权利，损害国民多少脂膏，到于今日，才能够解除，固然算是可喜可庆的事。但一察新税则的内容，则亦有未能尽满人意的地方，此事且在后面随时去说。现在先讲中日互惠关税协定。关于两国的互惠货物与税率，完全规定在附件一与附表二内，其规定如下：

自本协定发生效力之日起，中国政府，将于三年期内，维持附表甲部之第一、第二、第三各项之税率，并于一年期内，维持该附表甲部第四项应征之税率，各该税为对于日本境内出产品或制成品，向中国境内输入之各该款货物，在各该时期内所征之最高进口税率，但关于税率之增加，经中国政府在该表内声明保留者，不在此附件内（然不得超过从价税二分五厘之范围内）。

自本协定发生效力之日起，日本政府将于三年期内，维持附表乙部所列三款之税率，各该税率，为对于中国境内出产品或制成品，向日本国境内输入之各该款货物，在该时期内所征之最高税率。

考查附表甲部由日本运来我国的货物，就中可分为四大种类，第一为棉货类，第二为鱼介类，及海产品类，第三为麦粉类，第四为杂品类，所有日本对华贸易的重要货物，殆已完全包括在内，一二三类协定期间为三年，四类协定期间为一年。我国进口税则，共分七百一十八号列，今惠与日本的货物，以数的方面言，竟达六十二号列之多，占全体百分之八强。以值的方面言，日本货最近每年进口，全体总值约三亿三四千万余两，而在协定中的日货进口价值，最近每年约一亿六七千万余两，要占全体百分之五十弱。再为分析，如第一类的棉货，我国每年进口总额为一亿七八千万两，而由日本运来的棉货，即常达一亿四五千万两，直占百分之九十以上的成数，其居极重要的地位，可想而知。且第一类的棉货，同时又为我国现时棉织工业发展上的最大劲敌，第三类的麦粉，也为我国现时面粉工业的最大竞争品，至于第四类的杂货，如瓷器、钮扣、阳伞等项，都与我国仿制洋货工业有莫大的影响，照关税原则言，这种货品，都要受我国保护关税政策的限制，则我国幼稚工业，方不至为其所摧残。今为中日互惠税约的束缚，将使无法振兴。是中日协定关税，不仅足以维持日本对华贸易的特权，且足以令我国各种新兴工业受致命的打击，而我国在财政上与经济上的损失，不可谓不大。反之考察附表乙部日本惠与我国货物的种类，第一为夏布类，第二为绸缎类，第三为绣货类，日本进口税则表，共分六百四十七号列，而每一号列内，又分析甚详。今惠与我国的货物，在数的方面说，仅有三号列，只占其全体百分之零·四。而在值的方面说，我国货物输往日本的全体总值，最近每年共约二亿六七千万余两，而协定中的我国输往日本货物的价值，每年不过五百六七十万余两，仅占全体总数百分之零·二。惟有夏布一类，在出口上，稍居重要位置，其余几乎对日本贸易，没有什么关系。又我国惠与日本货物的税率，最高不过百分之一七·五，最低是百分之七·五，但课百分之一七·五的税率，只有三号列货物，其余三分之二以上的货物，都是适用百分之七·五的税率，以这样多的货物，用这样低的税率来协定，是我国对于日本的惠与，不可谓不厚。

再把日本协定税率来看，我国输出朝鲜比较最重要的夏布，日本并没有惠与我国减税，仍照很高税率课征，至于茧绸与绣货，虽减低百分之三十，但是这两种货物，输往日本的并不多，而且协定税率，都为百分之七十，则日本对于中国的所谓惠，真是有名无实。且我国输往日本的货物，大体是特殊手工制造品，可以杜绝他国援例均沾，故日本在最惠国条款下，并不受何影响，而日本输入我国的货物，则以工业品居最多数，他国容易有均沾的机会，我国因受这种损失亦复不小。是中日关税协定，其互惠的程度，两相比较，总括起来，我国惠与日本的货物，种类多，税率低，而日本惠与我国的货物，种类少，税率高。又因日本所选择协定的货物，非常适当，所以进口数量与价值，占有很大的数额，而我国则完全反是，日本所以占了大便宜，而我国则可谓大失败了。不但此也，原来欧美各国，先后与我签订关税条约，都是在最惠国条款底下承认我国的关税自主的，现在因为同日本有这样不利益的协定，而这种协定的利益，又要予其他各国以均沾，因此我国在这里面又不知道要吃亏多少。而代表政府与之签订这种协定关税的就是王正廷氏，我们真是痛恨不已。好在这个协定，只定三年，现在期限已经届满，我国即可恢复完全自主，或则可以施行有利的修正，我们很期望罗外长莫蹈王氏的覆辙，再去吃亏就好。

再查阅新进口税则，除这种协定关税外，其不受互惠待遇的货物，所增税率，亦颇不少，大概以国库收入增加为主，兼以保护国内工商业，而定为关税政策。兹查适用最高税率者，为烟酒类，计征从价税百分之五十，其余最奢侈品，如珠玉首饰，以及闺阁用具，如香粉、香水等，都加至从价税百分之四十，但是这种最高奢侈品如烟酒类，日本与欧美各国，多征至百分之一百或百分之二百，而珠玉、香粉等税率，都在百分之七十以上，我国既在财政收入上计算，税率未免太轻。此外砂糖新税率，比较旧税，约增一倍，这全是出于税收的目的，算不得有保护本国糖业的意义。但是对于进口的粗糖、细糖税率，分为数种，各有区别，比较从前分类，精细进步，大有以促进砂糖精制工业发达的可能。英人在香港设立制糖公司，利用南洋一带粗糖、原糖，精制后，即以输入我国，如我国能利用本国原料的甘蔗等，设厂精制，使糖业发展，亦足以挽回一部分的利权。日本砂糖出口事业，对于我国，亦有密切的关系，最近其精糖输入我国之数，几占其出口总额百分之八十五，其重要可想而知。现在日本为欲避免此项巨额进口税起见，业已有入谋于我国境内设立精糖工厂，推广出路，将影响于我国糖业发展的前途甚巨，极堪注意。毛织物等的进口税率，改为值百抽二十乃至三十，比较一九二九年的旧税，亦增加甚巨，我国毛织物工厂，毫无基础可言，无所用其保护，增加税率，亦只为财政收入起见。惟查最近日本毛织品输入，日有增进，在民国十八年，已近四百万两，现税率突增数倍，日货恐将感受影响不小，此是差强人意的税率。人造丝进口税，系按从量税计算，每担定为金单位五十八两，以最近时价估计，海关一金单位，相当于一两二钱二分六，即应税银七十三两，而人造丝的市价，一担约一百五十海关两，是进口税率，直合从价百分之五十，实为最高税率。而蚕丝夹人造丝织物的税率，即为从价百分之四十五，人造丝夹毛织物的税率，则为从价百分之四十，我国虽无人造丝，其进口大都来自意大利与日本，惟我国蚕丝业，因人造丝之进口而不振，至迫于现在的危机，其增加税率，一方面为财政收入起见，一方面含有保护江浙蚕丝业的意义。但是人造丝的进口税率太高，而人造丝织物及羼杂人造丝织物的进口税，反为较低，即本国丝织业，如用人造丝为原料者，其造成货物，因成本特昂，不足与进口税率过低的人造丝织物竞争，将大受打击，归于失败。且我国市场人造丝织物的销路，因税率较低，将更有增进，而日本人造丝织物的主要市场，前为印度、夏威夷等处者，恐将移转其视线于我国市场，是宜速将人造丝税率减低，将人造丝织物及羼杂人造丝织物，税率增高，以挽救这种弊害。

就保护关税政策方面来说，在进口新税则中，亦颇有数种货品，堪以注意，如腊烛、肥皂及人造肥料等的税率，加至百分之四十与三十，比较旧税，约增三倍，这种货物，为我国最有希望的新工业，须用保护关税政策，方能维持下去。火柴进口税率，由百分之七·五，亦增加至百分之四十，我国近来火柴业，因受瑞典与日本火柴的打击，日益不振，几无法可以自存，今用保护政策，大部分也能够维持下去。但是日本现已在我国东北一带地方，设立火柴工厂甚多，这种税率，虽然激增，而日本火柴，不感受影响，我国火柴业，仍恐有一部分受其打击。陶瓷器的进口税率，亦增加甚高，由值百抽七·五的旧税率，而增至百分之四十，这种保护税率，纯为抵制日本陶瓷业起见，日本陶瓷器，最近输入我国的数目，约在三百万两左右，今我国关税率，既已增高，而日本陶瓷器价格，比较我国自然昂贵，输入理应减少。但据调查，事实上完全相反，现时市面所销行的瓷器，日货价格，仍是低廉于我国，是则税率虽有所增加，而于日本陶瓷业，不感受丝毫影响，恐徒然嫁诸我国消费者的身上，这是什么缘故，一方面因我国国内的陶瓷工场，概为小规模的组织，墨守成规，不讲求进步，江西景德镇，向为陶瓷有名产地，现时不幸屡为土匪侵掠，几无磁业可言，一方面日本对于此业的技术上，特殊猛进，据调查，日本名古屋窑业一人的能率，足抵我国十八人的能率，真足令人惊骇，事实既是如此，则区区关税壁垒，又何能阻止日本瓷器的长驱直入。

　　我国现时关税，因为与各国协定条约所制限，尚不能采用充分的保护政策，实为遗恨。但有人说，以我国现在经济情形，如施行一种极端的保护政策，实不相宜，反有阻碍社会经济健全的发展，因国中多系依靠普通劳动的低级生产事业，并不要多大的固定资本，且无须特种技术，政府虽不讲求保护方法，只要社会秩序安定，都会渐次勃兴。而最大多数从事于农业生产的人民，概行富于保守性，假令防遏外国品输入太甚，使国中货物，没有竞争的刺激，益使国民趋于消极保守方面，很有阻止事业改良进步的危险。且一般国民生活程度既低，工资又不高，如一旦采用极端的保护政策，必致物价飞腾，反而胁迫国民全体的生活，引起经济上的剧烈变动，实非社会安全之福。故除基本工业，如棉纱、面粉、钢铁等以外，其余似不必加以保护政策。再从财政上言，我国现时财政，异常困乏，宜图关税增收，以为救济方法，但是财政关税与保护关税，在其根本性质上，全然不能相容，如欲达财政关税的目的，有促进输入贸易旺盛的必要，当选择课税目的物以规定税率时，惟在于不至因课税而减退输入的货物，至于保护关税，有因课税而必阻碍输入，甚至于全部杜绝，始得完全达到目的，随而税率限制输入的程度，不得不高，是这两种目的，欲同时并达，极为困难。切实言之，我国国民程度甚低，输入货物，以生活日用品占大部分，而国民贫富悬隔的弊害亦甚大，宜用一种关税政策，为其调和手段，以收入主义为根据，置重奢侈品与珍贵品的输入课税。现在新税则，以收入增加为主要目的，兼采用保护产业政策，实为得计，不过甲种奢侈品，如烟酒、珍珠等类的税率，仍不免过轻耳。

这种论调，似觉成理，不知国家的强弱，纯系乎国民经济的盛衰，而国民经济的荣繁，惟在于工商业振兴，而保护关税政策的根本理由，通例从国民经济上考虑，大抵经济落后的国家，因国内产业幼稚，在技术上与资本及设备上，不能与先进国家竞争，为庇护这种幼稚产业的利益起见，故用一种关税政策助其发育以至于成长，为止，就是现在虽以高价消费，强加于一般国民，而国内产业低廉丰富的供给，可期于将来，故保护关税，不过为教育的过渡的关税，其保护期间宜短，而受保护的产业，须以不堪外国品的竞争为必要条件，无论何项产业，只要外来货物有竞争者，即须设法保护，方不至受其摧残，而使国民经济为之萎缩。我国为最后进的国家，各种产业不振，纯系受外国竞争品的压迫，采用保护关税，以发展国民经济，实为现时所必需，况当各国资本主义，日益穷促，欧战以后更盛，都以过剩商品，没有新贩路开拓，只有增高关税壁垒以保留己国市场，防人侵占，自美国于一九三一年六月，将全部关税率，更加引上而后，各国起而效尤，所谓关税战争，日形激烈，我国此时，如不采用保护关税政策，以为抵制，则不特各种产业，永远不能振兴，而国家即将归于灭亡，无法救济。不过我国系农业立国，施行保护政策宜工业与农业并用，方能策进农工业同时发展，且现在贫民日益增加，贫富阶级的悬隔亦甚，宜并用一种社会政策的关税，对于奢侈品，课以重税，对于普通品，则减免税率，或至于无税，以为救济方法。例如鲍鱼等奢侈品，现在税率太轻，似应增加，煤油为人民日用必需品，现在税率太重，似宜减少。

至于输出税，以近世科学进步，国际贸易发达，因而一国独占品，为之减少，赋课输出税，不能转嫁于外国消费者，徒为薄弱自国货物在外市场竞争的力量，陷于不利益的地位，使国内生产事业，日益衰微，输入日益超过，就是在国库收入上计算，不惟没有多大增加，反因之渐次减少，故现在各国都唱废止论，如英国于一八四五年，法国于一八五七年，德奥匈诸国，于一八六五年，日本于一八八九年，均已全行废除，现时犹有存者，有苏俄、意大利、西班牙、瑞士、瑞典、挪威、罗马尼亚、希腊诸国，然非普通一律，仅对于极少数的特种生产品课征，其原因有四：

一为自国输出品，在世界市场上带有独占性质的。

二为基于经济上或军事上的理由，对于特种生产物，须保留于国内的。

三为年岁凶歉，为维持公安，防备特定产物一时缺乏的缘故。

四为关税战争对抗，有用报复手段的必要。

除此四种货物以外，没有施行输出税者。惟土耳基、波斯、埃及、阿弗利加①诸国，因为社会经济幼稚，国内可以课税之货物，甚形稀少，纯为财政上着想，对于输出货物，尚一律课以出口税。

———————

① 整理者注，阿弗利加即非洲。

我国既为年年多额入超的国家，课征输出税，实为违反时代潮流，其有碍于对外贸易与国民经济的发展，殆无疑义，至其所以不能废止的原因则亦有二。

一为基于目前财政上的极度穷乏，创办他种新税，颇非易事，不得不藉此以资救济。自民国以来，出口关税，年有增加，遂成为极可靠的财源，最近税收年额，几达五千六百余万元，仅次于进口关税，于是在财政收入的地位，更为重要。况自二十年一月一日，实施国定进口税率以后，同时对于常关税及沿岸贸易税等，一律废除，政府每年损失，约一千数百万元，舍此又别无抵偿方法，这所以在政府目前财政上，输出税，实在不能够废止。

二为我国出口货物，大概都是原料品，非普通工业制造品可比，在外国市场上，绝少竞争者，要居多数，即课税，亦对于国家财政上既有利，同时对于社会经济上，并没有多大损失。且有时为保护本国的幼稚工业起见，往往对于某种出口的原料品，加高税率，使其能够保持于国内，为对外贸易的重要政策。所以在国民产业上，输出税，似亦无容废止。

我国从前输出税则，也是与各国协议订立，前清道光二十三年，与英成立南京条约，以后随即订立输出入品应完的税则，计分出口货物为十二类，税目共为六十八，对于出洋及不出洋的土货，一律依值百抽五的原则，而协定为从量税率，这是我国第一次的协定输出税则。到咸丰八年，中英法间订立天津条约，同时对于税则，加以修订，在输出税则方面，税目增订至一百七十四。自此以后，光绪二十八年，民国七年与十一年及十五年，虽数次修税则，但都限于输入货物，至于输出税则，迄今有了七八十年，尚仍其旧。对于输出货物，既是一律协定为值百抽五，则在商业政策上，已无运用的可言，就是在财政收入上，货价高涨，税则未变，其历年损失之数，当在数千万元以上，故输出税则应当修改，自不待言，惟因协定牵制，无法实行，今幸关税自主，已告成功，于是国民政府，一方面因财政上的需要迫切，一方面因国内工商业保护政策的亟待斟酌实施，乃由财政部长宋子文氏，于民国二十年三月中旬，拟定修改现行出口税则草案，当于十八日提交中央政治会议，其提案要旨，略谓——

"现行出口税率，起源于咸丰戊午年，迄今七十余年，未经修改，其间商情物价，变化多端，若仍墨守成规，殊失因时制宜之道，至各货税率，其初一律值百抽五，近年限加二·五，共为值百抽七·五，在货物从价税者，随时依照市价，估定完税价格金差七·五，固属名副其实，至从量差税者，以数十年前之市价，作为根据，事实上，不过值百抽三，经拟定修改草案，从价者，仍为值百抽七·五，从量者，依照近年物价，将完税价格，分别斟酌改订，惟完税价格，既已增高，若于税率上，与从价货物，同为值百抽七·五，恐变动过剧，影响商业，是以从量税，拟为值百抽五，其间若干种制造成品，不便增税者，则依现行正附税原额，值百抽三，其新经政府核准，减低税率者，则予维持现状，有考察商业情形，应行调剂者，则予斟酌变通。"

按其草案纲要有三：

甲关于税制者，创办新税非易，至出口税，本为旧有，稍事增收，不另设机关，不增加人员，经费照常，而征收便利。

乙关于商业者，修改草案中，有仍旧不予增加者，其增加部分，亦不过由原有之值百抽三，改为值百抽五，换言之，即税率仅增百分之二。

丙关于财政者，来年度不敷之数，至少为一万四千三百万

元，且五十里常关，现拟一并取消，其向征常关税六百余万元，
亦无着落，均须筹划抵补。

宋氏上项提案，当经中央政治会议通过原则，至四月十八日，立法
院会议，又将此项新出口税，包含二百七十种的税率案，一致可决，
呈送国府施行，而国民政府，当于五月七日，将此项新出口税则，
明令公布，并决定于六月一日实施，这是我国完全国定出口税则的
创始，在关税史上，亦一可为庆幸的事。

查新出口税则，全文分为六类，计二百七十税目，其分类详明，
税目周密，比较旧税则，在立法技术上，优良多矣。而修改税率，
惟在对于历年不切实的征收弊端，全行纠正，是其改革的本意，固
亦未可厚非。至于增加部分，不过约百分之二，出入有限，对于商
业上的影响，当亦不大。惟其主要目的，仅着眼于增加政府收入，
以救济目前财政，而对于保护国内产业，与夫促进对外贸易的商业
大方针，则不甚注重，实与现代经济政策的趋势，不无抵触，颇足
引为遗憾耳。

现时我国所谓大宗出口货，不外豆类、丝类、皮货、蛋产品、
茶、粮食、棉花、五金、煤、发毛、毛羽、绒毛、绸缎、桐油、子
仁、子饼、棉纱、纸烟、木材、花生、棉货、猪鬃等十余种，就中
以豆类价值为最巨，出口之数，年达二亿二千万两，其次为丝类，
常在一亿六七千万两，再次为皮货与蛋产品，年达四五千万两上下，
从前在对外贸易史上，最有名的茶叶，近来出口数，仅与粮食、棉
花相等，年只三千五六百万两，绸缎虽亦是我国有名特产，年只二
千三四百万两，桐油今亦丧失我国特产的地位，出口之数，不过二
千余万两，这是我国出口货物的大概情形。在上述各种主要出口货
中，此次规定为免税品者，仅有茶类、绸缎、茧绸三项，此殆可视
为我国政府奖励对外贸易政策的表现。但是欲以关税政策，发挥政
府提倡工商事业的作用，徒赖税法，决难有济，必有他种方法，相
辅并进，乃能收效。如各国对于特种货物，予以一定的输出补助金，

并对于生产与销售两方面，别筹鼓励改良及便利的方法，才能够于国际市场上，获得胜利的结果。今我国仅仅依赖这一点点免税办法，而欲达到促进对外贸易的目的，实为一大疑问。即如我国茶业，向执世界牛耳，民国以来，茶之出口，固常享有特许免税的权利，然华茶对外贸易，却并不因此而有起色，最近十余年来，殆呈每况愈下的趋势，以茶一端为例，其余可以类推。此外出口免税品，尚有蜜饯、花边、绣花、图书、图表、杂志、草帽藁、草帽、石膏、漆器、伞、包装用品等数种，就中除花边与草帽藁，在出口贸易上，稍占地位外，其他各项，殆无足称，就是花边与草帽藁，每年出口之数，最多亦不过四百余万两，以全体出口总额计算，仅占百分之一，如此微额的出口货值，即使免税，在对外贸易上，亦无多大影响。宜选择出口价额较巨的货物，予以免税或减税的特典，则提倡对外贸易，始有实际的效力可言。

乃今一考新出口税则，似完全与之相反，例如历来出口大宗的丝类，为对外贸易极重要的货品，近年来，因日本与意大利的丝业，日益进步发展，加以复得其国家保护扶助，遂为华丝的劲敌，于是华丝在世界市场上的地位，一落千丈，寖不如人，在理宜为免税，以资奖励，乃此次新出口税则中，白丝由每担征银十两，增至十五两，灰丝由二两五钱，增至七两五钱。黄丝由七两增至十两五钱，同宫丝由五两增至七两五钱。又如桐油与蛋产品，亦均为我国的特产，近年出口价值，蛋产品多至五千四百余万两，桐油亦达二千三百五十余万两，直占我国出口贸易第三的重要地位。我国桐油的惟一收买主顾，系为美国，每年输至美国数，常占总额百分之七十以上，不意美国最近种植桐油，颇见成功，致使我国桐油出口，受莫大的打击。蛋产品近以美国迭次增加进口蛋税，日本力求供给自足，太平洋的出路渐次绝迹，而欧洲市场，又为苏俄蛋产事业的猛进，运销日增，而华蛋亦受其打击甚大。新出口税则公布后，上海市蛋厂同业公会，曾电向财政部，力述税率太重，将使蛋产品在对外贸易上，蒙不良的影响，请求减轻。故两者以现在情形而论，都宜设法免税或减税，方能使其对外贸易振兴。今新出口税则，概行比较从前增加甚多，其有以阻碍桐油业与蛋业的出口事业发展，固不待言。

又一方面在新出口税则中，有重大的意义，则为保护本国幼稚工业起见，使廉价原料，能够保留于国内，如重课棉花出口税，是欲保育本国的棉货工业，重课羊毛与骆驼毛绒等出口税，是欲保育本国的毛织工业，这种保护税率的制定，大可收提倡国货奖励新兴工业的良好效用。回忆数年前，我国政府，为谋纺织工业的自给，因禁止棉花出口，日本以有阻害其纺织工业，即行提出抗议，谓为违反通商条约，禁止原料出口，既于外国工业有损害，则于本国工业有利益，自不待言。我国现在纺织工业，尚在幼稚时代，今新出口税则，对于原棉课以禁制的关税，必有助于本国纺织工业的发展，固无疑义。惟对于羊毛绒等，重加出口税率，以保护本国毛织工业，则颇有疑虑。查羊毛绒类，每年出口之数，约值关平银二千万两以上，其中由天津出口者，要占百分之九十，实于华北商务，关系重大，近年因海外经济不振，销场减少，加以国内秩序不安，金融枯竭，交通破坏，因而原料壅塞，出口停滞，天津商业，本已衰败不堪，如再加税率，将更增其困难。故政府既对于羊毛绒类重征出口税，则必有提倡国内毛织工业的计划，与实行的决心，速谋设置毛织工厂并推行发达，使对于国内羊毛绒等的原料，能够充分利用，则可收其保护税率的效用。今在事实上，究竟如何，湖北织呢工厂，自民国以来，即已停办，至今尚未恢复，前年绥远主席李培基，曾上条陈，请实业部在包头设立毛织工厂，利用原料，以示提倡国货呢，徒为宣传作用，迄未着手准备，似此，我国毛织工业，前途尚属辽远，是羊毛绒类的原料销场，现在仍当仰赖外运，聊资取偿，今空悬奖励国货的目标。而坐受自闭市场的实害，不啻对于华北商务，落井下石，将使财源断绝。税收减少，于公于私，均无利益。况东北已沦亡于日本，如日本以后在东北一带，对于毛织工业，利用原料，尽量发展，即天津商场，将与羊毛绒类，断绝关系，更为可虑。

此外有为保持本国原料起见，宜课重税的货物，尚属不少，如生铁出口，近年总额，有三百六十四万六千余担，现在实业部进行钢铁工业的计划，不遗余力，今对于生铁等项，加增出口税率，非独有裨税收，且足以促进本国钢铁工业的勃兴。又棉子与菜子等的出口数有八九十万余担，最近因日本等国。需用甚多，年有增加，这种植物子实的出口，均系为榨油之用，则为提倡或保护本国制油工业起见，宜重课出口税。如日本对于各种植物油饼，因为行集约农制的国家，一向作为重要肥料，需用甚殷，初不因我国增加出口税率，而至停止采办。况我国江浙等省肥料工厂，渐次发达，宜为设法保护，故重课植物油饼的出口税，一可增加财政收入，一可保育幼稚工业，实为一举两得之计。

至于输出禁品，在开港以前，惟有防谷令，严禁米谷类输出。至一八五八年，在英清通商章程内，规定输出禁品，为米、盐、杂谷、铜钱及一切军用品。米、盐如有政府许可时，得以输出，杂谷中如豆类、豆饼、落花生、胡麻、小豆等，亦然，盐以维持专卖制度为目的，铜钱以维持货币制度为目的，其他亦有多少理由，防止输出，都无甚大害。惟谷类输出禁止，实有阻碍国民经济的发达，极不相宜，这种政策，不外基于维持政治上的秩序，救济一般贫民的旨趣，如遇凶年，一时禁止输出，各国也常实行，自有相当理由。惟我国防谷令，定为永久制度，则各国不见其例，为从前闭关自守时代的姑息治安政策，现在海外交通，极其自由，宜以刺激增加生产为得策。且我国谷米政策，不惟对外输出禁止，省外移出，也是一样，甚至县与县间，乡与乡间，都不能自由交易，使造成相互经济的孤立，有阻害国民经济整个的进步，并助长各地方分权制度的发达，有妨碍政治上的统一。谷贱伤农，古有明训，如近来湖南等省，因禁止米谷出境，以致谷价大贱，不足以偿生产费，农业家因此亏折，荒废田业甚多，其弊害实不可胜言，宜即撤废，任其自由。

第五章
厘金废止与抵补税

厘金制度，本属前清筹饷的临时税捐，为值百抽一的税率，设立关卡，亦甚稀少。创设未久，各省继续仿行，乃变本加厉，遂至名实不符，弊害百出，不特税率有增无已，且节节设卡，物物抽税，商民不胜苛扰。加以贪污税吏，每每吹毛求疵，留难勒索，借以遂其中饱。这种恶政，既有以限制一般货物的流通，复有以阻害国内产业的振兴与对外贸易的发展。病国殃民，莫此为甚。本国商民，对于厘金制度，痛心疾首，固不待言。而外国商人，也感不便，莫不同声诟病。于是厘金废止运动，到处纷起。但是厘金，系地方一个大好财源，次于关税、盐税的重要收入，当各省财政穷乏的时候，非有确实抵补税收，厘金废止，是不容易达到目的。

自前清末年，以至民国，其计划填补的手段，第一须求之于关税增收，第二须求之于产销税与出厂税。但关税增征，从前为条约所束缚，非经各国承认修改，不能实现，一九〇二年（光绪二十八年），中英订立通商条约，（即马凯条约）当时英国委员，以我国贸易不发达，全然因为通过税制度如厘金的存在，如能实行撤废，于输入关税，增加一成二分五厘，于输出关税，增加七分五厘，足以填补，于是成立裁厘加税的预约。其后中日、中美（一九〇三年）、中葡（一九〇四年）继续缔结同一旨趣的条约。我国政府，因受这种束缚，乃进行裁厘加税的计划，一九二二年一月一日，在华府会议时，我国代表，提出希望条件，增加关税一成二分五厘税即时实施，厘金于一九二四年一月一日应行撤废，列国不允，要求加税须与裁厘同时履行。至关税特别会议时候，英美两国提议，以厘金废止，为收回关税自主权的条件，各国一致赞成，遂为定案，我国遂不得不照此进行，于是裁厘加税，乃成为一贯连属的名词，加税就是裁厘填补惟一的手段，无需另行设法。

自国民政府建都南京以来，国权收回运动，更为剧烈，以裁厘为我国内政事项，应与关税分开，不可相提并论，主张不俟条约协定，而为自动的废止，遂决定裁厘。于民国十六年（一九二七年）九月一日，先从江苏、安徽、浙江、福建、广东、广西六省施行，乃因内乱频仍，未能如期实现。至十九年，统一告成，才于二十年一月一日，毅然决然，通令全国，实行撤废，八十余年的积弊，一旦廓清，所有商民，莫不鼓舞称庆，总算是国民政府政治革命第一件成功的事。

但是裁厘，为我国财政上的大改革，废止运动，与筹备进行，都有数十年之久，政府应该调查确实，计划周详，对于填补损失的新税法，如何推行，准备有完全妥善的办法，与厘金制度，同时解决。断不好像事出仓卒，有规划失宜，致使利弊互为倚伏，或地方发生争持的事件。乃自一月一日宣布裁厘以后，各省莫不告苦哀求，函电交驰，中央政府几至无法应付，而财政部始于是月十日，致电各商会，有"本部综司财赋，关于创办消费税与营业税项，正在集合中外专家，研究妥善方法，呈候政府核夺施行，以期国计民生兼筹并顾"等语，裁厘业经实行，而所谓抵补税，尚在集合中外专家，研究妥善方法，实属笑话。查民国十七年，政府即组织有裁厘委员会，平日开会讨论，究竟讨论一些什么，这实在不能不令人有所怀疑，此其一。

厘金为我国财政上最大的恶税，政府裁厘，应该注重在解除人民痛苦一方面着想，不可徒为中央的收入增加打算。国民政府，前以裁厘系我国内政，应与加税分开，主张不俟条约协定，而为自动的实行，其后竟毅然宣布裁厘，出以最大的决心，不顾一切牺牲，这似乎确有爱护人民，铲除恶税的诚意。然凡事必要顾到事实，政府如其真有诚意，就应该对于各省负责，解决他们因裁厘以后的短收，不使各省再发生病民的苛捐杂税才是，但自裁厘实行以后政府对于这种责任，未能切实履行，致令各省在消极方面，如广东财政厅长因裁厘短收，束手无策，坚请辞职，财政厅有关门大吉的口号，山西大同税局，扣留货物，使商民奔走各方，呼吁求援。在积极方面，湖北则拟采用鸦片专卖政策，河北则有设立特种营业税、消费税等名义，与厘金同额征收，江苏举办营业税，其拟订税率，竟照原订大纲，增至十倍，浙江营业税草案，最高额至千分之五十，与中央通令办法，不得超过千分之二十，加至一倍以上。均遭商民剧烈反对，争持不下，中央竟无法解决，不预为地方打算，而一味卤莽灭裂以从事，致令一种残民之政虽去，而变相的或其他的残民之政又来，尚属成何政治，此其二。

厘金废止，本为我国内政，与关税增加，另为一事，但是各国在承认我国关税自主的条约上，实有连带的关系，就是华府会议，与特别关税会议，我国代表提出条件，也都是裁厘加税，相提并论，非加税，即无法可以裁厘，今加税，就是为裁厘起见，两者在事实上，几不能分开，无可讳言。在前清光绪二十八年（一九〇二年），清英订立通商条约，当时英人估计输入关税，增加为一成二分五厘，输出关税，增加为七分五厘，就足以抵补厘金的损失。今关税自主，除从前增加七级税率不计外，即照现在增加进口税率，及贸易情形计算，最少年额有一亿元以上的增收，用以填补厘金损失八千万元，以及常关复进口税、子口税、铁路货捐、邮包税等损失一千九百三十六万元，尚绰有余裕，似无需另外设法。今对于裁厘抵补税，惟在于特种消费税、出厂税、营业税三项着想，一若关税增加，为中央固有的收入，与裁厘绝不相干。不知创办新税，税率宜从极轻着手，且当初办理，商民怀疑反抗，有所不免，断不会即有良好的成绩，加以开办需费，都不能不在税收中支出，是这三项税收，万无足以抵补厘金损失的希望，如勉强要在这三项税收内，设法填补，仍不外如厘金一样，出于苛细一途，这也应该不是中央政府裁厘的本意，此其三。

国家与地方收支，在十七年，全国财政会议，已议决划分暂行标准案，由国民政府公布施行，田赋拨归地方收入，厘金列为中央税收，国地收支，既已划分清楚，以后收入不足，其填补手段，须照这种标准进行，财政上才能够有条不紊，如中央税收损失，则由中央税收项下，设法填补，地方税收损失，则由地方税收项下，设法填补，是为正当不易的道理。今厘金及常关等裁撤，都为中央税收，无论损失多少，都应该在中央将来新收入项下如所得税及遗产税中，谋抵补的方法，营业税，在各国都为地方税或市税，我国在十七年，公布国地收支划分暂行标准案，也列于将来地方收入，以后地方自治发达，公益事业，日益增加，经费当然也日益膨胀，大宗收入，除田赋外，惟有营业税，占极重要的地位，今用以填补中央收入（即厘金）的损失，将来地方经费增加，必至束手无策，就是不得已要地方自己弥补一点而取之于营业税，也要属于极少部分，只能就地方所得厘金附加税多少以为补偿，则庶乎将来地方财政才有办法，今江苏、浙江各省，似欲以营业税填补厘金全部的损失，以致税率极高，既苦吾民，尤剥夺地方税款，此其四。

查厘金低补税在前清时候，因为国际条约，有裁厘加税的预约，而从条约上解释，厘金又仅限于通过税，以故当时政府，为将来裁厘加税避免条约上的束缚起见，设立种种变相的厘金制度，是为换汤不换药的办法。其中——

一为统税。凡货物只征收一次，在省内设立一局课税，一税之后，无论到达何地，概不再征，其余各局卡，仅为查验而止，因局数太多，分为数回课税，徒增费用，而脱税仍难防，至于实际收入，却因之而减少，并使纳税者烦累，遂采用这种制度。光绪二十六年，在江西省创设试办，大有效果，是年十二月，户部具奏，通饬各省照办，其后推行于湖北、广西、陕西、甘肃、新疆等省，民国以后，浙江、四川两省，更为仿效，福建商捐，与江苏货物税，都是出于同一的旨趣，民国四年二月，及八年九月，中央训令各省提倡，但实际上多是有名无实。

二为产销税。所谓产销税者，在于生产地，课以出产税，在于贩卖地，课以销场税，亦是规定一次征收，系光绪二十八年，邮传部尚书盛宣怀所创办，三十三年，始施行于奉天省，其后仿效者，有黑龙江及江苏省苏州。原来产销税，在光绪二十九年（一九〇三年）十月，日清追加条约，及是年中美条约附属公文书上载明将来厘金制度全废的时候，为填补其损失的一部分，可设立产销税征收。民国三年，中央政府，因通饬各省改厘金为产销税，为裁厘加税的准备，但以当时各省，都是军阀割据，未能普及施行。

三为落地税。一切商品，不问其由何方运来，惟在到达目的地的时候征收，宣统三年，初在上海、无锡及济南等处施行，其后推及于各省。

四为统捐。与统税一样，限于一次征收，初行于江苏省，至民国元年，改为货物税，分为产、销、进、出四项，一物四回征收，遂变更本来的意义，最近仍用本名者，为陕西、甘肃、广东、广西等省。

民国十四年，在关税特别会议内，组织厘金专门委员会，由于中国政府代表，提出裁厘办法大纲，其所要裁撤的税捐：

一、是厘金、统税、货物税、铁道货捐、其他异名同质的通过税。

二、是商埠五十里内外的常关。

三、是正杂各税捐中含有通过税的性质者。

以生产税及销场税列于裁厘范围外，是当时政府欲以产销税抵补厘金。

但施行产销税制，用一种什么方法来课税，依据民国三年关税改良委员会决议案，在销场税，选择要地设局，其他置分所征收，或在常关征收，至于僻近地方，要县知事代征，或使商会包办纳付，或在铺店征收，基于各省事情如何，自由决定。在出产税，有仅就大量货物生产地课税，与使行商包办纳税两种。但现在我国国民经济，尚属幼稚，类多手工或家内工业的生产品，在这种国情之下，产销税，势必在所有货品生产地及销费地，设局课税，其结果，不惟生多大的烦累，与失费甚巨，而局所人员，仍不免发生留难需索的弊害。且国内生产品，由于产销税的诛求，使其价格腾贵，有压迫一般国民生活，并阻害国民经济发展的危险。

当时又有人主张征收营业税及所得税以抵补厘金损失并拟将来仿照各国以所得税为租税体系的中枢。然我国所得税，非政治组织，根本改造，使国民公德心进步，与税务行政机关完整，到底不容易实施。此次国民政府决定抵补税，基于十七年全国财政会议，与十八年五省裁厘会议议决案，略为变更，改为特种消费税、出厂税，与营业税三种，因厘金上有两种最大的弊害：

　　一为物物课税，所有百货，不分别奢侈品与必要品，一律课以同等的税率，几如人头税一样，使人民负担，极不公平，并有使将来社会贫富阶级日益悬隔的危险。今改为特种消费税，对于货物种类，选择限定，务求减少，并分为奢侈品、半奢侈品，与日用品三种，奢侈品，如烟酒、化装品等类，半奢侈品如糖、绸、锡箔等类，日用品如盐、油、煤、木材等类，税率也因而分为三等征收，奢侈品，自值百抽十二半至十七半，半奢侈品，自值百抽七至十二半，日用品，自值百抽二半至值百抽五，其税率，含有阶级性，类似社会政策的租税，有使贫富阶级趋于平均的倾向。

　　二为沿途设卡，节节留难，使商民错过贸易时间，或迫不得已，贿通员司，有无形的损失，因此工商裹足，物价腾贵，致使国民经济，与对外贸易，都受莫大打击。今确守一物一税的原则，就出厂时征收，一税之后，通行无阻，中途绝无需索敲诈的情弊，且税率确定，俾众周知，工商业者不至有意外的亏折，得以预算成本，乐于从事，工商事业，既因此日益发达，而国家税收，必自然随之旺盛。

这是特种消费税与出厂税，非如从前产销税有陷于与厘金同一样的流弊。

当时讨论特种消费税施行大纲，其要旨有四：

一为须确守一物一税的原则，实行退还重税，如纳丝税之后，即应将茧税退还，收油税之后，即应将黄豆税退还。

二为手续宜极简单，为便于一税之后，能够通行全国起见，对于外货，在进口行栈起卸时课税，对于内货，在制品出厂时，或货物生产地课税，一税之后，任其所之，并须一次并征，不得分次征收。

三为税率务求轻微，最高税率不得超过于原有的税率。

四为税目务求减少，必为所辖境内大宗出产品，又必为奢侈品与半奢侈品，至于零星货物，及民生日常必需品，须概行减免。

如能够照这四种原则实行，庶不至改头换面，变本加厉。

当时全国尚未完全统一，国民政府，欲先在其势力范围内，设法推行，因召集苏、浙、闽、皖、赣五省裁厘会议，讨论决定实行办法。而赣闽两省，为得风气之先，最早裁厘，改办特种消费税，其办理情形，究竟如何，试就民国十八年，江西省商会联合会呈请财政特派员公署，要求退还重税一层，该公署批复，谓"业油者，未必业豆，一经发还，必致互相买借税票，流弊丛生"等语，严词拒绝，是对于一物一税的原则，不啻完全推翻。其由他省进口，而并非销售赣省的货物，仍须完税，他省必至效尤，是对于所有货物，一税之后，通行全国的原则，也不能够实行。向来厘金捐率，起初为百分之一的轻率，其后变本加厉，各有不同，然大致以百分之二至百分之五为最多数，虽货物经过数省，有时合计捐率，非无值百抽至二三十者，若货物仅在本省行销，捐率尚未甚重，而赣闽两省，利用消费税名义，加重税率，有至值百抽十五以上者，在特种消费税施行大纲，既明定改办特税之后，其税率不得逾于原有捐率，因有奢侈品不在此例一语，于是各省对于品目税率，都有自由斟酌的余地，何者为奢侈品，何者为半奢侈品，中央并未明白规定，全凭各省查报核定，而赣闽两省，遂有以竹、木、纸、瓷等货物为奢侈品者。在该两省商民困苦情形，较之厘金未裁以前，反形加重，这是就裁厘以后事实而言。

再就五省裁厘会议所议决的案件，试为研究一下，从前特种消费税施行大纲所规定，对于必需征税地方，只得总设消费税局一所，主持办理，不得按照货物种类，每类设局，而五省裁厘会议议决案，乃将这种原则，无形变更，其决定办法，第五项，关于特种消费税设局原则，凡性质相同，及征收手续相近，与夫收数零星之货品，同在一地收税者，均应按地设局，归并一局办理。但在初办时，其大宗货品，亦得按类设局。照这种规定，则油类与海味，木植与牲畜，均非性质相同，似乎永远可以按类设局，在公家，多一机关，即多增一宗开支，在商货，多经一类局所，即多增一次查验，比较从前百货统收统验者，更为烦扰，则厘金上最大的弊害，如留难勒索等，将仍旧存在，无法革除。又其议决案，第九项，关于征收方法"在征收特种消费税时，货物之便于产销并征者，一次并征，但有以分征为便利者，亦得设法分征，其分征办法，另以细则定之"。是留此方便之门，将来又可平添无数变相的厘金，而节节设卡物物留难的弊害，将更甚于前，则对于一次并征，不得分次征收的原则，也无形废除了。

再所谓特种消费税，必须免除如厘金物物课税的弊害，为其最大原则，故税目务求特别减少，必系大宗舶来品，及国内大宗出产品，然后征税，至于零星物品，与国货制造必需的原料，以及民生日用货物，均须全部免除，各省虽得就地方情形，自行选定报部核准，但非所辖境内大宗出产，及大宗销场的物品，不得征收。各国对于特种消费税的品目，极为少数，如英国惟有啤酒、巧克力、白糖、烟酒、纸牌、饮料等货，美国主要物品，惟有烟酒、人造牛酪、纸牌及家用药品等货，日本除烟、盐、樟脑专卖外，惟有酱油、糖、酒、煤织物及家用药品等货。我国在十七年秋，裁厘会议所议决的原案，特种消费税的品目，列举十六种，而十八年财政部所颁布的特种消费条例，更为增加，共有十九类之多，兹列举之：

(1) 糖类

(2) 织物

(3) 出厂品

(4) 油类

(5) 茶类

(6) 纸类

(7) 锡箔

(8) 海味

(9) 木植

(10) 磁陶

(11) 牲畜

(12) 药材

(13) 漆

(14) 皮毛

(15) 矿产

(16) 茧

(17) 丝

（18）黄豆

（19）棉花

考察这十九种税，与十七年所议决特种消费税的原则，几没有一项适合，都是不应该举办。

如糖类，我国近年以来，国内所产之糖，因受洋糖压迫，逐渐减少，几乎不能存在，据最近外人调查，国内每年所产之糖，不过三十万吨，而进口洋糖，加至两倍以上，每年有九十余万吨之多。

纸类，现在国内所用之纸，十有七八为舶来品，而新式华商纸厂，因资本技术，不能与洋商竞争，大半都已倒闭，其余多系手工制造，一般小民，赖以生活。

茶类，从前为我国出口货大宗，近来受日本及英属锡兰等处产茶竞争的影响，华茶销路，遂一落千丈，商人因亏折太甚，乡间产茶区域，几无人过问，而一般贫民，赖以生活者，几为断绝。

瓷陶类，近来洋瓷进口，日见增加，调查各市面酒食馆，所用日本瓷陶器，要占八成以上，国内瓷业，受这种莫大的打击，几乎无法维持，查江西景德镇，为我国制造瓷器的巨镇，从前最盛时代，烧瓷窑共有三百余座之多，现在停业者，有十分之六七，工人靠此生活，总在十万人以上，今因窑业倒闭，无以为计，多流为盗匪。

丝茧类，丝业向为我国出口大宗，自意大利与日本丝业，逐年进步，加以复得其国家保护扶助，日益发展，遂为华丝的大劲敌，华丝既无政府提倡，毫无进步，因而相形见绌，不特输出为之顿减，而国内丝绸业市场，都为日本人所操纵，特种税征收，负担者直接为丝茧商，间接则为农民，丝业凋敝，厂商八九亏折倒闭，而工人农民的生计，因以受其影响不小，且丝茧须织成绸缎，方能供人消费，各国消费税制，都是课制成品，而不及原料，即在特种消费税条例上而言，既有织物税，应避免重复课税，不宜征收。

以上数种货品，于现在情形之下，国家尚保护救济之不暇，何能再行征税以肆摧残，至于由外国输入的大宗品，自当在海关一次征收，不应另征特税。

油类，为国内人工所榨之油最多，而机器厂所榨者，实居最少数，若单独对机榨油征税，则负担即不公平，大有妨碍机榨油业的进步发展，且税收极为少额，无足轻重。

至于木植漆、皮毛、黄豆、棉花等，都为工业原料品，在我国今日工业极为幼稚，且受外国工业压迫极不振兴的时代，正宜设法提倡奖励，不应再加负担。

牲畜类，与药材类两项，概系零星物品，散漫于各地，不是一地方的大宗出产品，而通过税及落地税既裁撤，而征收方法，极感困难，勉强征收，则又不免骚扰百出，致蹈厘金覆辙的弊害。

锡箔与矿产，原来已有税，无须再定新税，且锡箔只能在江浙两省征收，他省并非大宗出品，而我国五金业，现尚在萌芽，近来矿商类多亏损，正宜多方设法奖励，岂宜再加税捐。

依此看来，除织物出厂品及已有各税外，其余全部应该废除。此次改为统税，品目较为减少，除从前已征卷烟、麦粉两种外，现在加征物类，为水泥、火柴、棉纱三种，共为五项，据报载，以后将添加物品范围，为木料、瓷器、纸类、茶叶、丝绸、茧六项，不知确否。

兹就已开征物类言之。麦粉，据天津总商会报告，从前洋粉运销我国内地，向须到处纳厘，每袋税洋，有一角六七分上下，自前年改订特税之后，华粉与洋粉列为同一税率，每袋概征银洋一角，华粉原料，虽已受免厘的恩赐。然实际上，不过改厘为税，等于未裁，而洋粉因划一统税的缘故，反得轻减，更获畅销，美国及日本等，以麦粉生产过剩，国家奖励输出，不遗余力，现在华粉售价三元七角，而每袋尚须亏损经费银洋一角，乃洋粉此刻售价，南美粉不过三元三角左右，北美粉及日粉，都在三元以内，故洋粉源源而来，日益增加，在天津一隅，已成为洋粉市场，而华粉因受其重大压迫，不堪亏累，相继歇闭者，日有所闻，从前天津麦粉厂，原有八家，到了现在，仅存其一，竟倒闭七家之多，天津情形如此，想到处都是一样，这是政府应该即为设法救济者。

火柴，为民生日用必需品，已在海关征收百分之四十的保护税，对于统税，宜减轻税率，以裕民生，查硫化燐火柴，纯供农工贫民之用，故售价低廉，每大箱不过三十四五元，今征税至十五元之多，几及货价的半额，未免过重，况安全火柴，七千二百盒之价，与硫化燐火柴一万四千四百盒之价相等，今安全火柴，每大箱征收国币七元五角，而硫化燐火柴，加至两倍以上，税率殊欠公平。从前硫化燐火柴，以日本货占最多数，近来国内人士，为抵制外货起见，集资创办国货火柴厂，亦复不少。且中国厂商，都是资本缺乏，没有力量垫完巨款，今以税率过重，在小工厂，成本仅及万元，每日出货二十箱，即须纳税三百元，一月则为九千元，在大工厂，其资本最多，不过五六万元，每日出货百箱，则每月纳税，须四万余元，这种税款，都是厂商垫付，查各厂售货惯例，运出厂外，至少有三四个月时间，才能够收回垫款，甚至有半年以上者，现在我国商人，安有如许力量垫付巨款，故各处华厂，以资本薄弱的缘故，受瑞典与日本火柴打击，几无法可以维持，这是政府不能不顾虑者。

棉花，为工业原料品，纱布为一般平民日用必需品，税率均宜轻微，查现在税率，比较从前加至四五倍或六七倍不等，实属过重，我国纺织工业，尚在极幼稚时代，与外商竞争，资本不及其雄厚，组织不及其完备，机器不及其精良，经验不及其丰富，故常立于失败地位，欧战以后，亏折倒闭者，不计其数，棉纱税率，从前海关原分四级征收，此次改征统税，闻财政部本拟分为三级，嗣询日商方面的主张，定为二级税率，即二十三支以下，每担征二元七角半，二十三支以上，每担征三元七角半，华商纱支，多在二十三支以下，以十支及十六支为中心，日商纱支，多在二十三支以上，以二十支及四十二支为中心，今定二十三支以下，一律每担课税二元七角半，故接近二十三支之纱，与超过二十三支半数之纱，最居有利益的地位，如日商四十支纱，价值三百两，征税仅三元七角五分，而华商十四支纱，价值一百五十两，征税乃二元七角五分，价值相差半数，而税率平均计算，华商却被多征八角七分半，华商纱厂，历受外商经济压迫，已岌岌可危，宜采用充分的保护政策，才能够救济，就是内外待遇同等，犹难维持下去，今反宽以对外，苛以对内，实属悖谬已极，华商纱厂联合会，前以税率偏重，呈请财政部改订等级以昭平允，乃财政部以未便纷更为辞，批复不准，真不知是何居心。

其次抵补税，为营业税，各国营业税，依其经济政治状况不同，因而赋课方法各异，如德国则采用纯益课税主义，系调查营业者的赢利多少，以为课税的标准。其调查方法有三：

　　　　一为营业者，自己呈报。
　　　　一为官厅派员直接查定。
　　　　一为并用以上两种方法。

第一种方法最合于理想税法，惟以今日人民公德心低下，自己呈报，难免以多报少，隐匿纯益真象，反使公直的纳税人，负担较重。第二种方法，各营业者，须备有详细与精良的簿帐，以便税吏易于检查询问，且为强制的纯益查定，官僚思想浓厚的国家，能够推行尽利，但既有以曝露营业上的秘密，复难免发生骚扰的事情，使纳税人憎恶，日谋脱税。第三种，为一妥协方法，运用得宜，则能得营业界的实情，否则兼有一二两种之短。法国则采用外标课税主义，所谓外标者，系以其资本的大小，与房屋租价的高下，以及交易售出额与使用人数的多寡，或其他外形的表征，定为课税标准，这种方法的优点，在不侵扰其营业内部，且使税吏易于查定，而其劣点，易使负担者不公平。日本则纯益、外标两法并用，采用一种折衷主义，因营业者的种类不同，而异其课税方法。俄国营业税，则为适合于阶级原则，使资产阶级负担较重，其课税方法，非若他国由调查营业纯益而加以课税，乃由两种税法组成，一为特许税，一为均衡税，特许税，亦可称为营业执照税。工商业者，在营业年度开始时，则交纳税款，此税特色，在分营业为若干种，负担轻重各异，即在同业，按莫斯科及其他地方，分为五区，各区税率，亦有轻重，均衡税的内容，分商业为五十八种，更分商业与他之加工及制造为百种，每种类，课以同一的税率，此外奢侈品，另行课税，视为奢侈品之物甚多，列举其名目，对于制造或贩卖此物者，照特许税加征百分之五十。美国则为特别营业税制度，非对于普通商业一律课税，仅限于特种营业数类而已，这种制度，在于国家，调查容易，不至于繁难，在于人民，得免苛细骚扰。

我国旧税中，如牙税、当税，及贩卖烟酒特许牌照税等，就是这种制度。从前在北平政府时代，有三种营业税：

一为贩卖烟酒特许牌照税。

二为特种营业执照税。

三为普通商业牌照税。

特种营业执照税，行而旋止，普通商业牌照税，议而未行，兹就两税略为言之。民国三年，财政府仿照美国营业税制度，呈准创设特种营业执照税，其课税范围，注重奢侈营业，列举有十三种类，计为皮货业、绸缎业、洋布业、洋杂货业、药房业、煤油业、金店银楼业、珠宝古玩业、旅馆业、饭庄酒馆业、海菜业、洋服业、茧制品业，因为我国经济情形，极为幼稚，若与日德法等国，施行一般营业税制，为民力所不能胜，先效美国施行一种特别营业税，俟民力稍舒，再行推广。纳税等级，分营业为三等，一二等各四级，三等五级，三等之第五级，为营业总收入在千元以下者，税额为一元，一等之第一级，营业总收入为四十万元以上者，税额为一千元，纳税时期，每年分为两次。四年春，以各省操之过急，致起异议，遂废止。是年九月，财政部为填补次年度政费不足起见，略仿香港澳门商业牌捐之法，又请设普通商业牌照税，以香港澳门等处，各种商业，都有牌捐，每月大则一二百元不等，至少也有十元，我国土地广大，商肆繁多，若仿香港澳门牌捐法，而施行牌照税，推广于各种商业，其收入，比较特种营业执照税，应得数倍增加。其赋课方法，前为按照营业额，后为按照资本额，无论何种商店，除牙、当、烟酒等商外，一律课税。税率分为八等，一等二十元，四等八元，八等一元，每年分两期交纳。因系创办新税，恐税率大重，惹起商人反对，故税率比较特种营业税轻微，而商人既不苦于负担苛重，必乐于输将，政府并可积少以得巨款，乃通告各省试办，后因云南讨袁革命军发生，遂为终止。

国民政府，从前划分国家税与地方税，以营业税付与地方，去年一月一日，裁撤厘金，为填补其损失起见，通令各省举办营业税，由财政部订定征收营业税大纲九条，及补充办法十三条，呈经行政院核准，颁布施行，其征收营业条例，及施行细则，由各省自行拟订，呈由财政部查核备案，赋课方法，仍是按照营业额及资本额，其营业收入的多寡，与资本的大小，先由纳税人自由申告，再加以官吏的切实调查。

从前商人所感受厘金弊害的痛苦，最大是节节设卡查验，骚扰不堪，以后改良税制，宜采用极简单的办法，不使再发生这种情形。以现在所定的征收方法，预料将来，必难得良好结果，我国商人道德，素来缺乏，因政府财政不公开，而一般人民的租税观念，亦极不发达，据实报告，决无其事。加以各商店没有详细精良的簿记，调查清楚，实不容易，而办理税收人员的恶习，类多务求中饱，将来查验之烦，必至按户搜索，使商业不安，甚至敲诈需索，百出不穷，而商人所受这种痛苦，比较厘金时代，不惟不减少，反将厉害。宜仿照法国营业税办法，以佣工及机械数，与营业所在地的人口多寡，而异其税率，或以营业家屋租赁价格为标准而课税，估计简单，调查容易，不至两相争持，发生骚扰强迫如厘金一样的弊害。或仿照日本，对于外标主义，与纯益主义，同时采用，资本额与营业额，不容易调查，致有遗漏时，则采用外标主义，以为救济的方策。这是现在营业税的征收方法，应行商榷者一。

营业税，在民国十七年，国民政府，公布划分国地收支暂行标准案，已列入将来地方收入，所谓以营业税抵补厘金的损失，不过抵补其附加税的一部分，并非厘金全部损失，取偿于营业税，中央政府，宜令各省将厘金附加收入，究竟多少，确实宣布，再行讲求填补办法，万一营业税抵补附税不足，中央宜负拨款补助的责任。至于厘金正税的损失，自有关税增加，及新办统税两项抵补，毋庸各省市财政当局为之过虑。如依照这种办法，才能够贯彻政府裁厘确系解除人民痛苦的本意。今如浙江厘金附加税收入，全年不过一百四十万元，江苏厘金附加税收入，全年不过一百二十万元，填补方法，如只在这种数目内着想，即不至将营业税税率，勉强加重。乃现在浙江预计营业税收入，每年约在三百万元左右，超过其厘金附税收入，在一倍之上。江苏新预算，将营业税项下，列为四百万元，超过其厘金附税收入，在两倍以上。是商民以裁厘希望减轻负担，而政府反因裁厘而增加收入，想非中央体恤商艰确定裁厘政策的初衷。江浙最近两省，尚且如此，其他各省，可想而知，所以各省商民，莫不群起反抗，奔走呼号，请求中央政府设法救济。这是现在营业税的填补数目，应行商榷者二。

营业税，在从前北平政府，虽曾颁布征收章程，但未施行，所以要算是现在创设的新税，大凡新税创设，系加重人民一种负担，难于推行尽利，税率稍重，即易惹起人民反抗，故当初税率，宜极轻微，须先养成其纳税习惯，使安之若素，然后因商业发达，渐次加重，才不至发生反响。且一般商民，自经各省军阀摧残，土匪蹂躏，商业已凋弊不堪，政府宜注意税源，设法培养，万不可把税率弄得过高，使之枯竭。加以近年来，金价腾贵，一般物价，因而陡涨，致使社会经济，岌岌堪虞，如负担增加太重，不仅商人感受痛苦，其影响行遍全体社会，将使有崩溃破裂的危险，是不可以不虑。查民国十七年七月，全国裁厘会议，所订各省征收营业税办法大纲，其规定税率，对于物品贩卖业、制造业、印刷业、饭店业、旅馆业、娱乐场业、照相业，均依其售出金额，征税千分之一至千分之二，牙行业，依其所收牙费金额，征税千分之二，包作业，依其承包金额，征税万分之五，租赁物品业，依其所收租赁金额，征税十分之一，运送业，依其所收运送金额，征税千分之一，钱庄业、典当业、堆栈业，均依其资本金额，征税千分之一，是普通率税，为千分之一，最高者，不过千分之二，最低者，如包作业，乃仅万分之五，在当时裁厘会议，因容纳商界意见，几经考虑，斟酌社会经济情形，始行订定，虽各省如为特殊情形时，得自拟变通办法，及征税标准，但其所征税率，不得高于本大纲所规定，用意至为周详。因我国营业税，非如德国等系抽收其纯益金。税率可用百分比，乃是就其资本的大小，与营业总收入的多寡，按额征收，不论其有无盈亏，都是一样征收，故税率只可用千分比，但如千分比，而其数至于十，即无异乎百分比。此次国民政府，订定各省市征收营业税大纲，规定税率，用千分法计算，最高额，也是千分之二，惟其但书，有关于奢侈营业，及其他含有应行取缔性质者，不在此限一语，留此方便之门，不啻为各省市谋增加税率的张本，因此各省规定营业税率，如浙江、福建等，有征收至千分之三十或五十者，照现在经济状况，一般商人营业，除以其利益充店中一切开支外，其净利，如能达到长年一分，在今日商场中，恐已不可多得。若征税至千分之五十，如有万元营业，须缴营业税五百元，是这种长年一分的净利，无异公家与商店，各分得一半，不啻征收其所得税百分之五十，税率之重，实世界无比。如果净利不及此数，则商店方面的盈余，只有悉数尽纳诸公家，而使股东与店伙，都丝毫无所得，是将驱逐商人都将从事于投机事业，而正当营业，必日形减少，而政府收入，必日益短绌，这是现在各省营业税的税率过重，应行商榷者三。

　　营业税，在财政学上，为一种收益税，即行为税的性质，因其营业上的行为，可以发生利益，故从而征税，又因其业务上所发生的利益，有大小不同，故从而税率，分有等级，是以业务为其征税范围，万不可以物品为单位，按物征收，致蹈百货厘金的覆辙。法国分营业为四种，一为平常营业，二为运输业及银行业，三为不属于第一种的工商业，四为自由职业，办法极为简单。德国仅在其营业上的资本大小，及纯收益多寡，分为四种，较法国更为进步。日本分别种类，比较法德虽多，但都是从其业务上的不同，而有所差异，其物品贩卖业一项，除日用必需品免税外，一概笼统征税，并不再行区别。今各省征收营业税，多未遵照分业办法，仍是如厘金一样，以物品为单位，对于物品贩卖业，分门别类，苛细纷歧，江苏省所定物品表税率，按物分类，至七十四种之多，显系征收货物税的性质，其余浙江、福建、湖北、湖南、河北、辽宁等省，都是仿照苏省办法施行，且分类既多，而百货商店，在事实上，断不能按类登帐，将来征税官吏，必借口于税率不同，由检查帐簿，而核对存货，其结果，至于骚扰需索，势所难免。惟安徽省征收营业税章程，其第四条："凡各种营业，每年营业收入，满千元以上者，照千分之二之比例，征收营业税，凡满一千元者，征税二元，一千元至一千五百元者，征税三元，一千五百元至二千元者，征税四元，余均以五百元为单位递加，"这种办法，颇为简便易行。又营业税系一种直接税性质。税金之负担，要使其落在商店身上，万不可使之转嫁于一般消费者，故日用必需品的营业，应在免税之列。今各省征收营业税章程，关于油、盐、粮食、柴、煤等项，概行征税，一般消费者，对于这种物品，毫无伸缩自由的余地，其税款终必至于全部为其所负担，如此，则纯为一种消费税性质，与征收营业税原来目的，完全相反。这是现在各省营业税的性质，未能判别清楚，应行商榷者四。

纯粹正当的营业税，应就其营业的结果，即一年的收益而税之，庶于其营业上的进行，毫无妨碍，今按其资本额与营业额征税，实与营业税的原则，不甚符合，惟其特别长处，是易于施行，又办法简单，易予人民以一种的训练。闻政府意思，于创办之初，暂行先用资本或总收入为标准，迨四五年后，使商业习惯养成，再行改用收益税。但这种制度，其课税方式，系用报告，类多虚伪，以多报少者，所在皆是，则政府实有调查的必要，而政府派员调查，颇有困难，一为易妨碍其营业上的进行，二为调查后，必公布，而商业上多有要守秘密者。三为商店往往假造帐簿，无从得其实在。于是政府有一种救济的办法，即所谓领照制度，与发票制度，领照制度，在股份公司组织的商店，资本若干，固容易调查，而个人所经营的事业，则易于隐匿，其资本创设时，究有多少，实难估定。至于发票制度，在我国商业习惯上，零购物件，未必都有发票，因购者付与货币，取得物件，其债权债务，业已交割清楚，实无授受发票的必要。若随时派员检查其营业帐簿，或可使发票无从偷漏，而其另制簿册，又系题中应有之义，将来必发生争持，甚至于激成事变亦未可知。于是政府又有第二种救济的办法，即在各省征收营业税大纲第五条，规定"各省征收营业税时，应设立营业税评议委员会，其委员，以征收官吏与商会代表及指定之会计师充任之，该委员会，有审核税款，并公布税款的权限"云云。第六条是"使商界纳税人，得以参加意见，以图避免征税时，致发生争持骚扰的弊害"，用意至为周详。这种制度，是仿照德国征收营业税，有纳税人会的组织，以使税额得昭平允。但德国纳税人会的组织，其委员长，虽必为政府所派，而政府所派的委员，不过三分之一，而三分之二，是由纳税人会中投票选举之，选举委员，不论其资本大小，系一业一人。大多数为纳税人所信仰，且于市面情形，异常熟悉，并有分配税款的权限，故无不均平的弊害发生。今我国所谓评议委员会，其组织法如何，不得而知，据报载某省某县所组织的评议委员会，系县政府、公安局、财政局、商会各派代表一人组织之。是政府人员居最多数，且无权力分配税款，不过仅有意见上的参加而止。商界人数既少，如有争持，即所谓调停的力量，将等于零。这是现在各省营业税的调查方法，应行商榷者五。

各省税法，多与中央所订定营业税大纲，及补充办法相抵触，如大纲明白规定，凡经营商业，开设店铺，除已向中央纳税者外，须领营业证，纳营业税，营业证不收费，今江苏规定资本不满五百元之营业者，年纳营业证费一元，河北征收营业证费一角，此其一。中央有维持人民最低生活限度起见，规定营业，分别种类、等级征税，资本不及五百元者免税，今辽宁规定资本不及二百元者始免税，而其营业收入，如月过二百元者，虽资本不及二百元亦征税，此其二。中央为整理牙、当、屠宰等税的纷乱，于大纲中，规定废止牙当税捐、屠宰税及其他类似的捐税，分两步办法，一牙当等税，照旧征收，改称营业税，二营业税办竣后，改征营业税。今各省营业税实施后，对于牙当等税应如何归并，何时实行，都不见有一点准备，河北且于牙税外，另征其营业税，不免重复课税，此其三。各国营业税，皆不税农，立法院所通过的营业税法，亦有农业除外的规定。乃河北省，对于养鸽、养兔、养鸡等业及花树业，亦均课以营业税，是税及农民副业，我国农家经营副业者甚少，政府方当提倡奖励之不暇，何忍征税，此其四。各国营业税，没有税及职业者，惟法国对于高等职业有税，我国营业税规定，限于经营商业，今河北省对于镶牙业课税，湖北省对于写真业课税，并按营业额税，课以千分之十五的重税，此其五。这是现在各省营业税的税法纷歧，违背法理，应行商榷者六。

　　总之所谓抵补税，虽与裁厘有连带的关系，但是裁厘系政府出于革去秕政，解除人民痛苦的一种财政政策，而创设新税，要视民力能否负担，推行能否顺利，为其主要目的，是为另一问题，非可视为同一事件，不能完全以新税的收入。即为抵补税金的数目。且政府所谓抵补问题，将收入支出，先行通盘计算，究竟缺损若干，然后再谋抵补的方法，才算是财政上的根本办法，更不能仅以裁厘所损失的数目，即视为惟一应行抵补的款项，如举办新税，尚不能够收支适合，即在于消极方面，整理一切旧税，以谋增加收入，如再不足，则采用紧缩政策，削减各费，政府以这种方针，举办新税，方不至再行病民，而裁税的本来意旨，才能够贯彻。

第六章

烟 酒 税

　　我国在三代以前，酒禁颇为森严，对酒课税，创始于汉朝以后，或课税，或行专卖，历代时有变更，清初尚行酒禁，嘉庆时代，仅课通过税，末年，才与烟草税列为专款，尚是包含于杂税之中，不视为重要财源。一因生产者，散在各处太多，取缔极感困难，政府课税，实不容易举其效果。二因造酒材料，为米麦两种，均系民生必需物品，如政府课税，欲图增加收入，势必对于造酒业者，发生保护奖励的弊害，而至于压迫一般国民的生活。故大清会典上，不过举其名目而已。烟税，至清朝道光年间，才开始创办，也是仅课通过税，光绪末年，虽列为专款，然基于课税上之困难，收入无多，也不视为重要财源。革命后，民国政府，当初仿照宣统四年度预算，将烟酒税计入于正杂各税捐中，与一般租税一样，规定定额，使地方政府征收后，送解中央。尔后全国政治日益紊乱，所解送于中央的款项，日益减少，于是中央财政，更为穷乏，民国四年，另行设立烟酒牌照税，与从前烟酒税，同列为中央专款，由中央直接课征。五年施行烟酒专卖制度，加收一种烟酒公卖费，于中央特设全国烟酒事务署，直隶国务总理，为一独立财务机关，各省分设烟酒事务局，直属于中央烟酒事务署。是现行烟酒税，在广义上说，除旧来烟酒税捐外，包括烟酒牌照税，及公卖费两种，内容极为复杂。兹将三种课税分别言之。

　　烟酒税捐，在前清时代，因中央不甚注重，遂全然变为地方税的状况。清末，各省政府，多以经费膨胀，无法应付，惟求之于烟酒税捐。又因与对于其他一般租税同样，欲避加税的非难，于是不增税率，而务增税目，极为繁多，有所谓面税，是为原料税，有所谓烟叶税，酿造税等，是为出产税，有所谓烟丝税、烟刨捐、烧锅课等，是为制造税，有所谓厘金、关税等，是为通过税，有所谓买货捐、门销捐、坐贾捐、行卖捐等，是为营业税，此外更有所谓加价、加抽，及各种附税存在，故各省对于烟酒，至少有六七种的税捐，其征税机关，不是一定，有常关，厘金局，税局，货捐局，县知事公署，公卖局，公栈等等。又其课税标准，也不一律，有以容器为标准者，有以货量计算者，有以货物品质良否比较者，有以交易额多寡推定者，有依据制造器具或卖价及商店情形者。至于征收方法，也不相同，有官厅直接征收者，有归商人包办纳付者，有依印花贴付者。因此税率，各地差异甚巨，紊乱错杂，不可名状，今将各省大体的税目及税率列表 4-6-1 于下。

表 4-6-1　各省大体的税目及税率表

北平	销场税（崇文门税）	
河北	烟酒税（出产税及移入税）	烧锅税烟酒厘每担 2 元 5 角
辽宁	烟酒税（同上）	外国产烟卷捐从价 11%
吉林	烟税（同上） 酒税 烧锅税	11%
黑龙江	烟酒税（同上）	30%
河南	烟税（烟丝税及烟叶税） 酒斤税	每百斤 1 元 6 角
山东	烟酒税（出产税及移入税）	35%
福建	烟酒税（同上）	10%
浙江	烟酒税（同上）	每百斤 11 元 2 角 3 分

（续表）

江苏	宁属内门销捐通过税 苏属内出产税销场税	8%
安徽	出产税（本产品） 销场税（移入品）	20%
江西	统税（土产税及移入税） 制造税	5%
湖南	烟酒厘（移出入通过落地等） 烟酒税（出产销场）	15%
湖北	烟酒税（出产税及移入税）	每斤 8 文
山西	烟酒厘 烟酒税 烟卷捐	每斤 10 文
陕西	烟酒税：烟斤税、酒斤税 烟酒厘 造场税统捐	10%
广东	本产烟税移进烟税（内销外销） 移入烟税（内销过境） 出产酒税、酒厘 移入酒税	12%
广西	烟类税 烟丝捐 酒类税	11%
四川	烟酒出产税 烟酒移入税	11%
云南	烟酒税 烟酒厘（土产品及移入品）	11%

（续表）

贵州	烟酒厘 烟酒捐（同上） 造酒税 造酒执照费	11%
甘肃	烟酒类统捐	10%
察哈尔	酒税 烧锅税	20%
热河	烟酒税（出产税、移入税）	每百斤 200 文
缓远	烟酒税（同上）	20%

　　烟酒牌照税，系依民国三年一月，所公布之贩卖烟酒特许牌照税条例而设立者，对于贩卖烟酒的铺店课税，为一种营业税，在这条例未施行以前，广东等省，已有烟酒牌照税的名目，这个条例不过使之普及全国，一律施行而已。其所以设立该税的理由有四：

　　一、原来输入外国品，在条约上，除关税及子口税以外，不得再课消费税，故内外制造品，有失负担上的公平，这种营业课税权，纯系国内自主权，可以避免条约上的违反，并可以适应公平普遍的原则。

　　二、烟酒为一般嗜好最奢侈品，无论那一个国家，莫不课以重税，视为政府极重要的财源，现在我国加征这种课税，既不至于病民，且可以救济国库上的穷乏。

　　三、各地方对于烟酒课税，极不统一，税法甚为紊乱，致使各地方的人民负担极不公平，此条例公布施行以后，可以使全国烟酒税，渐次有整齐划一的希望。

　　四、该税征收手续，极为简便，征收费用，亦不要多，既不损害国库，复不使人民感受烦累的痛苦。

该条例办法大概，对于烟酒贩卖营业，分为整卖业，及零卖业两种，零卖业，更分为甲乙丙三种，甲种为专业，乙种为兼业，丙种为没有一定的铺店，如路傍贩卖等。凡欲从事这种营业者，要先在所管地方征收官署，或县知事公署，受领牌照，然后可以开始营业。税率每年整卖业四十元，零卖业甲种十六元，乙种八元，丙种四元，纳税期，分为一月及七月两次，若整零卖业烟酒兼营者，要领受两种特许牌照，各规定定额纳税，并禁止牌照转卖让与，或贷与，倘无牌照营业者，则加以科罚。但是该条例，虽为我国一种最良税法，自公布施行以来，各省莫不遵照办理，而因政治基本紊乱，国家纲纪颓废，对于中央财政上的补救，并不能举多大的成绩。

于是当时有人主张，以今日国中在这种不统一情形之下，欲图烟酒增加收入，仅为加征课税，徒增人民负担，而于国库收入上，实无何等益处，如欲统一整理，使为将来国家重要的财源，莫如施行专卖制度，政府乃从其议，于民国三年五月，公布烟酒公卖暂行简章，至四年六月，再加以修正。该制度纲领，在大体上，使商人从事于生产及贩卖，政府惟在其间监督课税，当初即于中央设立全国烟酒公卖局，各地方设立分局，是年十二月，改称全国烟酒事务署，与财政部为全然独立的机关，使管理全国烟酒公卖事务，十一年五月，修改事务署章程，改为财政总长兼任该署督办，各省分立烟酒公卖局，使管理省内烟酒公卖及税捐事务，所有从前烟酒税捐，及烟酒牌照税等的征收，概行归并办理，以期将来税率，得以统一，手续得以改善。又规定在省内按烟酒生产、运搬及贩烟等情况，在各地方设立分局，更于分局之下，在其所管区域内，划分地段，设立公卖分栈，又于分栈之下，在其区域内，得组织公卖支栈。查该烟酒公卖栈组织法，与烟酒公卖分栈保证金章程，凡商民欲为烟酒卖买者，须先纳保证金若干，由公卖局交付执照，始能在公卖分栈及支栈代理一切，而烟酒销售价格，由公卖局审核其成本原价利益，及各税捐等项，更体察其地方生产消费的实在情况，酌量加收十分之一以上至十分之五的公卖费，定为公卖价格。这种规定，原为各地方情形不同，为酌量变通起见，无如此例一开，各省政府征收成数，莫不任意增减，致使公卖费率，轻重悬殊，最高如北平，为百分之三十，江西为百分之二十五，河北、河南、安徽、福建、陕西、四川、广西诸省，为百分之二十，绥远、察哈尔，为百分之十八，山西、浙江、湖南、云南、贵州，为百分之十五，吉林、黑龙江、湖北、江苏，为百分之十二，辽宁为百分之六，甘肃最低，不过百分之四，而公卖费额，尚多依旧，久失平均。且各省类多于费税之外，另行征收附加税，如江苏省的教育经费、治运经费，江西省的公安局经费、靖卫队经费、县商会经费、市政捐等，都是地方政府所任意增加，没有一定标准。

烟酒税制，从前异常复杂，此次施行烟酒公卖制度，另行设置烟酒行政评议会，关于税法整理，制造改良，以及其他一切事项，为有系统的研究讨论。结果归并税厘捐各项征收，除输出入税外，叶烟草定为从价百分之二十五，其他烟草及酒，定为从价百分之五十，由于税厘最重的省份，定期实施，稍轻的省份，以三年为期，使其税额逐渐平均一致。不意施行以来，不惟不能收整齐划一的效果，反加一层纠纷，并使商民的负担，更为不平。而征收方法，也是凌乱无章，如江苏出于商认，浙江由于官办，江浙等省，最为接近地方，办法尚属纷歧，他省更无论也。

因这种不一致的情形，故各省产销数量，究属几何，历来没有全国精密的统计，而征收实权，操于各县分栈商人之手，所有省局分局，都是莫明真相，只求比较稍加，敷衍解额，即为能事已毕，而任调查复查的人员，也只与商人论定比额，就是其惟一无二的工作。至于税率，是否与部章相符，征收手续，是否合法，收费税款，有无朦蔽情形，制造与贩卖者，有无被压迫的事实，都所不计。甚至与商人狼狈为奸，朋分其利，而商人惟利是图，一旦大权在握，类多上下其手，如一样的酒池，而重量规定各殊，同等的营业，而牌照等级互异，此中黑幕重重，不可究诘，积之既久，成为似包非包之局，并非如完全公卖制度，就货论价，论价征税，故国家实际上的收入，不及公卖费十分之一，余都归于中饱。

烟酒赋课，在各国为最良税法，在我国则为最大弊政，非切实整理，国计民生，两受其害。而整理的方法，宜循序渐进，不可一蹴而几。第一步，政府应集中事权，统一办法，所有各省办理烟酒人员，由财政部直接派员接收，税收款项，悉解中央，不许地方再有截留。第二步，在派员调查各省确实产销数量，作一精密统计，以推测比额范围，并调查其实在价格，以确定税率标准，不使各地方有失于畸轻畸重的弊害，借以改良包商及委办的制度。第三步，根本取消分栈制度，设立各县支局，任直接征收的责任，由部规定公卖法，认真就货论价，论价征税，以期公卖政策的实现。

烟酒税负担，在大体上观察，以有所得能力，及能够劳动的男子为主，非如盐税，不论男女区别，年龄大小，及其所得多寡，一切人民，都是课以同一的负担，故为特种奢侈品，以之为税课物件，不失为最好的财源。在国库收入上，现今无论何国，莫不视为重要。我国在财政组织紊乱，租税道德低落的今日，如为消费税征收，徒多要征收费，断难举其实绩，专卖制度，手续简易，最易推行。但纯然专卖制度，对于制造业与整卖零卖业，概行独占，则以国内幅员辽广，而所有酿造场所，及贩卖营业，散在于全国各地方，无论在国民经济上，与政府财政上，都不容易一时办到，惟有施行一种仲买独占制度，极为相宜。然这种制度的实施，亦须有相当时期，如急激推行，也不容易得有良好的成绩，宜先依现在官督商销的办法，渐次加以改善，以图日进于完整，因在紊乱情形之下，实不能够一蹴而几也。

烟酒税收入，在东西各国，如英、美、法、日、伊、俄等国，都是在二亿元以上，至五亿元不等，德国最近，有十亿马克的收入，其居财政上重要的地位，可想而知。我国土地，比较各国广大，人口比较各国众多，一般人民好营享乐生活的程度，比较各国也更甚，而其烟酒税收入，反相距甚远，在清朝末年，预算上不过七百万元内外，民国二年，合烟酒税、烟酒牌照税，及烟酒公卖费三种，在其预算额上，不满一千二百万元，其后虽逐年增加，在民国八年度，系税收最盛时代，三项分开计算，公卖费，有一千四百五十一万四千九百九十二元为最多，烟酒税次之，有一千三百七十五万八千七百八十四元，烟酒牌照费更次之，仅有二百二十四万四千零七十七元，合计三种收入，共不过三千零五十一万七千八百五十三元。原来各地方烟酒税实收额，与各种租税一样，对于中央政府，不过为形式上的数字报告，是其传统的惯例，究竟收入几何，无从悉其真相。八年以后，政治更不统一，税制更为紊乱，综合各省实收额报告，依据财政部所发表的在民国十一年至十三年，平均年额，不过一千五百万元上下，不到其预算额一半，且这种收入，因中央政府威信日益堕落，而各地方截留以充省用的倾向，遂年年加甚，故中央实际上收入，年额最多不过百余万元，仅有一成而已。自国民政府建都南京，完全统一之后，改为烟酒税处，对于烟酒税注意整理，而国家税收，由中央财政特派员直接收解，各省截留，自为减少，在民国十七年，全国财政会议，议决整顿烟酒税收大纲各案，预备次第实施，但因连年内战不息，不过在江浙数省稍为更改，其余各省多未能推行。加以社会经济，因战争破坏，到处土匪横行，因而影响税收不小，在十七年度，实收数，仅三百五十四万九千三百八十元，十八年度，仅六百八十三万零九百九十五元，至二十年，全国平定，渐次增加，有一千五百六十二万六百三十四元，然比较民国八年度，尚减少一半以上，以后国家如能永久和平统一，各省能够依照整顿大纲议决案，循序渐进，税收剧增，直可计日而待也。

烟酒为特种奢侈品，政府为取缔消耗、寓禁于征起见，就是税率虽重，并不嫌其苛，东西各国，行之已久，人民都无怨言，如政府规划至善，管理周密，没有一点流弊，实行公卖制度，由政府支配销售，加重价格，按年增税，禁绝私售，则人民将乐尽纳税的义务，而政府可得多大的收入，比较今日，奚啻倍蓰。从前北平政府，为救济财政上穷乏，欲图烟酒税收增加着手，但因输入税率引上，乃为关税协定税率束缚，不得自由修改增加，如仅加重国内所产烟酒税，却招外货输入增加，而国民经济上，必受重大的打击，是以踌躇恐惧，不敢实施。今国民政府，既已宣布关税自主，以烟酒为特种奢侈品，税率定为最高额，已增加至百分之五十，以后国内政治如能真正统一完整，中央财务行政，得以推行尽利，对于内国烟酒税，同时增加，以中国人口众多，土地广大，以及人民嗜好性计算，并征诸东西各国实例，收入增加，至三亿元内外，必非难事。

第七章
印 花 税

　　印花税，为一种交通税，近来世界各国，工商业进步，各种交易事件，日益发达，因而印花税收入，日益增加，遂占财政上重要的地位。我国印花税，创始于前清光绪二十八年，由直隶总督袁世凯，效法欧美，奏请施行，因当时风气未开，朝野人士，多是莫明其妙，商民亦反对甚力，故不能够达其目的。及光绪三十三年十一月，鸦片禁止议起，以填补鸦片厘金收入为目的，经度支部奏请裁可，颁布印花税则十五条，办事章程十二条，定翌年八月，先由直隶省试办，后因天津商人反对，也为之中止。至宣统元年正月，再命令各省一律施行，又以各省督抚，奏请延期，遂终清朝一代，印花税未见实现。

　　民国革命以来，政府为救济财政穷乏起见，于元年十月二十一日，改名为印花税法，十二月十一日，公布施行细则，并规定京师地方，从二年三月一日起实施，其他各省，从七月一日实施，曾于三年十二月，修改税法一次。国民政府，建都南京，于十六年八月，公布财政部印花税暂行条例，现在征税手续，系依据这种条例办理。关于管理机关，民国五年十一月，公布印花税处章程，于财政部内附设印花税处，使其管理全国印花税关系事务，于各地方商业都市，设立印花税分处，使其分权办理。关于印花票发行机关，于财政部内设立印花票总发行所，委托中国总银行，邮政总局，及电报总局，并各省商务总会，为发行分所，由其分所所认定的分行、分局、分会为发行支所，更由其支所所认定的各种商店及邮政信柜，使其代行发卖事务。

国民政府，为推广印花税票贩卖起见，规定各省区、县、市招商包销印花章程，于十六年十月公布，所谓招商包销者，即由商人包办卖出的意味，其包办方法，商民以殷实商家三名连带的保证书，提出于省区分处，经省分处认可后，纳付一个月份的保证金，即许其于各县设立印花税支处，并由各支处分设各市乡镇代销处，使其各负努力贩卖的责任。其卖出之款，除以二成作为手数料外，其余须每月缴纳于省分处，各支处并须使卖出数逐次增加，始为称职。从前印花税，除主要都市以外，殆不见其推行，就是在已推行的地方，类多有不确实的事情，故印花出卖甚少，自这种章程颁布实施以来，在贩卖上，比较推广。但是承包的商民，大都欲从中设法取利，以甲省的印花，售于乙省，以丙省的所余，补丁省的不足，辗转派销，不堪其扰，于是这种招商包销制度，以国家正当的租税收入，一变而为私人的营利事业。各处有任意将比额增加，税率提高，甚至四五倍者，其款项收入，类多归于中饱，徒重人民的负担，而失事理的公平，于国库收入上，毫无裨益。甚至到处派出员役，沿路拦阻，即偶有包裹，莫不强施检查。所定扣货罚则，苛细烦琐，类于强盗抢劫行为。因之商业受其摧残，并影响国家税收。于是这种招商包销制度，更一变而为病国殃民的弊政。且印花销售的广狭，必视乎商业的盛衰，与交易的多寡以为衡，断不能够先事投标，即可为确定的标准，故招商包销制度，现在实有取消的必要。

印花税性质，有两种区别，一对于民间财货权利移转的凭据，政府贴用印花，而为其保证，即对于财产移转及契约缔结的行为，依照印花税法课征，而为一种交通税。一为特别法规定，即当其租税征收，依贴用印花，而代现金的纳付。

关于税率规定，在旧印花税法，分为二类：

　　第一类为十五种。发货单、寄存货物文契凭据、租赁各种物件凭据、抵押货物字据、承佃地亩字据、当票、延聘或雇用人员契约，对于价格十元以上，贴用印花一分，铺房所出各项货物凭单、租赁土地房屋字据、预定货物卖买单据、租赁及承顶各种铺底凭据、各项包单银钱收据，对于价格十元以上，贴用印花二分，支取银钱货物凭折，及各种贸易所用帐薄，每册每年贴用印花二分。

第二类提货单、保险单、各项保单、存款凭单、公司股票、汇票、期票、借款字据、铺户或公司议定合资营业合同、遗产及析产字据，共分十种，额面十元以上，百元未满者，贴用印花二分，百元以上，五百元未满者，贴用印花四分，五百元以上，千元未满者，贴用印花一角，千元以上，五千元未满者，贴用印花二角，五千元以上，一万元未满者，贴用印花五角，一万元以上，五万元未满者，贴用印花一元，五万元以上者，贴用印花一元五角，其后政府为推广印花税起见，一元以上，一律贴用印花一分，惟对于当票，因与贫民生计有关，四元以上，始贴用一分。

尚有依于人事证凭，贴用印花条例，海外旅行免状二元，国内游历护照一元，免状证明书一元五角，普通官吏试验合格证书一元，高等官吏试验合格证书二元，中学校卒业证书三角，专门学校以上各学校卒业证书五角，中学校入学愿书四分，专门学校以上各学校入学愿书一角，婚姻证书四角。

而新规则的印花暂行条例，略为变通修改，共分四类：

第一类十五种，受领证、商业帐簿、货物送状、雇用契约书，各种包办证书等，分为一分、二分、一角。

第二类十四种，股票、期票、债券类等，额面一元以上十元未满者，为一分，至五万元以上，为一元五角。

第三类四十五种，各种人事证凭，各种营业免许证等，比旧规定，种类增加甚多，最低为一角，最高四元。

第四类四种，洋酒从价三成，奥可加每百斤十二元，汽水类，舶来品一磅瓶二分，半磅瓶一分，土产品半额，烟草从价二成。

这种税率，采用阶级制，从其给付能力而增减其负担，在大体上，尚为适当。其增加种类，亦用意周密。且第四类，对于舶来品，加重税率，尤有保护土产的意义。惟一元以上，一律贴用印花一分，则未免过重，不免增加下层人民的负担，无论何国，没有这种苛重，最小限度，须至十元以上，方为合法。

又新条例，对于年前账单，照发货票一样，一元以上贴用印花一分，这种催收欠款的账单，系为一种通知书的性质，并不是银钱收据，自不能认为银钱凭证类，今仍须贴用印花一分，实在没有理由，十七年，全国经济会议，议决建议政府，请仍照向例免征。至于商店帐簿，在旧法，年贴二分，而新条例，增至一角，商民因骤加五倍的负担，莫不群起反对，而全国经济会议，亦经议决建议政府，请援照向章贴用，都未得政府核准。

印花税，现在各国莫不视为重要的财源，但是当初征收，都是税率轻微，手续简易，俟商民力量雄厚，各种交易事业，日益发达，且养成其习惯有素，然后渐次推广加重，并不勉强从事，故其上下翕然，人民乐于输将。我国印花税法，自民国三年颁布实施以来，其所规定税则，已属繁细苛重，推行十余年，人民不胜烦扰，号称革命政府，对于这种苛细税法，反变本加厉，于比额税率，骤加四五倍，只从国库收入一方面着想，实有违反逐步推行的道理。殊不知税率骤增，商业上必至无形减少，其有妨碍社会经济与交易事业的发达必多，就是在政府税收上，亦必受其影响，为之短绌，故在财政上与民生上计算，都有不利，政府宜有斟酌改善的办法。

又现在国内风气未开，人民对于贴用印花，大半都是勉强奉行，并不知要贴印花为何事，宜先派妥善人员，广为宣传劝导，以养成人民贴用的习惯，发达其租税义务的观念，并使其了解权利效力的作用，是为印花税推行的根本条件。然后再行派员严密检查，如有故意隐匿者，择尤处罚，以防止再发生脱税事情，则积习流弊，必自然涤除，而政府税收，亦必自然畅旺。从前各地军阀，割据分裂，莫不各自为政，因而税则，全国不是一律，有自定单行法，强令人民服从。就是税票，全国也不一样，有自制印花票，强压商民押借，于是滥印伪造的弊害，层见迭出，流毒社会，实非浅鲜。加以年年内战不息，以致百业凋瘵，盗匪充斥，交通全然阻滞，推广计划，实不容易做到，故我国印花税法，自推行以来，办法日益纷歧，税收日形短绌，无怪其然。

至于全国印花税收总额，究竟若干，因各省类多虚报截留，无从查悉其实在，在北平政府时代，大概数目，在三百五十万元上下，而中央政府，实际收入，仅三四十万元，不过十分之一而已。自国民政府，建都南京以来，逐步整顿，十七年七月间，全国财政会议时的报告，已收至一百十五万元有奇，是年底实收数，为三百零三万四千三百四十二元，十八年度，增加至五百四十二万六千八百四十四元。当时政府计算，如国中从此统一，地方元气渐次昭苏，商业发达，大约每年最少收入可达至一千五百万元，故二十年度预算数，为三千三百二十三万二千七百零三元。但征诸各国实例，如英、美、德、法、意、日等国，印花税收入，多至一亿元以上，我国商业发达，固不及欧美各国，而人口众多，商业区域，至为广大，如能够普遍厉行，照现在情形估计，一千五百万元，实为最少数，当有四千万元左右。以后和平统一，真正实现，商业交易，自必日趋繁盛，税收更不可量。现在整理，首在税则税票，以及用人行政，急谋有统一的办法，所有各省委派人员，概行更换，所有各省自制印票，与单行法，一律废除，形式上既已统一，然后集中事权，徐图改善，自当日有进步。

第八章
其 他 租 税

我国税收，在中央，如关税、盐税、烟酒税、印花税，及现在抵补厘金损失的统税，在地方，如田赋，及现在抵补厘金损失的营业税，其数目，都是占一般税收中百分之九十以上，且都有整理的余地可言。其他租税，收数极微，无足轻重，施行最久，如牙税、当税、屠宰税等，将归并于营业税办理，如矿税、茶税、糖税、木税、丝茧税、锡箔税、牲畜税，前拟归并于特种消费税，今特种消费税，既已明令取消，将来应如何归并办理，尚无法令规定，此外中央尚有所得税、交易所税，地方尚有契税、房屋宅地税等，而将来归并各税，现在仍是照常抽收，兹均略为分别述之。

第一节 所 得 税

清末为救济财政穷乏，有创设所得税的讨论，但税法未及公布施行，而清已亡。入于民国，国库穷乏更甚，当时政府，欲推行所得税，以增加收入，于三年一月十一日，公布所得税条件，税率等级，分为两种，第一种，为法人所得，课千分之二十，国债以外的公债，及社债利息，课千分之十五，第二种，即不属于第一种的各种所得，五百元以下者免税，五百一元以上，五十万元以下，分为十级，最低五百元以上至一千元者，课千分之五，但在从军中的军官俸给，美术或著作所得，教员俸给、旅费、学费，及法定养赡费，不以营业为目的的法人所得，不属于营业事业的一时所得等六项，因都是关系于社会有利益的事件，故规定免除所得税。

民国四年，财政部呈准所得税第一期施行细则十六条，其意想先从官吏议员及其他大商业等着手，因官吏议员，对于所得税，有为国民提倡的责任，大商业收益丰富，其利益金额的调查，比较容易，按该施行细则，颇类似各国所谓特别所得税制度，照这种施行细则实行，将来即按期增加课税事项，亦不至普及。十一年一月七日，关于所得税，分别先后征收数目，并所得税征收规则，征收所得税考成条例，其他所得税款储款章程等，都渐次公布，但未至于实施。当时对于所得税收入估计，在民国七年七月，由财政部赋税司提出于国务会议的概算，第一期，所得税施行后，每年应征收额，在七八百万元左右，第二期，推行一般所得税时，约有一千万元，这种估计，恐与事实上相去甚远。

国民政府，于十六年八月十八日，颁布所得税征收条例，其适用的范围，只限于官吏的薪俸，而其用途，又只归于党费，这种办法，都未免大狭隘，各国实无此例，而其税率，在第五条规定如下：

（一）每月薪俸，在五十元以下者不征收；

（二）每月薪俸，在五十一元以上，百元以下者，征收百分之一；

（三）每月薪俸，在一百零一元以上，二百元以下者，征收百分之二；

（四）每月薪俸，在二百零一元以上，三百元以下者，征收百分之三；

（五）每月薪俸，在三百零一元以上，四百元以下者，征收百分之四；

（六）每月薪俸，在四百零一元以上，五百元以下者，征收百分之五；

（七）每月薪俸，在五百零一元以上，六百元以下者，征收百分之六；

（八）每月薪俸，在六百零一元以上，七百元以下者，征收百分之七；

（九）每月薪俸，在七百零一元以上，八百元以下者，征收百分之八。

按官吏薪俸，系一种勤劳所得，各国对于勤劳所得的税率，都是极轻微，大抵最高额，不到百分之二三，今我国征收至百分之七八，实未免太重。各国因社会生活程度，日益增高，免税点都渐次提高，如日本从前以每月五百元收入为最低生活限度，现在却提高了，今我国规定五十元以下，才不征收，未免太低。而累进税法，亦规定过重，都是世界上所无的。

民国十七年，全国财政会议，所议决的实施所得税案，其条例如下：

所得税条例：

第一条 在民国内地，有住所，或一年以上之居所者，依本条例负完纳所得税之义务。

第二条 在民国内地，虽无住所，或一年以上之居所，而有财产或营业或公债社债之利息等所得者，仅就其所得负完纳之义务。

第三条 所得税之定率如下：

第一种

（一）法人之所得，千分之十二。

（二）除国债外，公债及社债之利息，千分之十五。

第二种

不属于第一种之各国所得。

（一）一千元以下者免税；

（二）自一千元至二千元之额，课千分之五；

（三）自二千一元至三千元之额，课千分之十；

（四）自三千一元至五千元之额，课千分之十五；

（五）自五千一元至一万元之额，课千分之二十；

（六）自一万一元至二万元之额，课千分之二十五；

（七）自二万一元至三万元之额，课千分之三十；

（八）自三万一元至五万元之额，课千分之三十五；

（九）自五万一元至十万元之额，课千分之四十；

（十）自十万一元至二十万元之额，课千分之四十五；

（十一）自二十万一元至五十万元之额，课千分之五十；

（十二）自五十万元起，至每增加十万元，对于其增加额递增千分之五。

第四条　计算所得额之方法加下：

（一）第一种第一项之所得，须由各事业年度总收入金额内减除本年之支出金，前年度之赢余金，各种公课及保险金责任预备金，以其余额为所得额。

（二）第二条之财产所有者，及营业者之法人，其计算所得额之方法，准用前款之规定。

（三）第一种第二项之所得，以其利息之金额为所得额。

（四）第二种之所得，须于一切收入之总额内减除由已课所得税之法人分配之利益，第一种第二项之利息，及经营各种事业所需之经费，并各种各课等，以其余额为所得额。如其余额不及二千元，得再扣除负债利息。人寿保险，扶养家族等费，但所扣除者，不得超过其余额三分之一，议员岁费，官公吏之俸给，公费年金，及其他给予金，从事各业者之薪给放款，或存款之利息，及由不课所得税之法人分配之利益，以其收入之金额为所得额。田地池沼之所得，依前三年间所得之平均额估计。

第五条　下列各种所得，免纳所得税。

（一）军官在从军中所得之俸给；

（二）警官遇地方宣布戒严时所得之俸给；

（三）美术或著作之所得；

（四）教员之俸给；

（五）旅费、学费及法定养瞻费；

（六）不以营利为目的之法人所得；

（七）不属于营利事业之一时所得；

第六条　第一种第一项之所得，应由纳税义务者，于每事业年度之末，将其所得额，并损益计算书，报告于主管官署。

第七条　第二种之所得，应由所得者，于每年二月预计全年之所得额，报告于主管官署。二月以后，新有所得之发生者，应随时以其预计全年所得额，报告于主管官署。

第八条　第二条之财产所有者，或营业者之个人，准用第七条之规定。法人准用第六条第一项之规定。

第九条　第一种第一项之所得额，主管官署，本于各法人之报告，发交调查委员会调查，由主管官署核定之，惟此项所得，其年度终结，所得额，并损益计算书，凡经本财政部核准，会计师证明者，得免除发交调查委员会手续，迳由主管官署审核之。

第十条　第一种第二项之所得额，主管官署，本于各发行公债之团体，或发行社债之机关报告调查决定之。

第十一条　第二种之所得额，主管官署，本于所得者之报告，及调查所得委员会之调查决定之。

调查所得委员会闭会后，有新纳税义务者发生时，主管官署，本于所得者之报告调查后决定。

第十二条　主管官署，每年就第二种所得者之报告，或虽未报告，认为是纳税二种所得税之义务者，得调查其人数及所得全额，交调查所得委员会调查之。

第十三条　调查所得委员会之设置区域，以租税征收区域为准。

第十四条　调查所得委员会委员，由主管征收官选派之。

第十五条　地方殷实公正人士，前年度曾纳所得税，并为第七条之报告者，有调查所得委员会之资格，但有左列事情之一者，不在此限。

（一）未成年者；

（二）褫夺公权尚未复权者；

（三）受破产之宣告确定后，尚未复权者；

（四）有精神病者；

（五）受滞纳国税处分后，尚未经过一年者。

第十六条　调查所得委员会，以四年为任期，每二年改派半数。仍派委者，得连任，但以一期为限。

第十七条　调查所得委员会之议事规程，以财政部部令定之。

第十八条　调查所得委员会，调查完竣后，须报告于主管官署。

第十九条　主管官署，认调查所得委员之调查报告为不当时，得令再调查，再调查后，仍恐其决议为不当者，或自交令再调查之日起，七日以内，尚不报告其决议者，主管官署自行决定之。

第二十条　主管官署，决定第一种第一项及第二种之所得额后，须通知纳税义务者，纳税义务者接受前项通知后，有不服从者，限二十日以内，叙明理由，请求主管官署审查之。

第二十一条　主管官署，遇有前条之请求时，须交审查委员会，依其决议决定之。

审查委员会，以征收官吏及调查所得委员会各半数组织之。

审查委员之所属区域，及其他规则，以财政部部令定之。

第二十二条　纳税义务者，对于前条之决定，仍有不服从时，得为行政诉愿或诉讼，但已届纳税之期，虽为前项之诉愿或诉讼，仍应依照决定之所得额先行纳税。

第二十三条　调查所得委员，得酌给旅费及公费。

第二十四条　第一种第一项之所得税，以各法人每事业年度终了后，两个月以内，为纳税之期。

第一种第二项之所得税，由发行公债之地方团体，或发行社债之公司，于给付利息之时，依率扣除，汇缴主管官署。

第二十五条　第二种之所得税，每年分两期完纳。

第一期　七月一日至九月三十一日。

第二期　翌年一月一日至一月三十一日。

第二十六条　第二种之所得额决定后，如有减额至五分之一以上者，得叙明事由，呈请主管官署更正，主管官署，遇有前项之呈请，须调查后决定之。

第二十七条　纳税义务者，隐匿所得额，或为虚伪之报告时，经主管官署决定所得额时，不得有异议。

第二十八条　本条列施行时期，及施行细则，以财政部部令定之。

此次议决所得税条例，因系我国开始筹议举办事件，一切应从较小范围内入手，俟有成效，再行次第推广，规定推行步骤，先向生利者方面征收，如公司、商号等类，其次再推及于官吏与个人，比较允当而易行。税率以在实行之初，不可太重，关于第二种所得，在一千元以下者免税，提高最低生活限度，并力避派员检查帐簿以免骚扰的弊害，尤为适合。所得税，系取诸财产与营业以及劳力所得，适合各个人的负担能力，为最合于租税的公平原则，故近世各文明国家，都是以所得税为租税系统的中心，居财政极重要的地位。但是这种制度，以基于纳税人的报告为根据，而我国一般人民的公德心不进步，租税义务观念，也不发达，加以税务行政机关，又极不完整，故只能够在官吏中推行，所谓一般所得税，至今仍无法举其实迹，仅有章程条例的公布而已。

第二节　交易所税

交易所税，就是交易所的一种营业税，国民政府，于十六年八月二十九日，颁布交易所税条例，其课税标准，为交易所所得的经手费。其税率，分别种类征收，第一种，为商品买卖，属于定期者，照经手费总额征收十分之一，属于现期者，征收二十分之一，第二种，为证券买卖，应课之税率，与第一种同，第三种，为金银买卖，属于定期者，照经手费定额，征收十分之二，属于现期者，征收十分之一.五。

十七年三月十九日，财政部呈准国民政府交易所条例，略为变更，其规定如下：

第一条　交易所之课税，依本条例行之。

第二条　交易所税，于各所每期结帐之赢余额内，按下列定率征收之。

一万元以内者免税。

超过一万元至五万元以内者，课百分之七.五。

超过五万元至十万元以内者，课百分之十。

超过十万元至十万元以内者，课百分之十二.五。

超过十万元至二十万元以内者，课百分之十五。

超过二十万元至二十五万元以内者，课百分之十七.五。

超过二十五万元至三十万元以内者，课百分之二十。

超过三十万元以上者，课百分之二十五。

第三条　前条赢余总额之计算，得扣除其营业费。（营业费指营业一切必需费用而言，其他股息、红利、公积金等，均不在扣除之列。）

第四条　交易所税，由金融监理局征解财政部接收。（按金融监理局，现已取消，改为钱币司。）

　　第五条　应将每月交易种类数量，及其所得经手费金额，作成报告书，于翌月五日以前，呈报金融监理局查核。

　　第六条　交易所，不为前条之报告，或报告有虚伪时，处以百元以下之罚金，因而致漏税者，处以漏税额五倍以下之罚金，并征收其应纳税额。

　　第七条　交易所应纳税额，有滞欠情事，经金融监理局二次以上之催告，犹不遵缴时，金融监理局，得呈请财政部，以命令停止其营业，或解散之。

　　第八条　本条例，自公布日起施行。

　　交易所税，现在已实行者，惟上海一隅，在十六年度税收，为四万零六百五十元，以后不相上下，我国现在交易所，因政府监督不严密，为纯粹一种投机事业，因而遗害社会经济，及风俗道德，实非浅鲜，政府为限制或遏止投机事业起见，税率不妨再行加重，但是交易所税，既为一种营业税，将来似应归并于各省市营业税内征收为宜。

第三节　契　　税

　　契税称为田房契税，对于土地家屋买卖、典质的行为，在登录于官府时课税，是为一种登录税。该税历史最古，创始于宋代，租税负担者，纯在买主身上，当时有调和将来贫富悬隔太甚，出于抑制土地兼并的计划，尚不失为一种社会政策的租税。

　　在前清时代，关于土地家屋的买卖，照其价格，每银一两，征收三分，对于典押期限十年以内，则不征税，是以买契纳税、典契不纳税为原则。但历年既久，税法因而紊乱，其后典契亦课税。税率，各省轻重参差，而征收方法，亦各不同，有买契从价每两九分，典契征收半额者，有买典两契同额征收者，有正税以外，尚征收杂项者。于是宣统三年，为统一全国契税起见，规定契税试办章程二十条，买契，照湖北新规定，征收百分之九，典契，照湖南新规定，征收百分之六，买契以百分之三六，典契以百分之五四，为中央收入，其余拨归地方，及作征收费用，此外严禁附加增征，各省政府，因其税率过重，难以实行，故遵从者甚少。

民国三年一月，财政部公布契税条例，并施行细则，税率依于前清九六旧法征收外，更征收契纸费，规定每一枚五角。契税纳付法，概用特别印花，买主于契约成立后，限于六个月以内，须贴用税率相当的印花，呈验于所管辖征税官署注册，如经过期限，尚不纳税者，除征收定率税额之外，更课以十倍于纳税额的罚金。其后因税率过重的缘故，人民多发生隐匿的情弊，税收为之减少，于是政府遂电令各省，依于地方情况，买契于百分之六以下，百分之二以上，典契于百分之四以下，百分之一以上，在这种范围内，规定税率，报告于中央，经财政部认可施行。民国四年三月，复制定办法大纲，税率按卖四典二征收，并规定三年六月以前所有白契，概免追纳。而各省税率，仍是极为乱杂，如山东为卖六典三，安徽为卖六典四，江苏为卖五典三，湖北为卖九典六，浙江为卖四典三，中央所规定税率，几没有一省遵照施行。契税条例，虽规定须贴用特别印花，由财政部发行，但印刷需费，各省多未奉行。契纸，虽经财政部规定样式发行，各省并未依照办理。税款纳付，或用银元，或收银两，或以铜元换算，各省都是便宜行事。故契税办法，因地方各自为政，所有税款收入，并不报告中央，全国计算，究竟收入若干，无从查悉，虽定为中央专款，而中央实在收入，殆不足言。

又查验契纸，征收一种手续料，称为验契，民国元年，政府以财政困难，达于极点，外债募集，不能成功，欲增征地租，又以古来习惯，易招农民反抗，实行甚难，且在法律上，征收租税，须交国会通过，尚需多少时日，于是财政部，为救目前穷乏起见，创设这种制度，征收适宜的手续料，系为一种临时收入，其后各省纷纷效尤，乃视为惟一财源，莫不到处验契，时时验契，而人民遂不堪其苛扰矣。

民国三年，公布验契条例十七条，所有从前不动产契据，均须呈验登录，贴用民国新契纸，政府才确保其权利，关于契纸一枚，契价在三十元以上者，征收查验费一元，注册费一角，三十元以下者不征收查验费，仅纳登记料一角，查验期间，为六个月，在期间内不来呈验者，设分期倍征之法，第一期二元二角，第二期四元四角，第三期八元八角，人民以负担过重，回避者续出，验契收入反因而减少。民国四年三月，财政部遂变更办法，通令各省，对于期限已过之契，现定大契共征收二元二角，小契一元一角，因各省征收方法，前后互异，处理又各宽严不同，因之验契各费，轻重悬殊，致使人民负担极不公平，但因减费办法施行后，结果愿出再行查验者颇多，故民国四年度，实收额，有一千六百一十六万四千三百八十七元，五年度，有四百五十五万一千二百七十六元，前后总计，中央收入，在五千三百五十二万三千二百七十四元以上，尚可救济其一时的穷乏。

自国民政府建都南京以来，既将田赋划归地方收入，而验契，与田赋当然有连带的关系，亦应交付各省，方为正当办法，乃为一批验契收入起见，仍把他放在中央收入项下，于民国十六年十一月十八日，财政部公布验契暂行条例，并各省验契章程，在本条例施行以前所成立的不动产契据，无论其契税已纳付与否，均应一律呈出查验，应呈验的旧契，不论典卖，均应一律注册，给与新契纸，每张契纸，征收纸价一元五角，注册费一角，附收教育二角，但不动价格在三十元以下之契据，只收证册费，呈验期限为三个月，凡逾限补行呈验者，每迟一个月递增纸价十分之一，所有旧契不呈验者，于诉讼时，不能作为凭证，如经人告发，或官厅查出时，加倍征收纸价，由财政部咨请司法部通饬查照办理。各县验契办法，按照所收额，准百分之五，作为征收经费，其办理著有成绩者，另给百分之一，为奖励金，不力者由部咨行该省政府撤任，如有舞弊情事，依法惩办，财政部并派遣专员，分往各省县巡查督促，这种办法，苛扰更甚于前，不意号称革命政府，尚有此弊政也，其收入与民国四五年略相同。

第四节　矿　　税

我国在周朝时代，因有风水学说，即禁止采矿，为矿政的嚆矢，其后各朝，都是抱这种宗旨。明初，才创办矿税，税率极轻，至清末光绪年间，各处风气渐开，内外奏请开矿者日多，于是政府颁布大清矿务章程，分矿税为矿界年租，与矿产出井税两种，矿界年租，为矿区税，由于矿物种类不同，每亩定为几何，矿产出井税，为出产税，由于矿质差异，每吨定为几何，当时课税办法，颇失于太重。光绪二十四年，再行修改，但未至于实行，仅公布章程而已。

民国三年，公布矿业条例，分矿税为矿区税与矿产税两种，更各分为两类，矿区税，第一类，为宝石及金属，每亩年税三角，第二类，为水晶、石棉等，每亩年税一角五分，矿产税，第一类，为石炭、宝石及金属，照产地市价征收千分之十五，第二类，征收千分之十，第三类，矿区税及矿产税，均免除，在条例施行前，征收矿税为地方税者，暂行仍旧，但其税率，从于市价，不得超过千分之五，惟铁矿除两税外，另有铁捐，每吨征收银三角，此外尚有公费、注册费。但是中央所规定税率，各省未能完全实行，都是依于相沿既久的习惯，与财政收入的关系，任意自行制定税率，如黑龙江金矿，殆为官营，而采用一种特别包办采掘方法，征收一成乃至二成五分的税金，汉冶萍的石炭，与铁，山西保晋公司的石炭等，概行免税，开湾、福中、井陉、临城、中兴等的石炭，与云南宝华公司的亚铅等，其纳税，都另有特别规定，就是矿税条例颁布以后，仍沿用前例，不能变更，依这种不统一的情形，所谓法定矿税，欲推行全国，实不容易。

矿税收入，在北平政府时代，多为各省截留，难查悉其全数，除未报告外，民国五年，为二百八十四万零九百八十七元，六年为二百六十二万九千零七十五元，七年为一百八十五万一千九百二十二元，八年为八十六万八千五百元。国民政府成立以来，财政部于十六年六月三十日，颁布矿税暂行条例，矿质种别，仍分为三类，矿区税税率，如为采矿，第一类矿质，按年每亩纳银元五角，第二类矿质，纳银元六角五分，如为探矿税率，均以一角计算，矿产税税率，第一类矿质，按出产地平均市价纳百分之五，第二类矿质，按出产地平均市价纳百分之十，第三类矿质，矿区、矿产两税，概行免除。其矿税收入，比较北平政府时代，不相上下，十六年预算数，列一百二十万元，因连年战争，致各种生产事业，均濒于破产，矿业也是一样，故十七年实收数，仅九万余元，至二十年度预算，仍列一百七十万一千二百八十八元，以后政治如能够逐渐统一，矿业自日趋发达，则矿税实有增加的可能。

我国矿税性质，因包括矿区税与矿产税两种，系介乎生产税与营业税之间的一种课税，从前都是视为营业税。十七年，财政部召集的五省裁厘会议所通过的特种消费税条例，其品目中，列有矿产一门，今特种消费税，既已取消，除特种矿产，归国家经营，或由中央征税外，其余普通矿税，似宜归并于营业税内，列为地方收入。

第五节　牙　　税

我国所谓牙税，包括帖税与年税两种，帖税系登录税性质，数年缴纳一次，年纳系营业税性质，每年缴纳一次，在先称前者为牙捐，后者为牙税，今则一概称为牙税，是对于牙行课税。所谓牙行者，立于买卖两者的中间，而为一种中介交易，以取得手数料为业务，营牙行业者，叫做经纪，其营业免许状，叫做牙帖，没有牙帖者，不得营其业务，由于一定手续，纳付免许料，称为牙税。

这种制度，自汉以来，即已存在，前清因袭明制，规定限制，颇为严格，交易及货物种类，并牙行定数，都须限定，欲经营牙行者，先行取具连结及甘结，请愿于地方政府，由地方官转呈于布政使，再行发交牙帖，营牙行者，限定一人，并限定请愿本人，如有二人以上共同营业者，谓之朋充，悬为厉禁，若本人死亡，或不愿经营者，不许他人冒顶。每五年须缴旧帖，再换新帖一次，不得借故延拖，否则取消其帖，并加以处罚。及至末年，这种规定，多成具文。有期满不换帖者，有无帖而私自营业者，有一帖而设立数行，或兼营数业者，都是与县知事及其僚属等，狼狈为奸，朋分其利，以肥私囊，因之弊害百出。

至于民国，各省改换旧帖，方法不一，颇为紊乱，在北平政府时代，财政部为整理牙行起见，规定统一牙税的章程，于三年四月，训令各省斟酌地方情况，草拟条例，呈送财政部，以为整理资料。据当时报告，牙税收入甚少，类多中饱，乃于四年九月，规定整理大纲八条，公布施行，其要点有四：一、无帖私开，或尚系前清旧帖者，一律须受领新帖。二、牙帖营业期限，不得超过十年。三、牙行税，则比较直隶现行税率，应为增加。四、各项帖捐年税，均定为中央专款，全部须解送财政部。课税分为帖捐与牙税两种，帖捐分为三百元、二百五十元、二百元、百六十元、百二十元，及八十元六等，于受帖时即须缴纳。牙税分为百六十元，百三十元，百元，七十元，四十元及二十元六等，须每年一次缴纳。发交换帖时，并征收税金额百分之二的手数料。这种章程，虽经中央通令各地方使之遵行，但是其后，各省政府所规定营业期限，仍各不同，有长至二十年者，有短至一二年者，税率都依地方情形，各自斟酌增减，更为差异，中央政治权薄弱，实无法可以统一。

牙税收入，在民国八年，为一百七十五万一千三百六十三元，其后各地方更扰乱不绝，所有收入，各省政府，都是截留，故实收额，不得而知，如能统一办法，税收当为加倍。国民政府，建都南京以来，牙税已列为地方收入项下，现在各省已举办一般营业税，税率自当依照营业税条例即行更改，但财政部修正苏浙两省营业税条例，在第二十一条规定，向来与营业税相同之各项税捐，如牙税、当税等，暂行照旧征收，至全省营业税完全就绪后，再行归并办理。

第六节　当　　税

当税为一种质店营业税，我国质店，在前清时代，载于会典则例，有当、质、押三种的区别，课税仅限于当店，对于质、押两种，以其资本太小的缘故，都不要领帖纳税。欲开设当店者，须请愿于地方官，转呈布政使，俟其当帖发下，才能够营业。当税规定，系康熙三年创设，据户部则例，每年仅征收银五两、四两、三两或二两五钱不等，税率极轻，由各省征收后，报告于户部。正税，称为当税，每年缴纳一次，此外尚有帖捐，为营业执照税，数年缴纳一次，其后更有各种附加捐，在清法战争时候，名为海防筹饷，在日清战役时候，名为军需集款，这种附加捐，原来没有一定税率，各省都是任意征收，所征收的款项，并不报告中央，归于所谓外销一项。当帖交付手续，须经由几多官署，故常征收过重的手数料，致苦商民不少。光绪二十三年，户部又以当商利益甚多、税率太轻为理由，更规定每户纳税年额五十两。但地方都是各自为政，税率相差甚远，如河北，凡营当业者，不分典质，并不论地方繁盛与偏僻，每年须纳税银一百元，江苏帖费分为三等，上等五十元，中等三十元，下等二十元，税率不分等级，每当按年五十元，辽宁，分资本一万元以上为大当，每年正税一百元，附税十元，资本一万元以下为小当，每年正税五十元，附税五元。典当利息，有法定制限，每月不得超过三分，累积不得与原本同额。

至于民国以来，中央对于当税，其等级区分，由于资本大小外，更以地方商况为标准，区分等级。三年三月，财政部训令各省斟酌地方情形，制定章程，送经财政部，予以审核认可，税率多用累进法，由于地方繁简，定为等级，帖捐最高三百元，最低六十元，当税，最高三百元，最低二十四元，所有前清一切规费名目，概行废除，课税标准，依于营业收益，故各地方不是一律，收入比较前清大为增加，民国四五年，至达八十万元以上。

典当业，与小民生计，有密切关系，现在各国都市，类多为公营质店，废除私营制度，即间有私营，而政府对于利息，限制极严。我国刻下以地方财政情形，公营质店，一时似难办到，但税率太重，使当铺利息，比较普通利息，高至一倍以上，其受痛苦者，徒为一般贫民。民国十二年，已将当税列为地方收入，现在各省举办一般营业税，自当归并办理。但生活必要品的营业如米柴业等，因与下层人民生计有关，在十七年裁厘会议所订营业税大纲，在第四条规定，应一律免税，而当店营业，比较生活必要品的营业更甚，纯为一般贫民重要的金融机关，今各地方财政，既不能公营，对于课税，应即废除，对于利息，应有严格的限制。

第七节　茶　　税

我国征收茶税，创始于唐朝的建中时代，税率为十分之一。至于宋朝，设立茶官，施行一种专卖制度，是为茶引、茶票的发端。明太祖时，才定茶法，茶商纳税后，政府给以茶引，即许可证，茶商没有茶引者，则不得从事贩卖，每引定为茶百斤。迄至清朝，几与食盐一样，限于得政府免许状者，才能够运搬，似为一种专卖制度。但与盐之专卖法，完全不同，对于茶之生产、制造及贩卖，都是听其自由，不加一点干涉，仅以江苏、安徽、江西、浙江、湖北、湖南、甘肃、四川、云南及贵州十省，为施行茶引制度的地方。到了咸丰同治年间，这种引制，渐为具文。至于末年，各地方附加税捐，随时增加，没有统一办法。民国以来，各省征收方法，更为复杂，或设立统捐，或征收厘金，或按引课税，课税范围，推行于全国，并不限定十省，大致东南各省，多改为厘金制度，西北各地方，多为统捐名目，其引制尚存者，不过边疆数省而已。至于税率，各省任意增加，轻重悬殊，是为我国茶业对外贸易衰败的根本原因。

在十八世纪末叶，中国茶之输出，独占世界市场，每年输出额，有二亿三四千万斤的巨额。近年来渐次为印度与锡兰茶所压倒，现在供给世界需要额，不过二成内外。民国三年，政府对于输出额的激减，特轻减输出税，以为救济政策，但对于内地税的苛重，不图根本改革，徒为减轻关税，实没有多大的效果。自厘金废止以后，茶税前拟列于特种消费税内，今特税既已取消，内地税的苛扰，算是根本铲除。在国内茶业，将来应归并于营业税办理，惟对外贸易，不特不能抽税，须有奖励办法，才有振兴的希望。

茶税收入，在民国八年度预算，为一百九十四万一千四百六十二元，以后各省无详细报告，实数不得而知，因连年战争，茶商裹足，想更为减少也。

第八节　牲畜税及屠宰税

我国牲畜税及屠宰税，近来收入增加，几占杂税中重要的地位。牲畜税，是对于牛、马、驴、骡、豚、羊六种家畜的买卖或运搬时候课税，清初才创设，其税率照买卖价格征收百分之三，乾隆以后，税率渐次增加。但各省制度，参差不同，即在一省之中，各县也不一样，北方一带，因牲畜业繁盛的缘故，在前清时代，就视为重要财源，若南方各地方，实施牲畜税者甚少。民国三年，因为统一牲畜税起见，编订牲畜税调查表，并规定税率，通令各省遵办，毫未举其实绩，现在地方仍各自为政，无法整理。

从前无屠宰税，至清末，以新政勃兴，政费不足，才行创设屠宰税。自设立之后，因为日食品，颇有相当收入，且极确实可靠，故不久即推行于全国。但各省税制，不是一律，民国四年一月二十六日，财政部公布屠宰税简章，以期统一征收，课税限于豚、牛、羊三种，规定豚每头大洋三角，牛一元，羊二角，由于宰户征收，凡营屠宰业者，须先缴税，受取执照，屠宰之后，经征收所检查，才能够贩卖，而各省税率，仍是不一律。民国五年十二月，公布修正屠宰税简章，其后各省准据这种简章，拟订施行细则，就中监督北平税务署所规定牲畜税简章十条，及屠宰税简章十四条，最称完备。民国八年，财政部因据以修正，再行公布屠宰税简章，课税，限于猪、羊两种，猪每头征收大洋四角，羊每头征收大洋三角，由于宰户完纳。自国民政府，将屠宰税收入划归地方以后，各省征税办法，更不一致，税率渐次加重，如广东，屠牛捐每头大洋二元，并有牛皮税，每张大洋二元四角，又有善后附加捐，大洋二元，小牛减半征收。福建，猪每头正税大洋四角，附加六角，羊每头正税大洋二角，附加一角，牛每头，正税二元，附加二元，小牛减半。浙江，猪、牛正税外，附加五成。江苏，猪、牛正税，专作教育经费，各县公益经费，得另行附加，惟不得超过正税。江西，正税外，另加百分之五的征收费。山东，自定税章，牛每头，征大洋一元，猪三角，羊二角。湖南，亦是自定章程征收，牛每头一元，猪四角，羊一角五分。吉林，牛一元，猪三角，羊二角。河北，牛三元，猪六角，羊四角，并收执照费，每张铜元二枚。

在民国八年度预算，牲畜税，为一百零七万一千五百二十七元，中央直接收入，有五万元，屠宰税，为二百零四万二千一百八十六元，中央直接收入，有三十九万元。国民政府成立以来，据最近报告，全国屠宰税，每年共约七百余万元，现在各省已举办营业税，在条例规定，屠宰税应归并于营业税，牲畜税前列为特种消费税，今特税已取消，将来亦应归并于营业税办理。

第九节　房屋税及宅地税

我国房屋税，发源于周代的廛市，在唐朝时代，征收间架税，其后这种税制，存废不常。至清朝光绪二十四年，户部命令各省藩司，使查明城乡市镇的铺户行店数，并规定税制，按照每月赁价，课税十分之一，由屋主及佃家两者，各缴纳一半，没有借贷关系者，即按照其附近家赁纳付，当时章程虽颁布，未见实行。光绪二十七年，依照二十四年章程，试办房捐，先在浙江省实施，仅对铺户及行店征收，对于乡间房屋，没有课税，每月租价，在三元以内者，免除纳捐，嗣后各省创设警察制度，相继办理房捐，都得有相当收入。

至于民国，仍是踏袭旧制，四年，浙江公布修正店铺章程，这种税制，始渐完备。是年夏，财政部准据前清户部旧制，并参酌浙江修正章程，才规定全国划一的办法。但京师房捐，虽已试办，而各省因扰乱不已，多未能照章施行。从前所办理者，在名称上，极不统一，有为铺捐，有为架捐，有为房铺捐，有为铺屋捐，税率亦是参差不齐。征收方法，在前清旧章，由各省藩司派遣专员往各地方征收，因不通悉人民情况，遂发生疏隔误会的弊害，其后改由各地征收机关，会同警察局征收，而人民隐匿的情事，才得渐次减少，收入略为增加。

至于宅地税，据旧章规定，亦为赁价十分之一，未免过重，其后改为百分之五。在前清时代，户部则例的田赋名目中，有田地、山荡的区别，所谓地者，即种植的耕地与非耕地的兼称，宅地包含在内，然在实际上，各地方不是一样，惟浙江及辽宁、吉林、黑龙江等省，有税，其他各省，多是无税。民国以来，欲期赋税普通，拟创设宅地税，但以乡村农民，疾苦之故，尚未见诸实行。

房屋税，在各国都为地方重要财源，而我国因地方各自为政，以致办理多不善不实，故仅充警察费，尚虞不足，其收入究竟若干，因不报部，亦不公布，且有为警察局包办性质者，故无从查悉。

第十节 锡 箔 税

锡箔为江苏、浙江两省的大宗出产品,系作为祀神之用,为一种无益的消耗物品,从前本为地方税,自国民政府建都南京以来,才收归中央办理。现行税率,为值百抽十二.五,江浙两省,每年比额,定为二百五十万元。征收方法,浙江部分,往年由商人包办,现改由省政府包办。锡箔税前列入特种消费税内,现在特种消费税既已取消,将来应归并营业税范围办理,其收入宜仍拨还地方,较为妥当。

此外各省尚有一种杂税、杂捐,因各省情形不同,收入亦复悬殊。杂税,福建有茶税、锅铁税、肥料税等;黑龙江,有粮食税、渔税、山货税、皮税、药材税、木炭税、靛税、麻税、石税、油税、蛋税等;江西有米谷税,新疆有牧税、骆驼税等,总计全国杂税收入,每年共约二千三百余万元。杂捐,浙江有广告捐、改良蚕桑附捐、绸业捐、箔捐等,安徽有米捐、糖捐等;河北有车捐、戏捐、妓捐、房捐、铺捐、米捐、市捐、摊捐等;山东,有房捐、船捐、戏捐、车捐、牛场捐等;新疆有炭山捐、矾山捐、地滩捐等;湖南有米捐、车捐等;广东有牛皮捐、糖类捐、筵席捐、旅馆捐等,总计全国杂捐收入,每年约二千四百余万元。在特别市,首都以车捐数额为最大,每年有四十五万六千余元,次为房捐,约有四十余万元,最近市政发达,收入更为增加。汉口市,大宗收入,为特货附捐,系落地税性质,每年约在一百三十万元以上,次为房捐,每年约七十八万余元,又次为水电捐,每年约四十余万元,更次为筵席捐、蛋捐、赛马捐、花捐等,每年各约十数万元,至二十余万元,车辆捐,每年约五万余元。上海市,最大收入,为房捐,约二百十余万元,其余数目均小。天津市,最大收入,亦为房捐,每年约四十五万余元,次为铺捐,每年约四十万上下。广州市,最大收入,为车轿捐,每年约六十余万元,次为花筵捐,每年约五十余万元,再次为船类捐，每年约十二万余元。总之各地方杂税、杂捐，种类繁多，名目复杂，不可究诘，且多类似营业税，将来各省市营业税办有成绩时，应分别归并。而税率各地方多任意征收，没有一定的章程条例，莫不是过于苛重，致使人民无力负担，中央政府宜严行设法限制，实尽监督地方财政的责任。

第五编

内外公债

第一章
概　　论

　　公债的定义，系政府对于公共的需要，而使用一种信用上的手段。其发行目的有两种，一为应付于整理的需要，一为应付于计划的需要，所谓整理的需要者，因有天灾地变，或遇对外战争发生，而出于临时岁计不足的需要，政府发行这种公债，是为补缺的及消极的手段。所谓计划的需要者，依于事业开发，与行政改革，或扩张必要的国防军备，而为一种计划将来利益的需要，政府发行这种公债，是为创业的及积极的手段。现在各文明国家的公债政策，都是注意后者，而前者系一时万不得已的办法，故无论外债与内债的募集，惟以投于生产事业，为其最大目的。即为保障国家独立的战争，而发行公债，间接影响，亦不能不视为生产经费，因国家能够维持独立，是一国生产的根本条例。

　　如外债完全投于生产事业，无论如何多额，不特毫无妨碍，且大可乐观，从前美国与日本，在开创新兴的时候，莫不是债务的国家，因吸收外国资本，以开发国内产业，今乃一变为世界上债权的国家。否则必至于影响其国家的独立权，因债权国，多为强大国家，而债务国，多为弱小国家，强大国家，常凭借其债权，利用一种强国本位的外交，使债务国渐次丧失其独立资格，甚至使其国家有灭亡的危险，如埃及、印度，以及中国，受列强侵略压迫，都是根因这种债务的关系。

　　募集内债，以仅仅吸收存款，或社会流金，而不至于蚕食事业资本，为第一条件，故公债利息，不可高于一般金利，否则将变一国的生产资本，而为不生产的浪费，有妨害社会的富之生产，并以消磨国家的经济实力。第二条件，要使应募的金融市场，不可过于狭小，否则必至压迫工商业，使劳动者，感受生活痛苦的危险，能够缓和这种压迫的程度，惟在于由国内的金融市场，而渐推及于国际的金融市场。

我国历来政府，没有国债的观念，当国库穷乏，无以为计的时候，惟有发行一种不兑换的纸币为其财政上补缺惟一无二的政策，国际上既无信用，对外贸易，亦衰微不振，故在清朝以前，并无所谓外债。至于内债发行，最要条件，在于金融市场的发达，而占金融市场重要的地位，为银行与交易所，在民国以前，这两种制度，都不发达，无法可以销行。加以人民程度低下，几不知公债为何物，故内债募集，甚难达到目的。自前清同治六年（西历一八六七年），为征讨长发贼的费用，左文襄特派道尹胡光墉由上海外商借入银一百二十万两，是为我国外债的嚆矢。至光绪十三年间，继续外债，虽有六七起，但在中日战争以前，所有债务，都渐次偿清，于国际信用上，与国家财政上，不发生何等影响。惟其后有中日战争，加以义和团的事变，于是我国外债，乃突破十亿元以上，遂为今日财政破绽的重大原因。然我国土地如此广大，人口如此众多，区区十亿元的内外负债，与现在各文明国家比较起来，算不成什么问题。惟自民国以来，各军阀为争夺地盘，连年内战不息，十余年间，竟加至二十余亿元之多。这种巨大的内外债，不特丝毫未投于生产事业，且专用以破坏社会经济，致使国家与地方的财源，都陷于缺乏不可救药的境界，外债虽有所谓政治借款，与经济借款两种，而经济借款，亦不过徒有其名义，其实大半流用于军政费，故交通部近来无力偿还的外债，竟达十余亿元，是与美国、日本等当初外债用途，完全不同，而其结果，亦是完全相反，自不待言。内债长期利息，多在一分八厘以上，短期多在两分以下，加以有种种回扣汇水等，计算年息，总在三分左右，比较市场一般金利，要超过一倍，这种内债募集，不是吸收社会游金，纯粹系蚕食事业的资本，变一国的生产资金，而为不生产的浪费，卒使一般金融日益枯竭，企业资本，日益减少，工商业日益衰败，而人民因而贫乏，无以生活者，日益加多，都是这种内债阶之厉也。

第二章

外　债

我国外债，分为政治借款与经济借款两种，政治债款，归于财政部负担，而经济借款，属于交通部责任，历来财政不公开，所有借款，多系秘密成立，而起债货币，又有所谓镑、圆、法郎、马克、元、两等的种类不同，至于短期借款，其名目竟达百数十种之多，错杂紊乱，不可究极，欲一一罗列其内容，甚为烦难，兹略述其梗概。

第一节　前清时代的政治借款

第一项　中日战争前的借款

在前清同治四年，政府因使左文襄讨伐伊犁，由俄国借入军器、弹药及粮食等，这是我国借入外货作为债务的嚆矢。六年，为补给军费，由上海外商借入银一百二十万两，并自行提供海关税为担保品，这是开我国关税抵押外债的端绪。七年，与俄国缔结伊犁还附条约，因俄国要求九百万卢布的损失赔偿金，由英商伦敦银行，借入英金一百四十三万镑。十三年，因日本侵略中国台湾，起而抵抗的军费，及战败的赔偿金，由上海外商借入银二百万两。光绪三年，为讨伐伊犁军费，及西北善后费，由英商汇丰银行，借入银五百万两。四年，为创办海军经费，由德商德华银行，借入德币二百五十万马克。五年，为兴办各种要政，复由汇丰银行，借入银一千六百十五万两。十二年，户部因财政上的需要，由英商怡和洋行，借入银七十四万三百四十两。十三年，为海军追加经费，由德商借入德币五百万马克，并由德商将债票贩卖于欧洲市场，这是我国公债在欧洲市场开始发生贸易的关系。自同治四年起，至光绪十三年止，共二十年间，我国外债额，达于六百八十四万九千八百八十镑，约银四千余万两，都是以海关税及海关纳税票为担保品，偿还期限，除英商怡和洋行借款订立三十年外，其余均极短。利息，除光绪三年汇丰银行借款，订立年利一分五厘外，其余均极轻微。当时海关收入，每年超过二千万两，政府岁入，平均计算，约八千三百五十余万两，而岁出不过七千七百五十余万两，每年剩余额，多在六百万两内外，故所有外债，能够于光绪二十年前后，概行偿还，惟剩英国约七十余万两，德国约二百万两的少数，未及清楚，故不至累及政府财政，尚能保持国家独立的地位。不意二十七年，中日战争勃发，遂造成我国财政紊乱的基础。因军费无着，发行昭信票内债，以当时商民不知公债为何物，购买甚少，归于失败，而全部军费，乃不得不仰给于外债。然财政愈紧迫，外债条件，因而全变，期限为之加长，利息为之提高，担保更为之严酷。始于汇丰银款一千零九十万两，并有三次共五百万镑的金借款，全数充当军费，其借款内容如下，见表5-2-1：

表 5-2-1　中日战争前的借款表

名称	金额	回扣	利率	担保	期限
汇丰银款	1 090万两	九八	7厘	海关税	20年
汇丰金款	300万镑	九二	6厘	海关税	20年
克隆金款	100万镑	九五、五	6厘	海关税	20年
瑞记金款	100万镑	九六	6厘	海关税	20年

第二项　中日战争后的借款

中日战争的结果，我国不幸，归于败北，依马关条约第四条的规定，负担赔偿金二亿两，加以三国干涉结果，辽东归还代偿费三千万两，威海卫占领代偿费一百五十万两，合计需二亿三千一百五十万两的巨额支付，遂顺次成立各种大借款如下，见表5-2-2：

表5-2-2　中日战争后的借款表

名称	金额	实收	利率	担保	期限	债权者
俄法洋款	4亿法郎	九四	4厘	海关税及税票	36年	俄法
英德洋款	1600万镑	九四	5厘	海关税	36年	英德
续英德洋款	1600万镑	八三	4厘5	海关税及厘金	45年	英德

此次共成立四亿法郎与三千二百万镑的外债，合前四种借款计算，竟达五亿五千万余元的巨额，遂使我国降落为一对外的大债务国。

加以战败而后，我国之积弱无能，乃暴露于世界，而东亚形势，为之大变，我国不惟内部财政困难，达于极点，无法收拾，而诱启列强轻视，看做埃及第二，莫不竞争获得中国的利权，于是俄与法合，英与德联，对于我国公债发行，争先引受。第一次俄法成功，即订立所谓四亿法郎的俄法洋款，俄国政府，并对于该借款保证偿还，以图见好于我国政府，可知当时俄国，包藏极东经营的野心甚大。而第二次借款，英德为回复前次失败起见，猛烈运动，得以成功，即订立所谓一千六百万镑的英德洋款，此次借款契约，并声明该公债未偿还以前，不能变更总税务司的地位，致产生我国海关上的大祸根。第三次借款，复为英德获得，即订立所谓续英德洋款，其抵押品，因海关税收尚不足，再加以各地方的盐税厘金，于是列强乃由干涉海关行政权，而渐次侵及内地税收矣。以上三大外债，实收额，为四千三百二十一万余镑，换算银价，为二亿七千二百二十二万余两，此后每年应偿还外债本利额，竟达于二千五百十八万五千两，而当时海关收入，年额不过二千二百万两内外，全部支付，尚有不足。从前每年岁出，仅八千万两，至是遂超过一亿两，致使中央政府的财政，入不敷出甚巨，日益紊乱，并使中央政府的威信，日益堕落。更因列强对于我国的利权争夺战，激烈进行，而政府丧权辱国的事件，不免层见叠出，于是全国人心，乃由于愤慨而趋于离叛，遂为清朝灭亡的根本原因。

第三项　义和团事变的赔款

列强对于我国的利权，竞争获得，自光绪二十三年（西历一八九七年），德国占领胶州湾为始。各国效尤，渐次采用高压手段，所有全国铁道矿山，莫不勇于投资，并划分其投资的地方，为其势力范围，不许他人染指。加以依照马关条约，外人在中国通商口岸，得以自由经营制造工业，于是外人企业，所在勃兴。利权外溢的的事件，日见增加，帝国主义的侵略，日形猛烈，而一般人民受其剥削压迫，无以生活者，渐次由都会市场而浸及乡村。国内舆论沸腾，反帝国主义的思潮，播满全国，下层农民阶级，尤为愤慨，因而山东、河南地方，有义和团的事变勃发。事变经过之后，各国要求损害赔偿金额，共为四亿六千零二十九万六千三百九十三两，经数次的交涉协议，结局负担额，为四亿五千万两，加以利息计算，总共为九亿八千二百三十三万八千一百五十两，并改为公债发行，其议定各种要项如下：

一、赔款条件

（1）总额为四亿五千万两，换算当时金价，为六千七百五十万镑。

（2）利息四厘。

（3）偿还期限，自一九〇二年一月一日起至一九四〇年止（光绪二十八年起至民国二十九年止），共二十九个年间，须本利还清。

（4）为预防银价变动的损失起见，以海关两对于各国货币，规定换算率。

（5）担保品，为海关税的剩余金，及距各开港场五十四里内的常关归海关管理的收入，并全国盐税剩余金。

（6）利息，每六个月支付，第一回支付期限，为一九二〇年七月一日。

（7）本利偿还，在上海交付，由于各国所选出组织的银行委员会经理。

二、各国赔款分配额（见表5-2-3）

表5-2-3　各国赔款分配额表

国别	中国银两额	各国货币换算额
俄国	130 371 120	18 408 403 卢布
德国	90 070 515	27 516 542 333 马克
法国	70 878 240	265 793 400 法郎
英国	50 620 545	756 308 115 金镑
日本	34 793 100	4 795 397 783 金圆
美国	32 939 055	2 444 077 881 美金
意大利	36 617 005	9 981 376 875 法郎
比利时	8 484 345	3 181 629 375 法郎
澳国	4 003 920	1 439 409 240 克勒尼
荷兰	782 100	14 465 150 佛乐林
西班牙	135 250	50 743 125 法郎
葡萄牙	92 250	1 383 710 金镑
瑞挪	92 250	942 300 金镑
杂费	149 670	2 345 020
合计	450 000 000	6 750 000 000 英镑

三、赔款本利分年偿还额（见表5-2-4）

表5-2-4　赔款本利分年偿还额表

年别	镑额
自第1年至第9年	288 461
自第10年至第13年	588 461
第14年	1 453 844
自第15年至第30年	1 753 846
自第31年至第39年	3 670 512
合计	67 500 000

四、赔款各省分摊额

当时中央政府，对于偿还基金年额，大概定为库平银二千二百万两。其后国费多端，穷于支付，于是缩减军费及增加各税，仅筹出三百余万两，不足额，尚有一千八百八十余万两，无可设法，乃向各省分派，其派定额如下，见表5-2-6：

表5-2-5　赔款各省分摊额表

直隶	800 000	山东	900 000
河南	900 000	山西	900 000
陕西	600 000	甘肃	300 000
新疆	400 000	安徽	1 000 000
江苏	2 500 000	江西	1 400 000
浙江	1 400 000	福建	800 000
湖北	1 200 000	湖南	700 000
广东	2 000 000	广西	300 000
四川	2 200 000	云南	300 000

然至民国十一年，因海关税收入增加乃停止各省分摊额，改为在海关税内，由总税务司负责支付。

五、镑亏问题

赔款支付计划议定后，不幸银价日落，至光绪三十年（西历一九○四年），比较议定书成立的时候，约有三成的暴落，我国政府，遂无以为计。其后虽仍以银两支付，而各国受领，则以金货换算，对于不足额，加四分重利，算入次期支付，因而发生一千余万的延滞额。命各省追加负担，但各省都是财政困难，无法调剂。遂于光绪三十一年（西历一九○五年），由汇丰银行借入一百万镑的公债，以清算这种延滞额，称为镑亏公债，由各省送金内偿还，以山西省烟酒税及百货厘金作担保品，于一九○七年二月，偿还半额五十万镑，其后计划，每年偿还二万五千镑，分做二十个年，至一九二七年还清。

六、赔款展期与变动

民国六年，我国因参加欧洲战争的结果，日、英、美、比、伊、葡、西七国，许以自一九一七年十二月起，至一九二二年十二月止，五个年间的赔款，得以支付延期，并免除其利息，用以充当宣战经费。故该赔款，本在一九四○年为终期，其后延至一九四五年，当时俄国仅许四分之一延期。欧战终结后，德奥两国赔款，因以消灭，俄国于民国十三年五月，基于中俄协定，放弃赔款。

七、各国赔款退还

一、美国

美国退还赔款，共行二次，第一次，于光绪三十四年（西历一九○八年），对于赔偿金额，与实际被害额，发现过多，因与各国商量，减免若干，惟英国稍有赞成的意思，其他诸国，都持反对议论，遂不见成功。于是美国单独实行退还，计退还之本息数目，为美金二千八百九十二万二千五百十九元三一二，作为留美学生教育基金，每年派送学生一百名。第二次，于民国十三年五月，通过美国众议院，计退还之本息数目，为美金一千二百五十四万五千四百三十八元六二六，其附带条件，惟用以资中国教育及文化事业的发展，是为美国对于中国文化政策的成功之一部。以中国人十名，美国人五名，组织中美教育文化基金董事会，主持其事，设总机关于北平。

二、法国

民国十年，中法协定草案，法国所退还的赔款，系以充当恢复中法实业银行营业之用，其办法，以法国赔款全额或大部分为担保，筹借巨资，用以归还中法实业银行的极东存款，该借款，将来由中法银行逐渐偿还。协议履行后，对于中国方面，每年由银行提供金法郎一百万，专作教育经费。适当时法国纸法郎暴落，与金佛郎相差甚远，于是中法间发生争端，我国据约与之力争，不能解决，法国乃以华府会议的批准，为解决该问题的条件，致当时中国的关税会议，迁延不能召集。民国十四年，段祺瑞执政，受贿解决，丧失国家利权甚大，在于大体，完全依照协定草案办理。

三、日本

日本以赔款充当中国文化事业为目的，是一种文化侵略政策，与美国用意相同，于其外务省内，设立对中国文化事务局。民国十二年十二月，驻日中国公使，及北平教育部特派员朱念祖，先与日本对中国文化事务局局长出渊，行非正式协议。至十三年一月，中国公使，与日本政府，开始正式协议，其协定内容，依日本行政权，在中国国土内，施行文化事业。这种协定，实妨碍我国主权甚大，于是国中人士，群起反对，遂未宣布实行。其后日本对于该赔款用途，乃完全由其片面规定，年拨二十万元，补助中国留日学生的学费，我国教育部，于民国十六年，已令禁日本留学生领受。

四、英国

英国退还中国赔款法案，于一九二五年（民国十四年）五月二十六日，已通过英国上议院三读会，该法案内容，一、于一九二二年（民国十一年）十二月一日以后，中国应支付英国的赔款，不归英国财政部受领，贮存银行不动，名为中国赔款基金，其用途，专充于有益的教育及其他事业，如支付时，须由其外务大臣，商于咨询委员会，随时决定。二、英国外务大臣，关于该款用途，为备顾问起见，设立咨询委员会，委员数共十一名，最少应加女委员一名，中国委员两名。其用途，一部分充教育事业，此外其他事业，尚未确定。在英人方面，主张完成粤汉铁道，浚修天津白河，及扩张布教事业等。而在中国方面，议论甚多，不能一致。但依英国法案，其使用权，属于英国外务大臣，虽设立咨询机关，而中国委员过少，结局，无异英国行政权，伸张于中国领土之内，国人反对甚多。英国退还之额，为二百一十五万一千零七镑。自国民政府统一告成，英国政府，颇表示好意，于是我国外交部，进行退还庚款，极称顺利，于十九年春间，外交部长王正廷，与英公使蓝蒲森，接洽数次，遂于是年九月二十二日，成立协定，正式签字。

其协定全文：

一、英国退还庚款，经有关系协议会议决，将庚款全部退还中国政府管理。

二、中国政府，应以退还额大部分，用于建筑铁道，及其他生产事业，并作为担保借款付息，及借款最后偿还，与教育事业等费，由中国政府设置董事会，中英委员各半数。

三、以庚款作抵借款，向英国购入材料，于伦敦设置购买材料委员会，任命中英委员各二名，以驻英华使为主席。

四、就现在庚款积存额中指拨二十六万五千镑，为补助中国留英学生经费，及伦敦各大学中国委员会之用，又以二十万镑拨作香港大学基金，以图增进中英间文化关系，余交中国政府支配。

英国退还庚款支配案，自经中英两国政府批准之下，即由双方组织管理英国退还庚款董事会，直隶行政院，并由国民政府会议，简派朱家骅等十五人为董事，指定朱家骅为董事长，于二十年四月八日，正式宣告成立。即于是日开会，议决处理各项，分该款为两部分。

一、为积存部分，计自民国十一年十二月起，至二十年三月底止，共存英金三百四十四万二千七百三十一镑。

二、为应存部分，由二十年四月起，至民国三十四年止，共计英金七百七十万零九千六百三十八镑。

原议应存部分拨充教育事业费用，因目前中国铁道建设，极关重要，乃决定以三分之二，借充建筑铁道之用，再以二分之一，作为兴办水利电气事业之用。积存部分，除协定指拨外，以二万镑津贴北平医院，以四万镑建筑外交部新公署，计共应除去五十二万镑，实存数，为二百九十二万二千七百三十一镑，其未到期部分之款，规定将来一半在英购办铁路材料，一半在国内应用，并组织购料委员会，监视其价格，其委员额照协定换文规定共六名，除中国驻英代表及铁道部代表外，其余四人，由英国政府推荐六人，归中国政府择定四人为委员，所有英庚款全数，以存入国民政府中央银行为原则。经此一番协定之后，此久悬未决的中英庚款，于是告一段落，其各种条件，比较从前都大有进步，不能不谓为革命政府外交上成功之一。但同时增高中国人民购买力，实有益于英人贸易，并使英国重要工业材料，加增出路，得以解决其国内的失业问题，故英人仍是在其国家利益上打算。而购买铁路材料委员会委员，英人占三分之二，将来价格估定时，恐不免要受损失。其后董事会开会，议决英庚款息金用途支配标准案，已由该会呈请行政院备案，其办法如下：

决定原则：

一、中英庚款息金，以用于有永久纪念之教育文化建设，及有关全国之重要文化事业为原则，不得用以补助任何机关之经常费及临时费。

二、中英庚款息金，应兼顾中央及全国各文化中心为适当之支配，务使事业集中，效果普及，以补充国内教育文化之缺点。

决定用途：

一、关于永久纪念性之教育文化建设。

甲、属于中央者，建设大规模之中央图书馆，及中央博物馆（包括工业、自然、历史及美术、考古等馆），完成后，其经常费及临时费，由中央政府担任之。

乙、属于全国各文化中心者，分期补助国内成绩昭著之各高等教育，及研究机关，必须建筑校舍之建筑费或设备费，特别注重农、工、医三科，补助国内固有文化、史迹、古物之保存。

丙、属于各省者，分期于各省建设模范中学、小学各一所，或中等农业学校一所，完成后，所有经常费及临时费，应由各该地方政府担任之。分期建设，应先就僻远省份着手，逐渐于若干年内，普及全国。

丁、属于特殊教育之建设，分期在全国大工业中心，建设中等工业学校（包括工人补习教育），完成后，其经常费及临时费，由中央或地方政府负担之。

二、关于有关全国之重要文化事业者。

甲、设置中小学教科书奖励金，请教育部根据总理遗教，确立中小学及中等农工商学校教科书编制之体裁及原则，凡合于此项原则之教科书，就其成绩特别优良者，得由本会给与奖励金。

乙、设置出版物奖励金，奖励高深著作、译作之出版，而尤注重于高等教育用之教科书，及参考书。

丙、设置出国留学学额及国外教育补助费。

（1）设置出国留学学额若干名，由本会考选之，凡国内高等教育机关成绩优良之助教，及各大学毕业生之服务于社会，具有特殊成绩，或专门著作，得参加此项考试。

（2）国外教育事业，经本会认为应补助者得补助之。

五、其他诸国

比国赔款退还，以投于中比教育慈善公益事业为条件，而事业上所要材料，都须由比国购入，对于购买材料委员会的组织，及赔款各用途的分配额，由两国政府共同决定。

中意从前庚款退还协定，规定用途，共分四项：

一、建造曹娥江铁桥，

二、导淮工程，

三、开辟海州市，

四、建设北平都市。

并有附带条件，按照退款全额，以三分之一为现款，以三分之二，在意购买材料。国民政府，因该协定，不适用于现在中国建设的环境。去年，由行政府特训令外交部向意国提出修改，闻外部已向驻华意使正式提出，转移指定用途办法，将第一、二、四三点，提出修改，并将原订每处摊分四分之一的分配办法，亦重行更正。但当时意国所允退还的数目，仅为汇款时金法郎与通行法郎间相差的余额，为数极微，去退还二字尚远。以后交涉进行，宜依照英美条件，要求全部退还。

荷兰，允退还款项为疏浚黄河之用，但现在尚未实行。

列强不平等的条约，为害于吾国甚大，总理遗嘱，主张于最短期间，务求废除，去年五月，国民会议，已经自动的宣言废除，可见一般国民要求的迫切。庚子赔款，系根据辛丑条约，强迫成立，论其性质，亦是不平等条约之一种，加以庚款支付，系指定以海关税收入充当，恐尚不足，将各通商口岸的常关税，及盐税，一并指作财源，更为保证其债权起见，由外人代我整理海关税收，于财政部以外，设置一独立的税务处，以总税务司管理其征收全权，所谓海关监督，徒拥虚名。当时总税务司，由英人承充，其后在英德洋款条约上声明，该借款未偿还以前，不能变更总税务司的地位，殆为一英人的世袭职权，遂使我国最大财源的海关税征收权及管理权，永远落于外人之手，侵害国权，莫此为甚。

在前清关税收入的款项，仍存于本国金融机关，得以活动市面，后因辛亥革命，有革命军将备付赔款的关税，用去一部分，于是这种存放的权利，遂一并失去，由前清外务部，与各国协定，将关税收入款项，指定先存于汇丰、德华、道胜三外国银行，再由三银行按期拨付，对于存款利息，仅承认三厘，而该三行运用这种款项，放出市面，或转借给中国政府，其所取得的利息，最少在八厘或一分以上，如此巨额的利益，完全归诸外国银行，致使政府财政竭蹶，无法通融，一切借款条件，受其挟制，而国内所有金融机关，都无力量与之对抗，市场往来，及对外汇兑，亦为其所操纵，是于不平等条约之外，更增加一重不平等的事实。现在道胜、德华两行，早已消灭，而汇丰一行，独享其权利。

我国受这种不平等条约的束缚及损害，已有二十九年，计算迄今，距偿清之日，本来只有九年了。但因民国六年，以参战关系，展缓五年，将英、美、法、意、日本五国赔款，延至民国三十四年。又因民国十四年，解决金法郎问题，将法国赔款，再延至三十六年，意大利赔款，延至三十七年。欧战终结以后，德奥赔款，以战败国的关系，事实上完全消灭，俄国因其发生大革命，用中俄协定方式，自愿放弃赔款，在庚子赔款中，以俄款为最大，要占全数百分之二十八九，德款亦占百分之二十以上，奥款甚少，不到百分之一，三款合计，约占全体半数。这种缓付、停付的巨大款项，如挪作建设及文化事业经费，实有益于国计民生不小。乃当时北平政府，徒为维持其目前财政穷乏起见，利用这笔巨款，作为基金，发行许多公债库券，都是消耗于毫无利益的军政费，且因有担保发行公债库券的作用，致令已经消灭如德、奥、俄的庚款名目，至今依然存在，是更为总税务司，对于中国财政上，造成其许多操纵把持的机会，实我国政治上的奇特现象。国民政府，奠都南京，亦以德国庚款作基金，发行公债三千万元，但内以二千万元建设中央银行，似觉差强人意。

自俄国放弃赔款以后，在巴黎和会开会时，其余各国，在表面上，固皆允为退还，而今日实行者，惟英国开其端，仅就形式上观察，英国获得退还庚款的美名，而我国似为外交上的胜利，但将换文内重要之点，详细研究，则我国所获的利益，实在甚少，如建筑铁道路线，须择其与英国特别有便利的地方，不能由我国在发展农工商业一方面着想。所有拨收款项，仍然存于汇丰银行，而我国社会金融机关，无法得以运用，各市场金融现象，不能借以活泼。在伦敦设立购料委员会，铁路上所需材料，概须向英国订购，使我国材料，失却大宗销路，则各种实业，何由发达。管理英庚款董事会，在第一次议决案，所有庚款全数，以存入国民政府中央银行为原则，但事实上能否做到，尚是问题。

此外如法国处理庚款，纯以维持其中法实业银行为主旨，所谓办理教育慈善事业，仅一空名。当时解决金法郎案，迁就法国，致令我国捐失莫大权利。而法国方面，对于该协定中，有利于我国者，类多未能履行，如中法实业银行，每年应提出美金二十万元至二十五万元，以充中法间教育事业之用，其后提出款项，往往不及二十万元。其代我国缴足股本一层，并未将股票交来，而我国政府所派去的董事、监事，该行竟拒不接受。至代我国付款时，该管理公司，曾笼统以每一美金折合十四法郎计算，而实际上，汇兑行市，在一九二三年上半年，每一美金，要合十七法郎，在一九二六年上半年，每一美金，要合二十七法郎，是该公司所发表的换算率，与当时汇兑市价，相差甚巨。法国既不履行其协定的义务，我国政府，应该命令总税务司停止付款，方为正当办法。不然，法国将以我为放弃权利，此后更为玩视，则所谓协定条例，必至完全成为具文。

除英法外，各国在形式上，允将庚款余额退还中国，或变更用途者，尚有美、日、意大利、比利时、荷兰等国，而考察各国协定的内容，除美国为完全善意外，其余各国，都与英法一样，含有把持的意味，所有各种中外合设的委员会，操支配用途的实权，其主要用途，都是注重于有利各该国的事业，致使我国不过获得一退还的空名。

各国退还庚款用途类多趋重于教育及文化事业，但是一国的教育文化事业，注重普及，且须有一定的方针，并通盘统筹的计划，应于各方面适宜的需要，以支配款项，才能够收事半功倍的效果。今以协定的缘故，各国都限定施设一种与有关系的教育文化事业，一方面惟助长他人的文化侵略，使我国东方文化的基础，日渐渐灭，他方面使我国教育方针，缺乏有系统的组织，将发生支离破碎的现象，此其弊害一。

其所指定的基金，多寡不一，款多者，往往为不急需的奢侈设备，款少者，即必要的课业费，亦无法可以维持，以致发生极不公平的事实。且类多重复用途，例如美国与日本，都拟在北平设立图书馆，日本与英国，都拟在中国设立科学研究所，是为叠床架屋，无裨事实，此其弊害二。

凡国家举办一种实业，如治理水道、修筑铁道等，必须视其国内经济状况、政治情形，以及社会人口的各种关系，有先后缓急的不同，而为适当的进行，才能够使国家事业，平均发展，今皆为协定所限，我国政府，没有斟酌统筹的余地，不能适宜举办各种事业，有的地方，将不免浪费，有的地方，将不免偏枯。且以意款导淮，则与美国广益公司借款有关，建设北平市政，则与中法实业银行有关，都不免发生冲突，使其反对，此其弊害三。

在协定中，所设立各种中外委员会，及董事会的组织，是使我国财政用途，政府不能自由行使，与外人有共同支配的权力，实有妨碍一国财政权的独立，应与赔款最终期限同时消灭，方为合法，今查各国协定换文中，都未规定消灭期限，恐至民国三十七年以后，仍将以事务尚未终了为口实，继续延长会务，致使这种不平等的束缚，永远存在，此其弊害四。

为今之计，国民政府，宜根据国民会议废除不平等条约的宣言，设法实行，就是已与各国订立协定的换文，亦宜设法修改，务求我国获得退还庚款实在的利益。其要求办法如下：

第一，在所有退还款项，中国政府，不能仅如英国换文一样，只有管理的空名，须有支配用途的实权。

第二，在款项存放，须照管理英庚款董事会第一次议决案，全数以存入国民政府中央银行为原则，能够即时实现。

第三，以庚款举办一种事业，无论其治理水利、修筑铁道，或施设教育及文化事业，须综合各国退还余额的全数，通盘筹算，斟酌国内经济、政治情况，应各地方适宜的需要，设定一整个的计划，切实推行，勿使大宗款项，用途重复，等于虚掷，或为国内不急需的用途，使各种伟大建设，不能完成，并发生偏枯的现象。

第四，教育事业，须有永久计划，不仅宜确定逐年平均的经费，并要能够使之继续发展，宜发行一种教育公债，即以俄款余额，全部作为基金，只用其利，不动其本，以后俄款余额，日益加多，则教育基金，日益增大，而各种教育事业，遂得以日益发展，办理成功，并照我国教育方针，切实进行，以杜绝各国文化侵略的政策。

第五，关于各国协定所成立的各种委员会及董事会，应由我国政府规定其消灭期限，免得将来借事务未了为口实，无期延长，致使我国财政用途，永远有外国人帮同支配的奇特现象。

第二节 民国以来的政治借款

第一项 善后大借款

自民国告成，各省因革命独立的关系，对于中央从前所有解款，几全部杜绝，于是中央政府的行政费，以及其他急需，概行无着，财政困乏，达于极点，无以为计，遂不得不仰给于外债。

当时英、美、德、法资本家，对于中国政府借款，欲一手包办，成立所谓四国银行团，是为一种独占外债，故借款条件，过于酷刻，交涉不容易成功。北平政府，为牵制银行团垄断起见，于民国元年三月十四日，突然与比利时资本团，缔结一千万镑的借款契约，比国资本团，系连合未加入四国银行团的资本家，以华比银行为代表，借款条件，年利五厘，实收九七，偿还期限为一年，以中央政府收入及京汉铁道收益为担保品，其附带的重要条件，为该资本团有借款的优先权，订约时，先垫款一百万镑，第二次垫款二百万镑。而四国银行团，愤中国政府这种牵制术策，以有三百十万两的垫款为理由，提出抗议，而我国政府辩论，以该借款商谈，系在四国借款团交涉之前，而四国银行团，不由分说，抗议更烈，于是穷乏无聊的北平政府，虑及将来借款，有不利益的趋势，比利时资本团，亦以四国银行团反对急烈，恐投资有危险，双方协议谅解，遂废除契约，其垫款及利息，后归于五国大借款内偿还。因而四国银行团，其左右中国财政的势力，日益显著跋扈。

但四国银行团，因中国政局，时常变动，对于借款前途，不免有多少怀疑，因日俄两国与中国的利害关系最为密切，有加入财团的必要，乃劝告两国加入，日本以满洲利权不作借款抵押为条件，于是年三月二十日加入，俄国亦以满蒙天山南北路特种权利除外为条件，于是年四月十九日加入，成立所谓六国银行团，势力更为雄厚，垄断中国借款，更无顾虑。

六国财团大借款，自民国元年四月，开始交涉，讨议数次，该财团力主须有用途监督权，当时北平政府，以六国借款团，左右中国财政，恐启干涉政治之渐，又恐国民反对，发生变动，始终不肯承认，遂至迁移不能解决，然财政危急，无法支持，于是财团以从前三百十万两垫款的关系，仍以四国银行团的名义，为第二次垫款，合计九百万两，以充解散军队支出的费用，其条件如下：

一、由于银行团及财政部，各派出委员一名，负审查监督用途的责任。

二、财政部关于一切支出用途，须以最新式簿记法，报告于委员会。

三、南方各省军队解散，中央政府须派遣高级军官担任，其费用表，须作成三通，财政部、陆军部及财政委员会各存一通。

四、解散军队的费用，先以税务司所保管的海关税收充当，后以银行团垫款填补。

财团垫款额，前后合计一千三百余万两，其后在伦敦召集六国各银行代表开会，商议合同条件，经数次会议，才将合同契约定妥，财团存续期限，定为五年，借款债券，在各承受国内发行，从前垫款，由六国银行团分担，以后应中国政府要求的垫款，可达七千六百万两。其时六国银行团，对于中国政府大借款，提出条件如下：

一、借款总额为六亿两，分五个年间交付。

二、六国银行团，以汇丰、东方汇理、德华、道胜、正金及莫耳干财团六者为代表。

三、借款用途，需六国银行团监督。

四、以盐税作抵押，关于盐政及征收等，须实行与海关同一或类似的制度。

五、本借款继续中，该财团以外，不得借款。

当时北平政府，仍不愿财团垄断一切外债，因私与该财团以外交涉借款，然德法两国，以外债证券，非经政府允许，交易所不能买卖，美国以与莫耳干财团没有关系，疑公债发行，难以成功，而日俄两国，无单独引受大借款的资力，惟有英国，其引受者，不须求政府援助，政府无阻止募集公债的权能。于是北平政府，以财政上的急需，不得不依赖英国财界，因而向英国克利斯浦会社交涉借款，以偿还旧债，与整理政务，及兴办实业为名，于民国元年八月三十一日，缔结一千万镑的借款契约，系驻英公使刘玉麟，在伦敦与该会社签字成立，其条件年利五厘，实收八九，偿还期限四十年，担保品，为盐税剩余金。借款分五回交付，本借款债券全部尚在发行中，中国政府，对于无论如何优于本契约的外债，不得成立，以后如中国政府与本契约同一条件起债时，该财团有承受的优先权。当该公债开始卖出五百万镑时，适欧洲市场，受巴尔干半岛问题的影响，骤呈不景况的现象，应募者甚少，在发行额中，有五分之三，归于承受银行手中。政府举办该借款，与比利时借款同一用意，欲以牵制六国资本团，且系以已作赔偿金担保的盐税为担保，于是六国财团，反对甚力，中国政府，以财政危急，不能忍耐，遂向克利斯浦会社交涉，认出赔偿金十五万镑，废弃契约，前后惟授受五百万镑。该借款契约，既已消灭，中国政府，仍不能不再依赖六国资本团，复于元年十一月末，开始交涉，又以关于财政用途监督，与顾问官的聘用，发生纷议，不能解决。北平政府，见大借款一时不容易成立，而财政穷乏，无以为计，不惟目前政费，完全无着，而到期赔偿金及外债等，复催迫异常，于是又以军舰建造为名，向奥国交涉借款，至民国二年（一九一三年）四月，成立契约，该借款主体，系为奥国银行家代表德商瑞记洋行，故又称为瑞记借款，其借款契约，分二次成立，总额为三百二十万镑，第一次为二百万镑，其中惟有一百二十万六千二百镑，归于中国政府应用，其余残额，系军舰建造费，保留于奥国财团，其借款条件，年利六厘，实收九二，抵押品为全国契税收入，偿还期限为五个年，适值欧洲战争发生，军舰建造，因而中止。其后尚与瑞记洋行成立三十万镑的第二次借款，悉数作为军器购入费，其借款条件，年利六厘，实收九五，担保品，仍是契税收入，偿还期限为五个年。这种种小借款，都是到手辄尽，归于浪费。当时义和团赔偿金的支付，不足已达三百万镑，而比利时借款，及六国银行团的垫款，其偿还期，都是迫于二年六月前后，而各部所订立新旧内外债须偿还额，亦不下八千万元，而中央政府，既毫无直接收入，各省同一样的匮乏，无余力送给中央，民国财政，将濒于破产的悲境，又值欧洲因巴尔干半岛的风云，市场金融紧迫，美国以大总统的更选，由六国财团退出，故大借款折冲一年有余，不能成立。

中国政府观察这种情形，以六亿两借款额太大，不容易有希望，更预想有第二次大借款的必要，遂减额为二千五百万镑，加以第二次革命勃发，北平政府，遂手忙脚乱，对于亡国的借款条件，无暇顾及。列强亦以中国再行动乱，有阻碍其贸易进步，又恐中国革命成功，政治修明，而帝国主义者的侵略政策，难以奏效。双方协议，遂一泻千里，二千五百万镑的大借款契约，乃于是年四月二十六日，签字成立，名为善后五国金币借款。五国借款团代表，为汇丰、德华、东方汇理、华俄道胜及横滨正金五银行。

其契约要项如下：

一、借款额，为二千五百万镑，换算各国货币，德为五亿一千一百二十五万马克，法为六亿三千一百二十五万法郎，俄为二亿三千六百七十五万卢布，日本为二亿四千四百九十万圆。

二、偿还期限，为四十七年，前十个年，仅付利息，自第十一年起，本利同时偿还，规定年额若干，但满十七年以后，中国政府，如于六个月前，通知银行团，得以随时偿还，三十二年以内，本利偿还时，另加算二厘五毫的手数料，利息年五厘，每半年支付一次。

三、规定借款用途。

（1）为中央政府过期限未偿还的外债本利，即义和团事变赔款二百万镑，六团银行团垫款本利六十万五千余镑，比利时借款本利一百二十六万四千六百镑，四国币制借债垫款四十四万七十余镑，合计四百三十余万镑。

（2）各省政府所起外债二百八十七万镑，即二千十三万八千两。

（3）中央政府近期须偿还之外债，即六国银行团垫款一百卅五万余镑，横滨正金银行借款本利廿三万五千镑，及革命事变外人所受损失赔偿金二百万镑，合计三百五十九万余镑。

（4）为革命各省所招募军队解散费三百万镑。

（5）民国二年四月以降，至九月间，中央政府行政费，及各种工事费，五百五十万镑。

（6）全国盐税整顿费二百万镑。

（7）本借款第一年上半年利息六十二万五千磅，及银行办理手数料千分之二半。（即一千五百六十二镑余。）

四、本借款公债卖出之先，所有垫款二百万镑，年利七厘，公债卖出后，其本利偿还，归各国分担支付。

五、本借款及其垫款担保品，系以未担保外债的全国盐税收入，对于将来以盐税收入为担保的借款有优先权，以后无论如何借款，比于本借款条件稍优或同一条件，均不得成立。

六、将来海关收入，如支付各种借款本利，尚有剩余时，应作为本借款担保，以供本利偿还，如盐税收入，亦有剩余时，则全部交付于中国政府。

七、中国政府，为本借款担保的盐税征收法整理改良起见，特聘外人为顾问，使其资助，并使其监督用途。

以上各项目中，最应注意的，就是外人监督借款用途，开列强干涉中国内政之端，其实行办法，中国政府，于中央设立审计院，其内附设外债室，以外人二名，用顾问名义为稽核员，此外外人与中国人各一名，为外债室长，使监督借款用途。本借款公债，在伦敦发行，价格虽在额面百分之九十以上，而中国政府受领额，仅得百分之八十四，加以银行团规定，扣除手数料及汇兑料等，占额面百分之六，是中国政府实收额，不过二千九十七万三百六十八镑。而应支付的外债本利，并损害赔偿金，合计有一千一百四十余万镑。又须扣除盐务整顿费，及各省军队解散费，共五百万镑。是政府得用于行政费，不过四百五十七万余镑，仅能救济一时的穷境。而中国人民负担的实数，在四十七年间的利息积算，有四千二百八十五万余镑，合计本利，以银价换算，约有六亿八千万元的巨额，迄于今日，其未偿还额，尚占外债中重要部分，而这种巨额借款，没有丝毫投于生产事业，完全归于浪费，真可叹也。

第二项　续善后大借款

二千五百万镑的大借款成功后，因第二次革命勃发，款项多投于运动军队及收买党员之用，其结果，不惟财政上的地位，与借款未成立前，毫无变异，且更助长国内的纷扰，与政界的腐败。从前所有小借款，依善后大借款的偿还甚少，如军器购入借款，未偿还额，尚有二百余万镑，这种要偿还的外债，又渐次急迫起来。各省解散兵士，所在变为土匪，以扰乱地方，致使地方支出，日益加多。自民国元年，至二年十一月间，由各省送到解款，不过山东、河南、湖南、广东、江西数省，共二百六十余万元，而中央对于地方请求不得已的支出额，在一千四百万元以上。从前各省所分担的赔款，不惟毫未交付，且各地方所借外债，共达九千余万元，概未偿还，外人都来向中央政府严重交涉。于是中央政府，无法应付，复起几多小借款，从奥国借入第三次借款五十万镑，借款条件，年利六厘，实收九二，担保品为契税，偿还期限四年，借款代表，系德国瑞记洋行。从英国借入三十七万五千镑，借款条件，年利六厘，实收九一，担保品为京奉铁道纯益，偿还期限二十年，借款人，系中央公司，以汇丰银行代表。从比利时借入四十万镑，借款条件，年利五厘，担保品为关税，偿还期限五年，借款人，系狄恩银行，以华比银行为代表。

这种种小借款，仍是到手即罄，而政府穷迫，更甚于前，于是复向五国银行团，提起一亿一千万元的第二次大借款交涉，而五国银行团，一、以当时盐税尚未整理就绪，二、以欧洲金融市场不活泼，三、以中国政府对于第一次大借款，仅仅数个月，即化为乌有，而财政毫未改善，四、以中国三大财源，为关税、盐税及地租，关盐两税，已供外债担保，没有剩余，而地租收入星散，外人无从监督，另觅担保品，又极困难，遂至迁延时日，不能解决，适值欧洲战争勃发，因而中止。

外债既已绝望，而北平政府的财源，不过各省解款、关盐税剩余金、官业收入、其他直接税收四者，于是政府不得已，一方面削减各部经费，他方面规定各省解款定额，处分国有财产，并设立各种新税，以图收支适合。幸而民国四年，国内统一，略为就绪，政府经费，稍为确定，而各省疆吏，又畏袁世凯之威望，不特中央税款，不敢截留，即所规定之解款，都唯命是听，中央政府，出入尚能相抵，在支出方面，经常费，每月约六百万元，而在收入，各省解款，约三百万元，关盐税剩余金，约二百余万元，官业收入，约一百万元，临时费支出，约二百万元，而临时收入、验契税，及官有地卖出，约百五十万元，其他杂收入，约五十万元，尚可称为收支适合。

但当时要偿还的内外债，约在七千万元以上，加以其后袁氏称帝，帝制运动经费，约一千万元，而袁氏死后，各省解款，复行断绝，北平政府，又陷于穷境，无法救济。于是民国五年九月，除德国外，向四国银行团，提议一亿元的续善后大借款，而四国银行团，以欧战前途，难以推测，又不能发现适当的担保品，协议数次，仍是不能决定。而政府眼前穷迫，无以为计，用尽所有方策，得流用日本兴亚公司五百万元，与交通银行五百万元，及美国西慕司加铁道借款垫款百五十万美金，并起各种短期小借款，才得以弥缝一时。

其后欧战急烈，列强无力东顾，日本趁此机会，遂对于中国包藏野心，欲垄断中国借款，乃约集四国银行团，在伦敦本部会议，并北平代表者会议，其结果，决定续善后大借款的垫付金，暂由日本单独承受。于民国六年八月二十八日，与日本横滨正金银行，订立一千万元的垫款契约，借款条件，年利七厘，担保品，为盐税剩余金，偿还期限一年，用途系充七、八、九三个月的行政费，债权者为日本银行团，照第一次善后大借款规定，得监理借款用途。至九月十日，梁启超出长财政，因参加欧战的缘故，对于联合国，得要求赔偿金支付延期，财政上稍为宽裕。于是政府中止从前以行政费为目的的第二次善后大借款，改为提议一千万镑的币制改革借款，适当时段祺瑞执政，解散国会，蔑视约法，而南方护法革命军又起，各地方解款，既已杜绝，而中央支出，更为加多，所有国家银行，如中交两行，因政府借用款项，滥发纸币，将陷于兑换停止的悲境，于是政府以整理国家银行兑换券为名，更改从来借款总额为二千万镑，规定用途，第一币制整理资金，第二行政经费，名为第二次善后大借款，决定暂由日本单独垫款二千万元，于七年一月六日签字，当交付一千万元，更于是年七月，交付一千万元，借款条件，由中国政府发行财政部证券，年利七厘，担保品为盐税剩余金，偿还期限一年，币制借款成立时，即以其资金偿还，用途系用以归还中国银行借入金，以回复其兑换券的市价。此外复成立日美间运河借款六百万美金，日本印刷局借款二百万元，直隶水灾借款五百万元，都是流用于军政费。

自第三次革命发生以来，北平政府财政，更告困乏，外债本利延滞累积，催讨甚急，故希望大借款成立，异常迫切，但借款团，在名义上，惟英、法、日三国，而事实上，英、法两国，自欧战后，自己财政，亦无法支持，实无余力以应中国要来，从而借款契约，不容易成立。是年（西历一九二一年）七月二十三日，复对于银行团，提议总额银二千四百万元的借款，以六个月为限，每月交付银四百万元，而列国仍是无法援助，后以军队给养不付，恐发生变乱，妨害治安，而于对外贸易上，亦将大受影响，于是银行团协议结果，惟扩大盐税剩余金的交付范围，即从前每月交付四百万元，今更由该准备金中交付二百万元，因盐税准备金，原来只须六百万元，而当时收入增加，约达八百万元，故扩大剩余金交付额二百万元，实无妨碍也。

第三项　西原借款及其他应急借款

自欧战发生后，欧美各国，都无余力顾及中国，于是北平卖国政府惟一的外力援助，只有希望于日本，而日本亦以列强无暇东顾，其并吞中国的野心，遂因之而起，适值寺内内阁，对待中国，抱定积极政策，反对币原外交的不干涉主义，竭力支持段内阁，使之统一中国，先以莫大财力援助，所有各种借款，均于短期间成立。当时北平政府，即以中国参加欧战为名，基于民国七年（西历一九一八年）五月十六日为维持西比利亚秩序，缔结军事协定的旨趣，以充国防军三个师团之编成及战争参加所要各种经费为名，与日本银行团，成立金货二千万圆的所谓参战借款，偿还期限一年，年利七厘。其后与相关联，为购入日本武器，与泰平组合，订结二千九百九十一万五千八百十七圆的兵器借款。为敷设山东铁道延长线，即济南顺德间，及高密徐州间西线，与日本银行团代表兴业银行，缔结二千万圆的济高铁道借款。又缔结二千万圆的满蒙四铁道借款，都系年利八厘，于七年九月廿八日签字。为扩张黑龙江，及吉林两省金矿，并森林事业资金，于是年八月二日，与中华汇业银行，成立三千万圆的金矿森林借款，借款条件，年利七厘五毫，偿还期限十年，以吉黑两省金矿并国有森林及其收入为担保品。为与日美及欧洲同一规模的无线电信局直接连络起见，建设双桥一大无线电信局，于是年二月二十一日，与三井物产股份有限公司，订结五十三万六千二百六十七镑的无线电信借款，借款条件，年利八厘，偿还期限三十年。为充吉林会宁间铁道布设费，于是年六月十八日，与日本兴业银行，成立吉会铁道借款，先垫付一千万圆，年利七厘。又于七年一月，与日本银行团，缔结二千万圆的交通银行借款，及五百万圆的京畿水灾救恤借款。合计各种借款，共一亿六千数十万圆，即所谓西原借款。此外尚与英国马耳确尼无线电信会社，前后二回，缔结八十万镑的借款契约。当时中国以依于欧战参加的报偿，而义和团事变的赔偿金，于民国六年以降，五个年间的本利支付，得以延期，每年可轻减一千九百八十九万余两的负担，德奥两国的债务契约，因其战败，得以解除，每年可减少六百四十万元的支出，盐税自改革以来，收入逐年增加，年额达八千数百万元，关税于七年八月以后，实施新税率，年额得八百万两的增收。他方面，在经济上，银价暴腾，外债偿还，极为有利，国际贸易，频年旺盛，出入略能均衡，这是中国财政整理空前绝好的机会。无如政治为一般军阀官僚所把持，毫不顾及人民与国家的利益，只以营私植党为事，没头于政权争夺战，无限制扩张军额，膨胀军费，在民国二年，军费月额，不过百数十万元，而当时临时费除外，月额竟达七百余万元，一般政费，亦滥行增加，致使日本借入巨额资金，概行消耗于军政费，或饱私囊，不到一年，即归乌有，其结果，使财政更加紊乱，不可收拾。英、美、法、意四国，睹此情形，以为一切政治借款，徒助长中国纷乱，破坏中国统一，日本亦不得不有同一样的表示，遂于民国七年末，五国协议结果，声明中国未统一以前，无论南北何方，一切政治借款，概不承认，日本亦不得不中止其对于北平政府财政上的援助。尔后北平政府，惟依赖于内债，或短期借入金，以为生活。然财政上，到底无法支持，因私在美国从事借款运动，突于民国八年（西历一九一九年）十一月三十日，与美国太平洋兴业会社，缔结五百五十万美金的烟酒借款契约，更声明以三千万美金为限度，得以借入，担保品，为烟酒税收入，并以任命美人一名为烟酒局次长为条件，该借款，与盐税同一方法，欲依美人力量，以企图烟酒税之改革，因遭国内人民反对，与外国银行团抗议，仅交付五百五十万美金而止。

其后北平政府，对于外国银行团，频诉其财政穷迫，哀求援助，民国九年（西历一九二〇年）一月，经驻在北平各国公使团会议结果，决定大纲，借款总额，为五百万镑，该借款使用方面，限于不至阻害南北统一，更以一部分给予南方政府，但须严行监督用途，如新借款团成立，以不变更该团之承受为条件，该借款条件，因有妨于内外种种事情，未见实行。其后北平政府，以旧历年关迫切，要求垫款一部分，乃由日本单独于是年二月十九日，缔结日金九百万圆的借款契约，借款条件，年利八厘，偿还期限六个月，以中国政府国库证券为担保品。是年北方五省，遇过旱灾，极其悲惨，中国政府，为救济灾情起见，向各国提议四百万元的借款，日、英、法、美四国协议，认为有承诺的必要，各分担一百万元，于民国十年一月签字，借款条件，以加征海关一成加附税收入为担保，偿还期限一年，年利七厘，组织用途监督委员会，由于中外两方面，各选出委员六名组织之。

在中国国际银行团，为帝国主义者协同的经济侵略资本团，自欧洲战争发生，国际资本团的活动，为之阻止，战后，美国经济势力，日益膨胀，各国劝告其复归于银行团，美国亦以对中国经济侵略孤立为不利，乘国际地位的优势，乃复归于银行团，并提议组织新财团，扩大其侵略范围，不惟政治借款，共同独占，对于实业借款，也是一样，新借款团，于民国十年（西历一九二〇年）十月十五日成立。我国人民，莫不以新借款团，欲左右中国财政，并图掌握中国全国铁道，认为开国际管理之端，有危害我国国家的存立，舆论沸腾，一致反对，北平政府，亦颇顾虑清议，不肯承认，而中国银行团，提议加入，以图牵制帝国主义者的侵略政策，又遭新借款团拒绝，更招中国人民反抗，故借款进行，一时为之停顿。

但北平政府，财政穷乏，达于极点，无法可以救济，实不能耐，至十三年春，向新借款团提议四亿元的整理大借款，并要求三千五百万元的垫付金，各国都以现在借款中国，不过徒助长国内纷争，又以中国人民反对，日益急烈，颇为戒惧，故虽经北平政府，几次交涉，始终拒绝不应，于是依赖外债为生活的北平政府，至是完全绝望，毫无办法。其后只依于中日山东悬案细目协定，对在山东的日本公有财产引渡，及日本所经营制盐业利益买收的补偿，于民国十二年，由中国政府交付一千四百万圆的国库证券，是为北平政府形式上最后的政治借款。

我国所有政治借款，仅长期外债，已达于一亿八千七百万镑，其中以关税、盐税为担保，本利能够年年确实偿还者，惟光绪二十一年的俄法借款、光绪二十二年的英德借款、光绪二十四年的续英德借款、光绪二十七年的庚子赔款、民国元年的克利斯浦借款，及民国二年的善后大借款六项而已。其他几多大小借款，数年来，本利支付，全行停顿，因而负债额，渐次累积，至于今日，我国所负担的政治借款，约达十八亿元以上，不惟是我国财政上的致命伤，且为我国积弱不振的根本原因。

第三节　实　业　借　款

我国实业借款的外债，归于交通部负担，而交通部所管的事业，为铁道、电信、邮政、航业四项，即所谓交通四政，此四政中，占借款的最大部分，是为铁道，举全国现在铁道，与外国没有借款关系者，几等于零，即在利权收回热的时代，纯然为中国资本所建设的，仅有京张铁道，但其后延长工事，不惟亦要借入外债，而外人代购材料，至今尚未归还者，已达一千五六百万元。

我国铁道借款急速增加的原因，因各国铁道借款条件其所获得的利权，通常是关于铁路附近矿山，及其他产业权，这实为经济侵略绝好的方便，以故列强对于中国利权竞争，莫不努力于铁道借款之获得。而在中国政府，一方面以吸收巨额外资，惟铁道为最适当的担保物件，他方面，又以财政穷乏无法救济，因利用列强热衷于利权争夺，以各种铁道借款为名，而流用于军政费，以救目前财政上的危急。

前清光绪二十三年，与比利时所成立的京汉铁道借款英金四百五十万镑，是为我国铁道外债的嚆矢。翌年与比利时成立正大铁道借款二千五百万法郎（因义和团事变勃发未及履行），又与美国成立京奉铁道借款二百三十万镑。光绪二十五年，与比利时成立京汉第二次借款英金五十万镑。自中日战争失败以来，中国积弱，更为暴露，因而列强借款竞争，更为激烈，光绪二十八年，与法国成立正大铁道借款四千万法郎，二十九年，与比国成立汴洛铁道借款四千一百万法郎，又与英国成立沪宁铁道借款二百九十万镑，三十一年，与英国成立道清铁道借款八十万镑，又成立粤汉铁道借款一百十万镑，与比国成立京汉铁道借款一千二百五十万法郎，三十三年，与英国成立广九铁道借款一百五十万镑，三十四年，与英德两国，成立津浦铁道借款五百万镑，与英国成立沪杭甬铁道借款一百五十万镑，又与日本成立吉长铁道借款二百五十万圆。

是我国各种铁道，都是建筑于帝国主义的经济侵略之下，各国因利权竞争的结果，故对于中国铁道借款，得以均沾。但是当时，我国国民，对于列强利权竞争的的反动，而有一种利权回收运动，全国纷起，异常猛烈，于是新铁道借款，一时为之中止。惟于光绪三十四年，政府以振兴实业为名，借英金五百万镑，宣统元年，与日本成立新奉铁道借款三十二万圆，宣统二年，与英、德两国成立津浦续借款四百八十万镑，宣统三年，邮传部与日本成立二借款，共日金一千万圆。

以上各种实业借款，大部分都是流用于军政费，得以苟且弥缝于一时。惟当时岁出入不足额，已达于三千九百二十余万两，而实业借款流用，自有限度，到底不足以救治中央财政的窘迫。政府乃于宣统二年（西历一九一〇年），派员赴美，运动借款，适美国蓄意投资中国，并欲在于满洲牵制日俄两国势力的膨胀，因提议布设新民屯法库门间铁道，与锦州爱珲间铁道，或以三千万镑买收满洲各铁道，使其中立，这种计议因遭日俄两种反抗，为之中止。最后交涉，乃以币制改革及满洲实业振兴费为名，成立英金五千万镑借款，而美国以于日俄两国势力圈内，单独投资，恐难与之拮抗，不免发生危险，遂连络英德法三国，组织四国银行团，于宣统三年四月，成立一千万镑，其借款要项如下：

一、年利五厘，自公债发行之日起算，每六个月支付一次，但垫款年利八厘。

二、偿还期限，四十五个年，但垫款自契约签字日起算，在十八个月以内，须全部偿还。

三、在十五个年以后，虽期限未满，如于六个月以前预告，无论何时，得全部偿还。

四、实收九五，银行手数料，为每年偿却金额四百分之一。

五、抵押品，东三省烟草及烧酒税百万两，东三省生产税及消费税百五十万两，全国盐税新附加税二百五十万两，合计五百万两。

六、借款用途分配（见表5-2-6）：

表5-2-6　借款用途分配表

全国币制改革费	5 600 000
东三省农业振兴费	1 400 000
东三省烧酒砂糖工业改良费	100 000
汉河观音山三姓金矿开掘费	200 000
东三省币制改革费	2 000 000
东三省防疫费	300 000
黑龙江开垦费	300 000
合计	10 000 000

该借款名为币制借款，而其用途，约半额充作满洲各种施设费，

当时计划，无非出于限制日俄两国不使其垄断满洲利益，于是日俄两国，以有侵害其特殊权利，共同向我国政府，提出严重抗议，并对于四国银行团，要求反省，因而该契约履行，不得不为之顿挫，适值革命勃发，该借款仅交付垫款即行中止，至民国二年，善后大借款成立，归还垫款四十万镑，该契约因而取消。

第一次善后大借款用尽之后，政府财政，仍是穷乏，于是计划各种实业借款，以便流用于政费。民国二年九月，因英国向五国银行团提议，经济借款，委于各国自由投资，遂激动列强野心，复行热衷于所谓利权争夺，而当时北平政府，亦以财政困迫，无暇顾及损害，于是各国铁道借款，及其他经济借款，又风起云涌，相继成立。民国元年（一九一二年）九月，与比利时财团，成立海兰铁道借款二亿五千万法郎，二年八月，又与该财团成立同成铁道借款二亿五千万法郎，是年十一月，与英国成立浦信铁道借款三百万镑，十二月，又与英国成立沙兴铁道借款一千万镑。民国三年二月，与法国成立钦渝铁道借款一亿法郎，四月又与法国成立实业借款一亿五千万法郎，是年五月，与英国成立宁湘铁道借款八百万镑。民国四年，与日本成立四郑铁道借款五百万圆。以上各种铁道借款，仅仅缔结草约，在名义上，获得利权而止，而其垫款，概行流用于军政费。其后受欧洲战争影响，列强无余力侵略中国，除民国五年，与俄国成立滨黑铁道借款以外，再没有投资于我国新铁道借款者。惟有日本，于民国七年以后，因授助段内阁，成立各种铁道借款，其全部款项，都是投于内争费用。

我国借款布设铁道，实为现在开发财源、振兴产业的根本政策，从前日美各国，都以是而兴，而我国铁道借款成立之后，不惟财源不能开发、产业不能振兴，反以紊乱财政，腐败政界，并在经济上，造成各国瓜分割据的形势，种下危及国家存立的祸根，非借款之外，实政治不修明阶之厉也。

交通部所管辖外债，除铁道借款外，尚有电政借款，最初成立为沪烟沽正水线借款英金二十万镑，该借款，因当时义和团事变，京津与上海方面，通信断绝，中外人士，甚感不便。英国大东电信会社，与丹麦大北电信会社，不待我国政府许可，临时敷设上海芝罘大沽间海底电线。事变平静后，我国政府，以借款形式，买收过来，于光绪二十六年（西历一九〇〇年）七月十日，订立借款契约，其借款条件，年利五厘，即以该海底电线为担保品。在借款期间中，该电线事务经营，委任于债权者负责，偿还期限，三十个年，自第二年起，分年偿还，即自西历一九〇一年三月三十一日开始偿还，至一九三〇年九月三十一日偿还终了，每年偿还二次。

第二，为沪烟沽副水线借款四万八千镑，系对于前述海底路线，作为副线工事之用，债权者，仍为大东、大北两电信会社，于光绪二十六年十二月二十一日签字，其借款条件，年利五厘，即以该海底电信副线为担保品，用途系为该海底电信回收资金。偿还期限，二十九个年，自第二年起，分年偿还，每年偿还二次。

第三，为整顿电报电话借款五十万镑，于前清宣统三年（西历一九一一年）四月十日，与大东、大北两电报公司，缔结借款契约，其借款条件，年利五厘，即以全国电报电话收入为担保品，偿还期限二十个年，自第二年起，分年偿还，每年偿还二次，分作三十八回还清。

第四，与英国马可尼公司成立无线电信借款，该借款，系购买无线电信机械，其代价用一种借款形式，分为陆军部所管，与交通部所管两种。陆军部所管军用无线电信，借款契约，于民国七年（西历一九一八年）八月二十七日成立，借款额为英金六十万镑，年利八厘，以中华民国八厘金镑国库证券额面六十万镑，交付该公司，作为担保品。用途，以三十万镑，购入马可尼最新式军用无线电话机二百架，其余以现款交付于中国政府，为财政部流用经费，偿还期限五个年，自民国十三年（西历一九二四年）八月二十八日开始偿还，每年支付本利，分为二月二十八日与八月二十八日两次，并有优先权。在本借款期间中，中国政府只能使用马可尼式无线电话机，如中国政府，将来为制造或修理无线电话机，而设立工厂时，先须提议于该公司协商，合资办理。交通部所管无线电信借款契约，于民国八年（西历一九一九年）十月九日成立，借款额，为英金二十万镑，年利八厘，除中国政府保证外，并以该电信机及装置一切为担保品。用途，作为无线电信机械购入费，及建设费，偿还期限，自本机械全部到着上海之日起算，经过二个半年后，分作四年还清，每年偿还一次，但于三个月以前通告，如全额或规定年额，均得偿还。

第五，为扩张电话，于民国七年十月二十五日，与日本中日实业股份公司，成立日金以前万圆借款，借款条件，年利九厘。用途，为扩张电话资金，以北平、天津、汉口、南京、苏州及上海南市各电话局为优先担保品，偿还期限九个年。

第六，为有线电信借款，于民国七年四月三十日，与日本中华汇业银行，成立日金二千万圆借款契约，借款条件，年利初为八厘，十四年十月二十四日以后，变为九厘。用途，为有线电信扩张，及改良资金，以关于中华民国政府全国有线电信一切财产并其收入为担保品，偿还期限九个年，并订有优先权，于该借款有效期限内，如关于有线电信与外国借款时，或关于全国有线电信将来聘用外国技师时，均须先与该银行商议，又关于将来全国有线电信事业所要材料，购买外国品，如品质价格同一，则须买日本货物。

第七，为有线电信扩张改良工事，与日本东亚兴业公司，于民国九年二月十日，成立日金一千五百万圆借款契约，借款条件，年利九厘，以全国有线电信，与关于大连芝罘间海底电线的财产全部，及其收入为担保品，偿还期限十二个年。

以上三种日金借款，在名义上，都是充当电信事业的费用，其实大部分，亦是流用于军政费。故交通部所管辖的外债，因政府流用，无力偿还者，现在本利计算，闻已达十三亿元。我国交通机关，以后非脱离政治关系，使纯粹为一经济事业的机关，而实行特别会计的独立制度，则所谓经济借款，徒供军阀斗争的工具，助长内乱，而欲借以发达社会经济，以完成国家统一事业，实无希望也。

第四节　我国外债的特色

我国以国力衰微，财政穷乏，加以官吏贪污腐败，政府信用，完全失坠，乃至诱起列强对于中国的经济侵略，日益厉害，而以借款方式为其侵略的工具，因而我国所有外债条件，比较各国特色极多，今举其主要点如下：

查各国彼此借款，除有特殊情形外，多以无担保品为原则。而我国外债，则以有担保品为第一条件，否则借款契约，不能成立，且有二重物上担保者，甚至在契约上，有获得优先担保权者，此其特色一。

查各国外债，都有公私的区别，如其政府间相互借款，固以须经外交上手续为原则，若与私人借款，则直接与私人交涉，并不须经外交上手续，将来如发生争持时，则以法律解决为常。而我国对于各国外债，就是与私人借款，都没有不经过债权者所属政府外交上的手续，一旦借款发生争持时，必至惹起国际交涉，此其特色二。

查各国外债，债权者，多系其借款主体，直接经理，意思简单，一切借款条件，都容易当面解决。而我国各种外债，莫不由其债权政府指定代表银行处理，借款一切事宜，如有重要条件，代表不能迳行解决，须请示于其政府，必至迁移时日，且多含有国际政治意味，此其特色三。

查各国外债，多在其本范围内的事项，议定借款条件，不能够涉及将来权利。我国与各国缔结借款契约，有对于同一目的的次回借款，约有承受的优先权，以后借款，如未经优先国拒绝承受之时，就不得与他国交涉借款事宜，是国家的借款自由权，完全为其所束缚侵害，此其特色四。

查各国借外债，都是有选择自由的余地。而我国借款，因有外人势力范围的设定，就不能行使自由选择权，如长江一带，为英国势力范围，南满州与福建，为日本势力范围，云南为法国势力范围，所谓势力范围者，就是其已经获得特殊权利的境域，如在其势力范围内借外债，建设事业，必须先向该权利获得国提议，否则必被其抗争，不能成立，是我国借款选择自由权，完全为其所剥夺，此其特色五。

查财源管理权，为一种国家独立的财政权，凡有独立资格的国家，就是外债无论如何多，这种财源管理权，不会放弃，惟已经灭亡的国家，如埃及、朝鲜等，则为例外。我国为外债担保品的财源，如关税、盐税，其管理权，都委于外人之手，这种国中最大的税收，完全为外人所支配把持，则国家表面上虽存在，而国家财政独立权，久已丧失了，此其特色六。

查国中款项存放，于市面金融上的活动，有极大的关系，各国中央银行，能够有操纵市面的金融权，就是在其存款丰富。我国税收，以关盐两税为最大，因作为外债担保品，而税收存放权，亦渐次为之丧失，从前所有海关及五十里内常关税收金全额，先是分存于德华、道胜、汇丰三银行，今为汇丰银行所独占，盐税收入金，则分存于日、英、美、法各外国银行，故上海各外国银行，尤其是汇丰银行，不特市面的金融权，为其所操纵，得以制金融界的死命，而政府财政上的活动，亦为其所挟持，此其特色七。

查财政监督权，为行使国家财政的最高权，在财政权独立的国家，就是与外国有债务上的关系，外人没有过问的机会。今我国以关税、盐税及铁道为担保品的外债，在借款未偿还以前，都赋予债权者，对于款项的用途，有一种监督权，是这种国家财政最高行使权，因借款担保的缘故，亦为之丧失，此其特色八。

查各国外债，多是发行一种公债，其所买出公债的款项，无论其经营何种事业，都为其完全自主权，债权者绝无过问干涉的机会。今我国借款，对于债权者，多附带赋予其他各种特权，如以铁道为担保的外债，关于材料的购买，与铁道的建筑，以及技师及会计主任的聘任等，各种特权，在借款契约上，都为一种附随的条件，是我国国家行政上经营事业的自主特权。因借款的担保缘故，亦为债权者所获得，此其特色九。

查各国外债利息，多以年利二三厘为最普通。我国借外债利息，起初尚为四厘、五厘，其后渐次腾贵，有至七厘、八厘者，至于担保不确实的借款，与各种短期小借款，多在一分以上的高利，且其实收额，全额极少，以九十乃至九十五为最高额，甚至有在八十以下者，加以承受银行的报酬金，类多与以百分之五内外，是政府实收额，大为减少，故在表面上，利息虽不高，而实际上，实为世界无比的高利，又担保不确实的外债，到期时，因无偿还的资力，延期重延期，而其复利计算，有达于月利一分六厘者，实为可惊，此其特色十。

第三章
内　债

第一节　前清时代的内债

第一项　借用商款

我国自古以来，人民都没有国债的观念，从前政府，于租税以外的临时收入，惟有施行献金与卖官的两种制度。而内债募集，创始于光绪二十年八月，当时因清日战争发生，用以充作军费为目的，据当时户部所奏定，为一种借用商款办法，并非完全具有公债形式，其募集条件，偿还期限为两年半，以六个月为一期，分作五期还清，自第二期起，各偿还四分之一，年利七厘，如遇闰年，加算一月，但实际上，各省办法，不是一律，人民不肯应募，则由大小官吏，强制推行。因之弊端百出，非难日多，翌年遂停止募集，其军费依于英德借款弥补，是为我国内债募集第一次的失败。

第二项　昭信股票

光绪二十四年，为对日本的赔款支付，以昭信票为名，发行内债，当时本拟仍依外债，因英俄两国，竞争承受，恐酿成外交上的纷扰，遂基于黄思永的建议，募集内债，黄氏仍主张强制募集，户部不以为然，使官绅商民，任意应募，颁发昭信股票，及办理章程，而募债额，规定一亿两，年利五厘，以地租及盐税为担保品，偿还期限，二十个年。且设立奖赏条件，卒以商民程度低下，不知公债为何物，购买者甚少，总计不过得一千一百余万两，终归于失败。至戊戌维新，此项股票，遂停止发行，其赔款，亦是依英德借款支付。

第三项　收回京汉铁道借款

光绪三十四年，邮传部为收回京汉铁道，利用当时一般国民的利权回收热，发行内债一千万两，年利七厘，偿还期限，十二个年，并予证券息折，如到达支付期，在于交通银行官有铁道及电报局等，有与现金同样通用的特权，但仍无成绩，归于失败。

第四项　爱 国 公 债

前清末年，因内忧外患，相逼而来，经费日益膨胀，财政日益穷乏，因发行一种最后的内国债，名为爱国公债，于宣统三年九月，经度支部奏定，与资政院议决，颁布爱国公债章程，发行额为三千万元，年利八厘，偿还期限九个年，关于公债募集，及本息偿付，均委任于大清银行经理，并通令内外官吏，按其收入额，负应募的责任，且皇室率先以内帑金认购一千零十六万二千九百十元，为之提倡。适值革命勃发，京外募集区域，仅限于直隶、山西、河南三省，加以当时清朝威信堕地，人心离叛，于是应募者更少，在一般绅商应募额，不过百数十万元。该公债，归民国政府继承担任。据民国三年，政府发表偿还方法，本利自民国五年开始偿还，定九年中，本利还清，其后在民国十年初，未偿还额，尚有三十二万六千七百九十元，依是年内债整理办法，到年末，全部偿还。

第五项　各省地方内债

前清中央政府内债，都归失败。而地方内债，亦是一样，当北清事变后，各省利权回收运动为之勃兴，直隶总督袁世凯，慨然排斥外债，而主张募集内债，于光绪三十一年二月，为充北洋陆军扩张费，募集四百八十万两的直隶公债，指定偿还财源，并付予已到偿还期限的证券息折，有可以缴纳租税的特权，但仍不能举其实绩，其陆军扩张费，卒由日本正金银行借入三百万两补充。其后各省以同一条件，仿照办理，宣统元年九月，湖北省政府，欲还清从来由内外商人借入的负债，因募集二百四十万两的省公债，其募集条件，公债所有者，如发生资金急需时，可以将该公债作担保，向官钱局借入必要金额。宣统二年正月，安徽省政府，为填补岁入不足，募集一百二十万两的省公债。是年八月，湖北省政府，又募集一百二十万两的省公债。其结果，都如直隶一样，不能达到目的，仍不外借助外资，以应急需。

在前清时代，中央与地方所有内债募集，都归失败，其重要的原因有四。第一，政府失掉了一般人民的信仰，财政不公开，其募集实收额若干，用途为何，从无公报发表，又到达偿还时期，不能履行条件，各地方官吏，对于募集，虽名为劝募，实则勒索不堪，甚至另外诛求，以苦商民。第二，社会经济，仍是原始土地经济，政府不注重工商业发展。致使一般经济不进步，产业不振兴，政治上的设施，都是防遏资本集中，故国内资本，异常缺乏，号称为资本家者，概系土地、家屋所有者而已，从而对于公债，一般人民，都乏应募能力。第三，金融机关不发达，当时惟一的金融机关，只有大清银行，且资力不雄厚，在社会上的基础，亦不稳固，故一般商民的信仰心，极为薄弱，购买公债者，如购买土地、家屋一样，不能随时随地，变为活动资本，故难以激发其购买心。第四，公债在市面上，毫无活动余地，故一般人民，缺乏公债观念，以为购买公债，就是与完缴租税及捐纳官吏一样，故非强制购买，无人过问。

第二节 民国时代北平政府的内债

第一项 八厘军需公债

民国时代北平政府的内债，惟爱国公债与八厘军需公债，非其本身所发行，爱国公债已见前，不再述，八厘军需公债，系革命后南京政府所发行，时民国元年也。其发行条件，预定额一亿元，年利八厘，担保品为田赋，但规定将来废除厘金，增征关税，即以关税增征额为担保，偿还期限六年，自第二年起，每年偿还五分之一，由各省军政府募集者，其募入额，以十分之三，存作地方经费，其余解纳南京中央政府，并派员赴南洋及各处华侨劝募，结局，应募额，不过五百七十七万一千一百五十元，而各省都督，多低价发售，或直接付给军费，而南京政府的实收额，不到五百万元。该公债，与前清爱国公债一样，归北平政府继承担任，抽签偿还，共行五次，在民国十一年末，未偿还额为一百七十七万一千一百五十元，其后并入整理公债办理，十三年中，完全偿还。该公债，在民国九年十一月，北平证券交易所，最高市价，为七十七元六角，是为我国在市场交易最初的公债。

第二项 民国元年六厘公债

民国元年，北平政府，以四国财团大借款交涉，条件苛酷，不容易成功，垫款亦被停止，为救济目前财政困乏起见，假拨充中国银行资本，并偿还各种短期借款，以及整理各省滥发纸币为名，于民国元年十二月，经参议院协赞于二年二月，制定民国元年六厘公债条例，即于是月发行，其发行条件，预定额，为二亿元，募集期，由财政总长，依财政上的便宜，分期募集，年利六厘，发行价格九二，以全国契税及印花税为担保品，偿还期限，三十五年，五年以后，依抽签法偿还。这种长期公债，到底不适于我国国情，结局，发行总额，达一亿三千五百九十八万五百七十元，其大部分系在额面四成以内发卖，故卖出额，虽在一亿三千万元以上，而其实收额，不出五千万元。其后该公债市价低落，到额面二成内外，依于民国十年内债整理办法，发行整理六厘公债，对于旧债百元，交换四十元的新公债，以资整理。

第三项　民国三年内国公债

第一次善后大借款，于民国二年中，即云消雾散，至于翌年，政府财政，又穷迫无计，欲依赖外债，又知其难以应付急需，于是修改元年公债办法，再行发布适应于民情的内国公债条件，该公债募集，当初用途，仅为整理金融及补助国库二者，后见募集成绩稍佳，遂改为以补助行政费，临时军事费，偿还外国借款，并振兴实业四者为目的，预定额，为一千六百万元。其募集条件大要，一方面设立公债局，使负募集专责，因讲求确实偿还本利的方法，指定财源，并借外国银行以昭政府信用，即指定确实可靠的税收若干，存储于汇丰及道胜两外国银行，以保证本利金的支付，扩张债券使用范围，以图便宜商民，即以该公债可作为银行保证准备金，及缴纳公务人员的保证金等。一方面使各省及各资本团承受一定数额，并公布经理规则，及奖励章程，尽所有方策，以图激发一般人民的购买心，故在我国内债中，稍有成绩。政府见有超过预定发行额之势，更于三年十二月二十二日，公布追加条件，增加八百万元，应募总额，为二千四百九十二万六千一百十元，发行价格九四，实收额，为二千三百九十万八千四百十一元，内扣除手续料、汇兑料，及奖励金等，共三百五十五万六千九十元，结局，政府实际收入额，为二千四十二万四千三百二十元。我国内债应募额，超过发行额者，实以该公债为始，不可不谓为大成功。该公债，在民国七、八、九、十四年，行抽签偿还共四次，至十四年末，全部还清。

第四项 民国四年内国公债

在民国四年，因欧洲大战发生，外债募集，全然绝望，而内政整理，尚未就绪，因而财政穷乏，更甚于前，其应偿还的短期内外债，已在四千九百万元以上，故四年度，国库出入概算不足额，约五千万元。于是政府乘三年内国公债，稍为成功，乃复仿效施行，于民国四年四月一日，发布四年公债条例，其各种办法要旨，都与三年公债一样，因中国一般人民，多不信用当时本国政府，而信用外国人，及外国银行，于是政府一方面对于所有本利支付的基金，由财政部按月拨款十二万元，交总税务司转存各外国银行，以备每年付息之用，除在中交两行卖出外，并委托汇丰银行经理以厚其信用。他方面，对于各省应募额，比例强制，且在南洋各地派员劝诱，关于应募额，在五万元以上者，叙勋，在四十万元以上者，给予一等嘉禾章，以示鼓励，其结果，应募额，达二千五百八十二万九千九百六十五元，其中汇丰银行的应募额，为一百十五万元，外国人对于中国的内债投资，此为第一次。该公债，顺次抽签偿还，现在已还清。

第五项 五年六厘公债

三、四两年的内债，在我国内债中，为稍有成绩者，但是这种巨额的内债款项，政府到手即罄，财政仍是穷乏不堪，当时欧战正酣，外债更不足赖。于是政府于五年三月，公布六厘公债条例，发行额，预定为二千万元，年利六厘，偿还期限三年，以全国烟酒公卖收入一千一百六十八万元为担保，适袁世凯的帝制运动发生，西南又革命起来，于是公债募集，为之顿挫，到五年十月末的结束期，应募额，不过七百七十五万余元，至民国九年，其未募集额，酌提债票一千万元，用以偿还民国三年所发行的储蓄债券，结局，二千万元的发行额，才能达到。该公债担保条件，所指烟酒收入，不过空言，除息款随时由部筹发外，本金并无着落，故至民国九年三月，该公债，惟行第一次抽签，偿还一百二十四万二千四百十元，其后并归十年内债整理办法，于民国十五年以后，分作三年偿还，每年偿还两次，至民国十七年九月底，本利全部还清。

第六项　储　蓄　债　券

储蓄债券，为补充政费不足，因仿效外国富签公债之例，于民国三年十月，公布储蓄券章程，发行额为一千万元，规定民国七年偿还本利，后以国库穷乏，不能实行，至六年十二月，延长偿还期限，改为七年以降，三个年间，抽签偿还，至九年，仅交付五年六厘公债一千万元，作为收回未偿还的储蓄票之用，而此项债票，遂告结束。

第七项　七年短期公债

此项公债，因从前政府，以国库穷乏的缘故，随时由中国、交通两银行借入金额，至民国七年，已达于九千三百万元的巨额，两行无法应付，只有出于滥发纸币之一途，滥发过多，遂陷于兑换停顿，致使金融市面，渐次混乱，于是政府有迫于归还两行债务，以整理兑换券的必要，于民国七年四月，颁布七年短期公债条例，发行额，为四千八百万元，年利六厘，偿还期限五个年，分作十期还清，以关税延期赔偿金为担保财源，并经当时总税务司安格联签字，由关税项下，直接提拨，以供还本付息之用，担保最为确实，故历次还本付息，从未愆期，在我国各种内债中，能准期抽签还本者，仅此一种。而支付本息的机关，在外以中国、交通两银行的支店代理，其未设支店的地方，则委托县公署代理，每年规定六月及十二月为偿还本利之期，该公债，至十一年末，本利完全还清。

第八项　七年长期公债

七年短期公债，系直接交付中交两行，以清偿政府负债，但当时两行纸币发行额及存款额，已超过九千万元，与政府欠款数目略相等，仅以该公债四千八百万元，用以收回京钞，仍不能完全整理，因之两行兑换券价格，日益低落，并发生存款取付的风潮，于是政府更于民国七年，发行六厘长期公债四千五百万元，以一半充作银行券收回之用，一半流用于军政费，其发行条件，年利六厘，偿还期限二十个年，以距海关五十里以外的常关收入，为第二担保，其他与七年短期公债一样，当时两行京钞价格，低至四折有奇，购买公债，获利颇厚，承购者甚为踊跃，故全额得以发行。其付息拨款办法，由财政部核定，每月在盐税剩余金项下拨付，计自民国七年起，每遇十一月、十二月及一月，三个月内，逐月提拨三十万元，以二十万元交存中国银行，以十万元拨存交通银行，其余九个月，每月提拨二十万元，中交两行各存十万元，全年统计二百七十万元。上项办法，虽经规定，然拨付仅有敷次，此后并未照拨，自民国十年，归入整理案内办理后，付息始无延误。此项长期公债，原定自民国十八年起，开始抽签还本，至民国二十六年还清。其后第一次抽签，系于十七年六月一日，在北平提前举行，计偿还二百二十五万元。是年十二月三十一日，至十九年六月三十日，又在上海继续举行第二次至第五次抽签，计各还二百二十万五元。

第九项　八年七厘公债

当时北平政府，因编成民国八年度预算案，岁入不足额，超过三亿三千八百万元，为设法填补计，公布施行所得税法，以该税税收为担保，发行二亿元八年七厘公债，嗣经国会否决，改为暂发五千万元，同时复因议决取消河北等九省田赋附加税，为弥补此项预算不敷之数起见，加发六百万元，合计发行额共五千六百万元，于民国八年九月，公布该公债条例，年利七厘，五个年间，仅支付利息，自第六年起，依抽签法，每年偿还总额十五分之一，至第二十年还清，以全国未经抵押的货物税收入为担保，每月由财政部支出若干额，存于指定银行，以备利息支付之用，因这种条件不确实，应募者极少，其募得额，仅为三千三百九十五万元，其余二千二百余万元，系充作借款抵押品之用。至民国十三年，该公债市价，仅有二三成，是年三月，财政部呈请整理内债时，因另发七厘新债票，每旧八年公债百元，得换新债票四十元，其抵押债票，旋亦经呈准按照四折，另行换发八年公债整理债票，该项八年公债，遂告结束。

第十项　整理金融短期公债

自民国八年以来，外债之途，既已完全绝望，北平政府，无以为计，惟依赖于内债募集，或银行借款，以维持其生命，至民国九年九月，政府高利的零星短期借款，总额达四千万元，尚有其他应于必要由中交两行借入不少，两行仍是以滥发纸币应付，遂至两行周转不灵，不得不停止兑换，自京钞停兑以后，物价腾贵，益以一般商民，不为正当营业，竟以京钞为投机之具，于是钞价不定，利率倍高，其扰乱经济秩序，实非浅鲜，而人民以钞券为收入者，受害尤烈，是其为害于社会金融者如此。当时中央财政困乏，达于极点，政府所赖以挹注者，交通部收入，实为大宗，而该部数年来，积收京钞共三千余万元，除当时已售成现款外，仍存京钞二千余万元，大半均已抵押现款，此项利息，又年需百余万，倘无根本办法，即现金押款，纷纷到期，恐亦穷于应付，是其为害于国家财政者又如此。

于是政府于民国九年九月十九日，公布整理金融短期公债条例，发行额，为六千万元，内提出二千四百万元，以一部分充作财政部清理京钞押款，一部分拨与交通部，赎回前项抵押现款的京钞，其余债额三千六百万元，发交内国公债局，克期发售，专收京钞，以四个月为期，逾期之后，无论公共机关，或商业团体，不得再有前项京钞出入，并不准再有前项京钞行市，若持有京钞，不愿购换债票者，亦可分交中交两行，换立分年定期存单，利息期限，均与公债相同。该公债年利六厘，依抽签法偿还，偿还期限六个年，分作十二回偿还，即每回偿还总额千二分之一，定自十年三月三十一日，至十五年九月三十日，全额还清，以关税剩余金为担保，由总税务司交出每回本利偿还额，存于中交两行，按期支付，若关税剩余金，不足本利偿还时，由财政部补充。依本公债发行，中国银行京钞，得回收二千二百一十万三千二百二十二元，交通银行京钞，得回收一千零九十七万六千十九元，于是京中市面金融混乱，得以渐次防止。自十年起，该公债即归入整理公债案内办理，惟十一年份，以基金不足，递展一年，十六年分应补抽十五年的债本，复以关税锐减，延付一年，前后共延债本两年，迟至十七年十二月底，始将各期本利一律偿清结束。

第十一项　赈灾公债

民国九年，直、鲁、豫等省，亢旱成灾，灾民遍野，极为悲惨，政府为图救济经费，原向四国银行团要求一千二百万借款，而一般国民，以由新银行团借入多额外债，对外政策，极为不利，竭力反对，为之中止。后经财政部呈准办法，就各省区大宗税捐内，酌量附征赈捐一成，专供本年赈灾之用，但加征赈捐，收解需时，而赈灾用款，刻不容缓。遂会同内务部商议，先发行赈灾公债，于九年十一月十二日，公布赈灾公债条例，债额为四百万元，年利七厘，偿还期限三个年，发行价格九十。募集办法，划出一部分，由中外各机关购募，其余由财政部会同内务部，酌量各省情形，分别摊派，以课各省货物税及常关税一成的附加税收入，为还本付息的资金，责成各□财政厅长及常关监督解送，使中交两银行保管。然应募者极少，仅募集二百十六万八千四百七十五元，实收九十七万一千一百余元，当时条例规定，每年五月三十一日及十月三十日为付息还本之期，乃第一次还本，即愆期两月，第二次竟未举行，迄第三次，政府仍无办法，至十一年五月，始抽签还本五十余万元，存在市面者，只有一百六十一万元，十一年十一月，本应再行抽签，因各省解款，未能如额，如东三省的八十余万元，竟分文未解，以致又愆期失信，至十七年以后，国民政府，始继续偿还，现在已还清。

第十二项　整理六厘公债及整理七厘公债

我国内债，除基于公债条例发行外，尚有短期借入金，其数甚多，利息甚厚，近来我国银行业发达，大多数的主要目的，都是企图对于政府借款，以贪厚利。尚有其他所谓国库证券，依民国二年制定章程，其发行额，不得超过岁入预算，发行价格，应与额面相同，年利不得超过七厘五分，偿还期限，应在一个年以内，并规定满期后，该证券，得完纳租税，且得为银行保证准备金，当时发行额，已超至一千六百万元以上，各种条件，多未履行，因而北平政府时代所成立的内债，至九年末，发行总额，已达四亿二千万元，不到十年间，乃发行如此多数的公债，其财政上的弱点，自必暴露无余，故除三年及四年公债，与七年短期公债，担保品比较确实，尚能够维持相当信用，其余价格日益低落，不堪设想。

当时各种公债市价，其信用最大的，如七年短期公债，在额面九成以上，次之四年公债，在八成五分，三年公债，在七成五分，其余五年公债，不过五成，七年长期公债，不过四成，至于八年七厘公债，低落至二成一分，元年六厘公债，更低落至一成四分。加以民国十年一月中，要支付的内债本利，合计有二千五百八万五千五百十五元，政府无法应付，遂有迫于不得不整理的必要。乃于是年三月，制定内债整理办法，筹备偿还基金，每月以一定额，交付于总税务司，作为顺次整理公债之用，这种基金，每年先自盐税剩余金，拨入一千四百万元，如尚不足额，则以关税剩余，与铁道收益，及烟酒税等补充。关税收入，除偿还抵押外债外，尚有剩余，则以支付三、四年公债，及七年短期公债的本利偿还，如再有剩余，则以全额拨入内债基金。于是年四月一日，以内债整理事业管理，委托于总税务司，基于整理案，于十年四月三日，发行整理六厘公债五千四百三十九万二千二百二十八元，整理七厘公债一千三百六十万元，以四成比例，与旧公债交换，其交换的旧公债，计有八厘军需公债、爱国公债、九年公债、五年公债、七年长期公债、八年七厘公债、整理金融公债等。但是整理六厘与整理七厘两种公债，并非特行募集，系专为换发元年公债及八年公债而设，故未专订条件，此则与他种公债不同的地方。查整理公债原案，所定指拨本息办法，系以关余全数及盐余、烟酒税、交通余利等款，每年二千四百万元，拨充基金，成立之初，还本付息，尚能如期举行，债票信用，因之日趋巩固。

其后盐余多被各省截留，烟酒税亦从未拨过一次，交通余利，虽于第一年度，曾经拨付，嗣后即未照拨，公债基金，不免动摇，整理原案，遂难维持。于是有安格联巩固公债基金之说帖，条陈三项办法：

一、中国政府，不再以不为海关行政直接或间接有关系之政费，请求以关税抵拨。

二、中国政府正式饬令总税务司于关税项下，除提拨足以偿付之外债暨庚子赔款外，酌拨可拨之款，为整理公债基金之用。

三、若关税收入，除原来应拨之款外，不敷拨付整理公债基金时，则总税务司，仍向盐税项下请求协助，每年至多不超过一千四百万元。

财部政将建议提交全国财政讨论委员会讨论，经该会将原定办法修改条文如下：

第一条、政府正式饬令总税务司，于关税项下，除扣存约计足供付偿外债及庚子赔款数目外，随时由内国公债局及银行方面代表，与总税务司酌商可提之款，专为整理公债基金之用。

第二条、此项可提之款，如有不敷，总税务司仍得向盐税项下请求协助，如有盈余，仍由政府随时提充政费。

该项议决案，于十一年七月二十九日提出国务会议，经议决交财政部照办，故是年息金，得以偿清。

但此项变通办法，原定施行，以该年年底为限，期满后，是否继续，政府迄无明令，十二年最初三个月内，因存有十一年的余款，整理案得以暂时维持。嗣后基金收入，愈形枯竭，利息虽仍能照付，而本金则无着落，截至民国十六年止，本债欠本金二年，十七年九月起，始次第补行抽签，数月之内，公债抽签，共有八次，其补还金融公债第十一、十二两次本金连息，计达一千一百余万元，该项公债，即于是年偿清，整理七厘，亦补还第六次本金一百六十三万二十元。独整理六厘，未曾补抽，截至十七年底为止，整六已愆期三年，故整理案各债中，只剩整六与整七二种尚未偿清。

第十三项　第二次整理六厘公债及第二次整理七厘公债

民国十年四月，组织内债基金处，内设整理公债基金，整理公债还本计算，及整理公债付息计算各项，由于银行公会，以中交两行为代表，与总税务司及公债局代表，会同办理基金保管事宜。自民国十年，所有八厘军需、爱国、元年六厘、五年六厘、七年长期、八年七厘、整理金融七种公债，都改为整理公债，依于基金规定，整理偿还。惟元年六厘公债，尚有六千四百一万九千四百三十元，八年七厘公债，尚有二千二百万元，由整理规定除外，于十年六月二日，另发行第二次整理六厘公债二千五百六十万元，及第二次整理七厘公债八百八十万元，以额面四成，与之交换。关于整理公债基金，前次规定，除关税剩余金外，再由盐余项下，及烟酒税收，指拨若干，政府当初承认以十一年度为限。乃于十二年九月十九日，以大总统命令，改定完全由关税剩余金，充当内债整理基金，故此后整理基金专依赖于关余项下。据当时经理内债基金处报告，收支尚能相偿，内债整理，渐次就绪，不意其后政府，因财政穷乏，外债无望，又滥发内债，遂使其整理计划，归于泡影。

第十四项　偿还内外短债八厘债券

自民国九年直皖战争之后，北平政府的军政费，骤然增加，当时外债，既已完全绝望，政府所依赖以为生者，惟有向内外各银行，滥举零星短期高利借款，借资抱注，其担保，悉为盐税剩余金。因自民国七年关税有盈余以来，以盐余为担保的外债，如善后大借款、克利斯浦借款的本利支付，都是取给于关税而足，因之盐余大增，于是穷于财政的政府，乃以此为饵，募集借款，各银行亦以盐余担保确实，相竞投资，以致借款之数，超过盐余所能担保之数，不知若干倍，其中实在情形，政府讳莫如深，银行亦茫无知觉，日积月累，负债益多，偿还愈难。至十一年一月末，由盐余担保的内外短期借款，每月应支付的本利金，约有七百万元，即年额至八千万元以上，而盐余收入，当时一年不过四千万元内外，到底不能应付这种需要，于是又有迫于整理的必要。

当时总税务司安格联建议，以盐税为担保，由外国银行借入九千万元，以偿还短期内外债，但其结果，盐税监督权，必然扩张，恰值其时，中外喧传有中国财政共管之说，因而国人莫不反对借外债，又盐余借款有关系的各银行，共同组织盐余借款联合团，要求政府发行债券，偿还借款，乃止借外债。于十一年一月二十六日，各银行号，与财政总长，签订合同，发行债票九千六百万元，并由财政部于二月十一日，呈准发行偿还内外短债八厘债券，其发行额九千六百万元，故普通称为九六公债，因以盐税剩余金为担保，故又称为盐余公债，年利八厘，偿还期限七年，自发行之日起，半年以内，只付利息，自民国十二年一月三十一日起，用抽签法，分作六年半还清，每年还本两次，第一次抽还总额百分之四，第二次至第五次，每次抽还总额百分之七，第六次至第九次，每次抽还总额百分之八，第十次至第十三次，每次抽还总额百分之九，扣至民国十八年一月三十一日止，全数偿清。应付本息的担保，自民国十一年三月起，在抵押善后借款所余的盐税项下，除去应拨整理内债与造币厂借款库券，及十一年一月所发特种库券各基金外，其余照本债券基金数目，第一年，支出一千二百万元，第二年至第七年，每年支出二千万元，每月平均计算，拨交盐余借款联合团所指定的银行，专款存储，以备到期偿还本息之用，基于华府会议，议决关税现实五分施行后，改由所增关余项下拨充，倘所增关余，尚有不敷，仍以盐余补充，实收额九十。本公债，因系偿还以盐余收入为担保的内外债所发行，为一种借换的性质，不另募集。

自本条例公布之后，政府复于二月十五日，将盐余抵押的内外债，悉数披露，总额逾一万万元，在财政部当局的意见，以为一经公开，即可缓和国民之反对，而不知国民见政府债务，如此复杂纷纭，益增疑虑，更来舆论攻击，军人干预，当局窘迫无计，乃呈请大总统，另设一偿还内外短债审查委员会，审查各项债务之是否合法，结果，只有三四项被剔除，余均认为合法，应由八厘债券偿还。但债多券少，不敷分配，因先按债款百分之六十三，以债券额面照偿，再按八四折合，约有五十三弱，即每债权百元，只得折合债券五十三元。盐余借款联合团，以折亏过甚，拒不收受，即有收受者，亦未将原押品按成缴回，延至十三年，财政部与债权人，协定盐余借款结算办法九条，其第一条，规定九六公债，暂按八四存抵（中交两行按九折计算），不得变卖，俟还本付息有确定办法时，再行冲抵部欠，各银行始照成受领。此项债票总额，九千六百万元，计由内国盐余借款各户受领存抵之债额，约四千三百五十三万元，由财政部用以拨付军政各费或抵押借款之债额，约一千余万元，两共五千六百三十九万一千三百元，均系以银元计算，是谓银元部分债券。其余则归入日金案内办理，自民国十一年三月一日，应偿还日本债权者，盐余债务，为日金三千三百二十七万二千余圆，以公债实收八四计算，为三千九百六十余万元。终北平政府时代，所有银元部分债券，除第一期利息二百二十五万五千六百五十二元六角，于十一年七月三十一日偿付外，其余应还本息，迄未按照条例办理。日金部分偿还额，仅四百三十五万六千九百元，余额尚有二千五百二十五万一千八百元。

第十五项　十一年八厘短期公债

十一年八厘短期公债，系民国十一年九月，政府迫于废历中秋季节，称为中央紧急政费所发行，定额一千万元，年利八厘，发行价格九十，偿还期限五个年，于十二年五月以降，每年分二次偿还，偿还基金，以十一年还清的七年短期公债基金充当，偿还方法，亦仿照该公债施行，其后基金改为以停止俄国庚子赔款应付部分充当，本公债现已偿清。

第十六项　十四年八厘公债

民国十四年间，北平政府的财政，益趋枯竭，从前所恃以周转的关盐余款，已抵拨无余，乃于十四年三月，以中央紧急政费，及在外使领经费为名，发行民国十四年八厘公债，发行额，为一千五百万元，年息八厘，实收九十，以停付德国赔款支付额，在偿还从前以该收入为担保的三四年公债，及五年公债利息，并十三年国库证券本利之后，尽先作为本公债还本付息基金，偿还方法，分作十九次偿还，最初五次，惟支付利息，自第六次起，抽签还本，定每年三月及九月支付二次，至第十九期止，全数还清。对于偿还基金，由总税务司从停止德国赔款项下，分期提拨，存储指定银行，于每届本利支付期十五日以前，分交中国交通两行备付。但最初五次利息，合计需银三百万元，因停付德国赔款项下，尚有不足，由财政部另筹的款三百万元，作为保息基金，拨交总税务司，专款存储，于每届付息期前十五日，分交中国、交通两银行备付。其发行办法，商由中国、交通、盐业、金城、中南、大陆、北京商业、中华汇业、中华懋业、中国实业等十家银行，全数承募足额各一百五十万元，此种公债，因基金确定，发行价格低小，而为数又不甚巨，故大都为承募的十家银行收藏，市面流通者极少。

第十七项　各种库券

一、十二年国库证券。北平政府于十一年短期公债消费后，不特外债无望，即内国银行界，亦再无可以融通的资金，政府穷乏无计，于十二年五月，计划发行十二年八厘短期关税公债二千万元，但当时关税，事实上已无余裕，强为发行，则有侵害整理公债及九六公债的优先担保，于是北平银行团，请愿中止发行，国会不予通过，总税务司安格联，更为强硬反对，以取消公债基金保管职责为要求条件，关税公债计划，遂终于失败。其后复计划发行一千二百万内债，以京师崇文门及左右翼税收为偿还资金，又遭众议院与北平及上海银行公会反对，亦不能成功。于是政府益穷窘，至十二年十月，以停止德国庚子赔款支付额为担保，发行四百二十万元的国库证券，年利八厘，发行价格九四，偿还期限三年，本公债现已还清。

二、民国十二年八厘特种库券。财政部为使领经费无着，特于十二年十二月，发行特种国库证券（通称使领库券），定额五百万元，年息八厘，以缓付俄国庚款拨付十一年八厘短期公债本息外之余款，为还本付息基金，于民国十七年起，开始还本，每次五十元，此项库券发行以后，利息均如期照付，十七年第一次还本届期，亦经如数偿还。

三、十三年八厘特种库券。财政部为教育经费无着，特于十三年发行特种国库证券（通称教育库券），定额一百万元，年利八厘，以庚子赔款俄国部分之缓付款项，除拨付十一年八厘短期公债，及十二年八厘特种国库券本息外之余款，为还本付息基金，于民国十七年，开始还本，每次偿还十分之一，至民国二十一年十一月三十日止还清，如指定基金除付息外，仍有余款，得随时提前还本，经政府公布，定于民国十九年十一月三十日，一次还清。

四、十三年法国庚子赔款余额担保库券。财政部为中央急需行政及近畿治安经费无着，特于十三年十月，发行民国十三年法国庚子赔款余额担保库券（通称治安库券），此项库券，应还本息，已于十六年九月如期还清。

五、奥国赔款担保二四库券。财政部为急需中央行政经费无着，特于十五年十二月，发行奥国赔款担保二四库券，定额二百四十万元，年息八厘，以停付奥国赔款为还本付息基金，于民国十七年十二月，开始还本，每次偿还本金十万元，此项库券发行以后，利息照付，十七年第一次还本届期，亦经如数偿还。

六、十五年春节特种库券。民国十五年春，财政部为节关经费无着，发行十五年春节特种库券，定额八百万元，年息八厘，预付前二年利息，自民国十七年起，指定关余项下，除拨付整理案内各种公债，暨银元部分八厘债券本息外，以其余款为基金，由税务司保管，即于是年起，开始还本付息，以五年为期。此项库券发行以后，除前四期利息早经预付外，十七年到期之第五次利息，虽暂由津海口内地税款内拨付，但基金项下，并无的款可拨，因金融公债，虽已偿清，而其腾出的基金，须尽先偿还整六、整七愆期的本息，及九六积欠的利息，再有余款，该库券始得分润，嗣后有无办法，尚是问题。

七、十五年秋节特种库券。民国十五年秋间财政部复因节关需款孔急，发行第二次十五年秋节库券，定额三百万元，年息八厘，预付前二期利息，自民国十七年起，指定关余项下，除拨付整理案内各种公债暨银元部分八厘债券以及春节库券应还本息之外，以其余款为基金，即于是年起，开始付息，所有本金，定于民国二十年三月一次清还，此项库券发行以后，除前二期利息，业经预付外，十七年到期之第三次利息，尚未照付。

民国成立以来，在北平政府时代，都是军阀官僚掌握政治，无限制的扩张军费，因而国家预算，迄未实行，每逢财政告乏，辄仰给于内国公债，既以公债基金不足，无术发行，乃乞灵于库券，库券又穷，计无所出，惟有日与各银行及各钱店公司为短期高利的借贷，数十年以来，层出不穷，性质纷纭，莫可究诘，而其中，尤以民国七年至九十两年，借款为最滥，截至十年止，借款总额，合计已及四亿元。当其发行时候，在名义上，虽各指定本息基金，而实际上，则除七年短期，有延期赔款确实作抵，三四年公债，指定常关收入，暨德俄停止赔款，交与总税务司，专款存储，以为还本付息的基金外，其余各债，均无确实担保的基金，或有基金，而已挪作别用，等于无抵押一样，故对于各债，不惟抽签还本，时有愆期，就是利息，亦往往无着，以致信用日益丧失，价格日益低落，使其后公债发行，非摊派强押，则无人过问。

民国十年，周自齐为财政总长时，知有迫于整理的必要，乃筹拟整理内国公债，确定本息基金办法九条，呈准施行，举以前所发公债，通盘筹算，分别整理，将元八两年公债，另行换给整理债票，自十年起，每年指定确实基金，如关余、盐余及烟酒税等收入二千四百万元，以为还本付息之用，著为定案。自是以后，如能照此实行，公债基础，自必日臻巩固，乃于财政上，不图根本整理，确定预算制度，使收支适合，仅为整理公债，而政府岁入不足如故，所谓不揣其本，而齐其末，徒劳无益。政府月有亏累，仍不得不借债弥补，至十一年，因短期内外借款，为数已逾亿元，又发行偿还内外短债八厘债券九千六百万元，虽指定盐余为基金，但抵押大多，并不稳定，除日金部分，付过本息数次，而其银元部分，付息一次后，迄无办法，截至十四年底止，共欠本息，尚有七千一百二十万一千二百四十九元六角，其他无确实担保的公债，如元八两年第二次整理债券，共欠本息尚有一千六百零七万三千八百元，赈灾公债，共欠本息，尚有一百八十三万五千六百五十元八角。

此外，则政府不居公债之名，而发行一种变相公债的库券，共计有七十余种，此项库券，有普通特种的区别，在当初发行时候，或亦指定基金，如特种春节、秋节库券，初本指定由关余项下拨付，嗣后因指定太多，基金不足，并未照行，其他普通各券，开始即无确实担保，仅以抵消一时的军政费，滥发尤甚，不胜枚举，其丧失信用，更不待论。据当时财政整理会，清算特种与普通两宗国库证券，截至十四年底止，积欠本息，共为五千九百一十一万四千三百八十四元一角六分。更有所谓短期借款，如盐余借款，及各银行垫款等，虽迭经清理，但因日积月累，终无法可以了结，几由短期借款，而变为长期公债，截至十四年底止，其总数，亦达一亿一千万元以上，是其在整理以后，而无确实担保，致使本息支付延期的内债，截至十四年底止，共欠本息银，有二亿六千六百一十五万零八百元三角八分，是为北平政府时代的募集内债，及整理前后之大概情形也。

第三节　国民政府时代的内债

国民政府，起初在广东时代所发行的第一次有奖公债，与第二次有奖公债，中间在武汉时代所发行的整理湖北金融公债，与整理湖北财政公债，以及汉口国库券等，均因时局上的变迁，其实际款项，用途如何，其后发行，是否完竣，抽签还本，曾否举行几次，在外承销抵押的实在数目，究竟若干，都因档案阙略，无从查考，暂付缺如。今所记载，惟自奠都南京以后所发行的各种公债为始。

第一项　江海关二五附税国库券

自国民革命军光复江苏后，由江苏上海财政委员会，以临时军需孔亟，呈奉国民政府核准，于十六年四月，发行江海关二五附税国库券三千万元，即以江海关所收二五附税全部为担保品，并在上海组织基金保管委员会，经理其事。月息七厘，于发行时，预扣利息二个月，自十六年七月份起，每月付息一次，并用平均法，付还本银三十分之一，即分为三十个月，均于每月末日举行。其还本付息机关，由基金保管委员会指定，而还本付息基金，自十八年起，改由关税收入项下拨付，保障更为巩固，故每月还本付息从未愆期，至民国十八年十二月末日，本息如数清偿。

第二项　十六年盐余国库券

十六年下期，财政部为整理事业及补助国库起见，于七月一日发行盐余国库券六千万元，其发行条件，经政治会议审查议决，以全国盐余为担保品，在未统一之前，则以江苏、浙江两省盐税全部收入作抵，月息八厘，自十六年七月起，至十二月底止，共六个月的应给利息，准购券人，由交款之日起，按日计算，于交款时，照数预扣。自十七年一月起，本银分月偿还，每月月底，由财政部用抽签法偿还总额五十分之一，计至二十一年二月底，可以还清偿还基金，组织保管委员会，所有江浙两省盐税收入，除提拨关于盐务行政开支外，自本年十月起，悉数拨交保管委员会，专款存储，以为还本付息之用。此项库券印就后，因军事复兴，只向银行抵押五百万元，其后已将续发二五国库券如数换回，不再发行。

第三项　续发江海关二五附税国库券

财政部为补充十六年度军需政费预算不足，及归还短期借款之用，在古应芬为部长时，即提议续发二五库券，其后孙科继任，决定发行，计总额为二千四百万元，其发行条件，于九月三十日，经第四次国民政府会议议决通过，月息七厘，其担保品，除以江海关二五附税之奢侈税全部，及江浙卷烟统税之一部分，每月拨付十六万八千元，作为付息基金外，自十九年一月份起，以江海关二五附税全部收入，作为还本付息之用。其还本付息办法，除预扣三个月利息外，自十七年一月起，至十八年十二月底止，每三个月付息一次，自十九年一月份起，至二十年十二月底止，按月平均付还本银二十四分之一，及其应得之利息。其基金保管，及经理还本付息事宜，仍委托二五附税国库券基金保管委员会负责。

此项库券，除抵还银钱业旧欠一千余万元外，其余直接劝募之数无多，尚未足额，而孙氏辞职去任。迨宋子文继任财政部长时，正值大军北伐，节节进展，需款孔急，宋氏复向国民政府提议，请继续发行，并修改条例，以利进行，其修改要点有五：

一为发行总额，由二千四百万元，增至四千万元。

二为利息由七厘加至八厘。

三为付息改为每月一次，还本改为按月平均付还四十分之一，即每百元还二元五角。

四为基金加拨至足敷偿还每月本息为限。自发行日起，至十八年十二月底止，应付息银，以江海关二五附税之奢侈税出口税之全部，及江苏邮包税，每月拨足三十一元，交保管委员会，作为付息基金。自十九年一月份起，以二五附税全部收入，并拨二五附税之出口税十一万元，作为付还本息基金，至全部清偿为止。由国民政府命令江海关暨二五附税征收机关，江苏财政厅遵照办理。

五为本库券基金，如因关税征收方法有变更时，即由财政部命令江海关监督，在关税增加收入项下，按月照数拨足，仍悉照本条例数目及时期办理，毫不变更。

此项基金，自十八年起，因二五附税取消，遂改由新增关税项下拨付。本库券于十六年十月一日发行，实收九八，如于两个月内募集交款者，并给予手数料，定为百分之一。查江海关二五附税之收入，每月约有百余万元，则所拨基金，非常充足，故自发行以来，还本付息，均能按照条例举行，无愆期情事，其后改由新增关税项下拨付，基金更为巩固，自十九年一月起，已按期还本，计至二十二年四月底止，本息可全数还清。

第四项　卷烟税国库券

十七年，财政部复以第二次北伐，业经开始，大军云集，饷糈孔急，加以行政各费，均告不足，特发行卷烟税国库券一千六百万元以资应付。其发行条例，呈经国府常务会议通过，于十七年四月二十一日公布，系十足发行，但自发行之日起，如能于两个月以内缴款者，得按九八实交，以财政部应收卷烟统税全数为担保品，月息八厘，手数料，仿照二五库券方法办理。其还本付息办法，于发行之月，即十七年四月份起，每月付息一次，并用平均法，每月付还本银三十二分之一，于每月末日举行。由财政部组织基金保管委员会，办理还本付息事宜，其还本付息机关，由基金保管委员会指定之。按卷烟税收入，每月约在二百万元以上，还本付息，绰有余裕，故能按照条例举行。至民国十九年十一月末日，本息如数偿清。

第五项　军　需　公　债

国民革命军第二次大举北伐以后，不惟第一集团军需款甚巨，即第二第三两集团军，及两湖军队，亦须补助经费，于是财政监理委员会，乃开会议决，发行军需公债一千万元。其发行条例，由国民政府于五十八次会议通过，因事实上之便利，规定分为两期发行，第一期六百万元，以十七年五月一日为发行期，第二期四百万元，另行订期发行，其后均经募足告竣，发行价格九八，以全国印花税处收入为担保，由全国印花税处，按照其还本付息之规定，每月平均交由中国、江苏、交通三银行，代为保管，以备还本付息之用。

年利八厘，每年付息二次，以六月及十二月末日举行。自民国十八年，开始还本，每六个月，用抽签法偿还债额二十分之一，于每年六月十五日及十二月十五日，在国民政府所在地执行之，至第十年为止，全数可以偿清。

查国民政府财政部报告，自十六年六月一日，至十七年五月三十一日止，印花税收，为一、一三八、六〇一、七三元。又据十八年财政部，在编遣会议所提出确定军费总额实行统一财政办法案之附表所载，自十七年六月至十一月，国库收入，印花税为一、五三三、五七四、三四元，已大有增加。而公债还本付息之数，第一年为一百七十八万元，以后逐年减少八万元，其末期本息总数，不过一百零六万元，此后政局如无变动，税收当可有增无减，基金自属稳固可靠也。

第六项　善后短期公债

北伐完成，军事告终，国民政府，以全国统一，需款善后，特由财政部发行善后短期公债四千万元，发行期定为三个月，于十七年六月起，开始第一期募集，除在国内募集外，并向海外华侨劝募。为优待国民认购起见，凡在募集之第一个月交款者，准按九二实收，第二个月交款者，九三实收，第三个月交款者，九四实收，并均得预扣第一期半年利息。以全国煤油特税收入为担保，由财政部命令各省煤油特税局局长，将所有税收全数拨交基金保管委员会，专款存储，以备按期还本付息之用，煤油特税取消后，改在关税新增项下优先照数拨足。年息八厘，以每年六月底及十二月底为给付利息之期，自发行之日起，每六个月抽签还本一次，每次平均抽还十分之一，计至民国二十二年六月底止，全数偿清。

第七项　津海关二五附税国库券

国民政府，于十七年北伐军既下平津以后，因本年度预算不足，及筹付临时要需，特由财政部发行津海关二五附税国库券九百万元，于民国十七年七月起，开始募集，所有办法章程，均照江海关二五附税国库券办理。发行价格九八，以津海关二五附税全部收入为担保，由天津、北平银行公会及商会等推举代表，并由国民政府及财政部分别派员，共同组织基金保管委员会，经理还本付息事宜。其还本付息款项，由财政部命令津海关监督，自民国十七年九月起，提前拨交该会保管，以备还本付息之用，十八年起，改由新增关税项下拨付。月息八厘，自购券人交款之日起，至十七年九月底止，应给库券利息，按日计算，于交款时，照数预扣。自十七年十月份起，每月月底，还本三十分之一，并付息一次，利随本减。据该基金保管委员会报告，津海关二五附税收入，每月在三十万元以上，付息还本，从无贻误，至二十年三月底止，本息如数偿清。

第八项　十七年金融短期公债

国民政府，以统一告成，建设开始，而金融事业，实为最初必要的建设，特由财政部发行十七年金融短期公债三千万元，于十七年十月起，开始募集，其用途规定，以二千万元，拨充中央银行股款，以二百万元，为完成上海造币厂之用，其余额，则为清理各银行借款押款。以关税内停付德国赔款之余款为担保，由财政部命令总税务司，将上项余款，按月拨交指定银行保管，以备还本付息之用。年利八厘，每年三月底及九月底，各付一次，其还本办法，第一年至第三年，按年还百分之七，四年至六年，按年还百分之二十，第七年还百分之十九，计至民国二十四年九月底止，全数偿清。但据基金委员会报告，自发行以来，每月拨付数，约计银三十万两，则七年内，可拨二千五百二十万两，约计洋三千五百数十万元。而公债本息总计为四千零八十一万二千元，尚少五百八十余万，以后每月拨付之数，须稍增加，则日后还本付息，方不致延期。

第九项　十七年金融长期公债

财政部以从前武汉时代所发行的中央与中交三银行纸币及军用券，并湘鄂大小洋兑换券等，数目太多，须另行设法整理，不欲与现在的中央银行发生关系，致令紊乱，特呈准国府，发行十七年金融长期公债四千五百万元，为专充整理汉口中央及中交三银行停兑纸币之用。于十七年十一月，开始整理，其发行条件，以关税余款为担保，由财政部令总税务司，按月拨出基金，交存指定银行保管，以备还本付息之用。年利二厘半，每年以三月底及九月底为付息之期，第一年至第五年，只付利息，自第六年起，至二十五年，每年分三月、九月还本两次，计至民国四十二年九月底，如数还清。

第十项　十八年赈灾公债

自十六年以来，西北暨其他各省，灾荒重大，人民死亡载道，国民政府，为赈救各省灾民起见，特发行十八年赈灾公债一千万元，实收九八，于民国十八年一月起，开始募集。其发行条件，以关税增加收入为担保，由财政部特令总税务司按月拨出基金，交存中央银行保管，以备还本付息之用。年利八厘，于发行期内，认购交款者，预扣第一期半年利息。自民国十八年六月起，用抽签法，分作十年还本，每年于六月三十日及十二月三十一日抽签两次，每次抽还总额二十分之一，计五十万元，并于同日付息，计至民国二十七年十二月底止，本息全数偿还。

第十一项　十八年裁兵公债

国民政府，为实行裁兵，及抵补编遣期内预算不敷之数，特发行十八年裁兵公债五千万元，实收九八，于民国十八年二月起，始募集。其发行条件，以关税增加收入为担保，由财政部特令总税务司，依照还本付息表所载数目，拨出基金，交基金保管委员会，专款存储，以备还本付息之用。年息八厘，每年以一月三十一日及七月三十一日付息两次，如认购各户，在发行期内交款者，准预扣第一期半年利息。自民国十八年七月起，用抽签法，分作十年还本，每年抽签两次，每次抽还总额二十分之一，计二百五十万元，计至民国二十八年一月底止，本息全数清偿。

第十二项　续发卷烟税国库券

国民政府，为充十八年度预算不敷之用，特续发卷烟税国库券二千四百万元，实收九八，于民国十八年三月起，开始募集。其发行条件，以财政部所收卷烟统税，除拨付十七年四月所发行卷烟税国库券一千六百万元本息外，以其余款全部为担保，俟十九年十一月后，第一次发行卷烟库券偿清，即继续增拨该项基金，由财政部委托江海关二五附税国库券基金保管委员会兼代保管。月息八厘，除四月以前利息预扣外，分作三十四个月偿还本息，自民国十八年四月起，至十九年三月止，每月还本百分之二，自十九年四月起，至十一月止，每月还本百分之二·五（即每百元二元五角），自十九年十二月起，至二十一年一月止，每月还本百分之四，并按月付息一次，利随本减。按卷烟税，每月收入约一百万元以上，十八年六月，应付第一次发行之库券本息，为五十七万二千元，以后应收利息，逐月可减少四千元。至续发库券，照规定自十八年四月起，至十九年三月止，每月还本百分之二，本息合计约六十万元。自十九年四月起，至十一月止，每月还本百分之二五，本息合计，约七十余万元，连同第一次库券，两共约一百万余元，收支尚可适合。十九年一月，第一次库券已完全还清，嗣后所收之卷烟税，当全部拨充续发库券基金。自十九年十二月起，至二十一年一月止，每月还本百分之四，本息合计，最初每月为一百零六万余元，最后递减至九十六万元，故所有基金，尚属可靠。

第十三项　疏浚河北省海河工程短期公债

国民政府财政部以河北省海河有整理的必要，于民国十八年四月二十一日，特发行疏浚河北省海河工程短期公债四百万元，专充疏浚河北海河工程及收用土地等费用，交由河北省整理海河委员会募集，按照计划开支。其发行条件，以津海关值百抽五，税收项下附征百分之八的收入作抵，至足敷全部偿清为止，由财政部命令总税务司转饬津海关税务司，自民国十八年四月二十一日起，征收照拨。月息八厘，以每年四月二十日及十月二十日，为还本付息之期，四月一日及十月一日，为抽签之期，每次抽还总额二十分之一，计至民国二十八年四月二十日止，全数还清。

第十四项　十八年关税库券

国民政府财政部，为整理税款及抵补整理税款期内不敷之用，于民国十八年六月，特发行民国十八年关税库券四千万元。其发行条件，实收九八，以指拨关税增加收入项下为偿还本息基金，由财政部委托江海关二五附税国库券基金保管委员会兼代保管。于每月二十五日由总税务司拨交中央银行，列收该委员会帐内备付。月息七厘，分作六十二个月偿还本息，自民国十八年六月份起，每月共还本息总数八十万元，计至民国二十三年七月还清。

第十五项　十八年编遣库券

编遣实施，为全国人民所渴望，财政部为筹充此项编遣费及编遣期间军费不敷之用，于民国十八年九月，特发行民国十八年编遣库券七千万元。其发行条件，实收九八，以拨付关税增加收入项下为偿还本息基金，由财政部委托基金保管委员会保管。于每月二十五日，由总税务司拨交中央银行，列收该委员会帐内备付。月息七厘，分作一百个月偿还本息，自民国十八年九月起，每月偿还本金百分之一，并付息一次，利随本减，计至民国二十六年十二月底止，本息全数偿清。

第十六项　十九年卷烟税库券

十九年春，国民政府财政部，为充国库周转之用，于民国十九年四月一日，特发行十九年卷烟税库券二千四百万元。其发行条件，系十足发行，但自发行之日起，于三个月内缴款者，得按九八实收。以财政部所收卷烟统税，除拨付民国十七年四月所发卷烟税库券，及十八年四月所续发卷烟税库券基金本息外之余款为担保，由财政部委托基金保管委员会保管，并指定中央、中国、交通三银行为经付本息机关。月息八厘，分作三十六个月偿还本息，自民国十九年四月份起，至二十一年一月止，每月还本百分之二，自二十一年二月起，至二十二年三月止，每月还本百分之四，并按月付息一次，利随本减，计至民国二十二年三月底止，本息如数偿清。

第十七项　民国十九年电气事业长期公债

国民政府建设委员会，为收办戚墅堰电厂事业，于民国十九年一月一日，特发行民国十九年电气事业长期公债一百五十万元。其发行条件，以首都及戚墅堰两电厂现有地基、房屋、机器及两厂营业盈余为担保，由债权人代表三人及银行公会、商会、建设委员会代表各二人，组织基金保管委员会，于两厂营业收入项下，依照还本付息表所载数目，拨出基金，交由该委员会所指定之银行专款存储，以备还本付息之用。年息六厘，于每年六月三十日及十二月三十一日为付息之期。偿还期限，定为十五年，第一年只付利息，自民国二十年六月三十日起，每年六月三十日及十二月三十一日，用抽签法，各还本一次，并定每年六月一日及十二月一日为抽签之期，最初八次，每次还本五万三千五百元，第九次以后，每次还本五万三千六百元，计至民国三十三年十二月三十一日止，本息全数还清。

第十八项　铁道部收回广东粤汉铁路公债

铁道部收换为广东粤汉铁路民有股票起见，于民国十九年一月一日，特发行铁道部收回广东粤汉铁路公债。其发行条件，以二千万元为最高额，指定广东粤汉铁路余利为偿还本息基金，由铁道部债票持有人，及当地商会各派代表二人，审计机关一人，组织基金保管委员会，负保管基金责任，及监督还本付息事宜。该委员会，每月按照还本付息表所载数目，拨交中央银行，专款存储，以备还本付息之用。年息二厘，以每年六月三十日及十二月三十一日为给付利息之期，自第一年起，至第五年底止，只付利息，自第六年起，每年抽签还本一百万元，至还清为止。

第十九项　民国十九年交通部电政公债

交通部为整理及扩张全国电报、电话与无线电起见，于民国十九年四月一日，特发行电政公债一千万元。其发行条件，实收九八，以交通部国际电报费收入全部为担保品，如有不敷，再由该部以其他电政进款拨足，并按照还本付息表所列数目，分期拨交基金保管委员会所指定之银行，专款存储，以备还本付息之用。其基金保管委员会，定为七人，由交通部二人，财政部一人，审计部一人，银行公会二人，钱业公会一人组织之。年息八厘，以每年九月三十日及三月三十一日为给付利息之期。分作十年偿还本金，自民国二十年起，至民国二十九年止，每年抽签还本一百万元，以每年三月三十一日为开始付款之期。

第二十项　民国十九年关税短期库券

国民政府财政部，为调剂金融财政之用，于民国十九年八月，特发行民国十九年关税短期库券八千万元。其发行条件，实收九八，以指拨关税增加收入项下为偿还本息基金，由财政部特命令总税务司按月查照还本付息表所列数目，拨存中央银行交由基金保管委员会兼为保管，以备还本付息之用。并指定中央、中国、交通三银行为经理偿还本息机关。月息八厘，自民国十九年八月起，每月还本付息，利随本减，分作五十八个月还清，第一个月至第六个月，每月还本百分之一，第七个月至第十八个月，每月还本百分之一．二，第十九个月至第五十七个月，每月还本百分之二，第五十八个月末次，还本百分之一．六，计至民国二十四年，本息如数还清。

第二十一项　民国十九年善后短期库券

国民政府为北方战事平定，一切善后，需款甚急，于民国十九年十一月一日，特发行民国十九年善后短期库券五千万元。其发行条件，实收九八，月息八厘，偿还本息基金，由财政部指定在关税增加收入项下照拨，特命令总税务司，按月查照还本付息表所列数目，拨存中央银行，交由基金保管委员会兼为保管，以备还本付息之用，并指定中央、交通、中国三银行为经付本息机关。自民国十九年十一月起，每月还本付息，利随本减，分作六十六个月还清，第一个月至第六个月，每月还本百分之一，第七个月至第十六个月，每月还本百分之一．二，第十七个月至第五十个月，每月还本百分之一．六，第五十一个月，至第六十四个月，每月还本百分之一．八，第六十五与第六十六两个月，每月还本百分之一．二，计至民国二十五年四月底止，本息如数偿清。

第二十二项 民国二十年卷烟税库券

国民政府，为办理善后及周转国库之用，于民国二十年一月一日，特发行民国二十年卷烟税库券六千万元。其发行条件，实收九八，月息七厘，偿还本息基金，指定财政部所收卷烟统税，除拨付民国十八年三月及十九年四月所发卷烟税库券基金外，按照本库券所列还本付息数目，命令该主管机关，按月拨存中央银行，交由基金保管委员会兼为保管，以备还本付息之用，并指定中央、中国、交通三银行为经付本息机关。分为七十八个月偿还本息，自民国二十年一月起，第一年，每月还本百分之一，第二年，每月还本百分之一.一，第三年，每月还本百分之一.二，第四年，每月还本百分之一.三，第五年，每月还本百分之一.四，第六年，每月还本百分之一.五，第七年，第一月至第五月，每月还本百分之一.六，第六月，还本百分之二，利随本减，计至民国二十六年六月底止，本息全数还清。

第二十三项 民国二十年关税短期库券

国民政府，为周转国库之用，于民国二十年四月一日，特发行民国二十年关税短期库券八千万元。其发行条件，实收九八，月息八厘，应还本息，由财政部指定在关税增加收入项下照拨，特命令总税务司按月依照还本付息表所列数目，拨存中央银行，交由基金保管委员会兼为保管，以备付到期本息，并指定中央、中国、交通三银行为经付本息机关。自民国二十年四月起，每月还本付息，利随本减，分作一百个月，平均偿还本息，即每月还本百分之一，计至民国二十八年七月底止，本息全数偿清。

第二十四项 统税短期库券

国民政府，为剿匪军事之用，于民国二十年六月十四日，特发行统税库券八千万元。其发行条件，实收九八，月息八厘，指定财政部统税署征收卷烟税余款及棉纱、麦面等税，为偿还本息基金，每月按照还本付息表所列数目，由财政部拨交基金保管委员会兼代保管，并指定中央、中国、交通三银行，经理还本付息事宜。分为七十八个月，偿还本息，自民国二十年六月起，第一年，每月还本百分之一，第二年，每月还本百分之一.一，第三年，每月还本百分之一.二，第四年，每月还本百分之一.三，第五年，每月还本百分之一.四，第六年，每月还本百分之一.五，第七年，第一月至第五月，每月还本百分之一.六，第六月，还本百分之二，利随本减，计至民国二十六年十一月底止，本息全数偿清。

第二十五项　民国二十年盐税短期库券

国民政府，为补助国库之用，于民国二十年八月一日，特发行二十年盐税短期库券八千万元。其发行条件，按照券面十足发行，但为优待购户起见，得按九八实收。月息八厘，定七十八个月，偿还本息，自民国二十年八月起，第一年，每月还本百分之一，第二年，每月还本百分之一.一，第三年，每月还本百分之一.二，第四年，每月还本百分之一.三，第五年，每月还本百分之一.四，第六年，每月还本百分之一.五。第七年，第一月至第五月，每月还本百分之一.六，第六月，还本百分之二，利随本减，计至民国二十七年一月底止，全数偿清。其偿还本息基金，由财政部按照本库券所列还本付息数目，命令盐务稽核所，按月拨存中央银行，交由基金保管委员会妥为保管，备付到期本息，并指定中央、交通、中国三银行为经付本息机关。

第二十六项　民国二十年赈灾公债

国民政府，以各省水灾奇重，为充急赈工赈及购买赈粮之用，于民国二十年九月十一日，特发行民国二十年赈灾公债八千万元。其发行条件，由财政部分期发行，实收九八，年利八厘，偿还本息基金，由财政部于国税项下指定拨充，依照每期还本付息表所载数目，按月拨存中央银行，交由基金保管委员会保管，备付到期本息。自发行之日起，于第六个月用抽签法分作十年还本，每年抽签两次，每次偿还二十分之一，于每届还本前二十日举行抽签，即于各该月底为开始付款之期，至第十年为止，连同息金全数偿清。

第二十七项　民国二十年金融短期公债

国民政府，为调剂金融起见，特于民国二十年十月十六日，由财政部发行民国二十年金融短期公债八千万元。其发行条件，实收九八，年息八厘，每年付息两次，以四月十五日及十月十五日行之。偿还本息基金，由财政部指定在庚子赔款德国部分项下照拨，除前经指定担保之各项内债基金外，所有余款，悉充本公债基金之用，特命令总税务司，依照还本付息表所载数目，按月拨存中央银行，列收基金保管委员会户赈，备付到期本息，并指定中央、中国、交通三银行，为经付本息机关。自发行之日起，用抽签法，分作七年半偿还，每年抽签两次，于四月一日及十月一日举行，即于该月十五日开始付款，第一年，每次抽还百分之一，第二年，每次抽还百分之二，第三年，每次抽还百分之四，第四年，每次抽还百分之六，第五年至第七年，每次抽还百分之十一，第八年，最末一次，抽还百分之八，计至民国二十八年四月十五日，本息全数偿清。

国民政府，自奠都南京以来，秉承先总理遗训，虽财政上异常支绌，绝不轻向帝国主义者的国家求借外债，以免丧失主权，故数年间，只有内债而无外债，不可谓非革命政府的特色，想亦是一般国民自觉之表征。但因时局不靖，除两次北伐外，连年内战不绝，因之军费浩繁，无可筹措，惟有仰给于内债之一途。综计自十六年起，以至于今日，不过四五年间，而所募集内债之数，除二十年赈灾公债，及二十年金融短期公债，尚未完全发行不计外，竟达九亿数百万元的巨额。号称革命政府，其财政方针，不图根本改革，仍是蹈袭北平政府借债生活的无聊政策，一逢财政竭蹶，即发行内债，每年经常费不敷之数，至在一亿四千万元以上，除借债弥补外，别无方法，有一财源，即抵押一内债，几无一日不募债，无一财源不作借债担保品，所有四中全会议决的励行预算制度案，不能见诸实行，即据财政部十八年的财政状况报告，述其所素抱的政策，筹定根本办法，使国家财政，进于正轨，革除二十年来举债度日之积弊，亦是徒托空言。而二十年三月十八日，中政会开会时，讨论宋子文提议发行短期关税库券八千万元时，蒋主席中正发言，称"今后国家财政，应量入为出，全国现有收入为四万一千万元，支出为五万五千万元，不敷一万四千余万元，唯有裁减军费，俾达收支相抵，此项公债发行后，不能再发任何公债，"当经一致决定，不意曾几何时，又发行八千万元统税库券，政府政治无方针，财政无计划，政府首领人员，发言无信用，所有议决案，徒为纸上空谈，真可为长叹息也。查发行如许巨额内债至二十余种之多，除民国十七年金融短期公债、金融长期公债、民国十八年赈灾公债、交通电政公债、粤汉铁路回收公债、海河工程公债六种，发行额合计一亿三千九百万元外，其余七亿六千三百万元，全部投于不生产的军政浪费，徒使政府公债费，更为增加，故近年以来，公债费几与军事费相等，据财政部十八年的财政状况报告，预算不敷的最大原因，除军费外，就是为国债偿还本息的繁重。今日整理财政，第一在限制军费支出，第二在图公债费削减，两者不能实行，所谓收支适合，终无希望，致使国家财源，抵押殆尽。加以内战不息，工商业不振，政府财政收入短少，因而内债基金不能稳固，公债价格，遂日趋低落。这种财政情形，较之前清末年，与北平政府时代，实无区别也。

第四节　我国内债的缺点

我国从前人民程度低下，不知公债为何物，其购买公债者，视为捐输一样。加以历来无一良好政府，所有公债募集，并非投于生产事业，或系确实正当的用途，使一般人民信仰。在这种情形之下，发行公债，当然没有成功的道理。故前清时代，无论强制公债，与任意公债，通同归于失败，就是民国三四年公债，在表面上看起来，似乎稍有成绩，而其实无非以极有利益的条件，予于应募之人，并须借重于外国人，与外国银行，才能够有此结果。故在北平政府时代，所有内债募集，亦是始终归于失败。国民政府，自奠都南京以来，起初所募集的内债，基金比较确实，还本付息，从未愆期，其后发行更滥，信用渐失，比之前清与北平政府，不过百步与五十步之差耳，今将其缺点列举于下：

一、公债与国库券混淆。查各国发行国库券，系因税收发生障碍时，如天灾地变，或战争等，致使国库收支上，一时来不均衡，预计以后有确实收入，足以弥补，于是用调和一时收支的手段，发行短期国库券，所谓一种流动公债。这种证券，期限极短，不超过一年，利息极低，惟以吸收国民经济有活动的资金，绝不至侵食其产业资本。我国在会计法上规定，于岁计必要时，得发行短期国库证券，其发行条件有四：一、不得超过岁入预算额，二、发行价格，与额面价格，不许相违，三、利息有制限，不得超过七厘五分，四、偿还期限，不得超过一年。是从表面上的法制看起来，亦与文明各国一样，但事实上，完全相反，所有发行国库证券，绝非为调剂一时收支起见，都是因军政经常费不足，到了支付时期，无法应付，而滥为发行，其期限长短，不是一律，利息亦各个不同，所谓发行制限，并无何等关系。如北平政府所发行的十五年春节特种库券，利息超过七厘五毫以上，加以八二实收，与额面相差甚远，偿还期限，至有六年之久，用途为何，亦不指定，迄至偿还期限到达时，无以为计，乃再依借换手段，发行新证券，使其债务连续下去，持有债券的人民，并不知其何时可以归还。而国民政府最近所发行的善后短期债券、关税短期债券、卷烟税库券、统税库税等，偿还期限，有五六年者，有七八年者，利息都是月息八厘，且九八实收，并非用以调和一时的岁入不足，实以填补其永久的经常经费。至于武汉政府时代所发行的国库券，更为荒谬，几等于不换纸币。这种国库证券的发行，其结果，在社会经济方面，减杀承受人方面的资力，压迫金融市场，缩小农工商业的资金融通范围，使其不能振兴。在政府财政方面，收入更为减少，支出更为增加，支出超过收入，悬隔日远，遂使岁出入紊乱程度，日益增进，终致无法整理。

二、公债利率过高。国家财政，要确立永久计划，使收入渐次增加，惟以发达社会经济为最要条件，故国家的公债政策，仅以吸收社会游金为目的，决不至压迫金融市场，使一般产业，受其影响，因而市面金融，日益活动，产业日益振兴，而国家财源，亦为之日益充裕。所以公债利息，要比市场的一般金利，稍为低下，即最高时，要以不过于一般金利为最大原则。查欧美各文明国家，虽当欧洲大战时期，发行公债极多，并不妨碍其社会经济的进步，都是抱定这种政策。我国内债利息，在表面上看起来，最高亦不过八厘而止，其实发行价格极低，在北平政府时代的所有公债，其发行价格，与额面价格相等者，惟有七年短期公债，至于三年公债九十四，四年公债九十，为最高发行价格，其他公债，当时规定发行价格，虽在九十以上，但其实际，能依照预定价格发行者，绝无其事，类多在百分之八十内外，故一并计算起来，月利在一分以下者极少，普通在一分五六厘，甚至在二分或二分五厘以上者，加以经手银行，尚有手数料及汇兑料等，故银行投资于公债的利润，比较投资于一般产业，获利甚大。当时北平银行，有以承受政府公债为其唯一的营业者，民国六年以后，北平银行业，忽然勃兴，都是在此。而国民政府所发行的内债，多是月息八厘，实收九八，手数料百分之一，尚有预扣利息等项，通同计算，月利在一分五厘上下。但当军事吃紧财政困乏之时，能依照预定价格发行，尚恐是疑问。这种内债利率过高的结果，一方面，有诱发一般国民侥幸心的弊害，他方面，公债收入，投于不生产的事业，使社会上从前投于产业的资金，如预计稍有回收困难及危险等情事者，概将取回，而放下于公债，于是使市场利率，为之腾贵，企业资本，顿然减小，是有妨碍社会经济的进步，固不待言。况在今日资金缺乏产业后进的我国，其弊害更甚。

三、一般公债概为市场投机之物。公债为国家信用所关，如公债信用失堕，则国家存立上，必发生莫大的危险，因国家为永久存在之物，公债有继续发行的必要，如公债发行，无人承受，则财政上一时困乏，无法可以周转救济，而政府必至崩溃。且公债能够创造资本，并与社会产业，及市面金融，都有密切的关系。如公债价格，不能稳固一定，则产业资本，与金融流通，必致时常发生摇动恐慌的危险。故各国对于公债价格，莫不努力维持，设立减债基金制度，不惰于偿还，即在欧洲大战时，各国发行公债甚多，而价格未尝低落者，都是在此。我国从前政府，每遇财政竭蹶，则募集公债，只图款项到手，并不顾及财源是否稳固，滥为发行，致使公债价格，时涨时落，成为市场投机的最大物。自北平、上海设立证券交易所以来，公债投机，更为盛行，甚至受时局影响，或为政府人员，与金融界所操纵，涨落异常猛烈，而从事公债投机，有一朝因致巨富，或荡产倾家者，于是诱发一般国民的射幸心，所有政客、商人及企业家，莫不是狂奔于公债投机，不务正当营业，而社会资本，概行掷入于公债投机事业，致使产业融通资金，为之锐减，各银行与钱店，因交易所有定期交易，利用近期与远期的价格相违，以现金买进现物，或近时，同时卖出近期或远期，能够得有一分三四厘乃至一分半的利益。我国金融界，原来疏于贷出事业，以后更热衷于有利且安全的公债买卖。又原来为资本缺乏的国家，现因各银行与钱店的资本，集中于公债投机，而市面资金，更为梗塞，纵令能够受一点融通，而其利息，多要求公债投机利益以上，致使我国企业，不能与外人竞争，因而凋零不振。且使社会物价腾贵，而国家财政，与个人收入，都为减少，就是金融界自身，结局亦受恶影响，发生恐慌。

四、抽签偿还没有一定的期限。公债的信用保障，以偿还方法的财源确实，与期限确定，为第一条件。欧美各文明国家，对于定期公债到达偿还时候，从未有延拖改推的事实，故财政上的信用，不至受其影响，而社会上的金融，亦不至发生变更，故下次募集公价，均易于成功，而公债价格，更无低落之虞。我国从前公债，除三、四两年公债外，其余偿还财源，类多不确实，而到达偿还之期，因无的款，常有改推一次或数次者，故财政上的信用，因而丧失殆尽，而公债价格，为之异常低落，有落至二成内外者。而社会金融，亦受其影响，银行钱店，因此倒闭者，所在皆是。自民国十年整理以来，拨定偿还基金，而基金管理，并委任外国人总税务司，因此国内信用，较前大为增加，但在实际上，公债基金，纯粹以关税余款为主，如有缺乏，则以财政部各项税收填补，有时关税余款，因贸易与金价两种关系，发生不足，财政部亦因财政困难，无法按时拨付，故抽签常常不能定期实行，究竟何时实行，当局严守秘密，外间不容易探知，因而发生许多弊害。一方面，在于内部管理公债的人员，可以借此操纵市价，舞弊营私。他方面，在于外间，因突然发表抽签偿还的结果，公债价格，为之暴涨，使市面金融界，必来非常的动摇，而卖出公债之人，受其影响以致破产者不少，并使市场中，常发生经济恐慌的现象，则受害者，不仅公债买卖人已也。

第四章
内外债整理的经过及今后整理的研究

　　我国在前清末季，即有内外债的负担，但当其时募集内债，因概行归于失败，为数无几，未至累及国家财政。至于外债，虽加以巨额赔款，然其还本付息的财源，均有确实规定，到达偿还期限，能够依照契约履行，则财政上的信用，毫未丧失，故内外债都无整理的必要。

　　内外债整理的计议，开始于民国二年春间，因民国革命以来，政纲解纽，地方与中央的关系，仅有名义上的存在，各省所有解款认款，全数截留，而中央以军事迭兴，支用浩大，一切经费所出，无从筹措，于是内债外债，同时纷起，其中短期各债更多，且利率优厚，公家吃亏甚巨。关于外债方面，截至二年春间止，综计总数，尚欠银二千五百零一万余元，偿还期限，早经到达，因无款可付，已推展数次，国际信用，为之扫地，债权人讨索甚急，且皆有外交团代为催促。当时政府生活，悉仰给于借款，如无外债接济，则军饷政费，均无法应付，而外国资本家，以我国财政，情见势绌，至于如此，咸有戒心，不敢再行投资，则将影响于善后大借款，使不能成功，于是而有整理外债的必要。故其整理短期外债议案内，有谓失现在之信用者害犹浅，阻将来之借款者害尤大，是则当时整理外债的用意，可以想见。关于内债方面，最急要的为短期内债，共计银三千五百六十八万二千四百三十五元，如中国、交通、保商三银行临时借款，已达二千一百万元，该银行等既搁置巨额资本，则于金融市面上，常苦周转不灵。其余如龙华厂国库券一百三十六万元，搭放俸给国库券八十七万余元，以及前清积欠扬子江船厂十一万六千余两，皆已将库券抵押外商，由财政部担保在案，如到期不能清付，内既失信于国民，外又虑生交涉，不得不预先妥为筹备。至于长期内债，一为前清度支部的爱国公债，一为前大清银行商股商存分年摊还的本息，一为南京政府的八厘军需公债，三项共计银三千九百六十万七千九百九十八元，均届偿还期限，如无的款照付，不惟与政府信用攸关，且为将来推行内债的大阻力，这是惟以借债度日的政府，不能不有所顾虑的。以故当时财政部，特拟具整理议案，提交政治会议，其整理的次序，先整理短期外债，次整理长短期内债。其整理的办法，即仿照各国所谓借换公债政策，另发行一种长期轻息的新公债，用以归还旧公债，所谓化短期为长期，借轻息还重息，为整理公债应有的手段。

当时因参议院所议决的民国元年六厘公债原案，本有整理旧债一条，而六厘公债票，迄未发行，于是在此项债票，划出三千万元，为借换短期外债之用，以各省契税、印花税为担保品，并令各省国税厅，自民国三年起，从契税、印花税项下，合筹洋三百万元，迳解税务司，转储外国银行，备付新公债到期本息，以厚信用，则外人以信总税务司与外国银行者，信六厘债票，而票可流通，不至再行废滞，价格不至再有低落，是直接得以偿清外债的宿欠，间接得以推广债票的销行，诚为一举两得之计。至于长短期内债，为数共只七千五百二十余万元，亦拟于参议院所议决的六厘公债，另筹推销办法，因在前清四川、湖南两省提倡自行开办铁路时，曾由该省田赋项下，加抽租捐，每完粮一两，附收租捐若干，即照各户所纳租捐数目，填给股票，按年取息，而两省人民，均乐认抽，自实行之后，其所收入数目，闻至千数百万元，今仿照该两省成例，饬令各省分别担任六厘公债五千万元，即以各省所抽租捐，承购债票，以发给人民，人民既尽爱国之诚，又收债息之益，而国家亦借以推行内债于各地方，一举而三善备焉。至于按年偿还本息基金，仍照短期外债办法，取之于契税印花税两项，由各省共认缴五百万元，解交中国银行所设之分行以为担保，自可以巩固六厘债票的基础。

　　这是采用借换公债政策，以整理内外债的计划，因当时短期外债，与长短期内债，均为数无多，整理计划，自容易推行。惟所负长期外债及赔款两项，并计积累，至十七万四千余万元之多，以我国国家财力，如此棉薄，而担负若斯巨大的债额，设不先事筹维，有一定的偿还基金，则财政上的信用，必不能见孚于外人。因查英、法、德诸国，从前当财政信用尚在薄弱的时候，其偿还公债计划，都是采用减债基金法，其法即设一种特别会计，每年由国库拨款若干，以为基本金，而即以此基本金，买收公债票，买收之后，仍复对之付以利息，而不即行销毁，如此，则利息与基本金两项，既递年累进，斯买收公债票之数，亦必递年累进，因而一国莫大的债额，自可依此复利法，渐次吸收净尽，而一无所苦。我国苟毅然仿照这种办法，而运用得宜，约有四利。第一、旧时各项外债的还本付息，皆系定期定额，绝无伸缩的余地者，今可随市价涨落，而自由买收。第二、旧时办法，公债利息，尽为外人所得者，今可由减债基金法，以分割其一部分的利息，归为我有。第三、旧时办法，国家对于各种公债，既须付息，又要还本，今用减债基金法，付息即所以还本。第四、既有基金，以买收公债票，则我国公债票的在欧美市场者，价格自逐渐腾贵，庶将来新债募集的时候，应募者必倍形踊跃。是减债基金法，于我国今日公债政策上，最为适用，爰拟定具体办法四条如下：

　　甲、创设汇业银行于英国伦敦，即于该银行内附一国债基金局。

　　英法诸国，当施行减债基金法时，莫不于国内设有专局。但是我国公债，大部分为外债，而外债债票，只在外国市场上流通，宜于国外设立专局，而英国伦敦，为世界金融集中地点，故必须于彼处设有机关，就近考察其金融状况，于公债价格下落时，乘机购买，方能常获赢利，而不至折阅。今汇业银行，已经参议院议决在案，则将来在伦敦设立之时，应于该银行内附设一国债基金局，以管理其事，较之在国内特设一局，费用既可减省，处事更为敏活。

乙、按年由国库拨款一千万元，交存伦敦汇业银行的国债基金局，作为一种特别会计，为专备购买公债票之用。

我国旧欠外债总额，截至民国元年十二月底止，约合银币十七万四千三百八十八万九千六百四十元，今拟按照债额一百七十四分之一，由国库按年拨款一千万元，作为一种偿还基金，推算至二十二年间，必可扫数偿还。惟是现时各项外债，平均计算，每年应还本息，已需支出六千余万元，今复益以基金一千万元，国债担负，骤然加增，非另求他项财源以为挹注，势必至于不能实行。而此项财源，一征钞币发行税，即可以集事，查东西各国，凡银行钞币，苟由保证准备所发行者，无不征收发行税，以防止其滥发，至征收税率，最小者莫如日本，然犹征千分之十二半，今假定我国每人需用钞币三元，以四亿人口计算，钞币流通额，必达十二亿元，方可敷用，而此十二亿元中，除去三分之一，须用现金准备外，其余八亿元，则皆可用保证准备，我国若仿行这种制度，而于八亿元的钞币额，征税千分之十二半，则国库岁可得一千万元的新收入，遂用以作为偿还外债的基金。

丙、伦敦汇业银行的国债基金局，应禀承驻外财政员的命令，购买公债票。

减债基金局制度，例须置委员七人或九人，以合议制，执行职务，但今既拟以此机关附设于伦敦汇业银行之内，则购买公债票事务，似可一切委任于银行办理，而不必归驻外财政员之节制矣。殊不知银行要有其本务，本务之外，更使之兼顾债务，则责任不专，事机坐失，一弊也，急于私益，基金动摇，二弊也，欲免此弊，则舍以指挥监督之权，授诸驻外财政员之外，别无他道。日本自与俄国战争之后，以巨款留于伦敦、巴黎，及其他通商大埠，作为清偿外债之用，亦归海外驻扎财务官监督，是可证也。

丁、购买公债票，应以额面以下之价格为准。

公债的价值，常随金融的状况，忽涨忽落，无论何国，其金融皆不能有缓而无急，苟得才智机敏之人，驻扎外国，而觑准金融紧迫公债价格下落之时，然后收买之，则必缘此而获大利。故各国通例，皆规定只许购额面价格以下之债票，盖不如是，则国库非特无利，而又受损失。然则公债价格竟腾至额面以上，国债基金局，将停止而不购买乎，曰：我国旧债，种类甚多，断无同时腾贵至额面以上之理，苟甲项腾贵，则以所挟资金购回乙项外债，或乙项外债，因购买而亦腾贵，转而以资金购买丙项丁项，辗转购买，不仅得贯彻原定的计划，并可以维持国家的信用也。

以上整理内外债的各种计划，因内债为数无多，又当时政府，惟恃外债为生活，且值进行善后大借款的时候，故仅注重外债整理，但虽有各种计划，除短期外债，略为整理外，其余长短期内债，因各省财政同一艰窘，筹抵款项，既归无着，新换债票，自难推行，遂搁置未及整理。至于减债基金，以钞币发行税，不容易征收，财源遂无从筹措。而财政部虽有驻外财政员的设立，旋以欧战发生，金融停滞，亦即撤回。而汇业银行，复以款绌未能创办，故民国二年整理内外债的计划，徒有议案而止，未能见诸实行也。

北平政府，在袁世凯时代，因其镇压第二次革命以后，各省莫不畏袁氏威力，对于中央，所有解款，以及认款专款等项，均不敢截留，因而中央财政上的支出，超过收入，尚不甚巨，而所发行的三四年公债，由财政部指定常关收入，暨德俄停付赔款，交与总税务司，专款存储，以为偿还本息的基金，基金稳固，信用卓著，故票价不至低落。迄至民国五年，袁氏称帝，西南革命又起，袁氏死后，段祺瑞执政，益加无法，全国更为纷乱，各省送款，概行杜绝。加以假借参战为名，无限制的扩张军队，军费增加甚巨，其所恃惟一的财源，只有举债之一途。当时政府，丧心病狂，不顾一切，滥兴内外债，在民国六年以至八年，为多数外债借入的时期，八年以至十年，为多数内债借入的时期，借款既多，偿还更难，偿还既难，信用更失。史蒂芬来华，改组四国银行团，该团协商决定，以现在对中国投资，惟有助长内乱，此后，无论经济借款，与政治借款，概行拒绝。外债之途，遂告中断，而内国银行界，复有声明，政府若不迅速整理各项旧债，确定基金，则以后无论何项债款，凡流于不生产事业者，在其团体以内的银行，决不再行投资。于是以借债为生活的北平政府，因外债既已绝望，而内国银行团，复有此种坚决的表示，遂又迫于有整理内债的必要，这是民国十年整理内债惟一的动机。

当时周自齐长财政，其条陈内债必须整理的原因，谓"查民国成立以来，政变纷乘，国家预算，迄未实行。每年入不敷出，辄仰给于内国公债，自民国元年，以至九年，其发行总额，已达三万一千五百余万元，值此民生日蹙，公私交迫之秋，尚肯竭其汗血之资，以赴国家之急，其爱国热忱，可以想见，果能因势利导，确树信用，则内债一项，实足为救济缓急之资。查各项公债，惟七年短期公债，有延期赔款确实指抵，三四年公债，曾由本部指定常关收入，暨德俄停付赔款，交与总税务司，专款存储，以为还本付息之基金，信用甚著，票偿日高。此外各种内债，抽签还本，不免时有愆期，以致信用日坠，价格日落，推厥原因，皆由于基金不能确定之故。就本年（十年）应付各种内债本息数目而言，除七年短期，与三四年公债本息外，余如遵照公债条例，按期偿本付息，即需三千九百七十万元之多，按之目前财政状况，必无力以办此。但若任意延搁，不为速筹办法，一旦措手不及，必至停付本息，直接丧失国家之信用，间接牵动社会之金融。盖近年以来，国内银行事业，日形发达，而买卖有价证券，为银行重要营业，假令各项内债，本息一朝停滞，全国金融，必受恐慌。审时度势，此种情形，近在眉睫，若竟出此，何异政府对于国民宣告破产，而财政命脉，国家生机，从此断尽，此各项内债之不能不速筹整理办法，以维持国家之信用，社会之金融也。"

其整理内债的办法，谓"各项公债，发行方法，各有不同，有十足发行者，有低价发售者，有拨抵积欠经费者，元年、八年公债，市上价格，仅及原订票面十分之一，若概照票面十足偿还本息，不特国家损失过重，而整理基金，亦苦难于筹足。例如元年、八年两项公债，或则低价出售，或则抵发欠饷，核与三、四、五年等公债，暨七年短期，与金融公债等，按法定价格发行者，实不可同日而语。为今之计，若由政府另发七厘新债，即行开始抽签还本，折衷最高市价，厘定折扣，准其自由，以旧易新，在一班执票之人，虽按之票面，不无牺牲利益，而新债发行，抽签提早，票价自高，流转较易，其中得失，自不待言，当亦人人所乐从。但其他公债，为数尚巨，自非酌量基金情形，及债额多寡，通盘筹算，一律整理，并将还本年限，量予规定，仍不足以资调剂而固信用。况元八公债，既经整理，则票户利益，不无牺牲，若不指定确实基金，与以永远之保障，则空言奚补，更无以对国民。"

于是拟定整理内国公债办法九条如下：

一、八厘军需公债，原发行额，共为七百三十七万一千一百五十元，除已偿还四百万元外，尚余三百三十七万一千一百五十元，原定每次偿还五分之一，尚余二次，每次应抽一百六十八万五千五百七十五元，此项公债，利息较优，且已抽还本银三次，尚余二次，拟改自本年起，分四年四次抽完。

二、爱国公债，原发行额，为一百六十四万六千七百九十元，除已抽还一百三十二万元外，尚余末次，应还本银三十二万六千七百九十元，此项公债，原以京钞计算，现京钞截止，拟改以七成现洋计算，即于本年内如数还清。

三、元年公债，此项公债，截至民国十年二月止，发行额，为一亿三千五百九十八万五百七十元，其发行价格，参差不一，南京赔偿损失一百八十余万元，当时虽系照额面发给，而目下市价，已低至三折以下，收回烟土发行之一千二百七十余万元，市价亦在四折以下，其余发行者，出售价格，均在四折以内，且已领过利息二三期，目下市价，均已低至二折以内，兹拟另发六厘新债票，每旧元年债票百元，得换新债票四十元，余可类推，其不愿者听，并自本年起，即行抽签还本，分十年还清。

四、五年公债，原定债额二千万元，除已抽一次计一百二十四万二千四百十元外，尚余债额一千八百七十五万七千五百九十元，原定自民国六年起，分三年六期抽完，现已误期五年，拟重定抽签还本期限，自民国十五年后，分三年六期抽签，因三四年公债，于民国十四年清还，即以三四年公债所指拨之抵款，转充五年公债还本付息之基金。

五、七年长期公债，此项公债，原定自民国十八年起，抽签还本，其时五年公债已抽完，可继以三四年公债抵款为七年长期抽签还本之基金，拟仍按照原条例办理，不必更动。

六、八年七厘公债，此项公债，原发行额为三千四百万元，原定自第六年起，每年抽十分之一，现在市价仅二三折，兹拟另发新债票，每旧八年公债百元，得换新债票四十元，余可类推，其不愿者听，并自本年起，分十年偿清。

七、整理金融公债，此项公债，拟仍照原条例办理。

八、指拨本息基金，此项本息基金，现拟以各常关收入，及海关税余款，偿付三四年公债，及七年短期公债本息外，所有余款，尽数作抵，不足之数，拟在盐余项下提拨，每年总数，以一千四百万元为度，不得超过全部公债基金所需总额十二分之七，以次递推，并在烟酒收入项下提拨，每年总数，以一千万元为度，不得超过每年公债所需总额十二分之五，如烟酒收入不足此数，拟由交通部先于交通事业余利项下，每月借拨五十万元，将来即以烟酒整理后收入余款偿还，至此项指拨办法，应由交通部与银行代表、烟酒事务署三面商定。

九、上项基金保管方法，此项基金，处理保管，均极重要，拟统仿照三四年公债、七年短期公债办法，由各该机关商定拨款手续，拨交总税务司安格联，一面由内国公债局暨银行公会推举代表，与该总税务司会同办理，似此基金有着，人民庶晓然于公债之整理有方。至该总税务司收到各项基金后，应如数存入中国银行，以资应付，而银行方面，亦应照三四年办法，随时协济以助进行。

以上各种办法中，以指拨基金一层，尤关重要，因公债整理之有无成效，全视此次指拨基金办法之是否确实为依归，如三四年公债还清以后，所有抵拨各项财源，如停付德俄赔款之数，均归入此次整理公债基金之内，所指拨款项，由财政部督饬中国、交通两银行，与主管拨款各机关，商定逐期拨款办法，切实照行，无论如何为难，此次所定办法，不得有所变更，以免失堕国家之信用。但以后公债基金，如足每年二千四百万元之数，则所指拨盐余及烟酒税收，暨交通部借拨之款，即应依此减拨，俾纾财力而期兼顾。

此次办法确定以后，即呈请大总统颁发命令，责成财政部，会同内国公债局，遵照办理，各省所有盐关各款，及烟酒税费各项中央直接收入，均应悉数报解，凡在先于前项收入内，曾经指拨之款，由财政部另行筹付，不得再请截留挪用，以资巩固。当时财政部，并声明此次整理公债，非为国家增加支出，实为国家减少支出，亦非竭国家仅有之收入，而用于不急之途，诚以不加整理，其每年应需偿本付息之来源，不外乎取之上列各项收入，与其临渴掘井，使公债不能坚其信用，何如未雨绸缪，为国家财政，留一线生机。

又此次整理公债，其元年、八年两项之范围，系根据上年付息总表，及实在售出额数而定，此外以债票抵押各银行机关，未经付息者，为数尚巨，商民血本攸关，亦应续筹切实清理方法，总使债权有着，不失丝毫信用为主旨，故其次续筹整理办法，为抵押债票及额外抵押债票两种。抵押债票，虽在债权人之手，而押款清还以后，债票仍属部有，为国家减轻负担计，为商民团体金融计，均应续筹办法，俾全国信而资流通，庶于整理公债宗旨，终始贯彻，于国于民，两有裨益。查财政部抵押各银行，暨借拨各机关之债票，元年公债六千四百零一万九千四百三十元，八年公债二千二百万元，两共八千六百零一万九千四百三十元，核其实抵数目平均计算，不过百分之十五，其整理的办法，拟将该项抵押债票，俟十年以后，整理公债办理完竣，即可腾出款项，依据前次呈准整理办法，开始还本，其在十年以内，即照整理公债利率，按期付息，不还本金，所有十年内应付息款，另由财政部按期筹拨备付。至此项办法，原为保全押品信用起见，所有各项债务，仍应由财政部设法赶速清理，总期于极短年限，将前项债票，随时收回销毁，俾可减轻负担。

至于财政部抵押额外债票，始于民国五年，当时因赔偿招商局新裕船本等款五十一万余元，无法筹付，曾经国务会议议决，准给四年债票一百万元，交由该局抵押现款，嗣后财政困难，较前尤甚，援例抵押者不少。截至当时止，所有抵押额外债票，除收回不计外，尚余三年公债十九万六千元、四年公债三百二十七万一千五百九十元、整理金融公债八十九万元，计其债票四百三十五万七千五百九十元，此项额外债票，不在总税务司经管基金范围以内，所有从前应付本息，概由中交两行先行垫付，再由财政部另行筹款拨还。当时因银根奇紧，库藏支绌，该项公债中签应付本银一百四十五万余元，银行既无力垫付，财政部又无法另筹，以致受押各户，有将前项债票少数出售情事，于是总税务司安吉联[①]为顾全个人信用起见，登报声明，凡不在发行债额以内之号码，不得在经管基金项下支付，固属正当办法。但财政部责任攸关，对于此项债票，自应统筹兼顾，以全信用。其整理办法，前项借款，除已列入此次偿还短债案内，应俟委员会审查完竣，设法偿还，将原抽品收回注销外，其未列入偿还短债以内，暨少数已出售之债票，无法收回者，亦应另筹基金，统交总税司保管，以备支付本息之用。

再其次则为整理有奖储蓄票，一律换发民国无年公债余存债票。因民国三年，财政部委托新华储蓄银行，发行有奖储蓄票一千万元，原定开签三次，三次不中，给还原本。民国七年四月，已届还本之期，嗣以库储支绌，未能偿还，曾由财政部于民国六年十二月，呈

---

① 今多译为安格联，Francis Arthur Agien。

准大总统展缓债期继续开签三次在案，故于民国七年四月、八年四月、十年四月，继续开签三次，扣至十一年四月，展期又届，新华银行，迭请财政部速定偿本办法，早为筹备。惟值时局未定，库藏奇绌，此项巨款，断难筹集，爰拟定整理办法，将未中签之储蓄票，一律换发民国五年内国公债余存债票，借资清理。查民国五年公债定额二千万元，除实募集额七百七十余万外，尚余债额一千二百二十余万元未募足，即于此额内酌提债票一千万元，作为收回前项储蓄票之用，将来实收储蓄票若干，即发行五年公债票若干，以资结束。五年公债，原分三年偿本，每年抽签二次，除已抽还一次外，尚余五次，未经抽还，今若以之收回储蓄票，即不啻将储蓄票展期二年还本，较之原定章程，须一次还清者，筹款难易，不可同年而语。而在持有储蓄票者，虽不能即时收回现款，然得此利益优厚之公债，与短期存款无异，揆诸储蓄本旨，仍相符合。此项办法，由财政部拟具议案，提出国务会议通过，并呈请大总统核准施行。

　　在民国九、十年间，财政部整理正式发行债票外，并整理额外抵押债票及储蓄票等，于是内国公债的基础，才稍巩固，因而内国公债的信用，亦日益昭著。但是当时政府，并无实心整理公债的计划，徒为日后借款起见，故不从财政上全般整理下手，以谋收支适合，仅整理公债一部分，而其后军政费日增，收入来源日竭，支出超过收入更巨，政府无法弥补，又只有出于举债之一途。其以盐余为担保的零星短期借款，数在一亿元以上，故未几复发行八厘盐余公债九千六百万元，以资整理。其后岁入不足，更有春节特种库券，及秋节特种库券等的发行，迄到达还本付息的时候，因财政困乏，不能实行，类多愆期失信，即元年整理公债，与八年整理公债，自发行后，财政部只付过利息二次，故其时各种公债，在总税务司安格联经管基金范围以外者价格仍是日益低落不止。因继续发行短期库券，再无盐余可以骗饵，除强迫中交两银行承受外，无人过问。而中交两行，以无资金应付，只有出于滥发纸币，纸币滥发，遂有京钞低落及挤兑风潮的惨劫，并使市面受其影响，发生恐慌，而政府财政，因之益不可支。于是不得已而有财政委员会的设立，以计划全般财政的整理。惟当时政府为一般军阀官僚所把持，对于国家财政问题，只知剥削破坏，实无整理的可能，故所谓财政委员会者，徒有议决案件，不见施行，而北平政府的命脉，遂因是告终。

北平政府，在九、十年间，因外债既已绝望，急于整理内债，以便再行借贷，其后虽因财政困乏，复滥发债票，使其整理政策，不能始终贯彻，然有一部分内债，在总税务司经管基金范围以内者，确稍有整理的成绩。惟外债山积，无法整理，除原有关税担保各债外，其余无担保及无确实担保的外债，所有本利偿还，概行延期，因而国际信用，丧失殆尽。于是各国觉察中国财政实在情形，知非增加关税收入，这种债务，实无整理的希望。前在巴黎和会时，我国以需用浩繁，收入不敷，迭与各国磋商，要求增加关税，提出会议，当时强大国家，如英法等，以此项提议，不在本会议问题之内，遂搁置不理，卒未能达到目的。其后在华盛顿会议时，各国为其债权起见，乃容纳中国要求，对于关税增加，得以提出会议，并议决增加有一定的程度，以整理债务为附带条件。在北平开设特别关税会议，参加者共有十二国，其中惟有七国与中国债务关系较深，此七国均希望对于无确实担保的债务，与中国商定一种妥善办法，惟以国债整理，系吾国政府与债权国两方面应为解决的问题，不宜付诸国际间共同讨论，故有关系各国，乃在关税会议外，举行一种会议，会议地点，为荷兰使馆，在表面上，仍是避免干预中国内政的嫌疑。查各国无担保及无确实担保的债务情形，属于财政部负担者，以日本为最多，属于交通部负担者，以英国为最多，至于美国，类多铁路电报材料欠款，法国除中法实业银行欠款外，亦为铁路借款，意国除粤汉铁路借款外，无他债务，荷比两国，皆为陇海路债，是各国债务情形，既属不是一样，利害关系，自然各不相同，故对于整理的意见，因而随之差异，不能一致。而在荷兰使馆，并非正式会议，其所讨论的主要目的，不过为调和其复杂的意见，而确定一共同承受的办法，会议数次，各国意见，虽经互相交换磋商，仍是不能齐一。于是参加各国，除比利时外，都提出一种说帖，美日两国的说帖，曾经一再修改，各种争执，虽逐渐减少，然离协调的目的，仍甚辽远。兹将北平财政整理会所提出的我国整理债务计划，与各国意见大概比较一说。

关于整理范围，我国计划，以财交两部直接负责所有无担保及无确实担保的内外债，概行归入整理，各国都无异议，惟对于债务承认与保证的机关，意见有所不同，我国主张范围较严，仅限于财政部，各国主张范围较广，所有债务只要经中央机关承认或保证者均应算入。

关于核定债额。我国计划，债额定为八亿元，本金则照实交数计算，按照合同所规定，欠息概以五厘单利计算，不及五厘者，则照原案，美法两国，主张审核后，再定债额数目，利率多主张概行六厘，并按年计复利。

关于整理条件。一、应否一律平等。我国计划，已列入整理的债务，自核定债额后，一律平等整理，不得歧视，原有合同票券，并一切利益条款，在新整理债券发行时，概交换收回，美日两国均赞同，英国与荷兰则主张铁路债、商人债、公认债、应为优先，法以担保不充分的债务，应优于全无担保者。二、付息先后办法。我国计划，前五年三厘，次九年四厘，以后五厘，美国主张先二年四厘，次三年五厘，以后七厘半，每年一付，法照美国提案，意国主张平均六厘，前十一年五厘，次五年六厘，后三年七厘，如基金减少，则可先四厘，次六厘，后八厘，日本主张前三年四厘，次六年五厘，后十八年七厘。三、还本期限。我国计划，由第一年起，三十一年还清，但无论何时，可提前还一部或全部，美国主张第一年起还本，计五百万元，每年递增五百万元，二十年还清，法亦相同，意国主张第三年起还本，二十年还清，日本主张第七年起还本，二十一年还清，英国则主张还本付息，不确定数目，以关税余款五成还外债，一成五还内债。四、货币问题，我国主张均用原合同的货币，美日相同，惟主张可依债权人的意思，得折合银元或美金，英法荷诸国，主张内债用银元，外债用美金。

关于整理基金，各国与我国最不相同者，就是这种基金问题，我国计划，在过渡期间，由关税附加税每年收入内指定确数担保，关税自主后，指定相当数目担保，如实际不敷，得延缓拨付。而美、英、法、意、日各国，都是主张以旧关余并入新附税为基金，美更主张整理债券，对于旧关余及新附税，有优先权利，如尚不敷时，中国政府，应以其他财源补充，日本更主张关余所担保的内债优先次序，应后于整理债券。惟意国主张新增关税中，每年提出五千万元或四千万元为基金，而荷兰意见，主张于新增附税中，别设专款，供给新债基金，尚与我国相近。

关于湖广、津浦两路债款，及路债保证准备金问题。我国计划，如某数种铁路有绝对必要时，可酌定短期间（三年）暂设路债保证准备金，由建设事业基金项下挪借，每年以一千万元为限，湖广、津浦两路债，归入保证，但交通部债务归入者，应于整理总数内剔除。英美主张优先权，分而为二，如湖广、津浦两路债本，由关税担保者，应在新整理债券之前，为第一担保，其他与关税无关系的铁路债务，则在新整理债券之后，为第三担保。荷兰亦主分为二，惟优先权，均在新整理债券之前，即湖广、津浦两路债，应有第一担保权，其次划出一千万元，作为铁路借款不能还本付息的准备金。法国主张湖广债券等类，应尽先增加担保，其余交部无着债务，应于建设部分附加税划充整理。意国只提出应设立路债保证准备金，而无具体办法。日本以湖广、津浦两路借款，从法律、事实两方面观察，均不能将其担保骤移于新附加税之上，积欠之数，应另案办理。

至于准备金期限。我国主张期限，美国亦主张须限定年数，英国则不以三年为然，余未提及。准备金数目。我国主张一千万元，荷兰相同，余未确定数目。是各国当时整理债务的意见，各为其私，异常纷歧，争持不下，几无法可以解决。因而我国财政整理委员会，参酌各国意见，再提出最后修正的整理债务计划如下：

一、引言

中国内外债务整理之迟缓，不徒债权人方面极感不便，即中国本身，亦深受痛苦。中国政府，向来重视债务，竭力履行，自清代及民国以来，皆能切实履约，未尝爽信。即在近年时局嬗变，政府本身，日在设法与新环境适应之时，尚留其最良之税收，以为债权人之利益，此其诚意，当为中外人所共见也。巴黎及华盛顿会议时，中国以需用浩繁，收入不敷，迭经与友邦磋商增加关税。华盛顿条约中，虽约明一定程度之增加，然不幸荏苒数载，至一九二五年，始得关系各国全体之批准。因有此无端之迟缓，内外债权人，与中国政府之地位，皆更见困难，债额既大见增加，财政复益见窘困，此诚深足为憾者也。今各国似已观察中国财政实在之情形，而感觉自己方面之责任。中国政府，愿再声明中国将用关税增收之一部，以使政府本身，与其债权人，皆得脱出今日之苦境。换言之，即将量力所及，设定确实办法，使中央政府所欠之无担保及无确实担保的债务，可以按期偿付也。

二、整理的原则

为整理债务便利起见，宜采用以下原则，为整理计划的基础。

（1）整理计划，应包括中华民国中央政府所实欠的全体无确实担保内外债务。

（2）整理债券，在过渡期间，应以关税附加税每年收入之一确定部分为担保。实行关税自主后，应由关税中，每年提出相当的确定数目为其担保。

（3）上述加入整理每笔债款，其原条件与其债额，应于整理以前，公平调酌，以便平等待遇。

（4）每笔债款，经调酌后，应与同种货币同一数额的整理债券交换，整理债券，应按票面价额作价，所有加入整理案各债的原有债券合同抵押品，及一切附属利益条件，均应交换收回，作为无效。

（5）整理债务的利率，及其还本付息办法，应在上列第二项原则的范围内设定，并须酌留余地，以期确能照付。

三、整理的范围

关于整理的范围，应照上列（1）项原则，包括由财政、交通二部直接负责无担保及无确实担保的内外债务，详言之，为以下诸项。

（1）财政部直接订借的债务，如系外债，须曾经过外交总长正式照会关系国公使备案。

（2）中央机关订借的债务，经财政部承认负责偿还者。

（3）中央机关的债务，曾经财政部承认保证，而该机关已不复存在，或停止营业，无从索偿者。

（4）外国政府或私人的赔偿要求，于某日以前提出，并经外交部及财政部正式承认者。

（5）交通部及其附属机关的无担保及无确实担保之债务，照中国政府的意见，不能以其收入整理者，惟无论如何，交通部归入整理的债额，不得超过交通部债款表乙表所列，即约二亿五千万元之数。

四、整理的债额

归入整理的债额，最大约不逾华币八亿元，其确数，应俟将各债款按下列方法审核计算后决定之。

（1）归入整理后的各债款，其原借本金，应以债权人实交的数目为准，如某项债款全未照合同交款或交货者，自不得归入整理，如仅交一部分款项或货物，而中国政府尚未予以相当的偿付者，则未交部分，应由原订本额中扣除。

（2）凡向公众发行债券的债务，计算其债本时，应以合同中规定的发行价格为准，无规定者，应以中国政府当初实收的金额为准。

（3）各债款本金，照上二条办法决定后，应自实欠利息之日起，按其余欠本金，算给按年切实五厘单利，至一九二五年十二月三十一日为止，其原订利率，在按年切实五厘以下者，照原订利率计算。

照上列方法所计出的各外债本息数目，应由中国与关系国方面的专门委员，共同比较决定，倘彼此有不同意之处，应付诸公断，其手续另定之，惟至迟须于某日以前解决。

照以上方法决定的各债款本息总数，为归入整理债务的总额。

五、整理的条件

(1) 照上言办法，加以调酌后，各债款，应一律平等整理，不得歧异，其旧有合同、函件、凭证、债券、息票，以及其他凡有关于本金利息担保的文件，与相关或相因而生的政治经济利益条款，自归无效。

(2) 整理债券，应于旧债凭证交出后，交换发给，其货币种类及数额，应与原债务货币，及其审定的债额相同，其尾数或以现金偿还，或用其他方法处理，惟用银两计算的债务，应一律按平色换发银元债票。

(3) 整理债券的期限，应为三十一年，由实行过渡附加税之时起算，前五年利率，应为三厘，由第六年至第十四年，应为四厘，由第十五年至第三十一年，应为五厘，还本，应自第一年还起。

(4) 整理债券的还本，应由中国政府用抽签方法行之，每年还本数目，应照附列还本付息表所规定。

(5) 若干年以后，中国政府，有权于还本付息期日尚未偿还的整理债券全部或一部，按票面价额赎回。

六、整理基金

新整理债券的还本付息基金，应按上文（1）项原则所规定，在过渡期间，以过渡附加税之一确定部分为担保。整理债券逐年还本付息的数目，应就此范围，从宽规定。倘将来实际收数，仍不敷还本付息之用时，中国政府，得延缓拨付该年应拨的还本基金。关税自主以后，应逐年由关税项下，按附列还本付息表，每年所需的数目，拨足数之款为基金。自主后，前五年间，中国政府，如因税款支绌，得以展缓还本。惟自关税自主第六年以后，即应按照还本付息表，每年应行还本付息的数目，逐年拨还，至三十一年满期时，如因展缓关系，债券未能全数收回，应于二年内尽数偿还。

七、保管基金机关

为保持新整理债券的信用，并保护债券所有人的利益起见，中国政府，愿将关税或关税过渡附加税内，提作新整理债券基金的款项，另订妥善方法保管。

八、整理机关与债权人同意

关税会议，决定整理债务原则，及大体计划后，应由财政整理会，召集各国专门代表，根据原则及大体计划，审查各项债款，决定整理债额，设立具体计划，及实行方法，由中国政府宣布。实行整理债务计划决定之后，各债权政府，应担任劝令本国债权人承认此项办法。如债权人持有异议，于中华民国某年某月某日以前，未允同意照行时，则该项债务，应由整理总数中剔除，听由该债权人与中国政府商定办法，各国政府及其代表，不再过问。

我国整理债务计划，虽经最后修正，而各国意见，仍是异常复杂，不能一致解决。其最大的牴牾，则为日本类多政治借款，主张平等待遇，英比等国，类多经济借款，主张差别待遇。当时我国政府，毫不能自主而决心整理债务，徒依违其间，以图迁就各国的意见。而其结果，决定以湖广、津浦铁路借款，列于优先位置，以容纳英比等国的主张，普通债务，则按平等偿还方法，以容纳日本的主张，这种办法，与其谓为我国的债务整理，无宁谓为各国的权利分配之为愈，可耻孰甚。但是如此迁就，而各项利害，仍不能齐一，终无法可以解决，于是多数意见，以中国债务问题，既如是其复杂，并非关税会议中所能完全了结，即幸而能够决定，亦不过以大纲为限度，其详细办法，及数目多寡等的具体问题，自不能不于关税终了后，另由中国组织一专门委员会，与关系各国，共同商议决定，遂全体议决，依照此方法办理。惟当时会议中，以大整理案，一时不易成立，复拟定由二五附加税中，指拨债务基金四百万元，分配整理，其办法如下：

一、按照财交两部归入整理案无确实抵押内外债总额的比例，财政部债务基金，应得二百七十五万元，交通部债务基金，应得一百二十五万元。

二、财政部债务基金，拟以三分之一，合九十二万元，归内债项下，三分之二，合一百八十三万元，归外债项下。

三、以上基金，拟先清偿零星内外债实交本金的余欠。

四、上项零星内外债实交本金的余欠数，拟分别内外债，自最小数目起，依次清偿，债款另表列明。

五、此项债款，既提前清偿，应由债权人，将所有积欠利息，概行蠲让，并于清偿时，将所有债据，一律交还。

六、上列清偿办法，债权人如有不同意者，其债额即不必归入整理，所遗金额，即以递偿次小数的债款。

七、此项清偿办法，俟关税税率增加大整理案成立时，即行取消。

八、此项清偿办法，所有详细手续，另定之。

此次以增加关税整理债款者，系专指无担保及无确实担保的内外债而言，其中外债要居十之七八，故注重整理外债，与民国十年专为整理内债者，完全不同，但当时因关税不能自由增加，而整理债务，亦不能自由决定，其一切具体计划，及实行方法，须与各国商得同意，才能够成立。所谓整理方法，就是先要决定债款总额，及每年确能照付的基金数目，然后依照总额及基金，拟定利率若干，与偿还期限，通盘筹算，才能够作成具体的整理计划。我国财政整理委员会，根据这种情形，认定还债基金的多寡，必以附加税多寡为标准，若能多增附加税，则还债基金，自然充足。至于附加税用途，拟定四项，以裁厘抵补金，列为第一，整理债务基金，列为第二，建设费次之，行政补助费再次之，用三三三一的比例方法分配，实为得当。是我国对于外债整理的诚意，可想而知，其尊重债权人的利益，亦不可谓不至。但我国无担保债款数目太巨，而各国对于过渡时期的附加税，又限制极严，不能满足吾国人的希望，以故基金一项，无法充足，实行整理，极为困难。欲免除这种困难，只有将还本期限延长，及利息减经之一法。且我国所负无确实担保的外债，类皆条件苛刻，手续亦多欠正当，即当时法人宝道氏，条陈整理无确实担保债务的意见，谓"借款因无正当抵押的缘故，原债权者，须担负相当的危险，政府遂不得不接受高利及过量折扣等的苛刻条件。今既设法整理，须给予可靠的抵押品，即减除借款本息，或改订合同条件，与延长偿还期限，也是极公平的待遇，不得谓为不正当的要求，亦不得谓为不履行有效的契约，盖债权者既有所抵偿，即应该有所放弃也"云云。客卿宝道氏的条陈意见，其中多有偏袒外债之处，今亦有此种主张，则我国所拟定修改的计划，实在极为公平正当，并非有丝毫过分的要求。乃各国所提出的说帖大旨，其核定总额，比较我国要大，对于附加税增收，则比较我国要少，而还债基金，又比较我国要多，规定利率，比较我国要高，偿还期限，比较我国要短，是各国这种提案，专从保护其资本家的利益一方面着想，适与我国所计划所希望的完全相反，简直置整理事实于不顾，真是没有道理。且增加关税，其纳税者，虽属洋商，然关税为一种消费税，实际上的负担者，仍在吾国购买物件的人民，所有此项收入的用途，自应斟酌吾国财政状况，与经济情形，择其确有实利于吾国者，才能够决定，方为正当办法。今反客为主，几欲举吾国关税全部收入，概行供给外债之用，并欲制吾国财政上的死命，使不能有丝毫活动的余地，以便达到其经济侵略的目的。

至于偿还期限，在欧洲大战后，如比利时等国，对于美国的债务，都是分作六十余年偿清，而美国尚认为正当办法。吾国无确实担保的债务，没有方法可以偿还，如欧洲各国与美国的债务情形，似属相同，今拟定三十一年还清的期限，与欧洲各国比较，实不为过长。而利率减轻一项，是最难得各国同意者，争论更为厉害，都是主张平均六厘至七厘。查欧洲大战后，英及芬兰、匈牙利各国，对于美国债务的利率，在最初十年间，为年息三厘，以后不过加至三厘五毫而止，意大利与美国交涉战债偿还办法，所拟定利率，系由一厘二毫五递增至三厘为止，其后各国，尚向美国要求减轻。我国所负无确实担保的外债，在当时本利停付已久，外人亦无可如何，或一旦易以确实担保的关税，使其本利有着，纵使低减利率，在债权人，想必乐于承受。且查各种无确实担保外债的利率，衡以国际债务通行的利率，实所未闻，如林矿电信借款，其年息逐渐增至一分四厘，东亚株式会社借款，其月息高至一分六厘，尚有折扣手数料等项，不在其内。故日本兴业银行吉会铁路垫款，原借本金，为日金一千万圆，当时正息复利合算起来，其数已达二千余万圆，竟超过原借本金一倍以上。如英商顺发洋行酒精借款，及奥国银团代表瑞记洋行借款，当时本息积数计算，亦超过原借本金一倍有余。其他如法国邮船公司求新铁厂资本垫款，与丹商文德公司借款等，在当时正息复利计算，都是比较本金，已达百分之九十有几。这种重利盘剥的外债，即使如俄国一样，概行宣布废弃，亦不为过当。若一旦与以确实担保的关税，非特别轻减利率，实不足以抵偿滥增本金的损失，而在当时中国财政上计算，终无偿还能力，空言整理，又有何益。乃各国代表，概行强硬主张，不肯稍为让步，是我国整理债务，与各国协商办理，所谓与虎谋皮，安有成功的希望。

北平政府的整理债务，因各国意见，争持不下，没有结果，故徒有整理计划，未及见诸实行。民国十六年，国民政府，由粤奠都南京，虽于一年以内统一全国，但以连年内战不绝，军费浩繁，无从筹措，亦只有出于举债之一途，其比较北平政府稍胜一筹者，即拒绝帝国主义者的经济侵略，不借外债，专为募集内债，截至今日止，不数年间，前后共发行十亿六百万元的巨额，亦属骇人听闻。政府为维持信用，推广销路起见，不得不兼顾旧债，于是整理债务问题，渐为一般国民所注重。民国十七年，全国经济会议，既提议于先，全国财政会议，复通过于后。其中最重要的议案，一为有确实担保的各项内外国债，应悉照原案维持案，一为无确实担保的各项内外国债，应先严密审查后，发行低利长期公债以资整理案。国民政府，即循此方针进行。加以其后关税既经自主，因对外关系，对于无确实担保的外债，不能不筹及整理，而对于有确实担保的外债，尤必同时设法巩固。其整理的步骤，业经成为事实者，计有数端：

一、为于盐税内，通令各省摊派拨还外债数目。按从前以盐税为担保的外债，系英德借款、英法借款、湖广铁路借款、克利斯浦借款四项，但是此项担保收入，都为各省军阀所截留，未能照拨。国民政府，为顾全国债信用起见，因交预算委员会议决，于中央财政未完全统一之先，暂由各省盐务征政机关，按成摊派，以资清偿。据财政部以民国九年至十一年三年中，所收盐税数目平均为标准，拟定各省区应摊派数目，通令全国征收盐税机关，每月按照摊派数目，解交财政部所指定的银行，其全年总额，为一千万元，足敷盐余借款偿还本息的需要。

二、为于关税增收内，指定整理内外债基金。按吾国无担保及无确实担保的内外债，向无一定的确数，据北平政府时代的统计，少则为六亿元，多则至十亿元，将来必须邀请内外债权人，出席内外债整理委员会，提出各项证据，才能够确定数目。至于整理办法，以年利一厘计算，债款六亿元，即须付年利六百万元，若债款为十亿元，则须付年利一千万元。故国民政府，决令在关税新增项下，每年暂提五百万元，逐年积蓄，以为整理内外债之用，此后则随关税增加而增加，业经正式照会英、美、法、日等九国，并令饬总税务司遵照实行。

三、于首都组织国债整理委员会，其后公布整理内外债委员会章程。

第一条、国民政府，为审核关于无确实担保的内外债，并研究清算及整理办法起见，设立整理内外债委员会，根据从前全国财政会议议决案，审查债款性质，认定应否偿还，分别办理，以及应采用如何偿还的方法，并不是如北平时代的旧整理案，对于所有内外债，一律承认归入整理案内。

第二条、本会设委员七人，以行政院长、监察院长、外交部长、工商部长、铁道部长、交通部长、财政部长充之，委员长，由各委员推定。

第五条、本会得选聘中外财政专家，充任顾问咨议以备咨询。

由此观察，是国民政府整理内外债的方法，完全由我国自由决定，不是如从前特别关税会议时，外人有参加干预的权力，这就是与旧整理案不同的重要点。该会自组织成立后，即起草整理条例，并开会讨论办法数次，今综合各方面的具体意见，归纳数条如下：

一、内外债务，经过审查确定债额后，应在同等待遇之下，一律整理。

二、应行整理的债务，以无确实担保者为限，其属于外债者，并应以向归中央政府主持办理，及经过外交部正式照会之案为限。

三、如某外债，虽经过前条手续，但有助长内乱，或反革命性质者，应于审查时，分别剔出，另案办理。属于内债中的不正当借款，经审查确实有据者，亦应照此办理。

四、凡实业借款，如契约逾期无效，所有垫款本息，应归入本案办理。

五、凡因革命而订借的无担保内债，经审查确定后，应归入本案办理。

六、结算债款帐目，应由债权债务双方当事人，直接办理，借昭核实。

七、新整理债票，属于内债者，应以银元为本位，属于外债者，应以美金为本位。

八、新整理债票，应平价发行，平价偿还。

九、新整理债票的利率及基金，均应采用累进法，利率以一厘为起点，每逾五年，递进半厘，最高不逾三厘。基金每年以二千五百万元为起点，（仅付息不还本的期间则以足敷付息之数支配之）每逾五年，递进五百万元，最高不逾六千万元。

十、旧债整理办法确定以后，应就内债外债分立总契约各一件，总契约正式成立后，同时将旧债各项契约，一律取消，即将原有偿券合同抵押品，及一切附属利益条件，交换收回。

十一、新整理债票发行以后，中国政府，如愿在偿还期限内，提前偿还其全部或一部分，不加给任何费用。

以上各条中，与旧整理案主张最不相同的地方，为第三条，国民政府揭橥整理国债方针，按照本党党纲，对外政策第四条，有云"中国所借外债，当在使中国政治上实业上不受损失之范围内，保证并偿还之，"又第五条："有中国境内，不负责任之政府，如贿选窃僭之北平政府，其所借外债，非以增进人民之幸福，乃为维持军阀之地位，俾得行使贿买、侵吞、盗用，此等债款，中国人民，不负偿还之责任"等语。详言之，就是应审查债务的性质，确定应该偿还与否，凡内外债的不合法及反革命者，均不应归入此次大整理案内，须另案办理。

查北平政府，自袁世凯以来，其所谓政治借款，纯为帝国主义者政治的经济的一种侵略手段，其目的在欲得利权与抵押品，并不一定希望债务者以金钱偿还，故其性质，非常危险，往往借此以制债务国财政上与经济上的死命，以灭人国家，如埃及、印度，都是以外债而亡其国。而帝国主义者，更为利用我国时有政争，不能从事建设，以便实行其经济侵略，故不惜以无担保巨额的金钱军械，接济军阀，促成内战。其尤狡黠者，阳假实业借款之名，阴行政治借款之实，并与我国订立种种密约，而其所交的款项，又类多不实不尽。如日本西原借款等，使我国永远陷于分裂的状态，人民饱受战争流离的痛苦，在昔本党虽迭电国际反对，誓不承认，而帝国主义者，视若罔闻，一般国民，至今思之，犹为痛心疾首是，关于此类借款，应详细审查，分别剔出，另案办理，以符全国舆论及本党宣言，方为正当办法。

关于内债部分，所有各种国库券，除少数系因支付政费发行者外，其余大部分库券，率系对付军人强索，及搪塞不急需的债务而起，在政府方面，本无发行的诚意，这种库券，其后虽因势力的强弱，与主管机关的勾结，有取得现款者，然多数至今尚无切实办法。在从前北平政府时代的财政清理处，其分类清理时，且将这种库券，不与普通债务同等待遇，曾会同审计院呈请政府分别取消。今应先予逐款审核，如发现这种库券，即须呈请国府明令取消，使早日解决，以免与普通债务混淆。尚有其他不正当借款，如借款条件的利率折扣汇水与兑换上的盘剥，以及其他各种办法，均极苛刻离奇，为一般债务所无者，在北平政府张弧长财政时，组织审查短期债款委员会，以董康为会长，董康乃将各银行借款黑幕，和盘托出，据其报告，利息曾发现有八九分者，且有未交款先付利息者，而折扣汇水等，尚不在内。借款于当时政府，有若是之大利可图，故贪利之徒，莫不趋之若鹜，北平本为政治中心，非如上海、汉口为一大商埠可比，而北平银行林立，乃不亚于上海、汉口等处者，大概多是为做政府借款生意而设立，因好贪图高利，故不惜以巨资借给政府，西洋人常以犹太人专放高利为业，因不齿于人类，今北平银行，借款于政府，其苛刻程度，实较犹太人为甚，而北平政府，亦因自民八以来，无外债可借，只好受其要挟，当时这种零星借款，亦达一亿元以上，政府穷极无聊，滥举内债，破坏其财政基础，固属罪不容诛，而银行贪利无耻，助桀为虐，亦属可恶之至。国债整理委员会，应切实审查，如遇有此类借款，应分别剔除，勿与普通债务同等待遇，此种非法债务，就是普通债权人，亦不赞同其与之混乱一起，致受牵连也。

其次与旧整理案不同的地方，则为第四条与第五条。在第四条："凡实业借款，如契约逾期无效，所有垫款本息，应归入本案整理，按照建设大纲"，第五条所列，有"从前北平政府所订定关于投资中国经营实业之合约，已满十年仍未履行者，或未经国府从新核定承认者，均由政府宣布作废"等语，此实为贯彻革命建设所必要的工作。兹专就铁路合约言之，其订约延期尚未履行，有至十年之久者，如同成、浦信、宁湘、钦渝、株钦、沙兴等铁路，虽曾垫款若干，但均已逾期十年以上，在理对方既无履行的能力，当然应解除其契约，所有垫款及利息，当然应并入整理案内办理。旧契约既解除以后，则可再斟酌国内政治经济所必需要的路线，并比较有利益的条件，与外国资本家从新订定，一方面可以取消从前被束缚的契约，一方面于路政上，更可图革新的建设，诚为一举两得之计。有人说如废除契约，则外人将以归还垫款为要挟，是不足为虑，盖在合约上，只云解除契约，应归还其垫款本息，并非订定有以偿还垫款为同时废约的条件也。在第五条，凡因革命而订借之无担保内债，经审查确定后，应归入本案办理。此类借款应归入者亦甚多，自革命军兴，内而底定百粤，外而统一全国，所需军费浩繁，其在国内募集的债务，已不下数亿元，除确有基金各债不计外，其尚无确实担保各债，暨其他各项旧债，既为中央应偿的债款，即为国民应尽的义务，当然应归入本案整理。有人说革命时候，用款多无秩序，如汉口国库券、江西临时兑换券，与从前各省军用票等，都是已成废纸，以及私人借款用于革命事业者，为数亦不少，这种借款，实无从整理，且不胜其整理。不知审查革命债务，应自国民政府成立以后开始，并以正式发行债票者为限，至于已成废纸的库券，与私人的借款，似宜不在其内。此中最要紧的，如在粤省所发行的有奖公债、在鄂省所发行的整理湖北金融公债等，为国民政府正式发行的债券，尤与金融上国信上有莫大的关系，自应设法提前整理。且使革命政府当军事时期的一切正当积欠，得以廓清，恢复革命信用，使人民以后对于革命事业的借款，得以踊跃应募。而国民政府的立国基础，将从此更为稳固。

以上各点，概括为二，一为剔除于整理案之外，一为归入于整理案以内，此为革命政府的根本方针，而与旧整理案完全不同者，对于内外借款，于差别待遇之中，获得最公平最合理的效果，与从前的混合整理，比较为有价值。在旧整理案，其整理范围，以八亿元为度，现在依国民政府的方针进行，其中固不乏可剔除之款，然亦有应加入之款，其数虽不必以八亿元为限，要与八亿元之数目，相差不远。至于整理后所发行的新库券，第一要研究的，是为利率问题，如以年利一厘计算，假定债款为八亿元，则须付年利八百万元，若旧整理案，规定利率，从三厘起以至五厘计算，则每年利息要三千万元与五千万元，增加至数倍，以中国现在财力推测，仅付利息，已属难堪，更何能还本，故有人主张，起初应从一厘计算，最高不过三厘而止，则以后付息还本，必不至再行愆期，能够切实整理。至于还本期限，旧整理案，规定三十一年还清，在外人视为过长，而吾人反以为过短，因中国内外债额，既如此其巨，非予以长期间的整理，自难圆满进行，中途必至有要求延期之一日，现在欧美各国债务，均是采用长期公债借换制，如欧战以后，德国所负英美债务，概行规定六十年还清，我国债务整理，自应仿照办理，庶几于财政上，方能布置裕如，不至临时有竭蹶之虞。

抑吾人最要研究的，就是政府对于债务整理，要具有决心与诚意，然后才能够切实整理，在民国二三年间，当时政府，以内债尚不发达，为欲借外债起见，故专注重整理外债，在民国九、十年间，当时政府，又因外债既已绝望，为欲借内债起见，故专注重内债整理，且因债权者，对于现在债务，没有整理办法，以后咸有戒心，不肯再行投资，并宣言不再投资，政府迫于不得已，始行设法整理，其真正意思，不在整理债务，而惟在希望再行借款，得以成功。故其叙述提出整理短期外债议案时，有谓如对于短期外债，不速设法整理，期限一到，无法应付，则失现在之信用者害犹浅，而阻将来之借款者害实大，其叙述整理长短期内债的意见，有谓内债还本付息，如到期不能照付，殊于政府信用攸关，实为将来推行内债的一大阻力，情见乎词，已可概见。这种债务的整理，系纯为借款预备的条件，不过借以弥缝于一时，非有永久整理债务的计划，故一方面设法整理，一方面复行借债，是其整理一次，即内外债多借一次，内外债多借一次，则人民的负担，又加重一次，而财政上的亏累，亦更增进一次，这种债务的整理，不惟无益，而且有害，故马寅初对于当时政府的债务，主张以不整理为愈，谓"中国债务，不加以整理，则资本家咸有戒心，不敢再行借贷，是外资无从投入，内债亦难借得，如果一旦整理，则借款容易成立，债额日增，饷糈有出，而一切军阀，更可发展其杀人的伎俩，是整理债务，即为间接助长政府的罪恶，借款与政府者，固罪不容于死，而整理债务者，亦不能辞其咎也，"此种主张，可谓真有卓见。

查东西各文明国家，平时所发行的公债，类多投于生产事业，其本身自有偿还能力，无需乎设法整理，即因政费一时不足，须发行公债时，亦必计算将来财力，确能偿还，指定基金，并规定相当年限，而条件一经公布，则切实履行。不至日后有所变更，故其国家信用，能够维持，从未闻有如我国政府，对于内外债，事前不顾国家财力能否担负，任意滥借，事后辄加以整理者。若遇非常事变，如天灾地变，或对外战争，至不得已发行巨额的特种公债，事后必加以整理，都是行一种借换政策，所谓化短期为长期，借轻息还重息，为整理公债上普通应有的手段，但其整理的时候，必须计划国家将来财力如何，对于公债究竟适量额应该若干，且对于国富与国民经济，以及金融市场，都须通盘筹划，计算周详，然后再决定整理公债的政策，故一经整理之后，不特整理条例，能够遵守实行，且不至有再行发生需要整理的现象，其整理政策，必至于成功，从未闻如我国北平政府时代，对于内外债，一次整理不已，乃至于再，至于三，而其结果，徒有整理债务的虚名，而卒未获丝毫整理债务的效果。如日本明治三十年，所发行的五厘借换公债，与四十二年所发行的四厘借换公债，都是一方面施行整理国债的方法，一方面对于财政上，采用一种紧缩政策，确立岁计的基础，使不至再有亏短，并对于旧公债，规定若干年限，必须还清，然后再发行新公债，当时计算有六十亿内外债，则限定以五十年一概还清，至于发行新公债，规定必以投于生产事业为原则，其整理计划，既如此周密，故其整理政策，能够成功。欧洲大战时，各国发行公债甚多，事后整理，亦是抱定这种方针进行，第一步，所谓公债固定化，使零星短期借款，一律归入整个的长期公债案内，第二步，则尽量设法发展农工商业，使财政收入充裕，国民所得增加，一般人民，对于公债的需要，日益旺盛，然后依照自然的利率低下，实行一种借换政策，故各国莫不是以数百亿公债，即于数年间，整理就绪。惟法国当初整理公债，因财政全般未能整理，一方面整理公债，一方面复发行巨额的公债，故其整理政策，终归失败。其后政府对于财政抱定大改革决心，实行一种财政独裁政治，所有增税问题，与增加减债基金问题，都不送交议会议决通过，由政府单独决定施行，因之其整理政策，卒能转败为功。

今国民政府，已于首都组织国债整理委员会，业经颁布整理条例，并开会数十次，讨论整理办法，因集合各方面意见，对于整理原则，决定发挥革命政府的精神，诚意整理，断不至如北平政府一样，只图苟且弥缝于一时，而为不彻底的整理政策，将来想必有良好的具体计划，昭示中外人士，吾人当跂目以俟之。但是具体计划未颁布以前，吾人对于整理债务的原则，尚有最重要条件的研究。第一如果政府对于公债整理，确有诚意与决心，则以后一切不生产的公债，除非常事变的天灾地变或对外战争外，应绝对抱定非募债主义，债额无论多寡，期限无论长短，总以不再发行为原则，如能够依照此种方针进行，则从前的内外公债，才有整理的可能性。如一方面整理旧债，一方面复发行新债不已，则必累及减债基金，归于破坏，若欲增加基金，又为财源所限，不能做到，则所谓整理政策，终必归于失败无疑，将必如北平政府时代一样，等于不整理无异。但是欲政府不再发行新公债，必须先将全般的财政，整理就绪，使支出不至再超过收入，确立收支适合的预算制度，才能够有办法，今据财政部向中政会报告十八年度财政状况，关于预算不敷一项，十七年度，国库短绌数，达八千万元，而创办中央银行所借的资本两千万元，尚不在内，十八年度，岁入不足额，增加至一亿零一百万元。十九年度，因军费浩繁，不敷之数更巨，仅就借款一项而言，已达九千六百万元，经常岁出，超过如此其巨，欲财政部不再发行不生产的新公债，则每月支出，将从何处筹措，无米之炊，巧妇难为，故非将财政全般切实整理，使收支能够适合，则所谓此后发行公债以投于生产事业为限，徒有冠冕堂皇的议决案而止，事实上没有方法达到目的，如此后不生产的公债，既不能不继续发行，则所谓整理无担保的内外债，到底没有成功的希望。第二要研究的，就是我国的国债适量额，究竟需要若干，是为整理国债最先决的问题，但国债适量额的问题，实不容易解决，大致依于财政上的荣枯，与国民所得增加的程度，以及工商业发达与否，金融市场旺盛与否，为其需要增减的条件，大凡需要增加，则价格腾贵，需要减少，则价格低下，是为经济上不易的原则，故国债适量额，以能够维持市价不至低落为适当的标准。以日本现在财政经济情形而论，据其财政专家的计算报告，应在三十亿至四十亿为其国债额的最高限度。我国刻下财政经济状况，与国民所得，以及金融市场，并工商业发达的程度等，当不及日本一半，应以十亿至十五亿为国债额的最高限度。今就发行额与复利计算，虽无确实数目，其超过适量额，当在二三倍以上，故各种公债的价格，莫不低落异常。其发行之后，非为市场的正当需要，徒为交易所一种投机物，扰乱金融市场，压迫社会经济，莫如我国的现在公债。在十七年，全国经济会议的时候，关于公债案的讨论，对于有确实担保的内外债，主张维持原案，对于无确实担保的内外债，则主张先行审查分别，设法整理。吾以为这种主张，不过是第一步的整理，而第二步的整理，在应该偿还无担保的内外债，归于整理案内，使其本息有着，以后则须对于一切内外债，通盘筹算，以现在公债额过多，不是适量的数目，有压迫国家财政及国民经济的弊害，应增加基金，设法减少，其减少的程度，以能够维持公债平价为限。并划分旧债，限以四十年至六十年，须一概还清。如以后发行新公债，则须视社会需要若干，再行确定债额，使公债价格，不至有丝毫低落。但是第二步的整理，对于内外债，宜有所区别，因内债只要其利息不至压迫财政经济，能够适量而止，实有增加社会资本的功能，至于外债，纯为加重国民的负担，总以急速设法还清为是。又去年美国政府，为救济德国经济危机起见，对于欧战借款，提案停付一年，并有美国学者，主张欧战借款，宜概行放弃，以救济目前不景气的世界经济，这种提案与主张，不仅是出于爱护德国的意见，实欲德国国家经济得以恢复，而其人民的购买力，因而增加，可使本国过剩的生产货物，亦得有销路。今年洛桑会议，德国以无力担负借款，提议要求减免，各国对于德国债务，主张一笔勾销，遂一致通过实行，而德国经济，固因之得以昭苏，乃欧洲不景气的经济现象，亦因之得以稳定下去，是不仅德意志一国沾染利益而已。我国庚子赔款，纯为帝国主义者的强迫订借，西原借款等，纯为助长军阀政府，扰乱国家的一种罪恶，应该以革命外交的手段，概行宣言废弃。对于其余所有外债，因各种实业不发达，人民贫困失业无以生活者，日益增加，遂为共匪所利用，骚乱不绝，农村经济，因而崩溃，都市工业，亦为之破产，而国家收入，自然日益减少，致使现在财政与经济，均临于危机的现象，并使一般人民的购买力，为之锐减，致影响对外贸易。宜乘此时，要求各国援助，对于各种外债本息，停付若干年限，以救济目前的危机，如中国农村经济，得以恢复，各种实业，得以尽量发展，则人民失业现状，自然日益减少，实为消灭匪共的根本政策，而外人对华贸易，得以安全，并使一般人民的购买力，日益增加，对外贸易，日益旺盛，现在欧美各国，货物最大的销场惟有中国，其目下生产过剩的恐慌，亦得以救济，是各国为其本国及世界利益计算，想莫不乐予援助也。

第六编

结 论

第一章
根本改造政治组织为
财政整理的先决问题

国家财政与政治组织，有密切连带的关系。如果国内政治，能够真正统一，中央与地方政府的组织，能够切实改造完整，上下相维，秩序井然，则全般财政，自有整理的希望。我国财政上的祸根，其远因，实胚胎于过去支离散漫的政治制度，延及于今，未能改革，因而影响财政，无法整理。考其最大弊害，约有两端。兹分述于下。

一、为极端分权制的政治

我国拥有庞大的国土，包含数亿的人民，地广人众，宜为世界最强大的国家，但在几千年的历史中，所谓统一政治，集权国家，从没有完全成功。自秦以来，在名义上，虽以郡县为治，而其实质，与封建时代无异，惟于地方长官，归中央派遣一点，稍为不同，所有兵财两权，仍都为地方所把持，中央政府，不能直接支配，其地方长官，对于中央政府的主管机关，固非有隶属的关系，须绝对服从也。这种极端分权制的政治，在其英雄创造与继承贤明时代，政治上的求心力，得以一时维持，迄至数十年或数百年以后，子孙不肖，渐次不纲，遂至远心力出现。始而违抗命令，终而且兴问罪之师，而中央政府，乃为之改姓易朝。故自秦汉以来，至于今日，国家多系分裂割据的时代，即使以武力平定，亦不过是暂时的现象。今考察各朝事实，自东汉之末，通南北朝，一共四百余年间，全为混乱的局面，其后虽经暂时统一，而自唐之中叶，以迄五代，又入于纷纠状态。再自宋之中叶，以到元朝，复行争乱不已，其后由明至清，亦莫不是一样，和平与统一，总是没有方法可以永久维持下去，而一治一乱，且乱多而治少，几为历史上不易的常经。到了民国，因不彻底的革命，又造成军阀政治，而国家纲纪，更为崩坏。各省军阀，其军队驻防的地方，即都抱一种地盘主义，据为私有。故自民国成立以来，十有余年，大小军阀的地盘争夺战，几于无省不有，无岁不发生。自国民政府建都南京，而省政府组织法，虽更改为委员制，但据政治上的实权者，仍多为现役最高级军人之主席，这种换汤不换药的改革，又何裨于事实。故国民政府，虽自十六年冬以来，名义上业告统一，而各省变乱战争，仍是连年不息。地方政府，在政治上的权力既如此之大，因而中央财政，反为仰给于地方，方能生活，故不惟全国财政管理权，中央无法实行，而财政最高监督权，亦不过徒有其名，究竟各省区财政收入若干，支出若干，新增税目为何，中央无权过问，且无权审核，故财政上的分裂，如其政治一样。

财权既不集中，自然紊乱日甚，今欲设法整理，决非枝枝节节所能奏效，尤非一省一区所能自了，必须将全国财政权整个收回，统筹兼顾，调剂平衡，才能够发生效力。但欲实行财权集中，非先改革政治组织，无从着手，而改革政治组织的办法有三：

一、在缩小地方行政区域。吾国一省，几及日本一国，其下县属，大者百余，小者亦数十，而宰制其间者，多利用这种巨大地盘，肆其纵横捭阖之谋，逞其割据为雄之志，破坏统一，鱼肉人民，而其最大作用，惟在财政权的把持，致使中央政府的监督地方财政条例，等于虚设。去年四中全会，有缩小省区议案，一致议决通过，这种议案，不惟是和平统一的根本政策，而且为驱除财政整理的障碍之第一步，惟其具体办法，至今尚未拟就公布。吾以为地方行政区域的分割，大的省份，宜改为四区域至五区域，小的省份，亦宜改为三区域至四区域，行政区域，既为缩小，则其行政权力，亦自然随之而削减。

二、在使各地方财政最高机关,与省政府独立,直接隶属于中央最高财政机关。因有隶属关系,始发生连销的效能,所有地方财政人员,由中央财政部直接任免,地方长官,无保荐的权力,则中央政府,对于地方财政人员,既握任免之权,自有予夺之实,才能够尽其指挥监督的责任,所有地方财政税收,如属于中央范围者,固应取中央集权主义,由中央政府直接征收,即属于地方税款,有时为统一法规起见,亦须由中央政府代收之后,再行分配于各省,一方面可免税率参差,易启征收者上下其手之弊害,一方面不至使款目单据,歧出混淆,有发生统计上与检查上之困难。

三、在使现役军人,须绝对服从政治指导,专负国防上的责任。从前北平政府时代,各省政治,都为军阀所把持,暴戾恣睢,无所不至,苛征杂税,有加无已,人民不堪痛苦,于是有要求军民分治的运动,当时政府,在表面上,为顺承民意起见,乃有督军与省长分任的设置,督军治军,省长治民,似乎各不相谋,但省长多系督军所推荐,则握政治实权者,仍为督军,省长不过在名义上,号称一省之长,这种军民分治的办法,直是朝三暮四,有名无实。国民政府,自建都南京以来,亦注意防制军人干政,在第三次全国代表大会,议决有专案,规定现役军人,不得任省政府主席职,其后国民政府公布修改省政府组织法,更规定现役军人,不得任省政府委员及主席职。但是善弄巧的军人,仍可以换汤不换药的方法办理,即如湖南主席何健,一闻此法公布,就电呈中央政府,请开除总指挥及师长本兼各职,专任省政府主席,而以军职交具亲信部下,如李觉等接替管辖,则其军队实力,依然如故,其借军队势力,以把持政权,也是依然如故。军人既暗中把持政权,虽不敢如从前一样,截留税款,争夺财源,但对于中央命令,有违背其地方利益者,类多不肯服从,如最近湖南、江西省政府,设立特种产销税,实有牴触中央裁厘宗旨,虽经中央迭电令撤消,而该省政府,仍是设局征收,财政部亦无可如何。而财政部对于各省所要求,反为遇事迁就，不能贯彻主张，如今年八月，江苏省政府与财政部，为征收烟酒牌照税，发生争执，相持不下，经妥协结果，在名义上，虽仍归财政部办理，但税款只有一成归部，其余九成，须按期付省，财政部并承认苏省八万元的保证金，与其一切损失及前欠税款，其迁就敷衍，可谓已极。河南省政府主席刘峙，于今年四月间，电请军政部何部长转呈中央，略谓"吾国政治不发展，军事无进步，以军民不早分治，实为最大障碍，吾党主张革命，以打倒军阀相号召，若犹蹈故辙，必以军人而长军民，不啻自承为军阀，微论古今中外，无此政制，抑何以慰民众之素望，拟请立即实行军民分治，焕新观听，与民更始，并请即从豫省首先实行，为他省倡，想各省军民长官，爱党爱国，当无不乐与赞同也，"其言可谓痛切时弊，如能实行，则政治清明，或有希望。但是国民政府，最近又设立绥靖主任，为专任剿匪的职务，而绥靖署组织条例，规定绥靖主任的职权，在省政府之上，可以命令省政府执行事务，是绥靖主任之对于省政府主席，比较从前督军之对于省长，实无差异，则所谓实行军民分治，所谓现役军人不得兼省政府委员及主席职，岂不是掩耳盗铃的办法。故吾人主张现役军人，须在政治指导之下，为纯粹尽国防御外侮的职务，则军阀政治，始能铲除。

以上三种办法，都是为缩小地方政府在政治上的权力，其政治权力，既为缩小，则中央政府的财政管理权及监督权，才能够实行收回，而整理计划，庶有希望，自不至如前清末年及北平政府的整理财政，因尾大不掉，而徒托空言。

二、为消极主义与牵制主义的政治

我国自来政治，都是代治而非自治，一般人民，只知仰赖圣君贤相以冀升平之乐，他与政治，要算是毫不相干。民众对于政治，既然毫不相干，于是对于财政，也遂视为政府之私有物，不加过问，而政府即亦莫不抱守秘密主义，不予民众周知。其在国家开创时代，政府组织简单，财政常有余剩，屡屡轻减贡赋，以恤民力。而人民遂讴歌太平，所谓不识不知，顺帝之则，实为各朝全盛时代的现象。及其末年，子孙不肖，浪费日多，非大兴土木以饰宫庭，即滥增军费以图耀武，收入不足，乃尽其搜括之能事，竭泽而渔，此实使财政驯致紊乱的根本原因。查东西各国，其财政不至紊乱，官吏绝少贪污者，并非其政府人员，生而廉洁，亦非其财政本身，自然整理，实因人民，对于政府征收租税，及发行公债，在宪法上，有承认抗争的权力，对于财政收支，事前事后，都有严密的监督机关，故政府人员，不敢有所贪污，且不能不负责整理。我国在前清末年，设立咨议局，才有预算制度，与决算制度的公布施行。但是秘密财政，相沿已久，其所谓预算与决算，并非如近世各国的预算制度与决算制度，须经过事前监督与事后监督的机关，加以核减与审查，才能够公布施行者。不过抄袭虚伪报告，以为根据，而图塞责，类多不实不尽。这种预算与决算，即公布施行，又与从前没有预算制度与决算制度时代，有何区别。

民国革命以来，名为共和国家，在约法上规定中华民国主权，在全体国民，其实比较君主专制时代，更为厉害，骄奢横暴，无所不至。民国元年，虽正式成立国会，但是军阀政府，对于国会，视为眼中之钉，不惜用种种威迫利诱手段，使之无法尽其监督政府的职责。其后卒因国会反对，而以武力解散，不再召集，各省省议会，亦同时消灭，全国遂成为大小军阀专权的政治，约法实等于废纸。议会既经解散，则财政上的事前监督，既已无人负责，虽设立会计检查院，而又专为敷衍外人审查外债用途起见，对于国内财政审核，不能实行其职权。于是军阀政府，畅所欲为，对于租税征收，任意诛求，人民只有俯首听命，毫无抗争的权力，故苛征杂税，到处有加无已。公债可以随便发行，致令政府竟以公债收入，为其经常生活，发行规定，既乏适当的政策，又无一定的原则，只要有款可筹，就尽量借入，条件无论如何苛刻，事后有无偿还能力，都不过问，卒至各项公债本息，概行停付，国家信用，丧失殆尽，因而全般财政，遂陷于极端混乱，不可收拾。查英国于欧洲大战后，整理财政，惟在扩张议会预算委员会的权能，日本去年财政大改革，亦以扩大会计检查院的权力为最要条件，东西各文明国家，其政府人员，政治道德，历来发达，又富于责任心，且其财政权限，异常分明，尚须有严密的民意监督机关，财政上才能够有整理的希望。我国为官僚与军阀政治，所有官吏，莫不只知自便私图，搜括民财，而有公德心责任心者，不可多觏，若非富有力量的民意监督机关，以实行其职权，而欲其公而忘私，国而忘家，又安可得。加以历来中央与地方各官厅，以无直接隶属关系为特色，其委任官吏，非望其负责做事，都是以互相箝制，使不至私树权威，无所作为，为其用人惟一的方针。故无论何种官吏，都无完全的权力，同时亦都无十分的责任，既无权力可以做事，复无责任应将事情做好，以故各机关人员，除抱个人主义与升官发财主义以外，实无何等意味，因而贪官污吏，所在皆是。

自国民政府建都南京之后，改革政治组织，成立五院制度，立法院有议决预算权，关于政府增征租税，与发行公债，亦须经立法院承认通过，则事前监督，为立法院所有。监察院有弹劾权与审计权，则事后监督，归监察院负责。但是监督机关，须与行政机关独立，方能够行使职权，且为总理五权宪法根本的精神，今立法院、监察院的正副院长，兼任国府委员，与他院之正副院长，共同担负最高行政的责任，既分担行政责任，自难行使其监督职权。且立法院的立法委员，非由人民选举而来。其任免权，完全操于政府，因而监督职权，自不能发生效力。如发行内国公债，以生产事业为限，业经立法院议决通过，然国民政府，不予公布实行。而财政部滥发不生产的公债，依然如故，立法院终于无可如何，其监督权的薄弱，于此可见一斑。且关于预算案的款项原则，归中央政治会议议决规定，而立法院仅能为节目上的增减，至于全部拒绝，无权行使，更不待论。查国家财政的最重大问题，当然要推预算，而预算之能否适当，又全赖审查预算者之为独立机关，能够不客气的，对于全部经费，加以严密的审查，而实行其削减变更的职权。今中央政治会议的组织，除中央委员外，各院院长及各部部长，皆为中央政治会议的委员，提出要求预算之人，亦即为审查决定预算之人，其对于预算原案，自然不加可否，希望照案通过。各院院长及各部部长，在政治上皆有特殊势力与声望，其余一般有爵无位的政会委员，对此亦当然抱着三分客气，不敢有所削减变更，惟有敷衍了事而已。这种情形，遂使各院部的预算，妄自膨胀，而支出超过收入，日益扩大，预算制度，终无法实行，致为今日财政上根本的弊害，监察院的监察委员，及审计部的审计与协审稽察，虽有保障法，规定为终身职，然皆系政府委任，非与行政机关立于对待地位而对于民意机关负责，则事后监督的权力，亦自然不免薄弱。且事后监督，系依照预算办理，今预算制度，至今不能确立施行，决算制度，更无由成立了。其次论到省政府，国民革命以来，省政府亦和中央一样，都改为委员制，而现在省政府主席，类多拥有实力的军人，各委员多为其所保荐，名为委员制，实与主席一人独裁制无以异。各委员间或有由中央政府所选任，但各委员的权力相等，遇有财政上的重要会议，非互相牵制，即是互相推诿。其在地方，又无监督政府的民意机关，关于省政府增征租税，与发行公债，只要形式上经过省政府会议通过，与形式上呈报中央政府，就可公布施行，地方人民，不特没有参加的权力，并没有过问的机会。故最近如湖南与江西，创办特种产销税，四川发行地方公债，虽经人民奔走呼号，竭力反对，终无一点效果，所谓予取予求，莫敢予违，是与北平时代的军阀政府，毫无区别。

查委员制的政府，系受委托，而为执行政策的机关，须另有最高权力之委任机关，在该委员会之上，时时来监督其所执行的事件，并纠问其应执行的责任，然后才能够名副其实，负责任事。如瑞士的行政委员会，系联邦议会所产出，联邦议会为最高权力，议决政策的机关，行政委员会，只能任执行政策的职务，而对于联邦议会负责的。苏联最高权力机关，为全俄苏维埃会议，全俄苏维埃闭会时，则为联邦中央执行委员会，而掌握行政权的联邦人民委员会，系由中央执行委员会选择任命，其执行政策的职务，是对于中央执行委员会负责的，同时须将所办理的事件，报告于全俄苏维埃会议，为有二重监督的制度，盖政治的组织，必权能划分清楚，使权与使能的机关，昭然对立，各尽职责，然后政治上的作用，始能发生效率。今国民政府组织法，为委员制，根据训政纲领的规定，在训政时期，由国民党总揽政权，为政策的发源者，国民政府行使治权，为政策的执行者，在表面上，似与苏联制度一样，其最高使权的机关，为国民党的代表大会，及中央执行委员会，最高使能的，为国民政府，权能似划分得很清楚。但又有所谓政治会议，凡党部对于政府建国大计，及对内对外政策，有所发动，必须经过政治会议，而转达于政府，始能望其实行，故政治会议，为对党负责的机关，国民政府为对政治会议负责的机关，其中已是复杂零乱。而犹不止此，政府各院院长，都是中央政治会议有力的委员，甚者还是中央政治会议的主席，推而至于中央执行委员会，五院院长，又都是中央执行委员，而且是常务委员。这种监督与执行机关，同为一样人员的结果，就不免于权能不分，责任不明，当开会讨论之时，过着有权利的问题，则互相牵制争持，遇有困难不能解决的事件，则互相推诿退让，遂使最高政权的机关，演成为麻木不仁，紊乱无主的局面。查瑞士行政委员会全体委员，都是共同对于联邦议会负责，苏俄的人民委员会全体委员，亦都是共同对于中央执行委员会负责。且瑞士总统，系行政委员轮流充任，苏联主席，有副主席四人，都仅为政治首领，并无统率军事之权，故不至流于一人专制的弊害。今按国民政府组织法，五院各自对于中央执行委员会负责，并不是共同负责，政治权力，既为各院瓜分，不能集中做事，则行政上的力量，自然薄弱，又何能负责做事。又据从前国民政府组织法，国民政府主席，非于委员中选任，由中央执行委员会，于国府委员外，另行推定主席一人，并无副主席，而其任期，亦无明文规定，且得兼任中华民国海陆空军总司令，因而发生个人专制的事实。是国民政府委员会，既无权力做事，复无责任可言，故政治上的改革，不能推动进行，毫无效率可言。去岁上海和会，欲纠正这种弊害，曾决议修改国民政府组织原则，主席采德法元首制，以年高德劭者充之，行政院采责任内阁制，行政院长以精明强干者充之。而中央四届一中全会第二次会议，复有以下之决定：一、国民政府主席，为中华民国元首，对内对外，代表国家，但不负实际政治责任，并不兼其他官职。二、行政院长，负实际行政责任。于是修改国民政府组织法，第十一条与第十九条，悉依照上项原则规定，行政院在法令上竟取得责任内阁的地位。这种制度实行后，国民政府主席，遂成为可有可无的东西，个人专制的弊害，虽能够根本铲除，而所谓责任内阁制，仍是陷于绝大矛盾，无法推行。查欧洲各国，其能够实行责任内阁制者，必须有三种条件：一、内阁负行政上最高的政治责任，二、有民意监督机关，对于内阁全体人员，得投信任票，以定内阁的去留，三、政治大计，由内阁先行决定，再提出国会通过。今国民政府，在政治系统上，国府元首，并不是政治上的最高人员，其上还有主脑，即中央政治会议，故元首虽不负政治责任，而中央政治会议，却实实在在负政治的责任，所有政治大计，完全发源于中央政治会议，并取决于中央政治会议，而行政院，只是一个接受命令的机关。行政院既无最高权力，可以做事，则所谓内阁责任，从何负起，复无民意的监督机关，又有何人来纠问其责任，当时会议，不图根本上改造政治组织，徒抄袭欧美政制之皮毛。敷衍门面，而不自知其实陷于极大的矛盾与错误，不能收其效果，故孙科与汪精卫，自任行政院长以来，号称责任内阁，其所表现，除任用大批人员外，丝毫未做何种事业。

中国财政的整理，不是可以径从整理财政下手，而须先事改革这种政治制度，其改革的办法有五：

一、须确立民意的监督机关。查英法各国，从前革命能够成功，首先在确立议会制度，使人民行使监督政府财政的权力。今我国中央政府的五院组织，依照总理遗教，实为宪政开始时期的制度，按建国大纲第十九条云：“在宪政开始时期，中央政府当完成设立五院以试五权之治，"又按孙文学说第六章云："俟全国平定之后六年，各县之已达完全自治者，皆得选举代表一人，组织国民大会，以制定五权宪法，以五院制为中央政府，一曰行政院，二曰立法院，三曰司法院，四曰考试院，五曰监察院，宪法制定之后，由各县人民投票选举总统，以组织行政院，选举代议士以组织立法院，其余三院之院长，由总统得立法院之同意而委任之，但不对总统法院负责，而五院皆对于国民大会负责，各院人员失职，由监察院向国民大会弹劾之，而监察院人员失职，则国民大会自行弹劾而罢黜之，"是五院制度，必先组织国民大会，并根据国民大会所制定的五权宪法，而后能够产生，因国民大会，为行使政权的机关，五院为行使治权的机关，二者必在同时活动中，保持平衡，而后方能互相推动，发生作用，今仅树立政府的治权，而无人民的政权，来负监督的责任，则政府必至于渐趋腐化，而财政尤然。

二、须树立强有力的中央政府，为政治中心，并使政府人员的政治责任，异常分明。因权不集中，等于无权，由无权则演成无能，上级政治，既已无能软弱，下级政治，必至于分崩离析，所谓纪纲不立，威信失坠，自然之势也。今欲行政院负实际政治责任，宜将庞大无用的中央政治会议，与国民政府委员会，概行取消，使行政院能够在事实上成为责任内阁制，对国民大会负责，则权力集中，责任分明，不特政治系统，简单而整齐，易于推动，而破碎紊乱的财政，亦将有人负责整理。

三、须扩大财政部在政治上的权力，使财政部能够对于全般财政，有通盘调整的计划，并得以实现。查欧洲大战后，各国财政紊乱穷乏，达于极点，其整理的惟一办法，都是扩大其财政部在政治上的权力，如法国有财政独裁制，英国有财政紧急处分法令，德国财政部因缩小经费问题，有裁并各机关的权力，故均能够收整理的效果。我国财政部的权力，历来薄弱，自国民政府成立五院制，而财政部的地位，降低至第四等，统制权力，更为缩小，因而更增进财政紊乱的程度。政府之内，各院部但见其本院部之百废当举，而不顾其他各院部，甚至一院部之内，各司局但见其本司局之百废当举，而不顾其他各司局，一到编制预算，莫不妄自膨胀其经费，财政部无法可以变更削减。而自有收入的机关，如铁道部、交通部、实业部，以及建设委员会等，惟膨胀不急需的人员费，事业费不见增加，有时且将事业费挪作政争之用，财政部均无权可以过问查究。照这种情况，财政部虽则号称中央财政最高机关，实不过掌理财政部的财政而已。在财政部十八年的财政报告，其末段，对于各院部各谋建设备不相关之弊害，沉痛述及，以吾国政治上最大的毛病，在缺乏通盘调整的机关，因建议于国民政府："以后整理财政，须成立强有力的设计机关，其职务，在通盘调整全国的生产力，对于财政经济，设定计划，认清目标，于一定期内，完成某项某项已定之计划。"这种通盘调整的名词，近来为欧美政治家最流行的策略，在欧战终后，英国政府，设立政制研究委员会，以蒲徕士为委员长，其调查报告，对于通盘调整一点，反复详言，视为极重大问题，而于财政，更为要紧。吾国以四分五裂的政治形成乱七八糟的财政，尤须有一通盘调整的机关，固不待言。但吾以为不必另行成立强有力的设计机关，只须扩大财政部本身的权力，即可做到。宜仿照英国办法，以行政院长兼财政部长，对于全般预算案，有变更削减的权力。并宜仿照德国办法，有时为缩减经费问题，有并裁各机关的权力。如此，即紊乱的财政，庶有整理希望。

四、政治制度的系统，须简单而整齐，所有中下级机关统属管辖的关系，异常明确，使各上级机关，得以尽其监督的职责，然后政治得入轨道，能够上下相维，有条不紊。查英、法、德、日各国，其地方机关，都是直接隶属于中央各部，尤其是财政机关，管辖关系，更为严密，故其财政上秩序井然，不至紊乱。我国自国民政府成立以来，中央政府，与地方政府，都是采用委员制，中央以国民政府委员会为行政最高机关，地方以省政府委员会为行政最高机关，国民政府与省政府，为一空空洞洞无切实负责人员的机关，各委员又无连带共同负责的关系。故国民政府之下，机关林立，如建设委员会、中央研究院、国术馆、侨务委员会、导淮委员会、主计处、公债基金保管委员会、英庚款退还管理委员会等，都是直接隶属于国民政府，地方各厅，都是直接隶属于省政府，而国民政府会议，与省府会议的各委员，因其既无监督的实力，又不负实际的责任，且事权不专属，不统一，故在会议之中，非互相推诿，则互相牵制，毫无负责任事的成绩可言，且中央党部首领，以及地方军事长官，其所占领各机关，因统属关系不明确，无人负责监督，几视为一人一派的私有物，全部财政，遂无由公开，此实为我国现在政府腐化的病根。今宜将直隶于国民政府之骈枝机关，按其性质相近，设法归并于一部，如建设委员会，归并于实业部，导淮委员会，归并于内政部，侨务委员会，归并于外交部，中央研究院、国术馆，归并于教育部，主计处、公债基金保管委员会、英庚款退还管理委员会，归并于财政部。省政府各厅，应直接隶属于中央各部，如财政厅直隶中央财政部，建设厅直隶实业部，民政厅直隶内政部，教育厅直隶于教育部。同时废除中央与地方政府的委员制，代以总统制与省长制，使政治系统，简单整齐，兼能管辖分明，事权统一，而职有专属，监督尤便。因此不特政治清明，可从兹实现，而财政整理，亦舍此无由。

第二章
采用大紧缩政策使收支适合为
财政整理的目前急务

　　查各国整理财政的成例，莫不首先采用紧缩政策，以图岁计上的均衡。欧洲大战时，各国因军事费骤然膨胀，使财政陷于紊乱穷乏的状态，迨战争终结，从事整理时，其第一步办法，即为节约经费。如法国于一九二四年，采用彻底的紧缩政策，海陆军费，减少四十九亿法郎，并提高官吏工作能率，及其责任心，使行政事务，为产业主义化，因之淘汰冗员至十一万二千余人，卒使收支渐次适合。英国于战事终结后，在一九一九年度，岁计不足，约有三亿三千万镑，因而有经费节约运动，借政府与各党派的合作，进行财政大紧缩政策，减少经费，至四亿五百八十万镑，其中军费，占三分之二以上。美国于一九二一年，实行财政改革，设置岁出节减委员会，努力进行，在一九二〇年度，岁出有五十七亿一千八百万美金，至一九二五年度，减少为二十亿一千五百万美金，其节约内容，大部分为军事费，而政务费，亦有相当减额，但社会施设费，反为增加。俄国前为著名官僚政治的国家，冗员冗费极多，故战后整理财政，一般行政费，减少在四成以上，惟工业交通费、社会保险费等，反有多大的增加。意大利在一九二〇年度，岁入不足，约一百七十余亿里拉，自墨索里尼执政后，以非常果断的手段，励行紧缩政策，至一九二五年度，预算反有剩余。德国自战败后，在军事费，因受条约制限，自然减少，其整理财政，惟努力于行政费的节约，裁汰人员，约百分之三十，削减官吏俸给约三分之一，才能够使收支适合。去年日本因税收短少，入不敷出甚巨，其大藏大臣，博采财政专家意见，其拟定财政整理案，先从行政整理入手，行政机关，务求简易化，海军与陆军合并，改为国防省，农林与商工合并，改为农商务省，铁道与递信合并，改为交通省，其他局所，裁并甚多，至于军队缩减为十师团，据当时计算，至少可减一亿元以上，虽因各方面反对，未至施行，然整理方案，实具卓见。本来整理财政，不外开源节流两种办法，而开源非一时可以成功，故各国救急政策，均趋于缩减经费之一途。

我国财政，所以陷于如今日之紊乱不可收拾的穷状者，其根本原因有二。第一在于革命以来，中央与地方政权，概为军阀所把持，不顾一切财源，妄行扩张军队，致使军费一部分，有超过全体收入至一倍以上者。第二在于历来之官僚政治，骈枝机关，所在皆是，冗员冗费，有加无已。故我国不谈整理财政，使岁计得以均衡则已，否则非先从事于大紧缩政策，削减军政费，实无第二办法。

在北平政府时代，外籍顾问佛拿加氏，在华府会议之先，曾向政府建议："谓中国近来以财政穷乏紊乱，使国家衰弱不振，实因于军队与官吏过多，岁入四亿有余，百分之七十以上，流用于军费，而岁出，至超过六亿元，每年收支不相偿，约有二亿余元之多，全国常备军，共在一百五十万人上下，全国大小文武官吏，有二十余万员，供养这种多大的军队与官吏，即以世界最富足的美国国库，尚不能耐其负担，况在经济薄弱的中国，且中国军队虽多，毫无对外能力，徒为扰乱国家秩序，即全部裁撤，改为警察制度，亦无不可。"佛氏这种建议，确可称之为救济财政危机的良方。盖裁军问题，乃整理现在财政最大最先的急务也。然而一般贫民之当兵，全系迫于生活困难，若不筹安置方法，遽行解散，势必至流为盗匪，即将使社会秩序，更不能安定，国家建设，更无法进行，故因之处分解散的兵士，又成了今日最严重的问题。

当民国开创时期，即有裁兵运动，这种运动的发生，由于第一次革命告成，而各省独立军队，莫不急激膨胀，当时即有认此种现象，为国家财政的祸根，而救济财政的穷乏，非整理军队不可者。民国三年，袁世凯当国，树立裁兵计划，着手施行，其方案，系当时内阁总理熊希龄氏所拟议，分全国为九十军区，总兵力定为四十八师，约五十万人，无何而民四之帝制运动发生，西南讨袁军起，此时各方面军队，不惟不能裁汰，反急行增多矣。袁氏逝世后，时局虽告一时安定，而因段祺瑞执政，解散国会，毁弃约法，又引起西南护法军之再兴，各省军队，自亦有加无已，遑言裁兵。直至民国八年，因全国人民呼吁和平，南北和平会议始在上海出现，会议中双方代表提案，均以裁兵为最重要议案。当时全国总兵力，已在百个师团以上，就财政上而论，岁入为三亿七千万元，而岁出为四亿九千七百五十万元，岁入超过达于一亿二千七百余万元的巨额。故和平会议中，北方代表提议应将全国现有之百个以上的师团，减为五十师，军费应由二亿四千万元，减为一亿一千万元。南方代表提案，则更为缩小，认为全国常备兵额，只应有四十个混成旅。会议结果，因双方主张，不能一致，遂至于决裂，无成议而散。

一般人民，都以国中军备，不能缩小，咎在各省督军，盘据把持，无法实施，非废督不能裁兵，于是有废督裁兵运动，到处猛烈进行。而北方军阀浙江督军卢永祥，为表面上顺应民意起见，于九年四月，发出废督通电，南方军阀云南督军唐继尧，继而效法，一时传为美谈。但是这种废督，在表面上，虽说得好听，而事实上，不惟毫无益处，反与一般民众裁兵运动，绝对相反，益足增大其兵力，使财政更加紊乱。

民国十三年末，第二次奉直战争，奉系败退，直系乃组织临时的执政政府，十四年二月，段执政召集全国善后会议，欲就此机会，解决多年悬案的裁兵问题，因在该会提出军事收束大纲案四项如下：

一、斟酌全国财政状况，量岁入若干，而为规定军费支出标准。

二、依据民国八年预算案，军费定为岁出三分之一。

三、全国兵数，暂定为五十万人。

四、设立军事收束委员会，计议上项各种办法，顺次施行。

该提案，段执政恐其难于通过，自行撤回，而改为军事善后委员会条例，提出会议，议决公布，并任命王士珍为该会委员长，规定全国兵额，为五十万人，陆海军费，年额为一亿五千万元，复因政变，执政政府颠覆，不见施行。民国以来，在北平政府时代，于军阀把持政权之下，企图裁兵，所谓与虎谋皮，安有成功的希望。

自国民军开始北伐，动乱范围，及于全国，兵力更为急激增加，国民政府建都南京以后，最先最要的政策，即为裁兵问题，在民国十七年，李宗仁氏于三月二十一日，向中央政治会议，建议树立兵工政策，组织兵工委员会，召集各省代表会议，讨论裁兵实行方法。其后军事进行，极为顺利，六月初旬，即夺取京津，北伐完成，舆论遂嚣然绝叫裁兵，阎锡山氏于六月十九日，在北平发出裁兵通电，蒋介石、冯玉祥两氏，均极端表示赞同，并声明裁兵，不惟救济目前财政危机，实为永远消灭国内祸乱的惟一方法。当时全国兵力，与其军费实数，综合全国经济会议提案，及何应钦氏在中央纪念周报告，全国除东北军队外，合计有八十四军、二百七十二师，十八独立旅，二十一独立团，兵额至少在二百二十万以上，军费月额六千万元，年额达于七亿二千万元之多，自国家总收入四亿五千万元中，扣除外债偿还额一亿五千万元，余额仅三亿元，支出仅军费一门，已超过收入二倍半额，实属骇人听闻，国家财政，安得不陷于危机。于是彻底的裁兵，实有绝对的必要，无论何人，均无异议，但实际上如何施行，是为最难解决的问题。关于裁兵具体案，起初为十七年六月，在上海所开全国经济会议议决案，该案大概，全国留存军队为五十师，每师为一万人，一师每月经费，为二十万元，年额合计，为一亿二千万元，其他为海空军兵工厂及军事机关、军事教育、兵工原料制造厂等的增设，假定月额六百万元，年额为七

千二百万元，总计为一亿九千二百万元，以国家收入余额三亿元而
论，军费实占支出三分之二。而裁兵机关，中央设立全国兵工建设
委员会，以军事委员会、建设委员会，及地方职业团体，共同组织
之，各省设立分会，计划兵工政策的推行。议案议决通过后，乃以
经济会议名义，通电全国，并于是年七月一日，提出南京所开全国
财政会议，在财政会议时，关于裁兵案，除经济会议提案外，尚有
七案之多，交审查会一并审查，其结果，提出于大会讨论，议决
如下：

一、在全国财政未经整理就绪以前，所有兵额及军费，拟照
全国经济会议原提案所规定，切实进行。

二、因五十师之数，非一蹴可跻，故过渡时间的军费，应由
军事委员会逐时统筹，造具预算，递次缩减，以期达于预定五
十师之军费数额。

三、关于裁兵所需的经费，应由财政部先行迅速筹妥，以期
早日实行裁汰，至裁兵后之安置办法，应交军事委员会，组织
专司机关，按照实地情形，妥筹具体方案，通令各省政府协同
办理。

四、俟将来财政能就轨道，国帑渐行充裕时，拟定整理国防
预算，建议中央，斟酌办理。

自财政会议，议决该案之后，国民政府，遂依此方针进行，其
裁兵计划，规定一师兵力，为一万五千人，第一集团军至第四集团
军，各裁减为十五师，此外东北八个师，四川四个师，云南、贵州、
新疆、蒙古等，合为八个师，总计八十个师，一百二十万人，军费
年额为二亿八千八十万元，在国府第七十四次会议议决，此为过渡
的办法。其后又经各军团总司令蒋冯阎李等，在北平与汤山各处开
会协商，关于裁兵具体方案，讨论结果，提出于五中全体会议，其
意见如下：

一、以国民革命军总司令、各集团军总司令、海军总司令、参谋总次长，及中央派遣三人或五人，组织中央国民军编遣委员会，编遣会议成立后，所有国民革命军海陆空军总司令、各集团军总司令等名目，概行取消，在编遣未完成前，各军队依然请原属总司令负责办理。

二、各集团军及后方军，先选择有战功及训练精良者，由编遣委员，编成五十师，或六十师，为直属于中央政府的军队，其分配由国防委员会规定之，至全国兵数，应该若干，在国民会议中决定之。

三、以师为最大单位，每师整理编制训练，以编遣委员会命令行之，各师待遇一律，不得差别。

四、编成后，各下级干部，分期派遣中央军官学校，选其成绩良好者，为教官，或留学于海外。

五、曾著有战功将校，由编遣委员会审查之后，补以实官，规定年俸额，其阶级在中佐以上者，由军事委员会委员任命，若希望赴外国调查或留学者，由各省给以相当费用。

六、各师官长，不问其属于何部队，统属由编遣委员会顺次交代训练。

七、编遣委员会，在交通便利地点，多设练兵场，各师编成队伍，定为期限，交替训练。

国民党第五次全体会议，议决裁兵案，以统一军令军政，并整理军队，在最短期间，应实行发表主旨，由蒋介石、冯玉祥、阎锡山、李宗仁、李济琛、杨树庄诸氏计划后，交国民政府查定实行。于是国民政府军事委员会，一方面对于裁兵计划，着着进行，全国军队，改为六十师，取消各集团军名义，于十月二日，经国民政府会议决定。以第一集团军，改编为十三师，第二第三集团军，各改编为十二师，第四集团军，改编为六师，依据此项决议案，因发表任命四十三个师长。又一方面基于北平、汤山等处各总司令会议与五中会议的结果，进行国军编遣会议召集的准备，于十二月十九日，发布编遣委员会条例，并任命各编遣委员，定于六个月以内，完结编遣事业。十八年一月五日，编遣委员会，开第一次会议，共开会六次，于一月二十五日终了，其会议的目的，与编遣实施的要领，于一月十七日第四次会议，议决通过国军编遣大纲，其要点如下：

一、以国民政府命令，废止国民革命军司令部各总指挥，并其他各高级机关，于各编遣区，设立编遣区办事处。

二、全国现有各军队，除中央直辖各部队，及海军各舰队外，都归于编遣会实行编遣。

三、各编遣办事处，采用委员制，选任现在各总司令部、各总指挥部高级军官二人乃至五人，中央党部党代表一人，国民政府特派专员一人，会同办理。

四、缩编后的陆军，步兵最多不得超过六十四师，其他骑兵在十旅，炮兵在十六团，工兵在八团以内，总兵额，以八十万人为限，军费应努力节减至总岁出四成以下，常年经费及预备费，以一亿九千二百万元为标准。

五、各省区依于地方财力及必要情况，得编遣会许可，以裁汰官兵，改编地方警察保安队，得归于各省省政府、县政府、特别市政府指挥管辖，其经费归各该政府担任。

其次关于各编遣区设置地点，在编遣区办事处组织大纲中规定，中央直辖各部队，与海军及第一编遣区，定在南京，第二编遣区，定在开封，第三编遣区，定在北平，第四编遣区，定在汉口，第五编遣区，定在沈阳，第六编遣区未定。关于编遣经费，发行裁兵公债五千万元，经编遣会议可决，其发行条件，于一月二十九日通过行政院会议议决公布。国民政府基于此项议决案，于二月二十二日国务会议议决，限于三月十五日，撤废国民军总司令部、各集团军总司令部、海军总司令部，又任命各编遣区主任，以谋编遣事业的统一与进步。

但事实上，军队如此复杂，裁兵问题，如此重大，政府仅以单纯命令行之，实不容易解决，故各集团军，均用暂编名义，其旧来军队，依然保存，且各集团军首领，多非真心爱国，节约财政，仍是抱一种保全实力主义，以自己为中心，故意见纷歧，卒归于破裂，因而编遣问题，仅为发布几种条文，几种命令而已。而所有裁兵公债几千万，编遣公债几千万，反被挪作内战之用，使财政上愈形紊乱，陷于今日的危机。

现在有人说，我国正当外患紧迫土匪横行之时，不宜提倡裁兵，实不知我国现在军队，多无对外能力，即如从前东三省，平日养兵至三十余万，而日寇来侵，除抱不抵抗主义外，别无方法，这种不抵抗主义的军队，虽多何用，非根本改造，实无御外侮的可能。且今日对外战争，为持久战争，最后胜负的决定，全在于经济力的强弱，如欧洲大战时，德奥之所以失败，非武力不敌，而为经济力不能与之久抗也。我国经济力不振，实缘于政府财政困乏，竭泽而渔所致，其财政困乏的原因，惟在于军费浩大，今裁减军费，以整理财政，使全国经济力，得以培养，实为日后御外侮的第一着。就以军事而论，现在世界科学战争，日益进步，欧洲大战后，更为迈进，各国都是以制造毒瓦斯，与防御毒瓦斯，为国防上之大利器，我国以后研究抵御外患方法，亦应以军事教育与制造军器为重要，对外战争的胜负，实不在现役兵数之多寡也。至于消灭土匪的方法，根本上在政治清明，军队虽多，实无所用，徒以资敌而已，如江西、安徽等省以往剿匪之成绩，可以想见。且我国军事费，类多浮滥不实，而军事骈枝机关又多，故吾主张紧缩政策，首先系裁减军事费，并核实用途，非注重裁减兵数，而紧缩军事费，应以不超过全部支出百分之四十为最大限度，即有些地方，以军队太多，须裁减兵数，亦须对于兵士妥筹安插方法，不使散而为匪，最为紧要。关于实施裁兵问题的议案，在全国经济会议中，以贾君士毅裁兵屯垦案为最妥善的方法，使多数兵士，屯垦于西北荒芜之区，无事则兵皆为农，有事则农皆是兵，既不减少国防的实力，复不增加人民的负担，一举两得，莫善于此，且以纯粹消费的军队，使变而从事生产事业，不特能够巩固边防，借以消弭强邻的窥伺，并足以充实国家经济力，而树立抵御外侮的永久政策。至于治河修路的兵工政策，亦可为一时的补助计划。这种办法，能够推行，则全国军费，立即可减少五分之二，不特整理财政之希望在此，而救济中国今日的危机，使不至蹈埃及覆辙，亦在此一举也。

除裁减军费外，其余如骈枝机关，与浮滥官吏过多，亦为今日财政紊乱的第二要因。在从前专制时代，其设官分职的用意，非欲以做事，惟以官上加官，使其互相箝制，对于皇帝不敢有所异动为得策，至于在政治上有无效能，则不过问，故治事之官少，而治官之官反多，全国官吏，除县知事为亲民治事之官外，余均为治官之官。民国以来，因政治上不能统一，各省为一般军阀所割据，致使中央税收，多为地方政府把持截留，于是设定中央专款，另立财务特殊机关甚多，几有一税收则有一机关，如烟酒、印花等项，均为中央独立的税收机关。自国民政府奠都南京，表面上统一告成，因为须拉拢各方面人物起见，更扩大政治组织，且类多因人设事，故骈枝机关，与浮滥经费，比较从前，更为增加，今为简约财政起见，实有大行裁减的必要。最近财政部长宋子文氏，有见于此，于本年七月十二日，在行政院会议，提议将财政部之统税署、烟酒印花税处，合并为税务署，并于会议后，发表谈话，谓行政上最高原则，为机关简单化，及行政经费之尽量节缩化，且于九月初旬，以财政部原列经费为十二万五千元，现因缩减为七成，裁去大批职员，共计有三百余人，此外各股，亦经设法归并，计图书馆归并公报股，电务股归并收发股，票照股归并监印股，并将盐务署归并稽核所管理，各处盐运使署及榷运局、盐场知事等，均裁撤，共节省经费约共十分之三以上，且声明其整理财政目的，将使款不虚糜，员无虚设。财政部这种大变更，即为一本行政组织近代化的主张，此诚不可谓非近年来的政象中为较有意义较有革命性的创举。

　　政治效能，与政治组织，实有莫大的关系，吾国政治组织，最大败象有二，即在于机关太多，与经费太滥，机关太多，则政府力量，不能集中，利益则互相争夺，责任则互相推诿，将使政治运用永无推动进步的希望，经费太滥，则所有事业费，为其侵占，将使一切建设计划，尽成纸上空谈，无法实行，故欲增进政治效能，必须改善政治组织，而改善之第一步，即为减少机关与经费，此即宋氏所谓使机关简单化与经费节缩化之最大原则也。今本此原则，则中央机关，可以归并裁撤者，实在不少，如海军部、铁道部，照我国现在国防情形，与交通状况，均无设立专部的必要，则海军部应归并于军政部，铁道部应归并于交通部。中央建设事业，须概属实业部，统筹办理，建设委员会，系中央实业设计机关，应归并于实业部。侨务委员会，系外交范围，且其权限多与外交部冲突，使事权不统一，应归并于外交部。禁烟委员会、赈务委员会，与导淮委员会等，均系内政性质，应归并于内政部。整理财政与国债，并编制预算，以及掌管会计统计事务等，均系财政部的职责，则财政整理委员会、内外债整理委员会与主计处等，应归并于财政部。军政与军事教育，须统一整齐，且须置于最高行政管辖之下，则军事委员会与训练总监部，应归并于军政部。参谋本部，系执掌国防及用兵计划，而军事参议院，为国防用兵的建议机关，应归并于参谋本部。邮政储金汇业总局，系管理邮政储蓄汇兑事宜，应归并于邮政总局。最高法院，应归并于司法院，以后司法完全独立，则司法行政事务，自然不多，无独立设部的必要，司法行政部应裁撤，由司法院长兼理全国司法行政，如现在各省高等法院院长，均兼理一省司法行政，同出一辙。考试院之下，设立考选委员会及铨叙部，规模至为庞大，然实际上，平时除铨叙部略有事可做外，其余毫无工作可言，考选委员会应裁撤，铨叙部亦应缩小范围。这是中央骈枝机关，极宜裁并者，如能实行，不特可省巨额糜费，而事权得以集中，自可增进政治效能。至于各省政府的秘书处，等于军阀时代省长公署之政务厅，是根本违反委员制的原则，应缩小范围，使至仅能办不属于各厅文件的程度而止，而各种委员会，如财政委员会应归并于财政厅，赈务委员会，应归并于民政厅，剿匪事宜，须属于省政府管辖，则所有绥靖署与清乡司令部等，均可以裁撤归并。今年中央一中全会开会时，委员石瑛提案，请"缩小军政组织，以免虚糜国帑，谓五院制度，原期于宪政时代实现，目下为时尚早，兼之财政十分困难，似可裁撤，但行政院与立法院，事实上或有保留的必要，拟将司法、考试、监察三院立时决定裁撤，以符革新政治与民更始之意，海陆军部当合并为军政部，铁道交通，无分别存在之理由，其余卫生署、兵工署、航空署、可缩小为司，而各省政府，可将厅废除，改为省公署组织，在于省公署内，分设行政、财政、建设、教育四科，以所节省之行政经费，一部分弥补预算亏空，一部分为推广建设与教育之用，"石氏此项提案，极有价值，实为该会中空谷足音的议案，但当时委员多无革新政治的思想，都是为迁就敷衍各方面起见，抱一种调和政策，故对于此项须破除情面以缩减经费的议案，卒未能通过施行，真为可惜。

现在紧缩政策，除裁并机关之外，其次重要的，则为裁去冗员。我国近年来，政纲扫地，政府铨叙人员，漫无保障标准，以致政局一有变动，长官更易，则其亲旧私党，莫不攀缘而来，几乎鸡犬皆仙，因而现在无论中央与地方各机关的人员，其庸阘失职，无所事事者，实居最大多数，尤以中央各院部会，动辄职员数百人或至千余人，事非所习，徒领厚薪，故仕途之滥，于今为烈，致使各机关的事务，惟集中于少数人员，能者多劳，所在皆是，且不能做事的人员，其所占的地位，所得的俸给，则又每视终日孜孜，趋公勤苦者，反为优越，姑无论劳逸不均，效能减杀，即衡以工作报酬两相适合之义，亦断非治事用人之道。至于拿钱不到差的顾问、参议、咨议等，几于有收入的机关，近来有加无已，如铁道部、交通部、实业部等，有多至数十百人者。又各机关向来因人设事，公牍过繁，泰半可省，苟能痛加厘革，化以简易，则虽裁员至一半以上，吾敢断言，必不至发生影响，无人办事。或者有以为值此国家多事社会不安之时，如政府大举裁员，致增加知识界失业分子，殊非政府之利，国家之福，此其为说，自非无理。然而依吾人见解，政府现在以财政困乏，减成发薪，实非妥当永久的办法，一般有才能之人，与其服官当差，而薪俸无着，嗷嗷待哺，生活维艰，何如直接了当，取消职务，断绝希望，俾得别图生计，反较为得策。且近年来政界钻营奔竞之风，本由当局者提倡而起，苟使用人者，能够进退一秉至公，亲私不许幸进，则社会上不劳而食的游荡分子，根本不至妄起徼幸之心，其于澄清仕途，保护真才，安定社会，移转风俗，在无形中，为益甚大。不特此也，政府设官分职，原为办事起见，非以安置无能，等于慈善事业。况当今日国难期间，更宜裁无能之官，以养有用之才，根据最小限度的政费收入，通盘支配，立定裁减标准，内外划一实施，一方面可展纾国家之财用，一方面可提高行政之效率，实为一举两得之计也。

至于裁员实施问题，吾人应注意之点，宜以裁汰冗员能省减最大费用为主旨，现在中央各机关的冗员中，以高级官吏为最多数，且其一人俸给，足抵数人甚至十余人之薪，如各院部会多裁一简任参事秘书等，即可以少裁雇员十余人，又各院副院长制，与各部政务次官制，均形同虚设，概行可以取消，若如此裁员，是于裁员之中，不特能够真正减损费用，且可略顾失业问题，此亦当局者应尽的责任。但是各机关裁员，大率专裁低级职员，如财政部总务司，裁去八十余人，而一二等科员只五人，三等科员亦只七人，其所以如此裁去的原因，乃系机关用人标准，全由介绍而来，高级职员，类多各有奥援，不容易更动，故不若裁去低级者之易于着手，并可博得大批裁员之美名也。且有长官视事之初，裁去大批职员，其后仍复陆续添用私人，为一种换汤不换药的裁员。这两种办法，实为吾人所绝对反对者。

又我国财政监督机关不严密，致使中央与地方各机关，都是费用太滥，预算太宽，因而办理庶务会计的人员，容易舞弊营私，莫不私囊饱贮，非大加核实裁减，不足以杜绝浮滥。而首先应裁去的，即为各机关长官的公费，以及可以随意开支的特别费，均为数甚巨，各机关长官，既领有薪俸，而一切办公用品，又皆出自公家，何以尚须有一笔公费，是名义上，谓之公费，其实无异双重薪俸。至于特别费，更难索解，各院有每年开支至二万元上下者，殊属骇人听闻，政府非战时之军事机关，有何特别费用之可言，现在国民政府，号称革命政府，政府人员，应崇尚廉洁，其所经营事业，与一切用途，应皆取光明正大的态度，即无一事不可以告人，无一用途不可以公开，所谓特别费，从何而来，是此项特别费，除给各机关长官，以作养给犬马私人经费外，决无正当用途。公费与特别费两种用途，如能够概行裁去，不特在财政上可以节省大批经济，并可以使廉洁政府，渐次实现。民国二十年三月十八日，监察院长于右任氏，向国府提议，为造成廉洁政府，应将各院部会所规定的特别费一项取消，各院部会所需的办公费，可实报政府核发，经是日国府会议通过，令□遵办在案，可惜未见施行。

现在财政部长，既知行政上最高原则，为机关简单化，及经费节缩化，且于财政部内，开始实行裁并节约运动，须知财政整理，应有全盘计划推行，方能达到目的，并非枝枝节节，可以奏效，尤非一机关一事件的紧缩，可以成功，尚望其百尺竿头再进一步，将全国应减经费，应裁机关，统筹妥善办法，建议于国民政府，次第施行，并望负起政治家的责任，对于国民政府为坚决的要求，视其实行与否，为进退去留的标准，且望国民政府设法提高财政部长的权力，使其能够对于全般财政，负责整理，如此做下去，则不仅财政困难问题可以解决，并使全国政治，渐入正轨，而国民政府的基础，更加巩固，实国家民族前途之大幸福，而内患外忧，亦均不足惧矣。

第三章
振兴社会经济以开辟财源为
财政整理的永久计划

　　国家财政，与社会经济，实息息相通，财政既日益膨胀，苟社会经济力，不同时增进，则财政终必至于涸竭。因之，采用紧缩主义，只能视为整理财政之一时的救急方法，至根本计划，则除振兴社会经济外，殊无他途。如欧洲大战后，意大利的财政穷乏，达于极点，当墨索里尼执政之前，即一九一八年度，其岁入不足额，竟至二百余亿里那，迨墨索里尼当政，着手整理此濒于破产的财政，在消极方面，则厉行大紧缩政策，在积极方面，则努力殖产事业，如改修港湾、建筑铁道、复兴农业、整理官业，以及改造教育施设等，所谓实果的支出，即投以巨大经费，亦所不惜。墨索里尼并宣言财政础石，系国民经济，如压迫国民经济的财政政策，一时虽得增加岁入，终必归于失败，故培养国民实力，而计划财政增收，为法西斯蒂党的根本精神，由此精神，整理财政，迄至一九二四年以后，岁出入不惟相抵，反有剩余矣。

　　我国财政困窘的根本原因，除前章所述者外，尚有一极其主要的因素，此因素为何，曰人民经济力之贫乏耳。一般人民，对于财政上的负担，若与现在各国一相比较，则相差甚远。在欧洲大战前，各国一人租税负担额，如英国有一百七十元，美国有一百二十元，法国有九十元，比利时有三十元，意大利有二十四元，日本有十六元，兰领东印度有十五元，其他暹罗有九元半，美领菲律宾有七元半，法领越南，亦有五元半，而中国不过一元五分之一。又各国近来公债，莫不激增，计算每一人负担公债额，如英国有一千四百四十元，法国有一千三百十元，美国仅联邦公债，有四百三十三元，比利时有三百十二元，意大利有一百九十元，日本有五十元，而中国不过四元一角五分。可见我国人民负担之轻，实为各国人民所梦想不到。然而如日本之蕞尔小国，其土地人口，仅如我国四川一省，其国家岁入，竟至十二亿日金，一般人民，并不见负担难堪，反之，我国土地人口，既十余倍于日本，乃国家岁入不及日本一半，而人民尚以为赋税苛重，叫苦连天，其负担力的微弱，可以想见。即社会经济之落后，异常鲜明。若对此点无法补救，则国家财政之充裕，将终无希望，因此振兴社会经济，实为当前要着。而振兴社会经济的根本条件有二，第一在于地利，第二在于人力。

我国地大物博，天然资财，异常丰富，据中外矿业家调查报告，各种重要金属，与工业上必需要的矿石，莫不应有尽有，已发现的矿产，如山西、河南、河北等地之煤，湖北之铁，湖南之锑，云南之锡，早已驰名于世界。气候温和，土质沃美，北近寒带，南近热带，世界所有重要动植物，皆有佳种供用。加以边疆各地方人烟稀少，如新疆、青海、东三省、内蒙古等，都是沃地千里，荒无人居，苟努力利用开发，则富强冠绝于世界，实非难事。

至于人力之富，亦远非各国所可望其肩臂，不论都市与农村，失业的劳动者，早以为数至多。加以近年来军阀内战不息，土匪到处烧杀，致生产破坏，失业愈增，迫不得已，而投入军队，或流为盗贼者，更不可胜数。不仅此也，我国国民性，其忍苦耐劳，节俭诚朴，有过于欧美各国者，如侨居南洋移住满蒙的同胞，虽在烈日之下，冰雪之中，仍能勤奋工作，不辞劳苦，故南洋草莱，满蒙荒地，能开辟于我民族之手，因之我国民族，实为世界最生产的民族。惟以数千年来的专制政治，禁止人民结社自由，使其组织能力，不能发展。苟能修明政治，实行民主制度，使一般国民，能自动团结，贯彻互助精神，并努力科学，开发产业，则社会经济的振兴，直可计日而待也。

惟振兴社会经济，在世界上，有两种趋向，一为欧美先进国家的资本主义，一为最近苏俄联邦国家的社会主义，我国振兴经济，走向资本主义呢，抑采用社会主义呢，此在原则上所应先决者。查英法等国，从前因政治革命成功，使第三阶级，勃然兴起，掌握政权，遂形成资本主义的国家，其振兴经济，惟扩大资本的搾取，因之社会上的贫富阶级，日益悬隔，造成阶级对抗，发生社会革命的思潮。而我国三民主义的革命，是使政治问题与社会问题，同时解决，即政治革命成功后，由政府用一种和平方法，完成社会革命，所谓以民权主义，要求政治上的平等自由，以民生主义，要求经济上的平等自由，则社会贫富阶级，决不至悬隔，而阶级激烈的斗争，亦必至于消灭。据中山先生所说，"社会主义中之最大问题，就是社会经济问题，这种问题，就是一般人的生活问题，因为机器发明以后，大部分人的工作，都被机器夺去了，一般人不能够生存，便发生社会问题，所以社会问题的发达原来，是要解决人民的生活问题，故专就这一部分的道理讲，便是民生问题，所以民生主义，便可以说是社会主义的本题。"民生主义，既是社会主义的本题，则今日振兴经济的方法，必须走向社会主义的途径，才算是三民主义革命的路线。但社会主义，系解决现在社会问题的广泛之名词，非即苏俄的共产主义也。

又社会经济问题，有农业与工业的区别，自欧洲产业革命后，如英德等国，都是以振兴工业为其立国的基础，苏俄五年计划，在表面上看起来，是由农业国转变为工业国的具体计划，其实自一九二三年度，至一九二九年度，国家对工业的投资额为四十余亿卢布，而对农业的投资额，则为一百五十亿卢布，自一九二九年度，至一九三三年度，对工业的投资额为一百六十余亿卢布，而对农业的投资额则为二百三十亿卢布，以投资额多少比较而论，其注重农业，可想而知。即就其所办工业而论，亦是注重重工业，第一在增加煤、铁、石油生产，第二在赶造铁路、船舶、飞机，使工业原料丰富，交通工具完备，与农业亦有连带的关系。

我国现在振兴经济，宜集中于农业呢，抑应注重工业呢，此在政策上应选择前者。这种问题，以适应于国情为最要条件。我国农村区域，要占全国百分之九十五以上，农村人口，要占全国百分之八十五以上，而依赖农业来维持生活的人民，要占全体百分之七十五以上，是我国的生产基础，纯粹建筑在农业上面，农业实为社会经济的躯干，故农业繁荣，社会经济，就连带繁荣，农业衰败，社会经济，就连带衰败，可见我国农业问题，为国家生死存亡的重大问题。因之集中力量，振兴农业经济，实为今日政府当局目前最急最大的任务。

我国农业，不仅从原则上说应该振兴，即就现状说，亦非振兴不可。目前农业之现状如何，约略言之，有下列几种现象。

一、为荒地增多。据日本东亚同文会出版中国年鉴所载，当民国三年时候，全国荒地面积，尚不过三亿五千八百二十三万余亩，到了民国七年，竟增至八亿四千八百九十三万余亩，仅仅四五年间，乃超过一倍以上，荒地增加的速度，真是骇人听闻。更据民国十一年，农商部发表全国荒地面积，为八亿九千六百三十一万六千七百八十四亩，比较民国七年，又增加四千八百余万亩，计算全国耕地面积，大约共为十五亿四千五百七十三万八千亩，是荒地面积，已占半数以上。加以近年来，天灾人祸，相继发生，农民转徙流离，不能安于耕种者，不知凡几，则全国荒地，较之从前，想更当有增无减，观于最近外国米麦面粉的进口激增，可以证明。

二、为外国必要农产品的进口，如粮食、棉花等，日益巨量扩张。查我国全体人口，多以米为主要食品，而国家本为世界产米最多的国家，生产数量，虽无确实统计，总在四亿担上下，产米区域，非常广泛，虽以长江流域为主要产米地带，然北自东三省，南达于云南，几无一处不产生米谷，如甘肃、宁夏、新疆伊犁等地，虽产量不多，亦足供给本地需要。自民国以来，因天灾人祸，相逼而至，耕地荒芜，生产减少，遂有洋米进口，在民国元年，洋米进口价值，尚不过一千一百六十八万余两，以后逐年增加，至民国十九年，计有一亿二千一百二十余万两，二十年更甚，仅上半年，则已有七千三百余万两，以世界著名产米的国家，而进口米粮，乃有如此巨量，岂非怪事。麦类可分小麦、大麦、燕麦三种，就中以小麦为我国北部主要的民食，每年国内生产数量，在从前亦可以自给，其中产量最多的地方，要算河北、山东、河南、陕西诸省，而中部及南部，亦均有相当产额，统计全国种麦区域，包括大麦、燕麦在内，达七亿亩，亦几无一省不产生麦类，我国种麦地方，既如是广泛，每年即无余麦输出海外，想决不应有大宗洋麦进口。乃自民国以来，洋麦输入的价值，日见增加，在民国元年，不过七千四百八十九两，民国十年，增至三万一千八百零五两，至二十年，更增至八千六百二十七万八千九百二十两，即比之元年几有一万一千五百倍的增加。面粉亦系我国主要食料，输入亦年有增加，其中以天津、大连、二埠进口为最多，就其全部价值而言，民国元年为一千二百八十二万二千四百四十八两，十年为三百五十二万四千四百四十七两，十八年，竟达六千三百七十二万五千七百四十二两，而二十年反减少为二千五百九十一万八千六百十七两，至其减少的原因，亦非输入真正减少，而由于国内制粉厂的增加，试一查看小麦进口暴增的情形，就可以推知。棉花系全国人民依赖制衣的原料，我国原有的产品，在长江流域与黄河流域，论其土质气候，几无一处不可栽培，是照理论上说起来，纵不能有大量棉花出口，来抵补入超，亦不应该完全仰外国供给。然考察实际情形，则大相违反，如由美国、印度两地，逐年进口的棉花，其进展的速度，殊骇人听闻，以其价值而论，在民国元年，不过六百四十八万二千九百四十两，十年增为三千六百二十七万三千一百十九两，二十年竟增到一亿七千四百九十七万一千三百三十九两，即较元年增加二十六倍，较十年增加四倍，这种大量棉花的进口，实足使我国原有产棉区域，完全摧毁。

　　三、为我国主要农业副产品的输出，如丝、茶、豆类、蛋类、桐油、花生等，日渐减退。蚕丝事业，在我国农村经济中，实居主要部分，从前每年对外贸易数量，常占到第一位，产丝省份，以江浙两省为最重要，而四川、湖北、广东、山东、东三省等，亦均有相当产额，其依赖蚕丝以维持生活的农民，要占全国中最大部分。近年来，由于日丝及各国人造丝的压迫，致我国丝茧的销路，因而停滞，民国十年，我国生丝出口价值，有一亿二千一百万两，到了二十年，不过九千四百万两，出口之日益减少，使国内丝厂业，均无法维持，大半相率停工，就上海一埠而言，从前共有二万九千部丝车，各厂存茧约一万担，而现在则仅有二十余家勉强撑持，其余停歇的，约共有八十余家之多，失业男女工人，在五万以上，浙苏镇各埠开工的，不过十家，无锡仅十四家，广东丝厂凋弊情形，亦复相类，失业工人，大概计算，总数至少在十万以上，而农民间接因此无以生活者，更不下数十百倍，可见即就出口生丝一项而论，已足使我国农村经济破产而有余矣。茶亦为我国重要的农产品，其在农村经济的地位，不亚于蚕丝，产茶区域，非常广泛，如江苏、安徽、湖北的南部，湖南、江西、福建、浙江的全部，四川、贵州、云南的北部，都是产茶著名的区域，其依赖茶业以维持生活的农民，实不下数千万人，当四五十年以前，我国茶业，对外贸易，几为世界上独占的商品，自从印度锡兰茶及日本茶出而竞争以后，因为他们有政府的奖励与保护，斯以处处占在优胜的地位，于是我国出口的茶业，遂受重大打击，而日陷于衰落的悲境。当民国五年以前，茶在我国出口商品中，尚常常占到第一二位，在民国十五年的关册出口土货比较图中，乃列入第十一位了，其衰落的速度，比较任何出口商品，都为显著。就其输出价值而言，民国四年，为五千五百五十六万零二千五百十九两，至二十年，为三千三百零五万九千零九十二两，减少百分之五十九，即约十分之六。其余如豆类、蛋类、桐油、花生等，亦因自一九二九年世界经济发生恐慌以来，各国对于农产品的进口关税，都是相率加重，加以如桐油有美国自行放植的计划，花生有印度的倾销，蛋类有苏俄巨量生产的竞争，因而莫不受其影响，与丝茶同样，陷于衰退的命运。

四、为农业家庭手工业，因受机器工业商品的打击，已几于灭绝。查我国农民的副业，除掉养蚕采茶以外，尚有纺纱织布的家庭手工业，这种收入，很可贴补农民的家中费用。但自帝国主义者机器商品侵入以来，农村妇女纺纱织布的工作，因终日劳苦，毫无所得，大都已完全停止。从前农村间能够穿洋布用毛手巾的人，惟限于富户，现在中等以下的人家，消费洋货，已成普遍的事实，就是佃农与雇农，莫不要穿机制的布疋。因而织布工匠，概行失业，所有家庭手工业收入，亦为之断绝，使一般农民，无以生活，其安土重迁，聚族而居的生活，遂根本上发生动摇，农民不断的离村而去，强者流为盗匪，成为我国今日农村中一个极严重的现象。这种农村移出的人数，虽无确实统计来证明，但据一般的统计，已不下五千万人。从上种种叙述中，足见为我国社会经济躯干的农业，已经根本破坏，即不啻社会经济之全部破产，这种情形，自然不能使国家税收，随财政膨胀的趋势，而日益增加，必至于日益减少，因之今日财政根本上的危机，非发展农业，以振兴社会经济，实无法挽救也。

然而欲发展农业，须烛知目前农业衰败之因，方能厘定救济之策。中国农业衰败之因何在，据吾人观察其最大原因，不外下列五点：

第一在于生产资金的枯竭。我国最近年来，金融界发生特殊现象，即国内所有资金现货，偏聚于各通商口岸，尤其是上海一埠，几为现金集中的大本营，据银行界调查报告，二十年六月底，上海所存银元，只有一亿四千四百五十万元，至二十一年六月底，则有二亿三千九百十万元，一年之间，几增加一倍，不但银元增加，银两亦复如是，本年一月底，上海所存银两，不过六千一百万两，至六月底，则有八千六百万两，半年之间，增加二千五百万两，约四千万元，估计全国所存现货数目，为二十二亿元，而可认为流通资金的，当不足四分之一，约在六亿左右，而今上海一埠，所占的成分，几及一半了，同时天津、汉口、香港等处，亦具同样的趋势，这种资金偏聚的现象，实为农业前途的致命伤。

考全国现金之所以集中上海者，当不外三因：一、是内地土匪横行，官吏诛求，稍有财产的人家，莫不将所有活动现款，由乡而镇，由镇而城，由城而市，迁移不已。二、是内地丝茶以及各种土货，受国外经济恐慌的影响，出口一落千文，金钱已无由再流入内地，而近来外国工业品，以及农产品，复因各国过剩的倾销，反纷向内地侵入，乡村所有洋货，须购自上海等处，固不待说，最切要的必要品，如煤油、香烟、米麦、面粉等，都须向上海购买，内地所欠上海货款，均须运现抵还，所以内地金钱，不得不向各口岸流出，而集中于上海。三、是军阀官僚，在内地肆行搜括，悉将现款，运至上海，以便将来卸任时，永作海上寓公。上海现金日多，遂使存款与通货膨胀，成为臃肿之势，因而凡百事业，莫不发生投机性，而所谓地产公司、投资公司，以及银公司，与交易所等，乃风起云涌，皆为投机事业，兴波助澜。而内地乡村的金融，则日见干枯，陷于贫血重症，故一般农民，毫无活动资金，不特没有分文投于生产事业，就是每年所应购买肥料、种子以及家常消费的急需，都无处可以通融。因之非忍痛接受地主、豪绅、高利贷的剥削条件不可。查各处高利贷的利率不一，由借款者需用之缓急而定，需款愈急，利率愈高，如安徽滁县一带，农民借钱十元，在三个月内，除还本外，要出五元利息，广东东江方面，有所谓九出十三归的借款，就是借银十元，实得九元，除每月纳息外，还本时，要交足十元。据从前农商部的统计，各省高利贷的利息，大约为每月百分之五至百分之十，即年利百分之六十至一百二十，有时达到每月百分之三十，即年利百分之三百六十，其利率之高，诚令人吐舌不置。一班农民，因这种高利贷剥削的缘故，到秋收以后，除了偿清积欠外，自然没有一点余存，所以有放下镰刀无饭吃的俗语。我国乡村金融，既如此枯竭，一般农民，既如此贫乏，则农村经济，安有不至崩溃之理。故设立乡村金融机关，实为今日救济农村经济惟一的要图。

查北美合众国农业的发达，实有赖于该国政府所设立的十二个土地银行。英国久以工商业雄称世界，其从前农业投资，向由普通银行兼事经营，至最近对于农业信用，已有急起直追的设施。日本自一八九六年，确立劝业银行制度以来，农工金融，兼筹并顾，极著成绩。其他如俄国的农业合作，集产银行，丹麦、挪威、瑞士、瑞典及比利时的农业信用合作社，与农民银行，分布于全国各区，莫不收效甚宏。

我国近年来的金融业，非不发达，但多系商业银行性质，惟设在各通商口岸，即有名为劝业银行与农工银行者，亦是经营商业借贷，故所有在市面的活动金融，只可认为商业资本，毫无农业生产的资金，惟有浙江省海宁县县立农民银行，其所办理定期信用放款，农产抵押放款事宜，使一般农民，受惠不浅，惟常以资金不足，无法周转，故乡村农业，仍不能尽量发展。今年十月间，豫鄂赣三省剿匪总司令蒋介石氏，因深入各省腹地剿匪，实地考察农民现状，以百业凋弊，实源于农村破坏，为恢复农村经济起见，首在设立金融机关，以资救济，遂由总司令部决定创办豫鄂赣皖四省农民银行，并制定农村信用合作社条例章则，颁布施行。惟以劫后农村，流亡甫集，室庐荡尽，盖藏俱无，如必绳以依法组织完备之合作社，在势有所不能，倘依违牵就，苟简成立，又将陷合作社事业于失败之地。且农民银行，尤为救农之百年大计，资本务求雄厚，设备务求健全，经营缔造，至速当需数月，才能正式成立，而孑遗之民，待救孔殷，亦恐缓不济急，在此特殊情状之下，宜有紧急应付之方，特于四省农民银行尚未开办以前，由总部指拨公款一百万元，并劝募赈款，委托中央银行，或其他殷实著名银行，经理收付，代向指定之匪区各县，办理农村贷放事务。并在指定匪区各县，暂准其从缓组织农村合作社，而先用简单方式，设立农村合作预备社，承受此项借款，而转贷于各村农民。此种农村合作预备社之设立，及其放款事宜，事前既需指导，事后尤应监督，乃能不滋流弊，关于此项指导监督事务，又由总部设立农村金融救济处，并在指定准设农村合作预备社各县设立分处，以专责任。关于贷付款项收付各事，由受委托银行负责经理，由农村金融救济处，稽核帐目，随时公布，以昭大信，因制定剿匪区域内农村金融紧急救济条例，农村金融救济处组织规程，及放款规则，暨各县农村金融救济分处组织通则，农村合作预备社章程等，颁布施行。这种农业金融机关，虽系临时性质，然计划周详，组织严密，不惟是救济现在匪区的最大任务，实为发展全国农业的必要事业。宜由国民政府确立农业银行政策，使农业金融机关，设法推广施行，并提倡金融界了解发展中国的农业，则工商业才能够荣繁，使其在市面的商业资本，渐次变为农业生产资本，将与欧美各国一样，农业信用合作社，与农民银行，分布于全国各区，则我国的农业，自可计日振兴矣。

第二在于交通事业的闭塞。世界各国，从自给经济生活，进而为交换经济生活以来，所有一切社会经济生活的机能，无往而不与交通事业有连锁的关系。如关于生产问题，现在生产制度，常发生矛盾现象，一方面生产过剩，劳动失业，他方面生产不足，贸易入超，形成经济界的恐慌，其主要原因，实为市场狭小，如果交通便利，运费低廉，则市场自然扩大，物价为之平准，则可唤起一般民众的新需要，而大企业，亦必随之创兴，则经济上一切矛盾现象，自然因而消灭。关于交换问题，现在交换制度，常发生一大缺陷，即为不合理之价值，日常变动，致使企业动摇，投机勃兴，并扰乱经济社会的秩序，使一般国民生活，不能安定，所谓交换的原则，在于有无相通，供求适应，已失其作用，挽救这种弊害，惟有发展交通事业。盖货物价值的变化，如运输敏捷，消息灵通，所有者自无术操纵，价格亦难任意提高，而一般国民的购买力，便必随之而增进。关于分配问题，现在欧美先进各国，以分配不能平均，劳动者与资本家，常发生激烈斗争，此系生产过剩的资本主义国家必然的现象。若我国目前分配问题，不在不均，而在不足，如能发达交通事业，助长多量低廉的生产，并可使劳动与资本，得以易于向需要较广的地方移动，而扩大其活动范围，则所谓地租、工资、利息、利润等的所得，自必日见增加。分配不足问题，既得相当解决，便可进而研究分配不均的问题。关于消费问题，原来生产的目的在消费，如一国消费力缺乏，使生产过剩，物价低落，生产者势必破产，其危险实较生产不足为尤甚，故社会经济学者，常以消费为生产的前提，尤以发展交通为增进消费的要务，盖必待人事的推移频繁，文化的运转迅速，然后生计组织，才得普遍的向上，而所谓为消费而生产，量所入以为出的联锁经济生活，须在交通发达以后，始有实现的可能。是发展交通事业，实为解决现代人类经济生活的不二法门。英国经济学者亚当·斯密，尝谓交通事业之进步，为一切社会经济进步之母，日本有海运建国论，德国有铁道强国论，良有以也。

我国系以农业立国，农业与交通，尤有密切的关系，如交通事业不发达，一方面内地所有生产货物，因运输费的昂贵，价格自然加大，不能与外货竞争，遂多堆积在生产的区域，无法流出畅消，一方面各地生产与消费，无法平衡，有的生产过剩，有的生产缺乏，不能使之沟通调剂，设一处歉收，则必发生恐慌的现象。今年各处略为丰收，而米价遂遭惨跌，致使农民亏损甚巨。然而一方面米价惨跌，另一方面粮食进口，仍继续增多，由这种矛盾的现象，可以证明粮食进口，非生产不足，米价低落，亦非生产过剩，其主要的原因，实在于交通不发达，不能有无相通，供求适应，使之然耳。

考察我国交通现状，实足令人心悸，以铁路言，四十年来，国营已成铁路，仅四千八百二十一哩，商办已成铁路，仅七百九十哩，而外人直接投资经营的铁路，有二千一百三十五哩，较诸欧美已成铁路达二十六万哩者，仅为其百分之三。以航轮而言，全国大小轮船，仅有五百二十九只，总吨数计为四十万，比较英国船只仅为其百分之五。且国内沿岸，可以通航的江河，竟受不平等条约的束缚，反为万国所公有，内河航轮，我国船只数，仅为外船百分之四十五，吨数仅为外船百分之三十五，使国内航业供给场，被外人占去，在二分之一以上，丧权失利，莫此为甚。其他如航空电报电话，以及无线电报电话等，更觉幼稚难言，比较英美各国，实为望尘莫及。

交通事业，如此竭蹶，产业衰落，无怪其然。国家在这种状态之下积贫成弱，愈贫愈弱，形成今日之绝大的危机，如果再不设法尽量发达交通事业，则必无挽救之术。

去年国民会议议员有见于此，因□议实业建设程序案，议决通过，其要旨如下：

一、确定总理建国方略中之实业计划，为中华民国物质建设之最高原则，由国民政府详定分期实行计划，依次遵办，（说明）按实业计划，为总理毕生研究中国物质建设之结晶，谋国苦心，震铄千古，规模宏大，百世典型，自当确定为中华民国物质建设之最高原则，竭全国之力以赴之，即由国民政府按照人才经济及技术上之可能，与国民经济发展之先后缓急，分为若干时期，依次进行，务须遵照遗嘱，于最短期间，促其实现。

二、按照现在国计民生之急切需要，限期完成以下铁路。

（1）粤汉铁路，株州至韶关，限民国二十二年底完成。

（2）陇海路，一潼关至西安一段，限民国二十一年底完成，二西安至兰州一段，限民国二十五年底完成，三运河站至台儿庄支线，限民国二十一年六月完成。

（3）新陇绥路，包头至宁夏一段，限民国二十三年六月完成。

（4）京湘路，南京至株州，限民国二十三年底完成。

（5）沧石路，沧州至石家庄，限民国二十一年完成。

（说明）按粤汉路，为中国南北交通要道，现已拨付庚款一部分动工修筑。陇海路，为西北交通要道，现已动工修筑。新陇绥路，同为开发西北要道，且与北部边防极有关系，将来如有财力，当首先接至迪化伊犁一带。京湘路，经过江南产米及他项农业区域，此路告成，对于全国民食之转输，至为便利。沧石路，为北方煤粮转运要道。以上各路，对于国计民生，至为急需，无论如何，当限期铺设完成。至于其他路线，俟一有余力，即择其重要者首先举办。

三、限于民国二十四年底，导淮工程全部完成，修治黄河工程，应即由国民政府尽先办理，限期完成。（说明）按导淮工程，关系国计民生甚大，倡之虽久，但最近方由国民政府认真切实进行，并设导淮委员会，专司其责，按照工程技术上之推断，于民国二十四年完成，苟无经费上之困难，实系可能之事。治黄河一端，同属关系国民生计之要图，但因工程技术上之困难，自难限期治就，应由国民政府尽先举办，务期至民国二十四年底，亦有相当规模。

四、限至民国二十四年底止，必将南方、东方两大港，及葫芦岛、海州两港之第一部工程，建筑完成。（说明）按南方、东方两大港，为总理生平最注重之实业计划部分，南方大港，关系中国整个南部之商务，将来粤汉路完成以后，且影响及于长江区。东方大港，关系东南富庶，同属重要，且利于租界收回进行。陇海路及导淮工作，既限期完成，则海港影响西北及淮黄流域之运输，尤为重大，就目前之需要，应即建筑。至于北方大港，因葫芦岛港不久完成，海州港即须建筑，且有青岛可以辅助，俟有余力，再行建筑。

五、限至民国二十四年底止，全国必须增加并完成二十万公里之公路，其路线之分配，由国民政府按照交通需要规定之。（说明）按公路一项，为补助铁路水道不足之要政，总理生平，本有建筑全国公路一亿英里之计划，五年以来，全国公路之发展，差有成绩，可以告慰，综计民国十五年，全国公路，仅有二〇〇〇公里，十六年，增至四五二〇公里，十七年，增至一八三二三公里，十八年，增至四四二七七公里，十九年，增至五一二一〇公里，按照此项增加比例计算，苟能全国积极进行，则至民国二十四年，增加至二十万公里之公路，当非难事。

六、限至民国二十四年底止，全国必须增加五万里以上之航空线，及一千架商用飞机，由国民政府积极筹设及奖励。（说明）航空不特为军用国防上之利器，而且为邮件商用所必需之交通工具，欧美日本，无不尽力提倡航空事业，国民应有远大眼光，认定世界趋势，中国航空事业进行较迟，如沪汉、汉宜、京平航线，均开办未久，将来开发西北，及川滇康藏五处交通，有需于航空事业之进展甚大也。

七、限至民国二十四年底止，增加国营航业，自二十万至三十万吨，除内河及沿海岸航业外，应开办南洋及国外航业，对于人民经营航业，应加以奖励及协助。（说明）按中国航业，至为衰微，不特绝少国外航线，而且内河航行，亦多属外人轮舶，国民重要运输事业，操之外人，殊属危险，国民生计，因之受绝大妨害，华侨在交通上所感受之痛苦，更不待言。查英国一九二九年，航业统计，轮船多至二〇〇四六〇〇〇吨，日本亦多至四一八七〇〇〇吨，今因国家经济能力之限制，仅求国营航业，于五年之内，增加至二三十万吨，实觉瞠乎其后，尚望国民一致奋起，积极经营航业，政府必极力与以奖励与协助，此亦各国之成规也。

八、水利、电气及钢铁、酸碱、煤、糖、煤油、汽车等基本工业，应由国民政府积极兴办，其能由私人投资兴办者，政府应奖励协助，并予以确切保障。（说明）按水利一项，关于全国农业生产，及农民生计，如导淮治黄，本系水利之基干工作，但全国一般农业灌溉，亦应积极注意，此种事业，有益于国民经济之全部，而国库省库，并无显著之收入，为注重民生政策计，应不惜经费，努力进行，电气有关各种农业工业，筹办刻不容缓，至钢铁、酸碱等项，各国均认为基本工业，非此则他项工业，无由发展，此必须政府国民一致尽全力以从事者也。

九、关于农业生产之增进，应以农业科学化为原则，除水利、电气等项重要建设外，应一并注重农产之实验改良，与造林事业之推进，并有每省划定实验县区，作改良农业之模范，其详细计划，由国民政府切实制定推行。（说明）按农业生产，为中国民生问题最普遍之基础，而农业之衰落，尤为年来最惨痛之现象，甚至米面供给，尚借舶来，其将何以立国，农业科学化，为增进农业生产与改进农民生计不易之原则，应切实注重，将研究与推广二者，同时并进，就各土壤、气候生产事业习惯之所宜，于每省划定实验县区，俾农业研究与推广，便于进行，尤为切实，应即由国民政府拟定计划，限期办理。

十、对于东北、西北及西南之开发，应努力从事，如交通之建设，土地矿产之开辟，移民及屯垦之举办，应由国民政府按照当地情形，并参酌国防上之需要，拟定详密计划，限期实行。（说明）东北与西北及西南之开发，关系中国全民族之生存，他国侵略之野心与事实，尤令人惊心怵目，设不急起直追，势必任人宰割，年来东北发展，卓著成绩，然未辟之土地，未开之矿业，与天然富源，正无限量，西北开发，以交通为先务之急，自苏俄环绕新疆境外铁路完成，及其与西伯利亚铁路接轨之后，对华侵略，势成常山之蛇，西北形势，更属危险，屯垦事业，应即举办，西南亦有外人窥伺，而且天然富源，久付旷废，亦应积极开发，此项详密计划，应由国民政府另行妥拟，限期进行。

以上十项，均系举其大者，必须全国集中目标，集中经济，集中人才，方能期其有成，利用外资，及外国技术人才，尤属事实所必需，至于其他实业建设事项，自不能逐条列举，苟属需要迫切，亦当次序筹办，如可稍缓，断不能以有限之人力财力，分途消耗等语。

这种议案，确为极有价值的议案，盖扩充交通事业，实为发展中国实业的惟一政策，并为救济目前危机的不二法门。去年六月，国际劳工局，宣布发展中国实业十年计划，列举五项，一、开垦中国各省荒地，约达三亿英亩，二、扩充中国全国的铁路、公路、空中航线及其交通事件，三、沿中国海岸，建筑若干海港，四、建造商船轮八百万吨，作海洋及内河贸易之用，五、组织大工厂，以制造供给华人所需要之物件。可见国际劳工局的注重点，也完全在交通运输事业。

我国交通事业，依照总理实业计划，应以建设全国铁路为先驱。以现在情形而论，国内各处失业者，日益增加，国际帝国主义者，侵略日急，完成西北铁路系统，不特可以开发西北最大富源，实行移民政策，并可以沟通世界交通，转移欧亚两陆的中心地带，因之西北铁路系统，实有关于中国安宁与世界和平的重要铁路系统，积极兴筑，实属刻不容缓之图。其余自国府奠都南京以后，交通局势，亦当为之一变，完成中央铁路系统，除粤汉、京湘两铁路，应限期完成外，而浦信铁路，起自津浦线乌衣镇至京汉线信阳州路线，全长一千二百华里，中经皖豫两境，盛产米、茶、大豆、麦、芝麻等，且沿线煤矿极富，不但足供路用，并可得大宗输出，道济铁路，自道清线道口起至津浦线济南站止，横亘中原，中经晋豫二境，煤铁两矿，非常丰富，这两条铁路，为开拓富源与巩固中央计，亦有积极兴筑的必要。又按总理对于国内陆上交通的开发，除铁路外，尚有建筑碎石路一亿英里的主张，建筑道路，实有辅助铁路的功能，中央政府，亦宜统筹全国，分别缓急先后，规定国道、省道、县道，依照总理计划，切实进行。此外关于水上交通，以现在航权损失，国营与民营的航业衰弱，实足令人悲伤，今欲发展航业，一在积极收回内河航行权，二在整理国营航业，三在奖励并保护民营航业，此亦为现在急不容缓的要图。

第三在于各省赋税的繁苛。我国直接税，向来偏重于田赋一门，近来工商业发达，财产家多为资本所有者，偏重田赋，极为不公平的租税政策，实不适宜于今日之国家。况自民国元年以来，各省田赋税额的递增，有加无已，比较从前，有多十余倍，甚或至数十倍者，如浙江在民国元年，一亩田尚不过纳税四百文，至卢永祥时代，则增至四角，孙传芳时代，又增至六角，到了现在，则更增至一元五角矣。又如河南田赋，在民国十一年，丁地每两从二元二角，改折为三元三角，漕米每石从五元五角，改折为八元二角五分。如湖北田赋，在民国十二年，丁地每两从三千文改折为四串六百文，漕米每石六串文改折为九串文，都是很显著的增加。至于附税及附加捐的增加，比较正税，更为可惊。如民国十七年，江苏铜山县等征收，每银一两正税银二元零五分，附加税如户籍费、公安队经费、教育亩捐征收费、保卫团经费、道路工程经费、地方教育亩捐、浚河亩捐、市乡董办公经费、公安队扩充饷械经费等，共有六元七角六分八厘之多。又如民国十六年，山东每银一两正税银一元八角，附捐附加税，如省教育附捐、河工附捐、河工特捐、军费特捐、汽车路附捐、县教育附捐、赈济特捐、警备捐、清乡捐、地方公款征收费等，共有五元五角六分九厘之多，此外各省区所特别通行的，尚有所谓人口捐、自治捐、水利捐、牲畜捐、婚姻捐、沙田捐、积谷捐、鸦片懒捐、屋梁捐、牛捐、名目繁多，不胜枚举，财政部于民国二十一年九月，因通令各省县取缔擅增田赋，谓各省政府，以增加田赋附加为筹款之不二法门，农民负担日重，土地价格日落，甚或视田地为重累，舍而之他，相率逃亡，其结果，附加虽已叠床架屋，财政仍乏充裕之时，政府人民，交受其困，嗣后各地方田赋正税附捐一并计算，不得逾越地价百分之一，附加总额，不得超过正税，其已经超省县，应即切实核减，其未超过省县，非于必不得已时，不得率请加征，违者以违法论。但因政治不统一，命令虽严，仍无效也。且赋税之外，政府又有所发行数千百万的公债券、金库券、军用票，及富户借款等，也莫不是增重农民负担的。农民负担日益加重，再无余力以资耕种，因之，农民只有休业停耕。耕地荒芜，政府税收，自不免短少，政府因税收短少，再加捐税，捐税愈加，人民愈穷，负担力愈弱，而政府税收更少，更少则更加税捐，如此循环不已，不待土匪之蹂躏烧杀，而农村经济，早已破坏无余了。

今欲恢复农村经济，一方面宜将各种苛捐杂税，设法尽量减少，尤其有外国品竞争的货物，宜设法概行免除。一方面将租税政策根本改造，直接税源，宜注重资本所有，不偏倚于田地，使人民负担，渐次平均，然后农村经济，方有发展的可能。

第四在于国际收支的不平衡。我国对外贸易，向为入超，利权外溢，与年俱进，遂造成普遍的民穷财尽，莫能自拔，经济亡国的惨祸，迫在眉睫，今检讨海外贸易的统计数字，实足令人触目惊心，在民国十八年度，进口货物价值，为关平银十二亿六千六百万两，出口货物价值为十亿零一千五百万两，相差入超，尚不过二亿五千一百万两。民国十九年度，进口价值，为十三亿一千万两，出口价值，为八亿九千五百万两，相差入超，已有四亿一千五百万两。至民国二十年，进口价值，为十四亿三千四百万两。出口价值，为九亿零九百万两，相差入超，竟达五亿二千五百万两了。再就今年上半年的入超言，已有三亿八百余万两，以此推之，今年的入超数目，较之去年，必至有多无少矣，这种入超数目，与年俱进，实为我国经济上的致命伤。况自东三省为日本侵占以后，输出上更受莫大的打击，满州去年输出，总数为关平银三亿二千二百万两，在我国输出全部分中，要占三分之一以上，同时加以往昔赖以抵补入超调剂国际收支的华侨汇款，复因世界经济恐慌及各处限制华侨入口的变故，逐年减少，一面入超激增，一面进款减退，这两重巨大的损失，影响于国民经济生活，实在不小，譬之一家庭，支出日益增加，而收入反为减少，没有不至于倾家荡产的道理。且查进口的大宗货物，系生活必要品的粮食、棉花等。今年上半年的粮食进口价值，有一亿三千余万两，内米谷七千三百万两，小麦三千六百万两，面粉二千五百万两，比较去年全年粮食进口一亿八千六百万两，几要超过一倍，棉花去年全年进口价值，为一亿七千四百余万两，今年半年的进口，已有八千九百余万两，亦比较去年为多，照这种输入情形观察，粮食棉花，既为人民生活必要品，不能设法减少，则将来输入数目，更为增加，可想而知，今不谋一挽救办法，则全国人民，必至变为赤贫，自存无术，坐以待毙耳。查欧美各国，从前救济入超的办法，惟有高筑关税壁垒，对于外来与本国有竞争的货物，则增加相当税率，设法排除，使本国货物，得有充分的保护，然后对外贸易，才有转机。

美国最近因日本廉价货物的输入，使其国内农产品与工业品的销路，大受打击，因再提高关税隄防，以图抵制。英国最近因国内经济，发生恐慌，遂抛弃其自由贸易政策，而采用保护关税政策，自渥太华协定成立以后，予各领地以相互的优惠税率，同时设法抵制他国制成品与原料食品的侵入，英国自保护政策励行后，而国内经济的恐慌，遂得以救济。我国自鸦片战争失败，南京条约成立以来，因关税自主权之丧失，保护政策，无由实施，同时各帝国主义者经济侵略，与时俱进。遂使国内农产品，以及一班幼稚工业，莫不被其摧残，无以自拔。

关税制度，今虽宣布独立，但尚有协定关系，不能视为完全自主，加以政府因财政困乏的缘故，关税政策，以收入为其主要目的，即轻视对国内农工业之保护，因之，当此世界各国关税战争剧烈的时代，振兴我国社会经济的前途，实属异常暗淡。殆至最近，日本帝国主义者，因我国抵货运动，日益扩大，其对华贸易，乃实行倾销政策，如煤炭、棉纱、纸张、水泥等，其价格低廉，远在我国货物之下，遂使我国农业家与工业家，莫不濒于破产的危机，即贩卖国货者，其利息远不及贩卖洋货之厚，因此国内各处市场，遂为洋货所独占。故救济之法，惟有实行保护关税，及屯并税，则外货竞争与倾销，方有排除的可能。而国内经济，亦始有振兴之希望。

第五在于货币制度的紊乱。我国自与海外通商以来，因货币制度，未能确立，外国货币，遂乘势而入，在当时市场上所流通的货币，除我国各地所铸造的银币外，有墨西哥的鹰洋、英国的香洋，以及日本的明治圆洋等，这数十种的货币，其成色重量，都不是一律，错综流通，在价格计算上，诸感困难，不得已，而图统一办法，即别立银两的名目货币，以为补救一时之计，并非永远的定制也。其后相沿日久，银两在我国货币上的地位，乃转驾银元而上之，成为一种虚银本位货币。但是银两之种类，亦是复杂已极，如上海用规元，天津用行化，北平用公砝，汉口用洋例，广东用司马平，即就政府而言，财政部用库平，海关用关平，其他各地种种名目，更不胜枚举，而各处的秤之大小，银之成色，亦是极不一致，加以辅币的银角铜元，因铸造余利更多，流币更甚于银元，各省莫不视为筹款助饷的不二法门，滥行铸发，充斥市面，其目的并不在货币之流通，而在于牟利，故各种货币的行情，均随价格的变迁，及需要供给的状态，而高低无常，名为货币，实则已丧失其货币的本能而等于一种商品矣。故我国货币制度的紊乱无章，世界实难其选，此种紊乱的币制，无疑的影响于全国经济，使其难于发展。为发展经济计，改革我国币制的必要，久为中外人士所同感。在前清光绪三十一年间，派员赴日调查该国金本位制，及中央银行制度，归而倡议改革我国币制，曾聘外人金琦、卫斯林、堀江归一、阪谷芳诸学者，从事研究讨论，并成立币制借款。民国六年九月十一日，北平政府，对于英、法、俄、日四公使要求订立币制改革借款一亿元，结果，由日本银行团代表四国银行团垫款三千万圆。但是当时所谓实行币制改革者，不过徒颁布国币条例而已。

关于币制改革，首先应确定的，就是本位问题，而从前本位问题的主张，议论百出，莫衷一是，有主张银本位制者，如张之洞倡银两本位，载泽主银元本位，当时总税务司赫德，亦以制限铸造银币本位为适宜，以习惯上用银，相沿太久，不能骤然变更，且人民生活程度尚低，用银极为相宜。有主张金汇兑本位制者，如金琦及卫斯林等，谓中国现在经济状况，与对外贸易情形，用金汇兑本位制，最为妥当，以世界各文明国家，均采用金本位制，金币已有国际通用的性质，中国介在金币国之间，如采用银本位制，则物价随金银市价的变动，而时为高低，对外贸易，亦将悉带投机的性质，其危险实不堪设想。且我国为后进未开发的国家，将来如欲实行经济上的改革，不能不有赖于外资，若长此采用银本位制，则输入外资，必生障碍。而国内产金不足，又为入超国家，不能遽行金本位制，惟有以金汇兑本位制为一过渡的办法，最为适宜。有主张金本位制者，如堀江归一，力辟从来所主张的金汇兑本位制，提倡金本位制的采用。最近国民政府外人顾问团凯末尔氏，亦主张逐渐采行金本位制，以金汇兑本位制，虽稍优于银本位制，惟金银的法定比价，颇难维持，如以现在金银市价为标准，确定金汇兑本位制的法定比价，若一旦银价下落，则私铸货币，势必充斥市面，而金汇兑本位制，必将随之而崩坏矣。从前中外经济学者，研究中国币制改革，均以世界各国，多采用金本位制，中国如尚采用银本位制，则对外贸易，与债务关系，均将吃亏不小，故归结主张，多是金本位制。但是现在世界货币制度，因黄金集中于法美两国，致因分配不均而起空前的剧烈变化，即世界上已经采用金本位制的国家，均被迫而相率放弃，如金本位制鼻祖之英国，近亦不能不毅然决然，放弃金本位制，是足证明金本位已为现在一种不适宜之币制了。今各国经济学者，多主张采用金银复本位制，以恢复世界购买力，我国币制，究将取何途径，尚须俟将来国际间的形势推移，再行决定。

现在国中既无所谓货币，复无所谓本位制，今宜先行确立银本位制的货币制度，以统一乱杂无章的数十百种货币，而为将来改革币制的基础，是当今振兴经济刻不容缓的问题。银元本位制，与银两本位制，从前国中尚有争论，不容易解决，现在形势变迁，已非海禁初开的时代可比，以银元而论，在市场上的各种外币，已将绝迹，而目前流通的国币成色，虽间有高下，然要皆我国政府所铸造，其流通势力，布满全国，自民国三年，国币条例颁布后，规定以银元为货币单位，公私经济，无不以银元为标准，是已承认银元为一种合法的本位货币。以银两而论，各地的品质重量，相差悬殊，于计算上，转不若银元之为便利，是以二十年来，海内识者，多主张废两改元，用以统一我国分崩离析的币制。今年六月间，上海洋厘暴跌，竟至六钱八分有奇，实开空前的新纪录，此种现象，足以表示银元数量的增加，从前有反对废两改元者，以深恐银元不敷应用为口实，今则此说不攻自破，故一般人目此次风潮为废两改元之绝好机会。而研究讨论废两改元的实行办法者，一时甚嚣尘上矣。但是废两改元，不仅是解决银两与银元的对抗问题而已，乃系解决银本位制的先决问题，并为改革货币制度的第一步办法。

其余如统一造币厂、集中发行权，以及整理辅币等问题，均须同时实行，方能够确立银元本位的货币制度，得到改革币制的良好结果。查各国设立造币厂，原以调剂社会金融，供给人民需要为目的，故货币流通额，适合社会需要，且全国价值统一，不至于紊乱。我国造币厂，乃一变为政府的筹款机关，设厂之多，实世界各国所罕见，除中央直辖各厂如天津、南京、武昌、杭州、安庆五造币厂外，其余如广东、湖南、成都、云南、辽宁、吉林、山西、河南、福建等省，莫不设立造币厂或铜元局，为地方政府的筹款机关，与中央毫无关系，甚至如四川等省，凡各军所割据的地方，都设立有一造币厂，私自铸造银铜元辅币，且有在其兵工厂内附铸铜元者，更不知若干处。造币机关，如此其多，其成色重量，极不一致，造币收入，号为造币余利，不问社会需要如何，惟视有无余利以为断，银角铜元的余利更多，则滥铸愈甚，币制安得不至于紊乱无章。故统一造币权于中央，所有各地现存造币厂，须一律封锁，实为目前最重要的货币问题，此事如不能彻底办到，则中国整个的货币制度，无法成立，所谓废两改元，所谓改革币制，均属徒劳无益的举动。

造币行政权，既统一于中央，而货币发行权，应专属于中央银行，因中央银行，握全国金融的中枢，是银行的银行，须负一种调剂全国金融的责任，如不掌管全国金融的伸缩权，则这种责任，无从负起。且货币金融行政，须完全有独立的性质，不受政治上的支配，其发行专以社会需要为目的，不受财政上的影响，故货币的流通额，务求其能够伸缩自由，如当市面繁盛货币需要甚多的时候，应该使其自然的增加供给，在市面萧条货币需要很少的时候，应该使其自然的减少供给，供求适应，然后社会金融根基，才能稳固，不至时常发生动摇恐慌的现象。货币发行权，以及购买铸币材料，既概归中央银行负责办理，则造币厂专司铸币的职务，不至变为营业机关，政府无法责以筹款，厂员亦不得视为利薮，而币政始得自然整理。

又本位货币，须许人民自由铸造，自由销毁，如人民感觉货币缺乏，价格腾贵，得以生金银持向造币厂请求铸币。若感觉货币膨胀，价格低落，则人民得销毁货币，输出国外。但是人民对于造币厂请求铸币，及自行销毁，不能立刻可以办到，而且手续麻烦，亦不是一般人民所能自由行使，惟间接求之中央银行，再由中央银行求之造币厂，其势很顺而便。就是政府需要货币，亦应与中央银行商量，不应直接与造币厂交涉，如果造币厂直接应政府的货币需要，则货币的流通，则将陷于不自然的境遇。如英国人民需要货币，惟向英伦银行交涉，政府需要货币，亦是如此，故其币制金融的运用，极其圆满，为世界各国所不及，纯在于此。我国如能照此办理，则货币制度的整理，必较容易。

银元本位的货币制度，既已确立统一矣，而更为紊乱的银铜元辅币，尤不能不统一。我国银角成色，比较银元稍有余利，铜元成本更轻，余利更大，各处莫不滥行铸造，因而辅币数量既多，行使区域甚广，与一般平民的关系，极为密切，如此紊乱恶劣，非设法整齐而统一之，其流毒社会，实非浅鲜，较之元两并用，且更甚焉。前清末年，改革币制，规定银元为主币，银角铜元为辅币，银辅币有五角、二角、一角、五分四种，铜辅币有当二十、当十、当五、当二四种，共计八种，系完全采用十进制，整齐划一，统系分明，计算取携，均甚便利，立法不可谓不善。惟是有法无政，弊端百出，其主持币政者，多以造币为手段，以筹款为目的，五角银币成色较优，一角及五分的银币，与当五、当二的铜币，造费较巨，余利无几，故铸造者极少，社会流通上，几不见其踪迹，于是行使于市面上者，银辅币只有二角一种，铜辅币虽有当二十、当十两种，然当十与当二十，没有相互的关系，同时并用之处甚少，故亦只可算为一种，以八种的辅币作用，今并为两种，其行使之不便，自不待言。上海二角银币，兑换当十铜元五十枚，重量在半斤以上，计算取携，均甚费事，莫不感觉困难。辅币最小单位，为当十铜元，尤嫌太大，于平民生计上，影响颇巨。铜元时价，当十者值银元三厘以上，甘末尔氏的币制，规定最低单位，为银元二厘，较为适合。以法价而论，当十铜元百枚，等于银元一枚，今上海市价，乃至二百九十六枚，几为三与一之比。当二十铜元五十枚，等银元一枚，今北平市价，乃至二百枚，为四与一之比，是较之法定价格，相差甚巨。以重量而论，当十铜元，法定为二钱，今最轻者是一钱五分，为一〇〇与七五之比，当二十铜元，法定为四钱，今最轻者是二钱二分，为一〇〇与五五之比，重量的减轻，又如此其巨。至于品质的低劣，铸造的粗糙，更难究诘。辅币积弊至此，实有改革的必要。今欲辅币制整理而有统系，惟有废弃一切旧币，以甘末尔氏的建议为基础，重铸新币，是为快刀斩乱麻的办法。但是旧辅币，行使已久，数量既多，流通区域尤广，一旦概行废弃，非特时间上所不许，即国家财政，与平民生计，均将有所不堪。宜一方面改铸新辅币，确立有统系的辅币制，一方面调查各地辅币复杂情形，分别整理，截长辅短，以旧辅币的时价，迁就新币的法价，使稍近于整齐而已。

硬币既已整齐统一，而纸币为一种代表货币，亦宜整齐统一。查各国纸币的发行，除美国、加拿大、苏格兰几处而外，都是采用中央集权制，常以纸币发行数额的伸缩，而调节市场通货的供需，为其货币政策的中心，故其发行，决无滥自膨胀的流弊。我国纸币的紊乱复杂，更甚于硬货，无论普通商营银行，皆得享有纸币发行权，全国纸币发行银行，不下数百家，无法统一，此行与彼行，即属同额货币，价值常为悬殊，就是同为一行，而此埠与彼埠，亦不能流通使用，外国纸币，亦得横行于我国市场，发行数额日多，银行根基，不免动摇，偶逢变乱，即发生挤兑的风潮，甚至有因此而告倒闭，成为废纸者，其流毒社会经济，实非浅鲜，故非统一全国纸币发行权，不足以管理货币行政，而救济这种弊害。但是现在中国欲将纸币发行，一时概行收归中央，恐事实上难以做到，宜在国民政府势力所能及的地方，设法逐渐统一纸币的发行，公布银行法律，规定将来纸币发行权，统归中央银行，而对于现在已取得发行权的各银行，规定有一限制，嗣后不得超过当时发行额，并规定若干年以后，应当逐渐放弃其发行权，此为统一将来纸币所必要的步骤。

我国地大物博，实不亚于美俄两国，今美国国富如此充足，苏俄自革命后，其国家经济力，亦蒸蒸日上，惟我国经济衰落，日益加甚，实在政府政策的错误，今研究其根源，设法而救济之，则经济的振兴，财政的充裕，直可立而待也。

第四章
前清末年及北平政府的财政整理
计划与国民政府的财政整理大纲

　　前清自嘉庆以降，国家纲纪，渐次弛废，内忧外患，相继而起，国用日益浩繁，收入反为减少，当时财政实已呈露襟见肘之态矣。迄至光绪年间，因内外情势之逼迫，举办新政，国用遂愈形膨胀，财政亦益陷穷乏，岁出超过，竟达三千六百余万两的巨额。于是政府求挽救危机，而有整理财政之举，其整理步骤，为先召集财政专家，研究财政紊乱之根源所在，据当时研究结果，认为国家财政紊乱之因。

　　第一在于中央政府的财政最高机关，不能行使其财政权，如度支部，在名义上，有总揽全国财政的职务，而在实际上，关于地方财政上的收支，全无监督干涉的力量，各省除依照所指定的贡赋解送于中央外，其余概行自由处理，并常借种种天灾地变以要求解送定额的减少。财政征收权，既为地方政府所掌握，则中央政府，不特财政上毫无扩张的余地，而政治上的权力，亦因之日形薄弱。不仅各省如此，即中央政府所在地的各机关，其财政权，亦是四分五裂，不能统一，如农工商部及邮传部等各有独立的收入，并各可以自由支出，亦与度支部不生关系。这种支离破碎的财政情形，乃造成分崩离析的政局，一遇经费膨胀的时候，遂毫无伸缩的余地，可以设法应付。

　　第二在于全国预算制度不能确立。中央政府惟依赖地方所解送的款项以行收支，至于各地方的实际收支如何，无从查悉。而各地方的财政征收权，完全委任于各州县官，各省长官，对于各县究竟实征若干，实支若干，亦不得而知。各州县官，每年关于收支款项，惟有一形式上的报告书送于上司，其数目字，概系虚伪，地方官汇集这种虚伪的报告书，转致于中央，中央据此而规定为全国岁入岁出。其所谓解送定类，在明朝系依照元代，无所增减，至清代又是依照明朝，未有改变。全国财政收支，概行因袭空文，何者为中央收支，何者为地方收支，亦都是纷乱而无所区别，征收官吏之易于舞弊营私者，实甚于此，故人民所负担的款项，几有十之六七，归于中饱。

　　因此而确定整理财政的根本政策，首先惟有实行中央集权制。于光绪三十四年，颁布清理财政章程，其要旨，系扩张度支部的权限，首先将所有中央款项，改为由度支部征收，然后再行发给各官厅，即从来各机关自行直接的收支，亦必经由国库出纳，而统一国库，系度支部的权限，编制全国预算决算，归度支部负责办理。关于各机关的经费，度支部有增减的权能。从来各省的布政司，专受督抚的监督指挥，而掌理财政，今改为归于度支部与督抚两属的机关。各省布政司，关于省内一切财政，须随时详报于度支部，而受其检查，则度支部对于省财政，有直接监督指挥的权力。即各省官银号，度支部为防止其兑换券的滥发，得随时派员检阅。公债募集，各省非得度支部的许可，不能擅自发行，或与外商订约。至于省布政司，亦使其有统一省内财政的权力，地方原来特设财务机关，渐次裁撤，其一切事务，并于布政使司办理，所有省内各机关收支，必须送达布政使而受其查核。由是在名实上，度支部得为中央财务中心机关，布政司得为地方财务中心机关。其结果，虽历史惯例，因袭既久，旧来积弊，不容易一朝革除，而度支部与布政司的权限，得以多少扩张，致使全国财政，渐有统一整齐的希望。

　　其次在中央设清理财政处，直辖于度支部，在地方，设清理财政局，由中央派正副监理官，负监督各省实地调查财政情形的责任，稽核各省出入的确数。如清理财政局人员，有不尽其职责，或有默许地方各财政机关报告不实的事情，必须呈报度支部，严行惩办，务使全国岁出岁入，打破从前虚伪报告的陋习，而确立实实在在的预算制度与决算制度。光绪三十二年，宣布将来实施宪政，改革中央官制，先从财政着手，其规定改革财政的顺序，第一年，颁布清理财政章程，第二年，调查各省岁出入的总数，第三年，复查各省岁出入的总数，厘订地方税章程，试办各省的预算决算，第四年，制定会计法，颁布地方税章程，并厘订国家税章程，第五年，颁布国家税章程，第六年，试办全国预算，第七年，试办全国决算，颁布会计法，第八年，确定皇室经费，实行会计法，并设立审计院，第九年，制定宪法与议院法公布，同时确定提出于议会的预算案。

其改革财政的顺序，颇有条不紊，如能照此切实进行，则如各文明国家的预算制度，与决算制度，不难确立。其结果，度支部于宣统而年，制定试办预算册式及例言二十二条，通令中央及地方各机关遵照，送致预算，其后各机关均依照办理，度支部遂以为根据，而创始编成宣统三年度总预算案，提出于第一次开会的资政院，经资政院审议确定，于岁出总额三亿七千六百三十五万五千两之内，核减七千七百九十万七千两，对于岁入总额三亿一百九十一万二百两，尚有三百四十六万一千余两的剩余。但是当时中央威信，渐次堕落，而各省督抚，遂多诉地方财政的穷乏，难以从命，卒不能见诸实行。且各机关资送于度支部的预算，莫不隐匿收入，夸大支出，仍是一种形式上的预算，故度支部于翌年上奏文中，谓去年各省造送预算时，叠接监理官来禀说，于岁出则有意加多，于岁入则特别少报，仍应严行查核，方足以昭实在，如中央政府纯据此而编成总预算案，无异于杜撰，而资政院的修正案，亦并无何等标擘，而遽行增减，均不足为信凭也。然度支部因此而确立全国预算的雏形，制定宣统三年暂行预算章程，颁布施行，更加以切实调查，严行审核，再着手编成宣统四年度预算案，则真实的预算制度，未始不可以渐次成立。其后突遇革命事变勃发，政体更改，于是前清财政革新的大事业，亦遂因此告终。

革命成功后，北平中央政府，仍仿效清末之改革事业，先计划中央财政权的统一，开始办法，将国家税与地方税划分清楚，制定财政官制，中央财务最高机关，改为财政部，各省设立国税厅，使直隶于财政部，更于各地方设立国税分厅与支厅，使其统辖国税事务，并提高国税厅的职权，使与各省军民长官，立于对等的地位，不受其束缚，凡关于省内国税，均归其掌管，各省原来财政司，仅管地方收支，深合国地界限分明之旨。民国二年二月，制定国税厅筹备处暂行章程，公布施行，于财政部暂设国税厅总筹备处，各省暂设国税厅筹备处，掌监督及执行关于国税事务。自国税厅制度施行以后，各省关于国家财政，始有精密的报册，达于财政部，一时颇具成绩。嗣因中央政府鉴于地方收支，渐见增多，思欲运用两方资金以救济财政上的急需，三年秋，乃成立财政厅，合国税厅与财政司的职权而统一之，直隶于财政部，第以监督权界之各省民政长官，因之国家与地方的财政，界限复见混淆。加以划分国家税与地方税，大不平均，所有大宗收入如田赋、营业税等，均列于国家项下，为一种强干弱枝的办法，更使各地方不满，与中央争持甚力，乃借财政监督权，抑留中央款项，而所谓中央集权的计划，遂完全为其所破坏矣。

在周学熙长财政部的时候，对于财政整理，有全盘具体的计划，其提出于国会的说帖略谓：

"欲谋改革全国的财政，须先知财政弊害的所由来，及其现在的状况，譬诸医者之治疾，必研究病源及现在病状如何，然后始能定方药下针砭也。中国财政的病源有二，一为紊乱，二为枯竭。今探究紊乱所由起，其积因非一朝一夕之故，前清旧制，财务之统系不明，中央拥考核的虚名，各省操征权的实柄，中央需费，反取求于各省，于是有解部之款，有京饷之款，各省不足，又仰给于中央，于是有拨部之款，有受协之款，因前后丰啬不同，始而认解，继则截留者有之矣，因彼此盈绌互异，本系认协，改为拨补者，又有之矣，案牍辇辖，款项纠缠，但期弥补挪移，苟且敷衍，其时固无所谓国家经费与地方经费之分，亦无所谓国家收入与地方收入之别，此其紊乱之原因一。田赋盐茶，及其他厘税，虽皆责成督抚管理，而督抚又分寄于藩司，然藩司承宣布政，并非专司财政之官，而盐使关道，又各自分立，不归藩司节制，迩年以来，因筹饷筹款之故，局所林立，各拥征收之权，虽长官有不能过问者矣，财权不一，事务纷歧，此其紊乱之原因二。新政繁兴，岁计日绌，旧有之田赋课税，不足以应正供，于是因就地筹款之议，巧立名目，苛索于民，税目捐项，以千百计，或则同名而异质，或则同质而异名，省与省殊，县与县异，无论清厘之不易，抑亦统系之难明，此其紊乱之原因三。旧税既未能蠲免，新税又未便推行，农商小民，苦于苛索，而巨绅富室，有坐拥厚资，竟无丝毫之贡献者，揆诸租税公平普及之原则，实有未合。即或仿效新规，更立名目，行房捐铺捐者有之，似乎家屋税矣，而实非家屋税也，行贾捐商捐者有之，似乎营业税矣，而实非营业税也，行报效捐输者有之，似乎所得税矣，而实非所得税也，办法既参差不齐，分配亦彼此悬绝，负担不均，弊窦百出，此其紊乱之原因四。若夫枯竭之病，又非可一二言尽之矣，财政之窘，一由于岁出频增，一由于岁入短绌，此尽人所知也。而我国又有特别原因，收支悬殊，欲求其适合之道，除增加租税变卖官产以外，只有募款之一途，然此在公债发达之国则然，若信用未孚，强迫既有所难行，劝导又不足济事，故一旦财政破裂，别无他法可为挹注之资，此其枯竭之原因一。其次则为币制未统一之故，银钱比价，随时涨落，非有损纳税之户，即贻累征收之官，况以银元充斥，为蠹更甚，对外则又有金银之比例，镑亏愈重，岁耗愈多，币制不清，国用日绌，此其枯竭之原因二。又次则为银行业尚未发达，中央银行，本为调剂金融之机关，亦即管理国库之枢纽，调度得宜，则财政与经济，两收其益，运用失当，则财政与经费，俱受其害，今者银行之基础未立，国库之寄托无从，纸币之通用未灵，现款之流通有限，是以国库出纳，倍觉困难，今日交付之借款，明日即消耗于无形，此其枯竭之原因三。最后则因产业未发达之故，光复以后，农失其业，工滞于场，商贾贸易，日趋窳败，民生凋敝，方求蠲免之不遑，国计艰难，虽增税增捐而何补，盖未有不藏富于民，而能藏富于国者也，此其枯竭之原因四。紊乱之四，因行政机关之不统一，枯竭之四，因金融机关之不灵活，不统一者，宜求所以统一之，不灵活者，宜求所以灵活之，然后足以立百年不拔之基，而维一发千钧之局也。先述整理财政的目的，一在欲使国家财政与地方财政，确立明晰的界限，国家收入，不与地方收入混淆，国家支出，不与地方支出糅杂，此所以破第一之紊乱原因。二在欲使财权统一，财政机关，以一系相承，无彼此牵掣之嫌，有内外相维之益，此所以破第二之紊乱原因。三在欲使租税统系分明，删烦杂之名称，立简明之项目，此所以破第三之紊乱原因。四在欲使文明先进国最良之税制，推行于吾国，使一般人民公同担负，以与租税之原理原则符合，此所以破第四之紊乱原因。五在欲使租税收入，不足以供国家的支出时，政府得以有信用之公债，补救财政之穷，此所以破第一之枯竭原因。六在欲使旧烂的纸币绝迹，代之以一律之钞票，且国内有法定的本位，使纸币归于统一，国库出入，均不受币制混淆之影响，而财政亦可借此而转机，此所以破第二之枯竭原因。七在欲使旧币收回新币推行之后，中央有最巩固最完备之国家银行，以为各银行之母，且兼管国库事务，对于全国金融，从容调剂，间接以纾国家之财力，此所以破第三之枯竭原因。八在欲使全国金融活动，恢复产业，以次休养生息，富力渐充，税源自裕，此所以破第四之枯竭原因。而欲达到以上各种目的，须以财政政策，使行政机关归于统一，是乃直接整理财政的方法，以经济政策，使金融机关，全行灵活，是乃间接整理财政的方法。所谓财政政策的方法，先决问题有四。一为划分税项。其划分的标准，以税源普及于全国，或有国际的关系，而性质确实可靠，能得巨额的收入者，为国家税，以税源多囿于一定的区域，不含有国际的关系，其性质虽亦确实，而收入额比较的稍少者，为地方税。二为统一税权。光复以后，各省财政机关，更为紊乱，今既划分税项，以为根本之图，尤应统一征收，以示权限之别，地方税的管理与改良，归地方团体负责，而征收国税，须有一直隶于中央的机关，各省设立国税厅，直隶财政部，使之监督执行国税的事务，而立统一国税权的基础。三为厘订税目。租税应以简明为原则，今中国租税，名目繁多，制度复杂，征收之费既大，弊窦因以潜滋，实有阻害产业的进步，为今之计，固以删繁就简，为改良税目的要图。因厘定国家税与地方税法案，其第一条，即列举税目十七种如田赋等，定为国家税，其二条，即列举税目十九种如田赋附加税等，定为地方税。四为更新税制。国家税制，应认一般收入为租税的源泉，我国课税，非集注于生产机关，即集注于消费物品，实有违反普及公平的租税原则，今宜更新税制，方足以剂租税之平。而新税与旧税重复，尤易陷于不公平之地，如登录税施行时，则契税、牙税，应同时废止，营业税施行时，则牙捐、当捐，应同时废止，出产税施行时，则常关、统捐、厘金，应同时废止，房屋税施行时，则房捐应同时废止，如此方能免重复之弊。然此项新税，犹是对于生产机关而言也。而今日所最宜注意者，则在于印花、遗产、所得三种之新税，印花遗产，系对于行为而征收，为中国向来未有的税目，而又无重复之虞，所得税，系集注于富方之分配，且适用累进税法，与公平的原则既符，而亦易达普及的目的。但是财政政策，虽为直接整理财政的方法，然只足以救财政紊乱之穷，而不足以挽财政枯竭之弊，故今日整理财政之道，非但注力于财政政策所能为功，必以经济政策为间接整理财政的方法而后可。而所谓经济政策者，须举公债政策、币制政策、银行政策、产业政策、同时施行，使收相辅而行之效，直接而经济受其益，间接而财政见其功，乃足为整理财政的后盾。欲行四种政策，有当先决的问题，即公债如何筹划、币制如何统一、银行如何计划、产业如何保护是也。筹划公债，当分三种办法，一则先筹积欠之偿还，次则再谋旧债之清理，又次则力求新债之推行。积欠有失国际信用，必须设法速偿以免辗转，现经电商各省，协力同筹，将来如有不敷，只有以大借款为借换之一法。清理旧债，系专指外债，须采用减债基金法，拟每年由政府筹拨一千万元，编入预算，专备减债基金，由外国市场收买此项债票，收买以后，仍复对之付以利息，而不即行销却，如此，则利息与资本金两项，递年累进，而买收公债之数，亦必递年累增，从前巨额之洋款赔款，约计银币十七亿四千三百八十八万四千六十元七角六分四厘，计算二十二年以后，而此项债务可清偿矣。推行新债，须具三种条件，一为扩充流通公债之机关，二为广求公债之用途，三为确实公债之担保。流通公债机关，以银行及股份懋迁公司为最要。公债用途，莫便于充银行钞币的准备及其他公务上的保证，且许民间随意买卖抵押，而银行及股份懋迁公司为之媒介，则公债之价值生，固将不胫而走矣。至于担保问题，契税及印花税，均为确实可靠之财源，以此为付息还本担保之用，固绰绰有余矣。统一币制，今宜标本兼治，一则先研究纸币如何收回，一则须研究本位如何规定。解决今日纸币问题，第一着手，当自销却旧纸币始，旧纸币销却之后，同时发行新钞之权，当集中于国家银行。本位币制，银本位，既非天演界中所宜，舍银而金，又非我国实力所能，择其最适于我国情形者，惟金汇兑本位制度。计划银行，须由三方面合筹之，一则立中央银行的基础，二则筹商业银行的发达，三则图国际银行的推行。中央银行，为经济界之总机关，须与财政脱离，具有独立的资格。商业银行，国家亦主助长主义，使其长足进步，借以补助中央银行。我国国际汇兑，利权操纵于外人之手，急宜设立资本雄厚的国际银行，以图挽回。保护产业，更为今日要图，政府实行公债政策、纸币政策、银行政策者，凡以为活动金融机关计也，而金融机关之能活动与否，则尤视产业之兴废盛衰而定，因银行所恃以圜转者，吸收现款，而放资于生利之途，工商失败，存放俱穷，银行亦儳然不可以终日，若议增旧税，设新税，民不堪命，推行无效，更不待言，此为上下交困之秋，亦即国家存亡绝续之日也。故今日整理财政，须以培养税源为第一义，而培养税源，须以保护产业为第一义，保护之道，首在恢复，次言发达，此为助长主义必经之次第也。最后结论，关于政治制度的改良，以财政立法的监督，期诸国会，财政司法的监督，责诸计院，而财政机关，则实行其行政的监督，三权鼎立，各能实行其职权，互相催促财政上的进行，则财政的整理，直可计日而待也。"

在熊希龄长财政部的时候，其整理财政的计划，略谓：

"现在中央既一无所入，惟仰给外债，以度岁月，地方则又思分中央所借外债之余沥以自活，循此不变，债债相引，其势将举全国所入，尽充外债利息，如此，则破产之祸，不待数年。为今之计，整理财政，惟有治标治本两策，同时进行，治标之策，于岁入方面，宜力求实征实解，于岁出方面，宜厉行节减政策。政府对于预算，第一义，须求实际上的收支适合，第二义，须勿以外债充经常政费，以此而为财政的最要基础。原预算除公债收入外，其较为确定者，系各种租税及税外收入，共三亿一千七百余万元，据过去现象，除海关税实收可稽外，余皆性质不明，或各地方收入，本自减少，或虽不减少，而不能听国家之指拨，其大病源，在各省行政系统，十九破坏，无从核督，重以摧科之职，不得其人，故人民负担，毫未减轻，而国库则所至如洗，根本之计，惟在澄清吏治，棕核名实，以涤除中饱而已。治本之策，一曰改正税制，二曰整顿金融，三曰改良国库。我国人民平均负担之轻，为万国所无，故以四亿人之国，而岁入仅及三亿，国用坐是支绌，百废无自而兴。然夷考其实，则人民又曷尝蒙轻税之利者，盖税制不善，违反租税公正的原则，故国既病瘠，而民亦不蒙泽。今欲准衡学理，以立我国正当之租税系统，此殆非今日所能骤几，惟一面就现行诸税，择其中最烦苛厉民者裁汰之，余则加以改良整顿，一面酌量情形，略参以国家社会主义，添设新税，以求国家增加收入，而人民亦间接受其利。计应采之税目，曰田赋、曰盐课、曰契税、曰宅地税、曰印花税、曰出产及销场税、曰烟税、曰酒税，曰矿业税、曰一部分之营业税、曰一部分之所得税、曰遗产税、曰通行税、曰银行兑换券发行税。以上各种税源，皆财政学上所谓有自然增收力者，苟办理得宜，则年年收入递进，实为必至之符，数年以后，不必增设税目，不必增征税率，而国库所入，必数倍此数。中国与日本，境壤相接，人民生活程度相近，而日本每人每年平均负担租税额，约十二三元，而中国现在所负担，不及一元，倘生计发达，所负担者如日本，则岁入固应五十亿元矣。即如烟税，日本用专卖法，每年纯收益，约五千万元，中国若以三千万人吸烟计，每人每月平均一元，亦应年收入三亿六千万元，又如矿税，日本年收千余万元，中国若开放发达后，所收何啻十倍，亦应一亿元，其他收入，皆可以此类推。金融为财政及国民生计之枢纽，而币制实与之相维，我国币制紊乱，全球所患苦，近则各省滥发纸币，价格低落，市面恐慌，人民咨怨，其直接影响及于财政者，则纸币制紊乱之故，征收复杂，官吏得上下其手，汇价参差，国库损失，缘纸币低落之故，国家一切征收，即以其低落之额，为损失之额，凡兹弊害，不胜枚举。今改革币制，金本位，目前不易办到，宜暂照旧习惯，用银本位，以谋统一，但所铸银币，不太滥乎人民需要之额，觉将来变进，殊非难事。而其下手，则在扩充中国银行，巩固其兑换券的信用，俾得随时吸集现金。制既划一，汇兑周便，兑换券之流通，自日加广，得以有价证券，充保证准备而已足。此种保证准备之最良者，莫如公债，故国家发行公债，银行必乐于承受，而所承受之公债，国家即得资以为建设庶政之用，故直接整理金融，间接即所以补助财政也。至于处分各省滥发的纸币，则首从清理省银行及官钱局下手，由中国银行董治其事，清理既毕，即由中国银行承继其债权债务，随时以新兑换券，易收滥钞，定一期限，收销完结。要之政府计划，以严格的量入为出，为目前之计，以整理税制，为巩固财政基础之中坚，而前后皆以整理币制及金融为枢纽。"

在陈锦涛长财政部的时候，其整理财政的计划，略谓：

"比年以来，政府怀抱野心，军费则取扩张主义，政费则取牢笼主义，故军政两费，预算上，实较前清增加十之四五，现经此次改革，各省军费，增出尤多，政务停滞，而政费之支出如故，当此财政支绌万状，勿论整理为难，亦恐收拾非易，故现在第一步计划，总以撙节军政两费为入手办法。将来财政整理的办法，一为整理税制。查各国税制，有收益课税、所得课税、消费课税、行为课税四大统系，为国库收入，及课税分配上必要财源。中国税制，收益课税中，以田赋收入为最多，故以整顿田赋为尤要，旧制赋额甚轻，惟以银两计算，征银元，则往往加至一倍以上，故赋额似轻而实重，据本年预算，田赋列九千六百余万元，若实行清丈，至少可获纯田十亿亩，比例收益，每亩征洋二角，应得二亿元，今未能骤语及此，惟从清查粮额，归并税目，平均赋则入手，又于改征银元之中，酌加极轻微之成数，当可实收至一亿二千万元。其次营业税，上年已拟办特种营业税，将行而未果，然牙当两税，原预算列九百余万元，即为营业税性质，吉省已办之销场税，与广东拟办之商店产销并征，亦属营业税办法。如果详细研究，求一简易可行之法，收入自不在少数，初办时，税率稍轻，商民当能乐从，可假定为二千万元。房屋税，亦为良税，应由所有者负担，较为公允，各省现办房捐、铺捐，类多抽诸商人，每年收入，尚无确数，日本房屋税，分市街村落，合计赁贷价，总额为千三百余万，征百分之五，得二百六十余万，中国户口殷繁，十倍于日本，房屋赁贷价额，虽未确实调查，而以日本比例，其价格总额，至少有二亿，征其百分之五，亦可假定为一千万。矿税，原预算列一百三十余万，若酌量开放奖励，税收何止倍蓰，至少当可得三百万。所得税，上年拟办特种所得，从官吏、公司、银钱商、盐商入手，此税如能施行得宜，养成商民纳税义务之观念，亦可与营业税相辅而行，税率本极轻微，初办时，不求多收，可假定为一千万。消费课税中，以盐税收入为最多，原预算列八千四百余万，据各省销盐报告，约三千二百万担，而无税私销之盐，尚有一千五百万担，私盐之充斥可知，若拟杜绝私销，则就场征税，最为相宜，专卖尚无此力，目前整理场产，添练场警，酌行均税法，预计亦可得一亿一千万。其次丝税、茶税、糖税，丝茶为出口货，糖则输入货居多，据最近海关贸易册，丝绸缎出口，约值银一亿，内地销用，未据调查，约与出口价值等，抽值百分之五，当得银五百万。茶叶出口，约一百四十余担，内地销用，虽不知其详，约可二百万担，每担征洋三元，亦当六百万，而茶之票税，尚不在内。糖税，原预算列为六十余万，如能由政府扶助资本，推广种植，改良制造，实行输出奖励，亦可抵制洋糖输入，收入约当得三百万。油为日用所必需，其种类甚多，如豆油、麻油、菜油、酱油等，销路可与盐匹，从前抽收厘捐，偷漏不少，今拟分别，定为专税，当为收入大宗，初办时，假定为一千万。行为课税中，以契税收入为最多，原预算，为一千五百余万，改办登录税，税率照旧，再加各种登录，初办时，可假定为二千万。印花税，原预算，列五百六十余万，如将银钱、票据、婚姻证书等，一律贴用，至少当得一千二百万。遗产税，保障产权，民当乐从，初办时，用最轻累进法，可假定为三百万。通行税，只征铁路、轮船、电车三项，与各国运输税相近，可假定为三百。至关税一项，加税免厘以后，税收当增一倍以上，目前办法，连常关厘金并计，切实整顿，亦可假定为一亿一千万。此外如棉花税、牲畜税、屠宰税、花生税、竹木税、渔业税，以及各项杂税，米谷捐、船捐、斗捐、布捐等，以及各项杂捐，约五千万左右，或拟归并名目，税捐统征，或拟分别苛细，酌量停免，当与各省通盘筹计，即将此项收入，划充地方经费之用。其他租税以外收入，如烟酒公卖，原预算，列一千一百余万，若将原有税厘捐等归并征收，初办时，亦可得二千五百万，一二年后，当得四千万。鼓铸货币余利，现在固属无多，惟改革币制后，增铸辅货，每年约在一亿元内外，鼓铸余利，当得二千万。统计国家收入，约四亿七千万元。二为整理预算。预算以编成议定为重，尤以施行监督为要，民国预算，办理有年，究之历办预算，如何议定，如何监督，至今尚莫名其故，欲其实行，殊属未易，一国财政，不知预算，是为无政，焉能有财，现当改革之初，整理岁计，预算尤关重要，着手准备，兹正其时。窃谓准备预算，以分配经费为最难，比年军费、国债两项，原预算，已占全国岁入三分之二，国债关系国信，无可磋议，现在分配经费问题，惟有从节约军费入手，腾出余款，以补助实业教育，俟岁入增加，军费计划确定后，再议扩张办法，此应与主管各部切商者也。至预算议定范围，英美各国，凡关公债本息、官吏恩俸、公使及法官俸给，均为永久固定经费，国会不得年议变更。中国预算，形式甫具，基础未固，审计岁入，分配经费，正赖国会为后盾，如其议定范围过狭，亦与监督财政主义不合，故拟就公债本息、公使领事，及中央官吏俸给，先行制定法律，作为永久经费，此外各经费，非经国会议决，不得支出，以示限制，此应与国会诸君切商者也。预算编成以后，经费如何支出，应由主管机关，按月编成支付预算，送由财政部转交金库，各机关支出经费，即照预算定额，填发支付饬书，统由金库照额支付，如有预算以外用途，而无切实计划，关系要政者，不得率请追加。预备金，为日本创例，足以破坏预算，原预算，列二千万，数目大滥，应加限制。款目不准流用，为会计法所规定，实行预算，亦当注意于此，此整理预算之大凡也。三为统一金库。各国宪制，除英吉利外，所有全国岁入岁出，无不以金库为汇归，民国金库条例，虽经政府颁布，尚未由国会议决，中国银行名为办理金库，实只谋各省解款之统一，而于金库直接征收一层，尚未办到，现拟廓清征收积弊，非办到金库直接征收不可。惟以我国幅员之大，交通之艰，如议遍设金库，亦恐力难兼顾，现在第一步办法，拟将金库条例，提出国会议决，另编金库施行细则，规定金库出纳。区域择交通便利县境，一律设立金库，办理直接征收事宜，其在边疆及交通不便地方，仍由经征官征收保管，按期缴纳金库。至岁出各款，照预算定额，亦由金库直接支付。总期全国收支，以预算为基础，以金库为枢纽，收入有纳税凭单，支付有支付饬书，收支结束，有金库之计算报告，与经征官之征收报告，可资对照，全国收入一款，支出一款，中央均有账簿登记，可资稽核，如是，而财政庶有清明之日也。此统一金库之大凡也。四为整理公债，募集公债，亦财政济急之一法，中国自甲午以还，债款逐年增加，至今长期债额，已达十四亿八千六百余万，短期债额，亦有二千七百万有奇，共计十五亿一千余万，其中内债，仅七千九百余万，余则尽属外债，其抵押担保品，长期者，为各项国税，短期者，为国库券，及其他债券，年偿本息，约一亿三千余万，以言目前财力，负担不可谓不重。现议着手整理，一应确定内外债偿还方法，及特别保管内外债抵押担保品之收入，以固国信，二应推广国内公债之销路，以养成人民购买内债之习惯。第一办法，拟设立减债经理局，由政府国会审计院商会，派定若干员，组织委员会，将所有内外债低押担保品之收入，由金库按期征收足额，交由该会特别保存，俟各债本息到期，悉数偿还，如债票有低落之时，不俟到期，亦可自行收买，以减本利之负担，如是，则国信可固，而票价亦可维持也。第二办法，宜广求募债资源，切勿强迫购买，公债资源，不尽在民，凡银行公司之资本金、公债金、分配金、储金、农工商业上之公积金、官有公有储金、公共基本金，皆为公债至大资源，又如个人所得年额，如有剩余，孰不购买债票，较存入银行，尤有利益，凡兹各项资源，皆关公债销路，故推行内国公债，不惟可养成人民购买之习惯，并可巩固外债间接之信用也，此整理公债之大凡也。五为确定货币政策。岁入岁出之金银计算，公债证书之债格上落，均与货币政策有密切关系，言财政者，以改革货币入手，洵为至论。改革货币，先决问题甚多，而最要者，又在货币本位之如何确定，纸币发行权之如何统一，言本位，则有用金、用银之分，又有单制、复制之别，复本位，姑无论，单本位，则主张用金用银，尚不一致，近有人创虚金本位之说，采用金单位，理由最长，虚金本位，专对于国际汇兑，国内则以纸币银币代表，为折衷办法，亦我国经济实际所必经之阶级也。惟以中国币制紊乱，用银用钱，参差不一，银单本位，尚未实行，遽议用金，以图国际汇兑之便利，究之所得汇利有限，而现在赔款，皆以关盐税作抵，由外人代收代还，而我国自设之银行，又少外国汇兑机关，一旦如行金本位，恐汇兑之利益，亦未必权自我操，而况现在各省征收习惯，大率以银折钱，以钱折洋，层层扣折，其弊莫可究诘，设议金本位，则其折合计算，更不可言状，利未见而害已著。金本位，一时既不能议行，虚金本位，又因现时经济状况，行之亦未见有利，故整理财政第一步,当议实行银单本位,俟全国币制划一,无银钱并用之害,然后再议实行金单本位,或虚金本位,循序而进,其势自顺,于国情最为适合。至于发行纸币,集权分权,不一其例,要皆视国情而定,前清财政紊乱,都因各省滥发纸币所致,民国以来,筹备巨款,收回旧有纸币,限制各省发票,纸币稍有整理之望。现除湖北、湖南、江西等省,尚有旧发纸币外,其余各省,大抵均用中交纸币。现拟确定货币政策,则纸币发行特权,自应畀诸中央银行,以免再蹈前清故辙,所有各省旧发纸币,一时无力收回者,暂准照常通行,惟不得暗中增发,仍规定切实办法,限期收回销毁,总期数年以后,达到完全纸币集权之目的,庶全国金融之基础可固,而国民经济之发达可期也。此确定货币政策之大凡也。六为实行烟酒公卖。烟酒公卖,办理以来,颇著成效,本届公卖收入,原预算,为一千一百余万元,烟酒税收入,及增加收入,原预算,为一千三百余万元,共二千四百余万元,惟现在办理烟酒公卖,一面设局征收经费,一面又抽关税厘金,办法纷歧,抽收亦不一致,于公卖政策,尚有未合。现拟切实整理,即将现抽烟酒税厘,以及各捐,概行停免,只征公卖经费一道,除海关税外,概不重征。惟各省烟酒税率,向来层层抽收,税厘捐三项合计,只须经过二三省份,其税率,已有值百抽二十至四十不等,再加公卖经费,则又值百抽五十至六十不等,今拟抽收烟酒公卖经费一道,抽收标准,暂定为值百抽五十,产销各半征收,以均负担,烟叶、烟丝二项,向来分途征税,迹近重征,将来抽收公卖费,拟将烟叶一项,消纳于烟丝之中,不再抽费用。至各省原有税厘捐等收入,不在少数,兹拟归入公卖经费,且系产销分征,收数难保无着,故拟由中央统收统拨,以保各省原有收入。如此办理,约计公卖收入,一二年后,必在四千万元以上,初办时,亦可得三千万元。此实行烟酒公卖之大凡也。七为整理岁入官厅。预算实行,金库统一,则各省岁入官厅,应从改良征收入手固矣，现制，财政厅一面管理岁入事务，一面又管理岁出事务，金库统一以后，岁出，则照支付预算定额，各机关官吏，均可填发支付饬书，向金库直接收款，岁入，则照岁入预算定额，由各金库直接征收，其由各经征官保管之税款，究属少数，则所谓财政厅职权，较前减轻实多，与各省行政官吏交涉之事亦少，所管理重要事务，只在调查税额，监督税收，编造纳税告知单，造送征收报告书，简言之，即为管理全省岁入官厅而已，则所谓财政厅三字，顾名思义，已不甚合。拟将财政厅改为税务管理厅，其下设税务局，统由财政部直接管辖，税务局，办理征收情形，应按月报告税务厅，税务厅办理征收情形，应按月汇报财政部，税务厅，则考核税务局，财政部，则考核税务厅，盖因各省岁入，虽归金库直接征收，而催征之权，仍在税务局，督征之权，仍在税务厅，故有征收短绌情形，税务厅及税务局，均应负责，考成之方，并不能免，至其所管税项，如有委任县知事征收保管者，各省行政长官，应协同监督。如是，则岁入统于金库，管理属于税厅，全国财政，均可统一，将来规定省制，情形或有变更，而国家岁入，不致被其影响矣。此整理岁入官厅之大凡也。八为整理中央金融机关。一国金融之盛衰，以中央银行为枢纽，故中央金融机关，最关重要，前清大清银行，以徇私放帐为主，卒至现款垂罄，一蹶不振，民国以来，中国、交通两银行，稍知准备，现款又以当轴怀抱野心，拟于此操纵财权，为自固自私之计，交通勿论矣，中国银行之官商股本，实力并不薄弱，亦以牵入政治风潮，相率停止兑现，信用大受顿挫，现议统一金库，则将来中国银行，办理金库事宜，责任至为重大，非将中国银行基础，设法巩固，全国金融，何以资流通，全国岁入，何以资保管。查中国银行商股，本占一千万元，去岁开始招募，尚未及半，兹拟设法招足，厚集资本，以立于信用经济不败地位。又查各国中央银行，如与政府有借款关系，均有借贷法律，可资遵守，我国政府，对于中交两行用款，向无限制，致以重要金融机关，混入政治范围，酿成扰乱现象，实为财政至大隐忧，现拟限制政府用款，另订借贷法律，政府如有不得已用途，须向银行借款，应指定的实税款，为偿还之预备，且其用款多少，亦须规定，照每年全国岁入几分之几，不得超过规定数目，庶银行筹款有准备，政府用款有限制，设有政治上变动情形，中央银行，决不随之而致动摇，全国金融，亦不因之而受影响，不惟中央银行之基础可固，即政府对于中央银行监督之实力，亦可益坚，此整理中央金融机关之大凡也。以上所拟计划，以实行预算，统一金库，为入手办法，以整理税制，实行烟酒公卖，推行公债，改良税厅，为巩固财政基础之中坚，而以整理货币，巩固金融为枢纽。惟财政情形万变，金库能否统一，预算能否实行，事关全局，原非一部之力所能贯彻，整顿新增各税，整理货币金融，能否如政府之所期，亦应俟大局平定，筹备进行，惟其结果，总视国会监督之力而定。"

在北平政府时代，其财政当局，对于财政上的整理，亦常洞见症结，规划周详，但因军阀掌政，只知搜括民财，扩张军额，对于财政上的根本整理，毫无诚意与决心，故所有整理计划，终归于泡影。其后至民国九、十年间，系周自齐长财政部的时候，因外国银行团协商，决定对于中国，以后无论政治借款，与经济借款，概行拒绝，而内国银行界，亦有声明，政府若不迅速整理各项旧债，决不再行借款，于是以借债为生活的政府，遂有迫于整理财政的必要。乃设立财政整理委员会，计划根本上的财政整理。但是当时政府意思，以外债既已绝望，惟急于整理内债，以便再行借贷，而维持其生命，故内债有一部分，在总税务司经管基金范围以内者，虽稍有整理的成绩，而全般财政整理的计划，仅有各种议决案而止，终未能见诸实行，而北平政府的政治生命，亦因这种紊乱穷乏的财政而告终矣。

国民政府于民国十七年，北伐成功，收复平津，全国渐次统一，军事告一段落，以财政系国家命脉，承北平政府紊乱穷乏之后，实有急于整理的必要，遂于是年召开全国财政会议，议决整理财政大纲案，略谓：

"兹者京津克复，全国军事，渐入结束时期，国民政府，一切设施，自当有一崭新之局面，换言之，即军事将如何善后，政治将如何革新，以蕲实现总理之遗训。负起本党之使命是也，惟凡百事业，恃财以行，整理财政，实为目前之急务，整理之道，首当认定目的，次乃讨究方法，请分析言之。

整理财政之目的：

救财政之紊乱，则宜谋收支之均衡，防财源之楛竭，则宜谋富力之培养，前者属财政之范围，后者属经济之范围，二者相同，不可或阙，故整理财政之目的，即在向此二者分途并进，兹分举于下：

甲、属于财政者

一为实行财政统一之目的，应划分国地收支。

二为确定财政系统之目的，应统一财务行政。

三为剔除积弊，平均负担之目的，应更新税制。

四为巩固信用，调剂预算之目的，应整理国债。

五为防止军费无限之目的，应厘定军费。

六为防止政费浮滥之目的，应厉行预算。

乙、属于经济者

一为改良币制之目的，应确定币制方针。

二为巩固金融之目的，应厘定银行制度。

三为发达农工商之目的，应扩充陆海空交通。

四为积极建设之目的，应励行兵工政策。

五为提倡国货之目的，应保护贸易。

六为开辟富源之目的，应发展生产。

整理财政之方法：

目的既已认定，请述其方法如下：

甲、财政政策

一、划分国地收支。我国国地收支，系承历史沿袭而来，性质不明，权限混淆，查建国大纲第十七条，中央与省之权限，采均权制度，凡事务有全国一致之性质者，划归中央，有因时制宜之性质者，划归地方，又查建国大纲第十一条，土地之岁收、地价之增益、公地之生产、山林川泽之息、矿产水力之利，皆为政府地方之所有，以经营地方人民之事业，及育幼养老、救贫医病，与夫种种公共之需用，是划分国地收支，即应以此为标准，前经财政部分别厘订，呈奉国府公布在案，惟军事时期，尚难完全实施，现军事渐告结束，整理财政，尤以划分国地收支为先决问题，亟应根据前案，切实施行，以清界限，至划分后，应如何酌盈剂虚，以有余补不足，或筹办新税，以资抵补之处，由中央与地方斟酌情形办理。

二、统一财务行政。我国历年以来，中央财政，陷于困难，原因固伙，而行政统系不明，实其一端。夫地方之与中央，当如手足之捍头目，乃考诸我国情形，往往形格势禁，财务行政，既不统一，不特无以贯彻政纲，揆诸事实，亦难为继。现因国地收支，既已划分，则财政系统，极为显著，所有中央税款，地方不得挪移，中央委派之人员，推行之新税，地方均当竭力协助，务使脉络贯通，指臂交助。至收入、支出、存放、稽核四项职权，尤宜严格分立，切实执行，以期祛除积弊，刷新计政。

三、更新税制。我国原有赋税制度，按诸财政学理，固多未合，而苛税杂捐之撤废，则党纲早经规定，尤应克期实行，其最要者。一、整理旧税。旧税之亟待改革者甚多，其最要者：（1）关税。关税自主，为振兴我国实业之最要关键，现在国定税则，不久即可制定，一俟统筹就绪，即当实行自主，但实施时期，最迟不得逾十七年度。（2）盐税。盐税本为恶税，英美诸国，早已废止，惟为我国国家重要收入之一，一时未易遽废，为改良整理计，必须就场征税，以裕国课而利民生。（3）田赋。田赋虽已划归地方收入，惟为划一办法免致纷歧起见，自当积极实行清丈，以期厘定全国地价，制定划一地税，完成全国土地整理计划，至清丈经费之筹集，则可就各地情形，酌量仿照江苏宝山、昆山办法，以举行田亩注册，为着手整理之第一步。又我国旧制，重于耕田，而轻于宅田，亦与赋税分配平均之原则不符，为矫正计，宜先就都会实行宅地税，此亦为改革田赋中之要著。此外如烟酒税、卷烟特税、印花税等旧税，亦宜加以积极整理。二、推行新税。新税中之最有发展可能者，计有三项：（1）所得税。所得税制，类采累进税率，其主旨，在重富者之义务，而轻贫民之负担，欧美日本诸国，均认为优良税法，我国自亦宜切实施行。（2）遗产税。遗产税，亦为调剂贫富政策之一，取之于未得之财产，使纳税者，忘其严苛，惕之以权利之存亡，使纳税者，惮于讳饰，法良意美，自不待言，惟创办之初，税率自宜从轻，庶几人民乐从，而收推行尽利之效。（3）特种消费税。厘金病国病民，既在所必废，则抵补方法，自不可不预为筹及，而特种消费税之举办，实为过渡时所必要，惟特种消费税，应以奢侈品为限，其特税之征集必需品者，自应绝对禁止，或克期撤废。四、整理国债。国家财政，间有枯竭，不得不举行国债，苟能维持信用，则征集甚易，而周转有资。我国外债，向极紊乱，应遵国民党政纲，偿还并保证外债，以中国所借外债，在政治上实业上不受损失之范围者为断，并召集各职业团体、社会团体，组织会议，筹备偿还外债方法。至于内债，其有确实抵押者，宜力予维持原案，无确实抵押品者，亦应设法整理，借维信用。五、厘订军费。现在军费甫告结束，裁兵善后，丧失抚恤，在在需款，此项临时经费，亟行筹措，以资应付。至经常军费，自应有一定限制，如无限制，财政整理，万无实现之可能，宜商定军事当局，划一军制，确定军额，拟以岁入百分之四十为军事费。至于领发手续，似应特设机关办理，使军需得以独立。六、厉行预算。预算为岁计之标准，酌剂全局，贯彻政纲，胥在于是。税收如何编定，经费如何支出，应由主管机关，依照会计法规，编成收入支出预算书，送由财政部审查后，转送财政监理委员会核定，然后发支付命令，方得领款。凡预算外需用款项，非先核准，不得率请追加，所有计算书，及凭证单据，须由财政部及审计院严加考核，分别准驳，务使涓滴归公，以重国币。

乙、经济政策

一、确定币制方针。币制握财政之枢纽，与国民经济，最有关系，我国币制之坏，由来已久，根本之计，宜遵总理钱币革命计划，并确定分步进行方法。此外尚有目前应计及者二端：甲、推及纸币集中主义，销却旧币，改发新币，以发行新钞之权，集中于国家银行，各地方由国家银行设立分行、分号及兑换所，以实行集中主义。乙、推行金汇兑本位，币制之定本位，用银之说，既非世界潮流所许，而金又非我国富力所能，择其最适用于今日情形者，第一步，废两改元，确定银本位，第二步，推行金汇兑本位制度，而着手之初，当以创办信用卓著之国际汇业银行，为施行本位之助。

二、发展银行业务。银行政策，恒与全国金融，息息相关，今日为中国谋银行之发达，须行下列数事。一、组织国家银行。国家银行，有代政府管理国库、发行纸币之义务，倘我国欲实行金汇兑本位，尤须有最巩固、最完备、最信用之国家银行，宜将国家银行从速组织，所有发行纸币、整理金融、代理国库等事，统归经理，业务既增，势力自厚。二、筹备汇业银行。近年偿还外债本息，均由外国银行经理，镑价汇费，暗受亏损，如设汇业银行，此后华侨汇入之款，与外债应偿之费，两方就近划抵，其利益尽为该行所得，周转既灵，操纵自易。三、筹设农工银行。国民生计，全在农工，期农工事业发展，必先使其经济流通，筹设农工银行，贷以低利资金，俾资运用。四、奖进储蓄事业。近来外人新办之储蓄机关，如万国储蓄会等，类多含赌博性质，亟应切实取缔，一面宜集国内资本，奖进储蓄事业，养成国民储蓄习惯。

三、扩充陆海空交通。国家财政，所赖以开浚利源者，厥惟实业，而实业能否发达，以交通机关能否完备为断。交通计划，总理言之最详，果能切实进行，先从路政入手，俾全国交通便利，工商业均能发达，实为救国之本。此外如奖励航运航空、改良邮电，均为最重要之设施。

四、实行兵工建设。军事底定，即当着手裁兵，实行总理兵工政策，预定建设费八千万元，三年期内，专以被裁之兵，从事水利道路屯垦等建设事业，此项建设费，应即确定。

五、保护贸易。现在外货充斥，国货不振，为挽回利权计，亟应切实提倡国货，立即废除苛捐杂税，实行保护贸易制度，订立奖励出产品及推销办法，并颁定贸易合作法。（统一对外贸易、集中进口出口由各业各自组织合作部，其资本由各业分担百分之几）并由政府于通商口岸，设局监督，指导管理，并在各国设商务参赞，以资保护。

六、发展生产。中国为资本落后之国家，自以发展生产开浚富源为亟，总理遗教，言之綦详，兹将应举办者，略举如下。一、遵总理计划，实行铁矿国有政策，以便多设钢铁工厂，为国家谋公共利益。二、遵总理计划，将铁矿、煤矿、油矿及各特种矿，第一步，以收归国有为原则，第二步，以社会公有为原则，至国有办法，及现在商办，应归国有之各矿，应如何厘定，统由财政部，会同有关系各部，另订国有矿产条例，分别规定。三、遵总理计划，实行国际公同发展实业，以完成富强基础。四、奖励制造矿业机械，及设立各种金属之冶矿机厂。五、实行国有渔业政策，以发展全国水产之用。六、实行国有森林政策，以发展全国材木之用。七、督促全国励行畜牧事业。八、振兴农田水利。"

我国整理财政，自前清末年，以至国民政府，所有关于税制的更新、预算的励行、国债的整理、军政费的收缩，以及金融制度的改造，莫不言之綦详，如能照此实行，则财政现象，必有焕然可观之一日。然此诸端，非先有巩固的中央政府，财政部有绝大的权力，而又政治修明，采用中央集权主义，终难见诸施行。前清末年的整理计划，首先注重扩大度支部的权力，诚为扼要的政策，惜乎当时中央威信，业经失堕，故难收实效。民国革命以来，各省军阀割据，各自为政，中央政府的命令，不出都门，财政部长的命令，不出财政部，此种分裂的政治，更造成紊乱的财政，以此而言整理，是无异缘木求鱼，安有成功的希望。今惟有修明政治，切实统一政权，并提高财政部长的权力，则国家财政的整理，庶乎其有望也。